Fortbildungen für KulturSchule

Heike Ackermann

Fortbildungen für KulturSchule

Wie Kulturelle Bildung in die Schule kommt

unter Mitarbeit von Michael Retzar

 Springer VS

Heike Ackermann
Erziehungswissenschaft/Schulpädagogik
Philipps-Universität Marburg
Marburg, Deutschland

Diese Publikation wurde durch den Open-Access-Publikationsfonds der Philipps-Universität Marburg gefördert

ISBN 978-3-658-42220-2   ISBN 978-3-658-42221-9   (eBook)
https://doi.org/10.1007/978-3-658-42221-9

Die Deutsche Nationalbibliothek verzeichnet diese Publikation in der Deutschen Nationalbibliografie; detaillierte bibliografische Daten sind im Internet über http://dnb.d-nb.de abrufbar.

Planung/Lektorat: Carina Reibold
Springer VS ist ein Imprint der eingetragenen Gesellschaft Springer Fachmedien Wiesbaden GmbH und ist ein Teil von Springer Nature.
Die Anschrift der Gesellschaft ist: Abraham-Lincoln-Str. 46, 65189 Wiesbaden, Germany

Geleitwort

Kulturelle Bildung – ganzheitliche Bildung

Seit nunmehr 15 Jahren verfolgt das Hessische Kultusministerium mit der systemischen Verankerung Kultureller Bildung als Teil allgemeiner Schulbildung ein umfangreiches Bildungsziel. Dieses Vorhaben greift tief in die Strukturen und Regelwerke des Systems Schule ein und verändert zudem Lehr- und Lernhaltungen. Unter dem Leitspruch „Eine Kunst für jedes Kind" wurde eine Selbstverpflichtung der Schulen definiert, welche den Wert von Kunst und Kultur in den Fokus stellt und dabei klar die Aspekte der Persönlichkeits- und Kompetenzentwicklung von Kindern und Jugendlichen im ganzheitlichen Bildungsgedanken betont.

2008 starteten die ersten fünf Kulturschulen Hessens in ein Laborprojekt mit dem Vorhaben, erweiterte Zugänge zu Kunst und Kultur für Schülerinnen und Schüler zu schaffen und ausnahmslos jedes Kind zu erreichen. Hierzu wurden neue Unterrichtsmodelle entwickelt, welche die Künste in jegliche Fachlichkeit integrieren. Dies führte zu einer Durchwirkung der Schule auf allen Ebenen und bedingte die Entwicklung der Interprofessionalität in der Begegnung der Lehrkräfte mit Kunstschaffenden, welche wiederum einen fortlaufenden Austausch über künstlerische Qualität, forschendes Lernen, ästhetische Erfahrungen und neue Erkenntnisse, Selbsterfahrung von eigenen Grenzen, von Fremdbewertung, Eigenständigkeit und den Selbstwert der Kunst im Spannungsfeld zum regulären Alltagsgeschäft und dem allgemeinen schulischen Auftrag des Bildens und Erziehens entstehen ließ. Kurz gesagt: Das Konzept der KulturSchule lässt das Prinzip der Ästhetik in allen Qualitätsbereichen wirksam werden.

Im Jahr 2022 blicken wir auf ein der erfolgreichsten Schulentwicklungsformate, das nationale und internationale Wertschätzung und Anerkennung erfährt. Aus dem in 2008 gestarteten Projekt ist längst ein verstetigtes Programm geworden. Die nunmehr 33 KulturSchulen Hessens wirken mit ihren Kompetenzen und Modellen in einem Netzwerk, das mehr als 500 kulturell aktive Schulen zusammenführt, welche sich in unterschiedlichen Programmen und Formaten den Künsten und der Kulturellen Bildung widmen. Das Netzwerk dieser Schulen wird fortlaufend erweitert, und das große Interesse der Schulen zur Aufnahme in die Programme verdeutlicht die hohe Akzeptanz und Relevanz der Kulturellen Bildung.

Zur Professionalisierung der Akteure und Begleitung ihres Entwicklungsvorhabens stehen den Schulen eine Vielzahl unterstützender Maßnahmen zur Verfügung: Netzwerktreffen, Fachaustauschtage, pädagogische Tage mit künstlerischem Schwerpunkt, Fachforen, Fachvorträge, internationale Begegnungen, Prozessbegleitung sowie Coachings für alle Akteursgruppen.

Mit dem hessischen Referenzrahmen Schulqualität – Kulturelle Bildung wurde nun ein weiteres Instrument etabliert, welches Maßnahmen und Handlungsschritte der kulturellen Schulentwicklungsarbeit gleichsam bündelt und deren Erfolgsstufen und Entwicklungsschritte in Qualitätskriterien definiert. Der Referenzrahmen betrachtet kritisch alle relevanten Teilbereiche und befähigt die Schulen, sich in Kombination mit einem Online-Tool professionell begleitet auf den Weg zu machen und fortzuentwickeln.

Das Fundament aber des hessischen Gesamtkonzeptes zur systemischen Verankerung kultureller Bildung sind die unterschiedlichen Fortbildungsformate zur Professionalisierung aller Akteure. So wurden Module für koordinierende Lehrkräfte, Fachlehrkräfte, Schulleitungen, Kunstschaffende und ganz aktuell für Dezernentinnen und Dezernenten an den Staatlichen Schulämtern (LiGa II[1]) sowie auch für Schülerinnen und Schüler etabliert. Außerdem nimmt der berufsbegleitende Weiterbildungsmaster Kulturelle Bildung an Schulen an der Philipps-Universität das Schnittstellenmanagement in den Blick, um die Begegnung der Lehrkräfte an den Schulen mit den Kunstschaffenden bestmöglich zu flankieren.

Postament dieser erfolgreichen Entwicklung des KulturSchul-Programms unter den Fortbildungen bilden die innovativen Fachforen, welche vom Fachreferat Kulturelle Bildung des Hessischen Kultusministeriums gesteuert werden.

---

[1] https://www.dkjs.de/themen/alle-programme/liga-lernen-im-ganztag/ (Zugriff am 28.07. 2022)

Insbesondere diese Fachforen werden im Rahmen der bestehenden Forschungs-
kooperation mit der Philipps Universität Marburg hinsichtlich ihrer Konzeption
und Effekte untersucht, um Anstöße für eine Weiterentwicklung zu geben.

Ich danke an dieser Stelle für die hervorragende und intensive Zusammenarbeit
mit Frau Prof. Dr. Heike Ackermann.

M. A. Marcus Kauer
Referatsleiter Kulturelle Bildung,
Hessisches Kultusministerium

Inhaltsverzeichnis

Einleitung

1 Lernen spürbar machen: Kulturelle Bildung und Fortbildungen für KulturSchule

Schulentwicklung und Lehrkräftefortbildung[1] gehören zusammen; dieser metaphorisch gefärbte Ausdruck verdankt sich der alten Erkenntnis, dass eine Veränderung schulischen Lernens unwirksam bleibt, wenn sie nicht von unterstützenden Qualifizierungsmaßnahmen begleitet wird.

Dennoch erfährt dieser Zusammenhang in der Praxis nur geringe Beachtung. Die Verantwortung für den Transfer des in der Fortbildung Erlernten wird mit einem individualisierend verengten Blick bei den Fortgebildeten gesehen; die Schule als Anwendungsfeld ist im besten Fall ein ‚Faktor'. Zu einer intentional gesteuerten Schulentwicklung bedarf es bereits aus generativen Gründen einer kontinuierlichen Qualifizierung, sie liegt also im eigenen Interesse einer Schule, die auf ihre pädagogischen Zielsetzungen schaut. Die institutionalisierte Fortbildung als pädagogisch gestaltetes Lernfeld der Wissensvermittler und die Schule als Ort des Lernens der Schülerinnen und Schüler[2] stehen sich in ihren Aktivitäten näher als die jeweiligen Blicke von Forschung und Praxis offenbaren. Auffällig ist, dass ein Monitoring der Effekte einer Fortbildung[3] auf

---

[1] Der Singular Lehrkräftefortbildung steht hier für die Bildungsgattung; im Text wird oftmals der Plural verwendet, um verschiedene Formate der Fortbildung, die im Kontext Kultur-Schule steht, differenzieren zu können.

[2] Wenn es den Lesefluss wenig beeinträchtigt, werden beide Geschlechterformen genannt. Andernfalls sind beim generischen Maskulinum beide Geschlechter gemeint.

[3] Zwischen dem Begriff der Fort- oder Weiterbildung wird häufig nicht unterschieden. Fortbildung wird im Berufsbildungsgesetz (§ 1 Abs. 4 BBiG) definiert: Sie setzt einen Berufsabschluss voraus. Ziel des Anschlusslernens ist, die „berufliche Handlungsfähigkeit" im aktuellen Tätigkeitsfeld zu gewährleisten und zu erweitern. Weiterbildung geht über diesen

H. Ackermann, *Fortbildungen für KulturSchule*,
https://doi.org/10.1007/978-3-658-42221-9_1

den Unterricht, um daraus Schlüsse zu ziehen und an die Fortbildungsmaßnahme zurückzumelden, nicht vorgesehen ist. Dabei könnte man die Lehrkräfte
aktiv daran beteiligen. Eine solche Qualitätssicherung hat offenbar wenig Aussicht, umgesetzt zu werden. Die Realität besagt, dass Lehrkräftefortbildung ein
stark von Konjunkturen getriebenes Unternehmen ist (Pasternack et al., 2017).
Dass die dritte und berufsbiographisch längste Phase der Lehrerbildung erhebli-
chen Schwankungen in der bildungspolitischen Aufmerksamkeit unterliegt, ihre
finanzielle Ausstattung als ihrer Relevanz nicht angemessen bewertet wird, ist
wiederholt das Thema von Gutachten und Stellungnahmen.[4] Seit der Corona-
Pandemie haben sich die allgemeinen Bedingungen der Lehrkräftefortbildung
durch eingeschränkte Interaktion und den Fokus auf Digitalisierung weiter ver-
schlechtert. Das Gegenteil müsste der Fall sein, um die schulische Bildungs- und
Erziehungsarbeit zu verbessern.

Belastung und Zeitknappheit durch unterrichtsbezogene „Hintergrundarbeit"
(Klemm, 2011, S. 120) sowie die nicht direkt unterrichtsbezogene Mitwirkung in
der Schulorganisation sind Prämissen, denen der Schulalltag der Lehrkräfte und
Schulleitungen folgt. Diese im Lehrerberuf zu leistende Gesamttätigkeit erweist
sich als eine Grenze der Reichweite der Fortbildung, oftmals sind Belastungen
und Zeitknappheit hinderliche Größen für die Umsetzung.

Der Transfer der Fortbildung in die Schule ist kein linearer Prozess: Das
Erlernte muss sich als in den persönlichen Unterrichtsstil integrierbar erweisen,
der schulische Lehrplan wird auf Anschlussmöglichkeiten für das Erlernte hin
abgeklopft, ein Lerngebiet muss aufgeholt werden – es gibt etliche Umstände, die
einen neuen Ansatz aus der Fortbildung zunächst in den Hintergrund treten lassen. Mit zeitlichem Abstand zur Fortbildung und der krakenhaften Inbesitznahme
durch Alltagsaufgaben sinkt die in der Fortbildung entstandene Motivation, etwas
auszuprobieren. Die weiteren Faktoren wie Schulklima und Unterstützung durch

---

Fachbezug hinaus. Im Kontext der Lehrerbildung wird in einer Weiterbildungsmaßnahme die
Fakultas für ein weiteres Unterrichtsfach, ein anderes Lehramt wie für die sonderpädagogi-
sche Förderung oder je nach Voraussetzungen der „Quereinstieg" in den Lehrerberuf erworben.
Fortbildung betrifft also die Entwicklung der Professionalität im Beruf.

[4] Diese Phase hat eine eminente Bedeutung für die Qualität der Lehrerarbeit. Ewald Terhart
konstatiert dazu, dass der als notwendig erachtete „massive Ausbau" (Terhart, 2014, S. 317)
nicht erfolgt ist. Hinsichtlich der Finanzierungsbudgets besteht ein Dunkelfeld, und die Zah-
len, die in den offiziellen Bildungsbericht einfließen, erweisen sich als nicht belastbar (vgl.
DVLfB, 2018, S. 113). Experten für Hessen sprechen von einem „deutlichen Rückbau der
LFB mit Ausnahme der Führungsakademie für schulische Leitungskräfte und der Akkredi-
tierung von Unterstützungsangeboten, die allerdings stark an Bedeutung verloren hat, seit
die LFB in Hessen nicht mehr verbindlich, d. h. quantifiziert ist. Die Schulen erhalten einen
Betrag von 40 € pro Stelle und Jahr für Fortbildung" (ebd., S. 115).

die Schulleitung[5] oder die Aufgeschlossenheit im Kollegium werden hier nur kurz erwähnt, um den weiten Weg neuen Wissens, veränderter Haltung und innovativer Methoden in den Unterricht anzudeuten.

Insofern ist sowohl die Forschungsperspektive auf Fortbildung als auch der Blick der Fortbildungspraxis auf die Schulebene zu weiten: Die Transformation des Erlernten in den Unterricht, so eine Erkenntnis dieser Studie, bedarf eines schulischen Rahmens, der dazu einlädt, das in der Fortbildung Erlernte zu erproben und in einer *kollaborativen Praxis* weiterzuentwickeln. Soweit ein erstes Resümee, das infolge der Rekonstruktion und Auseinandersetzung mit den Fortbildungen im Kontext des Landesprogramms «KulturSchule Hessen» gezogen wird.

Die Fortbildungen sind die tragende Säule des KulturSchulprogramms und sie unterstützten von Anfang an die Zielsetzung, den Unterricht zu verändern. Sukzessive haben im Zeitraum von 15 Jahren mehr Schulen, die kultureller Praxis und ästhetischer Bildung[6] einen besonderen Stellenwert im Curriculum und Schulleben einräumen, das hessische KulturSchul-Programm genutzt. Man kann diesen Erfolg in der Ausweitung des Programms dem im Prozessgeschehen und im Feld gewonnenen Steuerungs- und Erfahrungswissen der Akteure zuschreiben. Nicht zuletzt stellt die Zufriedenheit der Programmschulen eine Empfehlung für die Teilnahme am KulturSchul-Programm dar; sie wird von diesen auch ausgesprochen.

Keine Frage – die Zeiten, seit das KulturSchul-Programm seine Schulentwicklungsarbeit aufnahm, haben sich geändert. Als das Konzept im Schuljahr 2008/09 startete, waren die Strukturen der Lehrerbildung in allen drei Phasen im Umbau, und es herrschte Streit über die gymnasiale Bildungszeit und die Schulgestaltung. Derzeit wird dies kaum noch erinnert. In der Rückschau kann man sagen, dass das Modellprojekt mit Bedacht geplant worden ist und durch schulische Innensichten der Programmverantwortlichen getragen war. Außerdem konnte auf landesübergreifende bildungs- wie verwaltungspolitische Erfahrungen zurückgegriffen werden. Seinen Anstoß hatte das KulturSchul-Programm im Unbehagen über die Marginalisierung der ästhetischen Fächer im Gefolge von PISA. Dessen Pragmatismus auf messbare Kompetenzen bei Schülern, die auf «Employability» der Schulbildung zielen, hatte die ästhetischen Fächer aus dem Verwertungsnützlichen herausgerückt – und mit dieser Logik zugleich aus dem,

---

[5] Dies konstatiert auch der „Musterorientierungsrahmen für die Lehrkräftefortbildung" (DVLfB, 2018).

[6] Ein Zusammenhang Kultureller Bildung zu den Künsten gilt als Ergebnis der Entwicklung in den letzten zehn Jahren. Für Reinwand-Weiß (2014, S. 342) wird eine Gelingensbedingung von Kultureller Bildung erfüllt, wenn ästhetisches Lernen ermöglicht wird.

was als bildungswert erscheint. Ihr Beitrag zur Allgemeinbildung wurde so diskret unsichtbar. Mit dem Rückenwind einer zeitgleich länderübergreifenden breit artikulierten Thematisierung von Kultureller Bildung[7] setzte das KulturSchul-Programm mit wenig Rhetorik und leichtem Fuß einen anderen Schwerpunkt gegen die Vermessungseuphorie, wobei die eingeschlagene Richtung in einer *Qualitätsänderung des schulischen Erfahrungsraums* lag und liegt.

Aus einem quantitativ überschaubaren „Modellprojekt" mit fünf Schulen sind insgesamt vier Staffeln von Programmschulen in sukzessiv zunehmender Zahl erwachsen. Sie dokumentieren die Verstetigung und Attraktivität des Programms. Auch ein eigens so bezeichnetes Referat zeigt mit der Verankerung institutioneller Repräsentanz der Kulturellen Bildung im Hessischen Kultusministerium den gestiegenen Bedeutungszuwachs dieser Bildungssphäre und den Vertretungsanspruch als überfachlicher Querschnittsbereich in der Schule.

Die Zielsetzung für die partizipierenden Schulen fasst das plakative Motto «Eine Kunst für jeden» zusammen. Es bezieht sich zum einen auf eine Breite der ästhetisch fachlichen Angebotspalette, die eine Wahl bieten sollen. Zum anderen deutet es auf einen angezielten sozialisatorischen Langzeiteffekt der schulischen Bildung. Denn laut Programmprämisse geht es nicht um einen Fokus auf die Künste, vielmehr um die Ausgestaltung und Veränderung des schulischen Erfahrungsraums. Dieser ist im Rahmen der Ganztagsschule ein hoch bedeutsamer Ort der Auseinandersetzung der Heranwachsenden mit ihrem sich herausbildenden Selbstkonzept und im Spiegel der Peers auch mit ihrem Fremdbild.[8] Kulturelle Bildung kann an Themen und Stoffe des «Coming of Age» anknüpfen, sie fordert kreatives Tun und Denken[9] der Lernenden in divergenten Modalitäten heraus und fördert die individuelle Persönlichkeitsentwicklung durch ein Sich-Erproben in den Künsten. Kulturelle Bildung wird als Brücke angesehen,

---

[7] Kulturelle Bildung wird in Bezeichnung eines eigenständigen Handlungsfelds und Differenz zu anderen Domänen in dieser Studie groß geschrieben.

[8] In Brumliks (2014) Verständnis von Schule als Kulturraum wird dort die Aushandlung der Jugendlichen von Andersheit verortet; Tom Braun (2021) sieht Schule als Ort der „Individuation" der Heranwachsenden, die durch den gesellschaftlichen Selektionsauftrag Begrenzungen erfährt. Der Kulturbegriff knüpft insofern gewohnheitsgemäß an Identitätskonstruktion und Subjektformung an. Mit Huisken (2011) wird hier die Schule als Sozialisationsinstanz verstanden, in der Schüler in eine Notenkonkurrenz gestellt sind, in deren Rahmen sie sich bewähren müssen. Als Teilnehmer an dieser Konkurrenz durchlaufen sie eine Vorsortierung auf die Hierachie der Berufe und erwerben ‚nebenbei' Praktiken, Einstellungen und Ansichten, die sie auf das Leben in einer Konkurrenzgesellschaft vorbereiten sollen.

[9] Um den Textumfang in Grenzen zu halten, wird auf eine Diskussion des Begriffs Kreativität verzichtet. Prinzipiell wird Kreativität von den psychologischen Konstrukten Wissen

die die Lebenswelt der Kinder und Jugendlichen mit Bildungsmöglichkeiten
zusammenführen kann, welche sie in ihren jeweiligen Voraussetzungen selbst
mitgestalten können und in denen sie sich weiterentwickeln (vgl. Schmidt, 2012,
S. 821). Dies umreißt aus einer subjekt- und bildungstheoretischen Perspektive die Zieldimension des Wandels der Schule als ein lebendiger „Kulturort"[10],
der die Jugendlichen involviert, aktiviert und ihnen neue Ausdruckmöglichkeiten
erschließt. Es ist aber auch noch nicht eindeutig und klar, ob diese Jugendori-
entierung, die auch die außerschulische Jugendbildung motiviert, die Realität
der Schule bestimmt. Oder ursupiert sie in diesem Veredelungsbegriff und in
Aufrechterhaltung des verständnisfremden Leistungslernens die Künste, um so
bleiben zu können, wie sie ist? Möglicherweise entscheiden die KulturSchulen
im Laufe ihres Veränderungsprozesses darüber.

Um die Qualität des schulischen Erfahrungsraums zu verändern, ist die Einbeziehung aller Lehrkräfte einer Schule vonnöten. Damit spielen die Lehrenden
im KulturSchul-Konzept eine signifikant über den Fachunterricht hinausweisende
Rolle. Diese, in die vertikale Tiefe reichende Dimension der Schulentwicklung ist
wahrscheinlich die größte Herausforderung für das Landesprogramm und unter-
streicht noch einmal die Bedeutung der Fortbildung zur Zielerreichung. Aufgabe
der Schulen ist es, vier Handlungsfelder in den Blick zu nehmen und einer Revi-
sion zu unterziehen, um Kulturelle Bildung nachhaltig zu verankern: 1) Den
Unterricht, 2) das Lernen in Projekten, 3) Partizipation und Kooperation als
Handlungsleitlinien und 4) die Öffnung der Schule für Kulturinstitutionen und
Kunstschaffende.

2   Umorientierung schulischen Lernens

Sollen sich Unterricht und Lernkultur verändern, sind ausnahmslos alle Fachdomänen adressiert und in die Veränderungsimpulse miteinzubeziehen. Das
KulturSchul-Programm favorisiert ein *sinnes- und wahrnehmungsbezogenes Lernen,* das in breiter Querbeziehung zu allen Fächern die vorherrschende Einsei-
tigkeit des schulischen Lernens durch rein kognitive und rezeptive Strategien

---

und Intelligenz unterschieden und als eine besondere Dimension in der Persönlichkeitspsy-
chologie betrachtet. Die Attraktivität des Konzepts zeigt sich auch in dessen Eingang in die
PISA-Testung 2022, für die kreatives Denken als neue „innovative" Domäne gefasst wurde.

[10] Dieser Ausdruck soll eine Zielrichtung angeben und verweist zugleich auf die Ent-
grenzung schulischen Lernens. In der Pädagogik wird zur Vereindeutigung der Schule die
Bezeichnung als Lernort bevorzugt. Lernen ist jedoch nur die Modalität für die praktizierte
Selektion der Schüler.

überwinden soll. Diese Orientierung misst der *ästhetischen Erfahrung* einen besonderen Stellenwert zu. Gemäß dem Selbstverständnis der Akteure des KulturSchul-Programms ist sie dafür prädestiniert, die Persönlichkeitsentwicklung der Heranwachsenden anzuregen. Zugleich wird damit ein Anspruch an *Bildung* reformuliert.[11]

Ästhetische Erfahrung birgt potenziell ein Moment des Innehaltens und der Selbstaufmerksamkeit auf das Selbst, die Dinge und auf das Geschehen im kreativen Prozess. Die Sinne sind körperliche Konstitutiva für Lernvorgänge[12], welche zunehmend wieder, nun jenseits von Neurobiologie und -psychologie, wissenschaftliche Aufmerksamkeit erhalten. In der frühen Bildung ist die elementare Bedeutung aller Sinne für das Lernen längst anerkannt, und es erscheint wenig einleuchtend, eine Schulung der Wahrnehmung von Außen- und Innenwelt ausschließlich auf einen altersbezogenen Entwicklungsabschnitt zu begrenzen. Zudem ist es unstrittig, dass ein intensivierter Zugang[13] zu den Künsten den Heranwachsenden neue Ausdrucks- und Gestaltungsmöglichkeiten erschließt, in deren Aneignung das eigene Lernen für sie sinnlich erfahrbar, eindrücklicher und bewusster wird.

Die Rolle, die im Konzept von KulturSchule den Künsten zugedacht wird, richtet sich auf deren Expertise für Methoden, die sinnlich wie kognitiv neue und erweiterte Lernräume entstehen lassen, insbesondere in Kombination mit anderen Fachdomänen. Musik, Bildende Kunst, auch Darstellendes Spiel sind im Lehrplan verankerte Unterrichtsfächer, Literatur ist ein Teilbereich der Sprachfächer. Ausnahmslos alle Unterrichtsfächer gelten als „Kulturwerkzeuge" (Haag & Götz, 2012, S. 32). Diese führen die Schülerinnen und Schüler in spezifische Erkenntnisansätze eines disziplinär geprägten Denkens inklusive zugehörige Fachbegriffe und fachliche Methoden und Praktiken ein. Allerdings scheinen sich die Fachkulturen darin deutlich zu unterscheiden, inwiefern sie den Lernenden Gelegenheiten zu einer *gemeinsamen Handlungs- und Gestaltungspraxis* im Unterricht anbieten. Welche Bedeutung diese für die Schüler hat, geht beispielhaft aus einer fachdidaktischen Studie zu produktionsorientierten Ansätzen im Fach Musik hervor. Die Untersuchung basiert auf einem Projekt, in dem gemeinsam mit Lehrkräften

---

[11] Auch das Interesse der ästhetischen Fächer ist mittlerweile geweckt, evaluierend die bildende Wirkung zu belegen (für Musik vgl. Zill, 2016; Knigge, 2013; für Kunst Peez, 2005; für Tanz Rudi, 2021; Pürgstaller, 2019; Reichel, 2016; für Theaterarbeit zusammenfassend Wirag, 2019).

[12] Das Verhältnis von Ich und Welt als körperlich vermittelt zu begreifen, schlägt sich auch in der Bildungstheorie nieder (vgl. Bockrath et al., 2008).

[13] Das meint, über die rein stundenmäßige Verankerung im regulären Lehrplan von Kunst, Musik und Bewegung und Darstellendes Spiel hinausgehende Angebote.

Kulturelle Bildung in der Schule weiterentwickelt werden sollte. Die erkenntnisleitende Fragestellung war dabei, „welche ästhetischen Erfahrungen Schüler in Musikprojekten unter bestimmten Bedingungen tatsächlich vollziehen" (Zill, 2016, S. 232). Im Verlauf eines Teilprojekts zeigte sich, dass die Aufgabenstellung des kompositorischen Arrangierens die gesamte Lerngruppe besonders herausforderte. Sogar das jeweilige Selbstkonzept des Einzelnen wurde dadurch tangiert, was die Intensität des Projekts in der Schülerwahrnehmung belegt. Neben der erforderlichen Eigenintitiative und dem beharrlichen Arbeiten an Zwischenergebnissen ging es für die Lernenden darum, ein Resultat zu konstruieren und die unterschiedlichen Beiträge zusammenzuführen, also um ein Setting, in dem sie – anders als im klassischen Unterricht – ihr Lernen selbst steuern. Ihr Ehrgeiz war geweckt, gemeinsam mit den Mitschülern zu einem sie auch selbst zufrieden stellenden Arbeitsresultat zu kommen.[14]

Das Projekt könnte drei Bedürfnissen der Lernenden gerecht geworden sein, legt man die Selbstbestimmungstheorie von Deci und Ryan (1993) zugrunde: In den Lernprozessen konnte Autonomie erfahren werden, die soziale Eingebundenheit in die Gruppe gab dem Einzelnen Sicherheit, und das Erleben von wachsender Kompetenz machte zufrieden. Somit zeigt dieses Musikprojekt einen Weg zur alternativen Unterrichtsgestaltung auf, die die Schüler stärker miteinander vernetzt und ihnen zugleich Freiräume eröffnet. Sie werden in Handlungen involviert, die sie bisher nicht mit dem schulischen Musikunterricht assoziiert haben. Die Gesamtaktivität machte ihnen auch Spaß, aber sie bedeutete auch Anstrengung. All das sind wichtige Faktoren, denn leider wird schulisches Lernen nicht mit Lust, Spaß und Freude am Tun und Entwickeln verbunden, vielmehr in Gegensatz zum Lernen gesetzt.[15] Insofern ist einiges gewonnen, wenn die Künste einen Gegenakzent zu Indifferenz setzen. Ästhetischen Angeboten in der Kulturellen Bildung gelingt es laut Elias Zill (2016) sogar, die Vergleichgültigung des schulischen Lernens (vgl. Holzkamp, 1993) zu unterbrechen. Das ästhetische

---

[14] Der Autor berichtet von positiven Ergebnissen des Projekts hinsichtlich der Förderung der Sinneswahrnehmung und des Ausdrucksvermögens, der Schulung von Differenzierungsfähigkeit sowie eine Steigerung des Selbstvertrauens.

[15] Eine Umfrage bei Schülerinnen und Schülern in den Jahrgangsstufen 5–10 (Allensbach, 2020) zeichnet ein bedenkliches Bild vom schulischen Lernen. Für die Schüler und für Eltern handelt es sich beim Lernen ausschließlich um das Befolgen einer Pflicht. Lernen wird damit von der eigenen Person, die versucht, das eigene Ich- und Weltverständnis zu gewinnen, abgetrennt. Mit einem «Wissenwollen» und der darin geborgenen Möglichkeit, die eigene Handlungsfähigkeit zu erweitern, hat schulisches Lernen dann nichts zu tun. Insofern liegt der Schluss nahe, dass eine offene Fragehaltung und Aufgeschlossenheit gegenüber Unbekanntem, gar ein eigenes individuelles Interesse an einem Sachgegenstand durch Unterricht oftmals nicht ausgebildet wird.

Tun beispielsweise beim Malen, Entwerfen und Konstruieren, Komponieren oder beim Schreiben, Erzählen oder Tanzen ermöglicht den Schülerinnen und Schülern in einem sie herausfordernden Setting ihre eigenen Ausdruckformen zu finden, sowie originäre und aus dem Fühlen hervorgehende Vorstellungen und Erlebnisse darzustellen. Zills Studie steht für das Anregen von Öffnungsprozessen für Andersartiges, Wahrnehmungsdifferenzierung und Einstellungsänderung und ein neues Erfahrungswissen (Zill, 2016, S. 238). Solche Lernerfahrungen sollten nicht auf einen Bereich – wie hier das Ästhetische – beschränkt bleiben (vgl. Loffredo, 2016). Und eben dies liegt im Sinn des KulturSchul-Programms: Es unterstützt und strebt danach, Fächergrenzen zu überschreiten und inhaltsbezogene Verbindungen zu knüpfen und das Lernen zu vertiefen. Vor diesem Hintergrund ist auch das Interesse des KulturSchul-Programms an einer verbindlichen schulischen Kooperation mit Kunstschaffenden und kulturellen Institutionen zu sehen. Diese kann die Vielfalt der künstlerischen Angebote verstärken. Die professionelle Blickweise der Kunstschaffenden auf das jeweilige Arbeitsthema erhöht den Anspruch an die Ernsthaftigkeit und das Gelingen eines Projekts und steigert das künstlerische Niveau. Eine anschließende Einordnung dieser Erfahrungen der Schülerinnen und Schüler in ausgreifende gesellschaftliche und kulturelle Zusammenhänge wäre sodann wiederum die strukturierende und vermittelnde Leistung der Schule.

3   Ästhetische Erfahrung in der Lehrkräftefortbildung

Was qua ästhetischer Erfahrung den Kindern und Jugendlichen im schulischen sowie außerunterrichtlichen Lernen ermöglicht werden soll, müssen ihre Lehrpersonen selbst kennenlernen. Darauf baut ihre Motivation auf, den Unterricht und das Schulleben anders zu gestalten als sie es bisher aus ihrer Ausbildung und der Praxis kennen. Das Ästhetische stellt für viele weitgehend eine «terra incognita» dar. In den «Fachforen» der Fortbildungen des KulturSchul-Programms zählt es zum professionellen Agieren der Fortbildenden, im didaktischen Setting ästhetische Erfahrungen anzulegen, um Momente von Selbstaufmerksamkeit zu ermöglichen. Als besonderes Werkstattformat sind die «Fachforen» innerhalb des beständigen Entwicklungsprozesses der Fortbildungen für KulturSchule noch recht jungen Datums und mit den Erfahrungshintergründen aus den Workshops «Kreative Unterrichtspraxis» vollends neu konzipiert worden. Die wechselnden Themen der «Fachforen» und ihrer Workshops werden seitens der Programmverantwortlichen und der Fortbildenden genau beobachtet, dokumentiert und punktuell überarbeitet. Sie reihen sich ein in ein Set von Fortbildungen, für die ein fächerverbindender und fächerübergreifender Ansatz markant ist. Dieser kann einerseits den Fachunterricht vollenden, andererseits auch für neue Fragen öffnen (vgl. z. B. Hilbrich et al., 2003).

Ästhetische Zugänge, die in den Fachunterricht integriert werden, bezeichnen künstlerische Praktiken etwa aus Musik, Tanz und Bewegung, der Literatur und des Films oder Mittel der darstellenden oder bildenden Künste, die die Sinneswahrnehmungen einbeziehen. In den in dieser Studie erläuterten Fortbildungen wird eine bisher nur in ersten Ansätzen in den Fachdidaktiken diskutierte Herangehensweise (vgl. z. B. Bernstein & Lerchner, 2014) rein über die Selbsterfahrung erschlossen und letztlich für die KulturSchulentwicklung adaptiert (Langenfeld & Twiehaus, 2018).

Was die Lehrkräfte in den Fortbildungen des KulturSchul-Programms erfahren und lernen können, ist somit weitgehend neu, anders und besonders. In kreativen und offenen Situationen, in denen kaum Regeln für das Handeln vorfindlich sind, werden auf methodische Planungsschritte getrimmte Lehrende wieder zu Lernenden; einige empfinden, wie wir in den Befragungen feststellen konnten, diese Momente, in denen sie nahezu frei entwickeln können, als verunsichernd.[16] An sich und ihrem Empfinden von Befangenheit oder Unsicherheit erleben sie und vollziehen es nach, wie sich ihre eigenen Schüler häufig fühlen müssen, wenn diese sich im Unterricht zu exponieren haben. Und zugleich kontrastiert dieser Eindruck mit positiven Erfahrungen des eigenen Potenzials und der Gestaltungsmöglichkeiten, wenn ihrer Kreativität der nötige Raum plus der Rahmen sozialer Eingebundenheit in eine Gruppe gegeben wird. In einem solchen besonderen Format wie den Fachforen lernen die Lehrkräfte also Ungeahntes über ihr eigenes kreatives Vermögen sowie ihre verschütteten Bedürfnisse; sie dürfen ganz bei sich sein in einem sie bewegenden produktiven Geschehen, ohne auch nur ansatzweise instrumentell geleitet an die Auffrischung und Erweiterung ihres Materials für den nächsten Unterricht zu denken. Eine zweieinhalbtägige „Auszeit" während der Fachforen, so wird es von den Lehrkräften empfunden, ermöglicht eine Inkubation von Ideen und Überlegungen hinsichtlich der Veränderung des eigenen Lehrstils, ohne dass dies ein Gelingenskriterium der Fortbildung darstellt oder ein ‚moralischer Zeigefinger' dahintersteht. Durch den Rückgriff auf die Künste eröffnet sich ein aktivierendes Betätigungsfeld, das die Sinne der Lernenden in vielfältiger Weise einbezieht und weit gespannte Lernmöglichkeiten offeriert, die an die eigene Personwerdung und individuelle Lerngeschichte anknüpfen. Oft

---

[16] Dies scheint symptomatisch zu sein: Freytag und Hein (2018) illustrieren und analysieren die Haltung zum Ästhetischen an ihren Erfahrungen mit Lehramtsstudierenden für die Grundschule.

werden in der Fortbildung leibbezogene Ausdrucksmöglichkeiten[17] herausgefordert, die die von sich gekannten Fähigkeiten und Bewegungsmuster erweitern und überschreiten. Nach einer potenziellen Phase anfänglicher Selbstüberwindung, sich mit anderen auf ein unbekanntes Terrain wie das Ästhetische zu begeben, dominiert das Vertrauen in die eigene Lern- und Gestaltungsfähigkeit und gewinnt die Lust am Gestaltungserfolg Oberhand. Am Ende einer produktivkreativen Phase wird die empfundene Freude am Prozessgeschehen auch mit den Partnern im Geschehen geteilt.

Diese Inspiration, die aus der Erfahrung hervorgeht, anders, eben mit einem Fokus auf den Sinnen und Eindrücken nachspürend zu lernen, in einem eigenen Rhythmus sich Zeit nehmend und etwas zuwege bringen zu können, soll von der Fortbildung bis in die Schule hineinwirken. Die Qualität der Lehrerfortbildung, die in den folgenden Kapiteln thematisiert wird, lässt darauf hoffen, dass die Fortgebildeten an der Schaffung ästhetischer Erfahrungsräume in der Schule arbeiten, weil sie *für sich selbst* merken, dass hier für sie und ihre Lerngruppen eine andere Art des Arbeitens möglich wird.

4   Wie kommt Kulturelle Bildung in die Schule?

Das ist die Frage, die diese Evaluationsstudie zur Fortbildung bewegt und versucht, annähernd zu beantworten. Welchen Beitrag leisten die jeweiligen Fortbildungsformate dafür? Der Enthusiasmus, der aus den verbalen Daten der Interviews mit den Teilnehmenden an Fachforen hervorgeht – bietet er die Gewähr dafür, neue Zugänge im Unterricht zu platzieren und weiterzuentwickeln? Die Fortbildenden sind von dieser Wirkung überzeugt (auch davon sprechen die verbalen Daten), dass die ästhetische Erfahrung als Inkubator für neue Ideen wirkt. Letztlich erfordert die Beantwortung dieser Fragestellung allerdings eine weitere Studie, die auch das institutionelle *Transfermanagement* der Einzelschule in den Blick nimmt. Denn für die Evaluation der Fortbildungen bildete ein solcher Ortswechsel mit Blick auf die Transformation des Gelernten schlicht eine Beobachtungsgrenze im gewählten Forschungssetting.

Es ist nicht vermessen zu behaupten, dass eine auf den gesamten Erfahrungsraum KulturSchule ausgerichtete Lehrkräftequalifizierung ein wesentlicher

---

[17] In dem vom Körper abgegrenzten Begriff „Leib" wird der grundlegende Modus von Erfahrung und Wahrnehmung der äußeren Welt gesehen. Er konstituiert gemäß der Leibphänomenologie auch die physische Voraussetzung des individuellen Selbstausdrucks (vgl. Abraham & Müller, 2010).

Gelingensfaktor für die Veränderung von Unterricht ist. Damit die Fortbildungsangebote für KulturSchule einen maximalen Effekt in der Schule entfalten können und von der Organisationsseite her der Fortbildungsertrag im Anschluss an den Fortbildungsbesuch weiter unterstützt wird, bedarf es vor allem einer strategischen Planung der Einzelschule, wie eine Gesamtstrategie der Kompetenzentwicklung ihrer Lehrkräfte aussehen muss. Ebenso braucht es ein bewusstes Transfermanagement zur gelingenden Umsetzung neuer Unterrichtskonzepte.

Fortbildung hat ihrerseits die Möglichkeit, eine solche Einsicht in das Potenzial einer solchen Entwicklungsstrategie zu verbreiten. Die im Weiteren noch zu beschreibende «SLT-Reihe» für Schulleitungen und KulturSchulbeauftragte der KulturSchulen ist prädestiniert dafür, Personalführung und Kompetenzförderung der Lehrkräfte in der teilautonomen Schule als wichtigen Aufgabenbereich der Schulleitung zu problematisieren.[18] Die Fülle an Aufgaben für die Schulleitung in teilautonomen Schulen ist ebenso stetig gewachsen wie die Erwartungen an sie als Führungskräfte. Seitens der Schulentwicklungsforschung wird eine Gesamtperspektive der Schulleitung, die sie im Rahmen einer Visionierung von KulturSchule entwickelt, für relevant erachtet. Konzipiert wird in dieser nicht nur der eigene Weg, auch das noch brachliegende Potenzial für eine Schulentwicklung gerät dabei in den Blick. Eines wird an Erfahrungsberichten und Studien auch deutlich: Einzelne vermögen nicht, die Gesamtorganisation, das ,Schiff', zu bewegen. Nach Auskunft von Schulleitungen im KulturSchul-Programm dauert ein Schulentwicklungsprozess rund acht bis zehn Jahre. Die Frage ist zentral, wohin die Reise gehen soll. Der Kommunikationsbedarf als „neuralgischer Organisationsfaktor" ist zeitlich anspruchvoll, wie Marlies Krainz-Dürr (1999, S. 429) kenntnisreich darlegt. Fachliche Heterogenität, unterschiedliche Persönlichkeiten und divergente Lernverständnisse prägen ein Kollegium ebenso wie Konflikte. Um in pädagogischen Absichten zusammenzufinden, sind kompetente Moderation, zuspitzende Impulse und Verbindlichkeit in der Umsetzung von Entscheidungen nötig. Allerdings zeigen die Befragungen der KulturSchulen, dass es über das Erziehungs- und Bildungsverständnis und die vielfältigen Dimensionen

---

[18] Empirische Studien dazu, welche konkreten Aktivitäten die Schulleitung im Kontext von Schulentwicklung und Lehrkräftequalifizierung ergreifen, sind rar und illustrieren einen Forschungsbedarf zu diesem Aspekt des Umgangs mit fortgebildeten Lehrkräften. Eine empirische Studie im Kontext des Modellprojekts «Selbstständige Schule» in NRW zeigt, dass weitgehend auf die klassischen Angebote zu Fort- und Weiterbildung und andere Formen einer Mitarbeiterführung wie Mitarbeitergespräche zurückgegriffen wird (Meetz, 2007, S. 272). Weitergehende Aufschlüsse, was davon die Schulentwicklung wirklich beeinflusst, wird von einer Evaluation der unterschiedlichen Personalentwicklungsmaßnahmen erwartet. Eines wurde auch festgestellt, nämlich dass die Sicherstellung des Schulalltags priorisiert wird und schulqualitätsrelevante Aufgaben in den Hintergrund treten (Kruse & Huber, 2021).

des Lernens wenig Diskussion in der Schule gibt. Womöglich hat man Sorge, sich in eine Grundsatzdiskussion zu verstricken. Aus der Forschung geht hervor (vgl. van Ackeren et al., 2008), dass Schulleitungen eher zurückhaltend mit ihrer Werteakzentsetzung hinsichtlich kollegialer Interaktion, der Zusammenarbeit in Gremien oder unterrichtsbezogener Kooperation sowie schulinterner Evaluation umgehen. Dies gründet offenbar auf ihrem Leitungsverständnis.

Diese Punkte weisen darauf hin, dass eine Verständigung über die Idee ,Kulturelle Bildung' im Kollegium notwendig für die Gesamtentwickung ist (Kauer, 2018, S. 143). Ein ,roter Faden' der Fächer im Schulcurriculum, den Kulturelle Bildung mit konstruiert, zeigt Nähe und Zusammenhänge der Unterrichtsdomänen und erweitert Zusammenarbeitsmöglichkeiten. Wird ein auf die KulturSchule bezogenes Gesamtkonzept von den Lehrkräften gemeinsam entwickelt und geklärt, entfaltet es im weiteren Prozess eine unterstützende Funktion für die Schulleitung. Aus Austauschgelegenheiten über das Geschehen in Fortbildungen kann potenziell ein in der Schule verankertes Labor für konkrete Unterrichtsversuche unterschiedlicher Art werden.[19] Der unterschiedliche Ausbildungsstand der Lehrkräfte wäre Begründung genug. Im Rahmen einer Werkstatt kann fachverbindender und fächerübergreifender Unterricht ebenso geplant werden wie das Schulfest, der Tag der offenen Tür oder die Auswertung der Berufspraktika. Der Bezug auf das Ästhetisch-Kulturelle bildete dabei die *Leitfigur* für die gemeinsamen Überlegungen.

Die Fortbildungen stellen in ihren vielseitigen Angeboten für die Weiterentwicklung von schulischen Fachbereichen und der einzelnen Lehrkraft eine Ideenquelle dar. Im Lernhandeln der Fortgebildeten würde Kulturelle Bildung so zu einem Fundus für die Schul- und Unterrichtsentwicklung.

5 Zum Evaluationsprojekt und Entstehen des Buches

Unter den Fortbildungen für KulturSchulen in Hessen sind die «Fachforen» die jüngste Entwicklung; sie sind mit der zweiten Staffel von neuen Programmschulen aufgesetzt worden. Der Beauftragung der Professur Schulpädagogik mit einer wissenschaftlichen Evaluation der Fachforen und der weiteren Fortbildungsformate im Rahmen des KulturSchul-Programms liegt das spezifische Interesse des Hessischen Kultusministeriums (HKM) an einer „Wirkungsanalyse" der Fortbildungsreihen für das Landesprogram KulturSchule zugrunde. In der miteinander

---

[19] Im Sinne einer Realisierung ist dafür zugleich eine Zeitressource für die Lehrkräfte einzusetzen.

abgestimmten zentralen Fragestellung der Untersuchung ist der „Beitrag" zu spezifizieren, den „die Fortbildungsformate des KulturSchul-Programms für die Etablierung einer ästhetischen Praxis und eines kulturellen Schulprofils leisten". Insofern liegt ein Akzent dieser Studie auf den didaktischen Gestaltungsmerkmalen „ästhetischer Praxis", insbesondere wie sie von den Teilnehmerinnen und Teilnehmern wahrgenommen und erfahren wird. Forschungsmethodisch ist die Erhebung der Teilnehmerperspektive durch die teilnehmende Beobachtung der Fachforen ergänzt worden. Zur wissenschaftlichen Begleitung und Erforschung der Fortbildungsangebote stand ein durch Drittmittel geförderter Zeitraum von zwei Jahren sowie ein drei Viertel-Stellenanteil für eine Forschungsunterstützung zur Verfügung.

Das Spektrum der Fortbildungsangebote ist in Zielsetzungen und Funktion erstmalig von Thomas Langenfeld und Simone Twiehaus (2018) beschrieben worden. An diese Skizze, die aus einer Mitgestaltungssicht verfasst worden ist, kann eine Außensicht mit einer ausführlicheren didaktischen Rekonstruktion der einzelnen Konzepte und einem systemischen Blick auf das Zusammenspiel anschließen. So bestehen die Fortbildungsangebote für Lehrkräfte an Kultur-Schulen in Hessen in unterschiedlichen Qualifizierungselementen; jedes Format bildet eine eigene Rubrik wie z. B. «Tag X» und ist eigenständig. «Tag X» ist ebenso wie die «Workshops Kreative Unterrichtspraxis» nutzbar für Lehrkräfte aller Schulen. Die Formate sind hinsichtlich ihrer Inhalte und didaktischen Zielsetzungen sowie im Ablaufgeschehen nicht auf einen gemeinsamen Nenner zu bringen. Um ihre Konzeption und Funktion genauer zu bestimmen, werden sie in jeweils eigenen Kapiteln dieser Publikation ausführlich vorgestellt und in ihren Möglichkeiten und Begrenzungen diskutiert.

Zugute kommt der Evaluation, dass durch eine mittlerweile langjährige Kooperationsbeziehung zwischen der Universität Marburg und dem Hessischen Kultusministerium das KulturSchul-Programm und die Entwicklung einzelner Schulen bekannt ist. Im Laufe der Zeit haben sich die Gelegenheiten für einen Austausch über das KulturSchulprogramm und Einblicke in die Neuerungen an den Schulen summiert und vertieft; im Rahmen der 2020 an der Universität Marburg gegründeten Arbeitsstelle Kulturelle Bildung an Schulen und des gleichnamigen berufsbegleitenden Weiterbildungsmasters erweiterten sich Kontakte wie auch Informationsflüsse. Tagungen, die der Weiterbildungsmaster in Kooperation mit der Bundesakademie für Kulturelle Bildung Wolfenbüttel alle zwei Jahre ausrichtet, führen Akteure ähnlicher Programme zusammen. Als Lehrende in der Wissenschaftlichen Weiterbildung war es für uns, Christian

Kammler und mich[20], besonders reizvoll, sich mit den didaktischen Settings dieser Lehrkräftefortbildungen intensiver zu befassen.

Die teilnehmende Beobachtung der Fachforen und anderer Fortbildungs- und Vernetzungsformate in den jeweiligen Gastgebereinrichtungen ermöglichte, genaue Eindrücke von den vielfältigen Aufgabenstellungen zu erhalten und die Atmosphäre und Beziehungen unter den Teilnehmenden und Fortbildenden wahrzunehmen. Oftmals konnten Themen eines Gedankenaustauschs bei anderen Gelegenheiten wieder aufgenommen und fortgesetzt werden. Das Anliegen dieser Studie ist, mithilfe dieser Evaluation den analytischen Blick der planenden und gestaltenden Akteure auf die Fortbildungspraxis nochmals zu schärfen und die im Praxisfeld vorhandene Reflexion auf Basis wissenschaftlichen Wissens fortzuentwickeln.

Die Evaluation mitsamt Befragungen, teilnehmende Beobachtung, die Fragebogenerhebung an fünf KulturSchulen, der Besuch von Veranstaltungen im KulturSchul-Programm, der Schreibprozess bis zur Fertigstellung der Publikation, all dies benötigt Zeit und erfordert auch einen intensiven Kommunikationsprozess mit vielen Beteiligten in unterschiedlichen Institutionen.

Michael Retzar erkundete als Wissenschaftlicher Mitarbeiter im Projekt „Struktur- und Wirkungsanalyse der kulturellen Fortbildung im Rahmen des Schulentwicklungsprogramms KulturSchule Hessen" das Fortbildungsfeld; seine Beobachtungen in den Fachforen hat er bei dazu vorgesehenen Austauschgelegenheiten mit den Fortbildungsverantwortlichen geteilt. Die Unterlagen, die das HKM zur Verfügung gestellt hat, sind in die hier beschriebenen Fortbildungsformate eingeflossen. Dazu leistete Michael Retzar grundlegende Vorarbeiten. Die Protokollmitschriften der Reflexionsphasen gehen auf die Notizen von Herrn Retzar von seiner Fachforenbegleitung und Besuchen von «Tag X» zurück. Auf Basis unserer Vorbereitungen hat Herr Retzar die Interviews realisiert. Der Fragestellung, ob sich ein statistischer Zusammenhang von Fortbildungsteilnahme und Schulentwicklung feststellen lässt, sind wir mithilfe einer Erweiterung des bereits in der KulturSchul-Studie (Ackermann et al., 2015) entwickelten Fragebogens nachgegangen. Unterstützt von Valentin Eller und externer statistischer Expertise sind die Ergebnisse durch Herrn Retzar aufgearbeitet und in Graphiken veranschaulicht worden. Für seine Mitarbeit ist ihm besonders zu danken.

---

[20] C.q. Christian Kammler (2018), Leiter der Arbeitsstelle «Kulturelle Bildung an Schulen» und Geschäftsführer des gleichlautenden weiterbildenden Masterstudiengangs und Heike Ackermann, akademische Leitung des Weiterbildungsstudiengangs bis Oktober 2022.

Ein besonderes Anliegen ist es, allen Teilnehmerinnen und Teilnehmern an der Interviewstudie zu den Fortbildungen sowie den Kollegien der fünf Kultur-Schulen, die sich 2016 und 2017 an der Befragung beteiligt haben, herzlich zu danken. Die große Offenheit für das Anliegen hat es erlaubt, verbales Material und qualitativ aufschlussreiche und wertvolle Auskünfte zu den Fortbildungen zusammenzutragen. Nicht zuletzt haben Thomas Langenfeld und Marcus Kauer mit ihrer Überzeugungsarbeit Türen geöffnet und für die Evaluation günstige Bedingungen geschaffen.

15 Jahre KulturSchule sind ein Meilenstein auf dem Weg zu einer performativen Konzeption im schulischen Lernen. Es ist qualitativ zu prüfen, inwieweit mit der erweiterten Lernkultur die Schule als Institution auch den Anreiz aufnimmt und beginnt, ein symptomatisches, das Verständnis beeinträchtigende Leistungslernen infrage zu stellen.

Im Folgenden wird das Landesprogramm KulturSchule Hessen in seinem Konzept und der Struktur vorgestellt (Kap. 2). Der Auftrag zur Evaluation und das methodische Vorgehen hinsichtlich der Rekonstruktion der Konzepte der Fortbildungen werden daran anschließend erläutert (Kap. 3), bevor dann die im Laufe des KulturSchul-Programms geschaffenen und aufeinander bezogenen Fortbildungsformate im Fokus stehen. Sie werden je für sich hinsichtlich ihres Anliegens, der Zielgruppe und in ihrer Rezeption untersucht (Kap. 4, 5, 6 und 7). Eine zusammenfassende Betrachtung eines Zusammenspiels der Formate als Angebotsrepertoire zur Qualifizierung der Lehrkräfte erfolgt daran anschließend (Kap. 8). Die sich aus der Auseinandersetzung ergebenden Überlegungen mit einem Transfermodell sind Gegenstand von Thematisierungen der Transferunterstützung durch Reflexion, Austausch in der Schule und das Fortbildungsmangement in KulturSchulen sowie die auf den Transfer wirkende Sitiuation vor Ort (Kap. 9). Um abzuschätzen, ob die Fortbildungen einen Unterschied für die KulturSchulentwicklung hervorbringen, wird eine Teilauswertung einer Studie vorgestellt, für die fünf Kollegien von KulturSchulen die Basis sind. Die Auswertung erfolgt dahingehend, welche Unterschiedlichkeit in der Wahrnehmung zwischen Fortgebildeten und nicht Fortgebildeten besteht (Kap. 10). Abschließend wird Bilanz gezogen und es sollte geklärt sein, wie und wodurch Kulturelle Bildung in die Schule kommt (Kap. 11).

Marburg im April 2023.
Heike Ackermann.

Literatur

Abraham, A., & Müller, B. (Hrsg.). (2010). *Körperhandeln und Körpererleben. Multidisziplinäre Perspektiven auf ein brisantes Feld.* Transcript.

Ackermann, H., Retzar, M., Mützlitz, S., & Kammler, C. (2015). *KulturSchule. Kulturelle Bildung und Schulentwicklung.* Springer VS.

Bernstein, N., & Lechner, C (2014). *Ästhetisches Lernen im DaF DaZ Unterricht. Literatur – Theater – Bildende Kunst – Musik – Film.* Universitätsverlag. https://doi.org/10.17875/gup 2014-775.

Bockrath, F., Boschert, B., & Franke, E. (2008). Körperliche Erkenntnis. Eine Einführung. In F. Bockrath, B. Boschert, & E. Franke (Hrsg.), *Körperliche Erkenntnis. Formen reflexiver Erfahrung* (S. 9–12). Transcript.

Braun, T. (2021). *Zur Theorie der Kulturschule. Eine anerkennungstheoretische Studie zum Verhältnis von Schule, Individualität und ästhetischer Erfahrung.* BeltzJuventa.

Brumlik, M. (2014). Ich und das Andere. In J. Hagedorn (Hrsg.), *Jugend, Schule und Identität* (S. 205–221). Springer VS. https://doi.org/10.1007/978-3-658-03670-6_12.

Deci, E. L., & Ryan, R. M. (1993). Die Selbstbestimmungstheorie der Motivation und ihre Bedeutung für die Pädagogik. *Zeitschrift für Pädagogik, 39,* 223–238.

Deutscher Verein zur Förderung der Lehrerinnen- und Lehrerfortbildung e. V. (DVLfB) (Hrsg.). (2018). Recherchen für eine Bestandsaufnahme der Lehrkräftefortbildung in Deutschland. Ergebnisse des Projektes Qualitätsentwicklung in der Lehrkräftefortbildung Teil 1. In *forum Lehrerfortbildung* Heft 47. https://lehrerfortbildung.de/images/pho cadownload/Recherchen_fuer_eine_Bestandsaufnahme_der_Lehrkraeftefortbildung_in_ Deutschland.pdf. Zugegriffen: 31. Juli 2023

Freytag, V., & Hein, T. (2018). Haltungen zu ästhetischer Bildung als interdisziplinäres Studienelement im Grundschullehramt. *Zeitschrift für empirische Hochschulforschung (ZeHf).* https://doi.org/10.3224/zehf.v2i2.03.

Hilbrich, C., Walter, K.-H., & Zöllner, H. (2003). *Über das Fach hinaus – fachübergreifender, fächerverbindender Unterricht und die übergreifenden Themenkomplexe (ÜTK).* In (Hrsg.) Landesinstitut für Schule und Medien Brandenburg (LISUM) Ludwigsfelde. https://bildungsserver.berlin-brandenburg.de/fileadmin/bbb/themen/pdf/handreich ung_01.pdf. Zugriffen: 31. Juli 2023

Haag, L., & Götz, T. (2012). Mathe ist schwierig und Deutsch aktuell. Vergleichende Studie zur Charakterisierung von Schulfächern aus Schülersicht. *Psychologie in Erziehung und Unterricht, 59*(1), 32–46. https://doi.org/10.2378/peu2012.art03d.

Holzkamp, K. (1993). *Lernen. Subjektwissenschaftliche Grundlegung.* Campus.

Huisken, F. (2011). Über die Erziehung zum tauglichen Konkurrenzsubjekt. In B. Lederer (Hrsg.), *„Bildung": Was sie war, ist, sein sollte. Zur Bestimmung eines strittigen Begriffs* (S. 57–72). Schneider Verlag. http://berndlederer.at/wp-content/uploads/2020/ 04/Bildung.-Was-sie-war-ist-sein-sollte.-Buch-1.pdf. Zugegriffen: 24. Feb. 2023.

Institut für Demoskopie Allensbach. (2020). Wie lernen Kinder und Jugendliche heute? Tel ekom-stiftung.de/sites/default/files/files/media/publications/Wie-lernen-Kinder-und-Jug endliche-Bericht.pdf. Zugegriffen: 24. Apr. 2021.

Kammler, C. (2018). Der Weiterbildungsmaster „Kulturelle Bildung an Schulen" (WBM KuBiS) an der Philipps-Universität Marburg. In M. Fuchs & T. Braun (Hrsg.), *Kulturelle Unterrichtsentwicklung. Grundlagen, Konzeptionen, Beispiele* (S. 358–367). Beltz.

Kauer, M. (2018). Kulturelle Unterrichtsentwicklung als Teil kultureller Schulentwicklung. Erfahrungen aus dem Programm der „KulturSchule" Hessen. In M. Fuchs & T. Braun (Hrsg.), *Kulturelle Unterrichtsentwicklung. Grundlagen, Konzeptionen, Beispiele* (S. 142–153). Beltz.

Klemm, K. (2011). Charakteristika und Rahmenbedingungen des Lehrerberufs. In E. Terhart, H. Bennewitz, & M. Rothland (Hrsg.), *Handbuch der Forschung zum Lehrerberuf* (S. 116–121). Waxmann.

Knigge, J. (2013). Transfereffekte, Kompetenzen oder ästhetische Erfahrung? Musikpädagogische Anmerkungen zur Wirkungsforschung in der kulturellen Bildung. Vortrag auf der BMBF-Tagung „Perspektiven der Forschung zur kulturellen Bildung" am 6.6.2013 in Berlin. http://jensknigge.info/site/Publications_files/Knigge%202013%20-%20Wirkung sforschung%20kulturelle%20Bildung.pdf.

Krainz-Dürr, M. (1999). *Wie kommt Lernen in die Schule? Zur Lernfähigkeit der Schule als Organisation.* Studienverlag.

Kruse, C., & Huber, S. G. (2021). Schulleitung zwischen Alltagsbewältigung und Schulentwicklung – Thesen aus einer qualitativen multiperspektivischen Arbeitsplatzanalyse. *Schweizerische Zeitschrift für Bildungswissenschaften, 43*(3), 349–365. URN: urn:nbn:de:0111-pedocs-237677. https://doi.org/10.25656/01:23767. Zugegriffen: 15. Apr. 2021.

Langenfeld, T., & Twiehaus, S. (2018). Qualifizierungsangebote im Schulentwicklungsprogramm „KulturSchule Hessen". In M. Fuchs & T. Braun (Hrsg.), *Kulturelle Unterrichtsentwicklung. Grundlagen, Konzeptionen, Beispiele* (S. 334–346). Beltz.

Loffredo, A. M. (2016). Zum Stellenwert ‚Ästhetischer Bildung' in einer guten Schule. In K. Moegling, S. Hadeler, & G. Hund-Göschel (Hrsg.), *Was sind gute Schulen? Teil 1: Konzeptionelle Überlegungen und Diskussion* (S. 237–250). Prolog.

Meetz, F. (2007). *Personalentwicklung als Element der Schulentwicklung. Bestandsaufnahme und Perspektiven.* Klinkhardt. URN: urn:nbn:de:0111-opus-37292. https://doi.org/10.25656/01:372.

Pasternack, P., Baumgarth, B., Burkhardt, A., Paschke, S., & Thielemann, N. (2017). *Drei Phasen: Die Debatte zur Qualitätsentwicklung in der Lehrer_innenbildung.* Bertelsman Verlag.

Peez, G. (2005). *Evaluation ästhetischer Erfahrungs- und Bildungsprozesse. Beispiele zu ihrer empirischen Erforschung.* Kopaed.

Pürgstaller, E. (2019). *Kulturelle Bildung im Tanz. Grundlagen und Befunde eines kreativen Tanzangebots auf die Kreativitätsentwicklung.* Springer VS (Diss.).

Reichel, I. (2016). *Persönlichkeitsentwicklung durch Tanz. Pädagogische Postulate und ihre Bedeutung für die Unterrichtspraxis.* Dissertation Universität Bern. https://biblio.unibe. ch/download/eldiss/16reichel_ic.pdf. Zugegriffen: 24. Apr. 2021.

Reinwand-Weiss, V.-I. (2014). Qualitätsdimensionen ästhetischen Lernens. *Hessische Blätter für Volksbildung. Zeitschrift für Erwachsenenbildung in Deutschland, 64*(4), 342–349.

Rudi, H. (2021). *Persönlichkeitsbildung durch Tanz. Theoretische Herleitung und empirische Analyse des tänzerischen Selbstkonzepts bei Kindern.* Springer VS (Diss.). https://link.spr inger.com/book/https://doi.org/10.1007/978-3-658-33717-9. Zugegriffen: 4. Nov. 2022.

Schmidt, C. (2012). Jugendkulturelle Szenen und Kulturelle Bildung. In H. Bockhorst, V.-I. Reinwand, & W. Zacharais (Hrsg.), *Handbuch Kulturelle Bildung* (S. 819–821). Kopaed.

Terhart, E. (2014). Standards für die Lehrerbildung: Bildungswissenschaften – Nach zehn Jahren. *Die Deutsche Schule, 106*(4), 300–323.

van Ackeren, I., Block, R., Klemm, K., Kullmann, H., & Sprütten, F. (2008). Schulkultur als Kontext naturwissenschaftlichen Lernens – Allgemeine und fachspezifische explorative Analysen. *Zeitschrift für Pädagogik, 54*(3), 341–360.

Wirag, A. (2019). Experimentelle Studien zu Theaterarbeit und Persönlichkeitsentwicklung: Die aktuelle Befundlage. Scenario: *A Journal for Performative Teaching, Learning, Research, XIII*(2), 94–110. https://doi.org/10.33178/scenario.13.2.7.

Zill, E. (2016). "Wow, das klingt schon richtig gut...". Eine qualitative Studie zu musikalisch-ästhetischen Erfahrungen von Schülern in produktionsorientierten Projekten. In J. Knigge & A. Niessen (Hrsg.), *Musikpädagogik und Erziehungswissenschaft* (S. 231–247). Waxmann. URN: urn:nbn:de:0111-pedocs-153136. https://doi.org/10.25656/01: 15313.

Das Landesprogramm KulturSchule Hessen

1 Sondierungen

Es fällt ins Auge: In seiner Betitelung verbindet das hessische Landesprogramm Kultur mit Schule, ohne Einfügung von „und" oder einen Bindestrich. Das endozentrische Kompositum betont, dass sich bei aller Eigenständigkeit Kultur und Schule zu einer geglückten Formation fügen. Schon im ersten Zugang und bevor ein Leser genaueres erfährt, bestimmt diese Komposition sich zusammenschließender Entitäten das Bild von Schule, das kommuniziert wird. Es gelingt damit, was Landesprogramme auch bezwecken: Die Erzeugung von Aufmerksamkeit. Gegenstand des Interesses ist eine Schwerpunktsetzung im Schulprofil, die im Regierungs- und Verwaltungshandeln gefördert und in ihrer weiteren Entwicklung beobachtet wird.

Gibt man die Stichworte «Bildungspolitik und Landesprogramme» bei Google ein, so weist die Plattform 40,900 Einträge aus; bei Beschränkung auf das Stichwort Landesprogramm steigen sie auf 69,700. In der thematischen Ausrichtung reichen die Einträge von Austauschprogramme für Studierende über ‚gesunde Schule', ‚ganztägig lernen' oder Demokratieerziehung etc. Diese Materie markiert ein Sujet, das einer Intervention und Verbesserung bedarf. Ein Landesprogramm liefert mit Struktur- und Unterstützungsmaßnahmen eine darauf zielende Antwort. Manche dieser Programme werden mit einer Evaluation verbunden, die die Herausforderung meistern muss, im Vagen befindliche Zielsetzungen eines politischen Programms zu explizieren und eine durch mehrere Zieldimensionen erwachsene Komplexität qua methodischem Know-how zu operationalisieren.

© Der/die Autor(en) 2023
H. Ackermann, *Fortbildungen für KulturSchule*,
https://doi.org/10.1007/978-3-658-42221-9_2

Eine themenüberschreitende Forschung zu dieser bildungspolitischen Steuerungsstrategie von Bildungsinnovationen in die Praxis durch Administration, Wissenschaft und Politik (z. B. Schemme et al., 2017) scheint selten; bekannt ist, dass unter den allgegenwärtigen passenden oder unpassenden Wettbewerbsgesichtspunkten eines Ländervergleichs gern gesehen wird, wenn eine bildungspolitische Maßnahme etwas Besonderes aufweist, was sich als Markenzeichen präsentieren lässt.

Eine Sondierung theoriebezogener Arbeiten und Forschungsergebnissen zeigt auf, wo sich diese Thematik disziplinär verorten lässt. Nicht erst in jüngster Zeit ist die Bildungsverwaltung ein beachteter Gegenstand (vgl. Terhart, 1986). In der Erziehungswissenschaft dominiert seit einiger Zeit die Forschungsrichtung «Educational Governance». Sie widmet sich der Inderdependenz und den Beziehungsstrukturen zwischen unterschiedlichen Akteuren und untersucht die „Handlungskoordination" in einem Mehrebenensystem. Dabei bedient sie sich ubiquitär einer in vorwiegend technischen und auch unternehmerischen Zusammenhängen verbreiteten „„Steuerungs-Begrifflichkeit'" (Maag-Merki & Altrichter, 2015, S. 399). Unterstellt wird im Steuerungshandeln ein allseitiges Bemühen um eine Verbesserung des Bildungssystems einschließlich der Schulqualität, was als Hypothese verdienen würde, hinterfragt zu werden (Heinemann, 2023). Ein vermehrtes Interesse an der konstanten Größe „Landesschulverwaltung" bemerkt Bettina Gördel (2016) auch bei der aufgefrischten Bürokratietheorie sowie Neuen Verwaltungssteuerung. Die Modelle thematisieren unter der Implikation der staatlichen Schulhoheit hierarchische Strukturen, den Instanzenweg und Kontrolle. Vorherrschend ist ein methodisches Verständnis des Regierens, für das Kommunikation und Abstimmung zwischen unterschiedlichen Akteuren eine erforderliche Strategie der Einbindung in die „Regelsetzung und -durchsetzung" (Langer & Brüsemeister, 2019, S. 772) darstellt. Eine wesentliche Intention der Governance-Forschung wird in der Generierung von Steuerungswissen gesehen mit der Folge allerdings, die Distanz zum Forschungsobjekt zu verlieren. Der Blick auf reale Situationen und wie „Kompromisse eingegangen, Prioritäten verschoben, neue Lösungen gefunden, Reformvorhaben in den Alltag überführt oder ausgesessen werden" (Hangartner, 2019, S. 332) deckt sich nur teilweise mit einer Durchgriffslogik oder einem Abschleifen von Zielen im Transferprozess. Der Blick auf den Gegenstand und dessen neutrale Analyse tritt zurück vor der präsentierten Gemengelage.

Von mehreren Seiten werden Widersprüche und „Inkonsistenzen" (ebd., S. 333) vermerkt, sodass die Vertreter dieser Forschungsrichtung nunmehr Ergänzungen im Ansatz und Überarbeitungen ihrer Deutungen vornehmen wollen. Wie auch immer, Horst Weishaupt (2014, S. 229) vermisst in der Erforschung von

Schulreform das Verfolgen der miteinander verketteten Aktivitäten, die *Schulent-wicklungsprozesse* beeinflussen. Dabei hat er vor allem die Schulpraxis und die Praktiker im Blick, die vor dem Hintergrund regionaler und lokaler Bedingungen Entscheidungen für die Entwicklung ihrer Schule treffen. Dass die Governance-Forschung nicht die Schulrealität erforscht, konstatiert in diesem Sinne auch Fabian Dietrich (2019).

Vor dem Hintergrund dieser Recherche zu aktuellen Forschungsansätzen zu bildungspolitischen Programmen, der Landesschulverwaltung und der Diskussion lässt sich für das allgemeine Untersuchungsvorgehen in dieser Studie folgern, nicht allein die kommunizierten Ziele sowie die auf der operativen Ebene angesiedelten Unterstützungsangebote der Bildungsverwaltung in den Blick zu nehmen. Auch das schulische Feld kann seinerseits im Verlauf auf die Programmmaßnahmen zurückwirken. Zu konstatieren ist außerdem, dass das Handeln der Praktiker eigenen Gründen folgt[1]. Mehrere Ebenen wie die der Institution, der Organisation und die Profession spielen eine Rolle.

2   Die ‚Handschrift' des KulturSchul-Programms

Eine Handschrift ist einzigartig und unverwechselbar. Bildungspolitische Programme streben nach einem Profil und hohen Wiedererkennungswert, zugleich rahmt die allgemeine gesellschaftliche Entwicklung ein solches Bestreben, sodass eine Reaktion auf Problemdiagnosen nicht singulär auftritt. Der Trend zur Profilierung bezieht sich nicht nur auf den initiierten Wettbewerb im Schulsystem (Böttcher & Hogrebe, 2008), mit parteipolitischen Abgrenzungsabsichten wird die Bildungspolitik in den Bundesländern profiliert, da mit den Bereichen Schule, Hochschule und (Weiter-)Bildung Markierungen von Differenz möglich sind. Deren Besonderheiten gründen durchaus auf einem historisch gewachsenen landesspezifischen Umfeld. Insofern gilt auch für Kulturschul-Programme in den Bundesländern eine Mixtur von bildungspolitischen Tendenzen, die Problembearbeitungen auf Bundes- und Länderebene folgen, Stiftungsprogramme nutzen (Fink et al., 2017; Ackermann et al., 2015, S. 24 ff.) und auf „kumulierendevolutive Entwicklungslinien" (Rürup, 2005, S. 15) zurückgehen, die für ein Bundesland spezifisch sind.

Das KulturSchul-Programm Hessen zeigt im Vergleich mit anderen Länderprogrammen die Besonderheit, durch das Lernen über die Organisation Schule

---

[1] Zu den Motiven für die Programmteilnahme seitens der Schulleitungen von KulturSchulen vgl. Ackermann et al. (2015, S. 184 ff.).

eine innere Schulentwicklung in Gang zu setzen und durch kontinuierliche Fortbildungsangebote für alle Lehrkräfte die dazu nötige Unterrichtsentwicklung
zu stützen. Das Programm ist administrativ auf mehreren Ebenen verankert:
Das eigenständige Referat „Kulturelle Bildung" im Kultusministerium (HKM)
bildet Schnittstellen zu anderen Aufgabenfeldern wie Inklusion, Integration,
Begabtenförderung und vernetzen das Arbeitsgebiet somit hausintern; als Querschnittsthema auch mit anderen Ministerien. Das Programmanliegen hat seine
institutionelle Repräsentanz aktuell innerhalb der Abteilung I des HKM (Qualitätsentwicklung, ganztägig arbeitende Schulen, schulformübergreifende Bil-
dungsaufgaben, Dienstaufsicht über die Staatlichen Schulämter, internationales
Bildungs und Schulwesen, Stand 2022).

Die operative Funktion des Programms erfüllen die Mitarbeiterinnen und Mitarbeiter des Büros Kulturelle Bildung (ehemals „Projektbüro") mit Sitz in Frankfurt. Sie verfügen über die notwendige Erfahrung und Expertise in den Künsten
und übernehmen die Schulbegleitung und Beratung der Programmschulen. Das
Büro bildet die Verbindung zwischen HKM, Teilnehmerschulen und den Netzwerken und ist neben operativen Funktionen auch eine Art Entwicklungsabteilung für
die Fortbildung.

An den für Fach- und Dienstaufsicht der Schulen sowie Qualitätssicherung
zuständigen Schulämtern sind sogenannte Fachberater beauftragt, wo es sich
anbietet, Kulturelle Bildung als Querschnittsbereich im schulischen Bildungs-
und Erziehungsfeld und besondere Qualitätsdimension in Erinnerung zu bringen.[2]
Die Zusammenarbeit mit außerschulischen Partnern gewährleistet Austausch,
Repräsentanz und Außenwirkung im kulturellen Feld.

Eine Kooperationsvereinbarung mit der Universität zur wissenschaftlichen
Begleitung folgt dem Interesse an Wissens- und Innovationstransfer. Zugleich
wird auf Steuerungsautonomie geachtet[3]; so klinkte das Land sich nicht 2011 in
das Förderprogramm «Kulturagenten für kreative Schulen» ein, welches Kulturelle Bildung in den Schulen in fünf Bundesländer zu verankern trachtet. Erst seit
2014 werden bestimmte Teile des KulturSchul-Programms mit der Unterstützung
der Mercator-Stiftung gefördert HKM, 2018). Das leitende Konzept KulturSchule
Hessen beruht auf einem eigenen Erfahrungshintergrund mit Schulentwicklung.
Die Lenkungsphilosophie entwickelt sich im Wachstumsprozess weiter – und

---

[2] Der Referenzrahmen Schulqualität ist durch HRS KUBIS (2021) ergänzt worden und kann
von den Schulen für Gespräche mit der Schulaufsicht genutzt werden. Ein Newsletter zum
Thema Kulturelle Bildung mit besonderen Veranstaltungen informiert Schulen und Interessierte von Nord bis Süd.

[3] Mit seinem Programm sammelte die Landesschulverwaltung in Wiesbaden bereits Erfahrungen, als andere Länder sich erst auf den Weg begaben, vgl. Hamburg 2011.

steht vor der Herausforderung, neue Antworten auf das Ausbremsen durch die Corona-Pandemie zu finden.

3 Kulturelle Bildung im Mittelpunkt

Am Landesprogramm stellen die Programmakteure Thomas Langenfeld und Simone Twiehaus „drei übergeordnete Ziele" für die Schulen heraus: Die „Etablierung eines künstlerischen Curriculums", die Praktizierung von „[ä]sthetische[n] Zugangsweisen in allen Fächern" und die Schaffung einer „umfängliche[n] künstlerische[n] und kulturelle[n] Praxis" (Langenfeld & Twiehaus, 2018, S. 336). Deutlich wird daran, dass Kulturelle Bildung an ästhetisches Lernen gebunden wird (Westphal, 2015).[4]

Mit dem Interesse an der Nachhaltigkeit der schulischen Veränderung ist mit dem Programm von Beginn an eine *Schul- und Unterrichtsentwicklung* intendiert worden, die die breiten Möglichkeiten Kultureller Bildung und ästhetischen Lernens in und zwischen den tradierten Fachdomänen akzentuiert. Da Kulturelle Bildung als Facette der Unterrichtsmodalitäten und als breit aufgestellter Erfahrungsbereich im Lehrplan und Schulleben nicht verankert ist, in der grundständigen Lehrerbildung auch nicht überfachlich studiert werden kann, ist eine diesbezügliche „Qualifizierung"[5] der Lehrkräfte notwendig. Als „Schulentwicklungsmaßnahme", die sämtliche „Ebenen des schulischen Handelns" miteinschließt und Lehrkräfte, Schulleitung und Steuerungsgruppen adressiert (Langenfeld & Twiehaus, 2018, S. 334) betrifft dies auch die Vergewisserung von Rollen im Veränderungsgeschehen.

Die Etablierung eines künstlerischen Curriculums in den schulischen Lehrplan und kultureller Praxis in das Schulleben fußt auf dieser Programmatik (vgl. Vogt & Gonszar, 2009; Vogt et al., 2011). Als Hauptanliegen beschreiben die ersten kurzen Veröffentlichungen in den Publikationen des Verbands der kulturellen Kinder- und Jugendbildung, Kinder und Jugendliche an künstlerische Ausdrucksformen heranzuführen und zu eigenem kreativen Tun anzustiften. Darin wird

---

[4] Dies folgt dem Mainstream im Diskurs zur Kulturellen Bildung.

[5] Der Oberbegriff „Qualifizierung", der im Wesentlichen eine Konnotation einer funktionalen Wissenserweiterung mit sich führt, trifft das umfängliche Anliegen, das die „dritte Phase" der Lehrerbildung mit dem Weiterlernen im Beruf artikuliert, nicht vollständig. In dieser geht es auf Basis einer biographischen Lerngeschichte, eigenen Unterrichtserfahrungen und erworbenen Handlungsmustern um ein reflektierendes Fortentwickeln von Handlungskompetenzen in unterschiedlichen Dimensionen. Dabei sollen auch „subjektive Theorien" irritiert und für Veränderung zugänglich werden.

der „Schlüssel für eine geschulte ästhetische Wahrnehmung, kreatives Denken und Handeln und eine größere Offenheit und Neugier gegenüber traditioneller und zeitgenössischer Kunst und eigener und fremder Kultur"[6] (Vogt et al., 2011, S. 38) gesehen. Die ästhetischen Fächer verhinderten bei gebührendem Stellenwert eine voranschreitende „kulturelle" Verarmung der Schule (Liebau et al., 2009, S. 7). Diese wird wesentlich in einer Reduktion der curricularen Stundenanteile der Fächer Musik und Bildende Kunst identifiziert, die infolge der PISA-Studie vorgenommen worden sind. Sie wird aber auch in einer Deprofessionalisierung gesehen, wenn die ästhetischen Fächer fachfremd unterrichtet werden. Und sie wird in der unreflektierten Dominanz digitaler Werkzeuge im Alltag wahrgenommen, die die Symbolisierungsfähigkeit der Heranwachsenden negativ beeinflusst. Nicht zuletzt wird auf den essentiellen Beitrag der ästhetischen Fächer verwiesen, den diese zu einer Persönlichkeitsentwicklung der Heranwachsenden leisten.

Von den KulturSchulen wird erwartet, Kulturelle Bildung als extracurricularen Querschnittsbereich zu verankern und weiterzuentwickeln. Dieses Anliegen tastet die bestehenden schulartendifferenzierten Lehrpläne mit der strukturellen Gewichtung in sogenannte Haupt- und Nebenfächer nicht an. Das vermeidet sofort aufflammende Konflikte um den Lehrplan, die auch deswegen nicht funktional wären, da ästhetische Zugänge im Fachunterricht Fragestellungen illustrieren und andere Arbeitsmethoden in den Unterricht einbringen sollen. Es geht nicht um eine Dominanz von Domänen, sondern eine bessere Vernetzung zugunsten einer Förderung von Aneignungsweisen und Verständnisförderung. Die Zielsetzung des Programms ist mit dem Fokus auf diesen Bildungsbereich jedoch noch nicht hinreichend erfasst. Denn Kulturelle Bildung hat die Funktion, einen *schulischen Erfahrungsraum* auszugestalten, der in seiner wichtigen sozialisatorischen Funktion für die Schüler oftmals übersehen wird. Ansatzpunkte für eine die gesamte Schule umfassende Veränderung sind hierfür a) der Unterricht, b) das Lernen in Projekten, c) die Kooperation mit Kultureinrichtungen und freien Kunstschaffenden und d) die weitere Öffnung der Schule. In diesen Handlungsfeldern sollen die Schülerinnen und Schüler auch mit externer Beteiligung zu

---

[6] Im Kulturbegriff scheinen differente Konzeptualisierungen eines Kulturverständnisses nicht auf. In der Literatur herrscht weitgehend unhinterfragt eine deterministische Unterstellung einer kulturellen Prägung des Verhaltens vor (vgl. Moosmüller, 2000). Das kulturbezogene Handeln von angehenden Lehrkräften ist Forschungsgegenstand in ersten Projekten (vgl. Timm & Scheunpflug, 2020).

ästhetischem Lernen und Eigeninitiative herausgefordert werden. In mittelfristiger Sicht soll dies die schulische Lernkultur[7] verändern.

Ausgehend von einer Gestaltungsarbeit der Schulaktuere an der pädagogischen ‚Ganzheit' einer Schule (Fend, 1988) pflegen die Programmverantwortlichen ein dialogisches Verhältnis zu den Teilnehmerschulen. Die Bewerbungsmodalität des KulturSchul-Programms verdeutlicht das ‚do ut des'-Verhältnis zu ihnen. Durch ihre eigeninitiative Selbstbewerbung werden sie an die Zielsetzungen der Programmleitlinie herangeführt. Ein in diesem Kontext stehender Austausch von wechselseitigen Erwartungen („Interessenbekundungsverfahren") klärt Voraussetzungen und in der schulischen Gestaltung erwartete Meilensteine. Dennoch sind und bleiben die Schulen die Akteure ihrer Selbstentwicklung, für die sie Unterstützung in vielerlei Hinsicht bekommen. Diese wird zur Anbahnung eines mentalen Wandels benötigt. Denn KulturSchule ist mit habituellen Gewohnheiten konfrontiert, die aktuell ein Umdenken erfordern: Die ästhetischen Fächer werden von Eltern wie auch Lehrkräften weitgehend als schulische Randfächer begriffen. Zu Tagen der offenen Tür, festlich gestalteten Schülerneuaufnahmen oder Entlassungfeiern, Jubiläen sind die Leistungen, die die Schüler vor Publikum vollbringen, eine präsentable Bereicherung. Sie erfüllen eine bestimmte Erwartung. Gleichwohl ändert dies nicht die verbreitete Wahrnehmung, die ästhetischen Fächer als verschönernden Zusatz zu den „wichtigen" Unterrichtsfächern zu sehen. Um diese Wahrnehmung zu verändern, sind KulturSchulen gefordert, das bildende Potenzial der ästhetischen Fächer hinsichtlich der Schulung von Wahrnehmungs- und Ausdrucksfähigkeit des Individuums herauszustellen. Das bedeutet einen eigenen Lernprozess der Schulleitungen und der Lehrkräfte. Und es bedarf eines neuen fachverbindenden und fächerübergreifenden Blicks auf schulische Lehrplanthemen, um sie mit kunstbezogenen Zugängen und einer Handlungsorientierung zu verbinden.[8]

Jede Schule kann als KulturSchule einen eigenen Weg für die Integration von Arbeitsweisen, Einbindung und Präsentationen der Künste und ihre Gestaltungsprodukte sowie den Grad des Einbezugs der Expertise von Kunstschaffenden und Kultureinrichtungen in die Schule finden. Für das im Zuge der Schulentwicklung entstehende Profil gibt es keine Normierung durch das KulturSchul-Programm.

---

[7] Mit dem überstrapazierten Lernkulturbegriff befassen sich Kolbe et al. (2008, S. 125) mit einem Theoriebeitrag. Das Autorenkollektiv wendet sich gegen eine „normativ aufgeladene" Konzeption „‚neuer Lernkultur'". In ihren Ansatz schließen sie pädagogische „Praktiken, in regelgeleiteten, typisierten und routinisierten, körperlich aufgeführten […] Interaktionen" mit ein. Dieses Verständnis würde auch in einer „empirischen Didaktik" die ästhetischen Zugänge integrieren.

[8] Die Fortbildungen liefern hierfür Anregungen.

Auch der neue Zusatzrahmen HRS KuBi stellt letztlich ein Indikatorentableau dar, das interpretierbar ist, eine Entwicklungsrichtung unterstützen will, aber keine zusätzlichen Ressourcen vom Schulträger begründet.

Aus Bildungssicht ist allerdings relevant, wenn die ,Lernkultur' bedeutet, dass Lernende aktiv werden und ihre sinnlichen und leibvermittelten Wahrnehmungen weiterentwickeln und sich als selbstwirksam erleben können. Unter diesen sinnenbezogenen, ästhetischen und veranschaulichenden Prämissen werden neue Lernräume geschaffen, die den Schülerinnen und Schülern Handlungs- und Ausdrucksmöglichkeiten bieten, die auf sie zurückwirken: „Bildung [kann sich] nur dann wirklich ereignen [...], wenn auch ihre performative Seite entfaltet wird, wenn das sich bildende Subjekt auch performativ handelnd aktiv agiert" (Pfeiffer, 2012/2013). Die Idee von einer solchen Wechselwirkung der Welt auf das sich bildende Subjekt und umgekehrt in seiner Veränderung rückwirkend auf die Weltsicht folgt Wolfgang Klafkis Bildungstheorie (Klafki, 1991), die auf die Bildungswirkung von kunstbezogenen Ausdrucksformen übertragen wird.

Der auf die KulturSchulen bezogene Kurs und Dialog der Programmakteure kann beschrieben werden als Beobachten und Unterstützen, was diese benötigen, um Kulturelle Bildung zu integrieren und Prozesse zu ihrer Verankerung bewusst zu steuern. Grundsätzlich sollen Nutzungsstrukturen für Netzwerkteilnehmer, die die Kulturelle Bildung durch je unterschiedliche Leistungen stärken und eine partielle Funktion auch für andere Teilnehmer eines Netzwerkes bieten, etabliert werden. Damit wird eine Fortdauer des Programms und ein Selbstregime angestrebt.

4   Der Beginn – Fortbildung für KulturSchulen

KulturSchule Hessen beginnt mit dem Schuljahresbeginn 2008/2009 wie vielfach üblich bei Neueinführungen als „Pilotversuch". Die Erprobungsphase mit fünf Schulen ist in einem mit dem Personal bewältigbaren Maße dimensioniert. Die Mitarbeiter im Projektbüro schauen darauf, wie die Schulen mit dem Entwicklungsanspruch Kulturelle Bildung umgehen. Für das Entwicklungsziel existiert keine Blaupause; es kann sie auch nicht geben, weil die Bedingungen der Schulen im lokalen Umfeld unterschiedliche sind. Von Anfang an gehören Prozessbegleitung der Schulen und systemische Beratung zum Programm und ebenso eine Lehrkräftefortbildung.[9]

---

[9] Die Fortbildungsmodule sind dokumentiert: https://kultur.bildung.hessen.de/kulturelle_p raxis/kulturschule_hessen/1._staffel/index.html.

Blickt man auf die Arbeitszusammenhänge in der Zeit, so ist zu vermuten, dass ein Modellversuch der Bund-Länder-Kommision «Kulturelle Bildung im Medienzeitalter» (2000–2006) erste Ansätze für das KultuSchul-Programm legte. Im BLK-Projekt ging es um die Entwicklung und Erprobung von Konzepten zur Einbeziehung digitaler Medien in die Fächer Kunst, Musik, Theater und Literatur. In einem Teilbereich entwickelten Schulen hierfür Konzepte.[10]

Das KulturSchulProgramm übersteigt eine Reduktion auf Medien, da es die Künste mitsamt ihren Ausdrucksmöglichkeiten als bildungswirksame Medialität versteht, die Kindern und Jugendlichen unabhängig von ihrer sozialen Herkunft zugänglich sein sollen. Landespolitisch liegen Voraussetzungen und Entwicklungen vor, an die das Programm anschließt. Sie liegen in

- dem frühen und fortdauernden Prozess der Schulautonomie[11],
- der 1999 begonnenen Langzeitbeobachtung von vier Versuchsschulen, die innere Schulentwicklung und eigenintitatives Lernen der Schüler erproben[12],
- der Initiierung von Schulentwicklung in den musikalischen Grundschulen, die seit 2005 den Programmakteuren Indikatoren für den Problemkomplex liefert, langfristig wirkende Veränderungen in den Schulkollegien herbeizuführen;

---

[10] Der Kunstpädagoge und Psychoanalytiker Pazzini (1999) erstellte zum BLK-Programm ein Gutachten, in das er nach eigener Aussage unter anderen auch ein Konzeptpapier von Gabriele Vogt eingearbeitet hat. Den Hinweis auf das Pazzini-Gutachten verdanke ich Christian Kammler.

[11] 1992 wurden in einem umfangreichen Schulgesetz (17. Juni 1992) acht zuvor auf verschiedene Gesetze verstreute Normenpakete zusammengefasst und die ersten Regelungen für die eigenverantwortliche Schule getroffen.

[12] Von diesen Schulen hat die Helene-Lange-Schule in Wiesbaden die Theaterarbeit als zentralen Bestandteil der kulturellen Praxis im Schulprogramm festgeschrieben (Ahlring, 2009). An der Steinwaldschule Neukirchen hat Christian Kammler das Spektrum kultureller Praxis und ästhetischen Lernens für alle Fächer entfaltet und an der Öffnung der Schule in den ländlichen Raum als Kulturort mitgewirkt (vgl. Kammler & Lohmann, 2018).

● Erfahrungsgrundlagen mit ästhetischen Fortbildungen an Schulen in Zeiten des «Kulturmobils».[13]

Die Fortbildung zielte zunächst auf die schulinternen Koordinatoren („Kultur-schulbeauftragte") und die Fachlehrkräfte für Deutsch, Englisch und künstlerische Fächer (vgl. Vogt & Gonszar, 2009, S. 46). Diese Fortbildungsmodule sind mit eigenen erfahrenen Kräften projektiert und durchgeführt worden. An und für sich wäre dies nicht besonders erwähnenswert, hätte nicht kurz zuvor eine „der größten Umbauphasen [in] der Geschichte" Hessens (Christean Wagner, Presse-mitteilung vom 27.12.2005) stattgefunden. Mit der Einführung des Hessischen Lehrerbildungsetzes (HLbG) im November 2004 sind die Landeseinrichtungen für die Lehrkräftequalifizierung aufgelöst worden; ein neu geschaffenes „Amt für Lehrerbildung" (AfL)[14] erhielt „den Auftrag, landesweite Fort- und Weiterbil-dungsmaßnahmen durchzuführen und dazu Vorschläge der Staatlichen Schulämter auf Basis der Fortbildungspläne der Schulen einzuholen" (Imschweiler, 2019, S. 151). Die Neuordnung der Zuständigkeiten im Bereich der staatlichen Dienst-stellen des HKM führte zur Dezentralisierung der Lehrkräftefortbildung ein-schließlich einer Überlastung der Schulämter mit zusätzlichen Planungsaufgaben (vgl. Görisch & Holstein, 2008, S. 15). Neben der Einsparung des Unterhalts für die Landeseinrichtungen bestand der weitere Plan darin, einen ausgedehnten Fortbildungsmarkt für einen denkbar weiten Kreis von Anbietern zu forcieren.[15] Es zeigte sich schnell, dass dieser Marktidealismus kein spezifisches Entwick-lungsanliegen hinsichtlich der mit einer Qualifizierung verbundenen strategischen Gestaltungsziele verfolgte oder erfüllen konnte.[16] So vermerkte auch Gabriele Vogt, dass sich „kaum Angebote externer Fortbildungsanbieter" (Vogt et al., 2011, S. 39) für Workshopmodule für kulturell kreative Schulen haben finden lassen.

---

[13] Das Kulturmobil fand seinen Einsatz in der aufsuchenden Lehrerfortbildung. Es handelt sich um einen eigens konstruierten ausfahrbaren Aufbau auf einem Sattelschlepper, der die Schulen anfuhr. Die Idee dazu entwickelte die LAG Schulbibliotheken, nachdem die Einrich-tung schulbibliothekarischer Arbeitsstellen in jedem Schulamtsbezirk gescheitert war. Letzt-lich fanden die Angebote der Theater-, Musik- und Medienpädagogen besonderen Nachhall bei den Lehrkräften. 2010 ging das preisgekrönte Mobil an die Musikschule Frankfurt.

[14] „Lehrerbildung aus einem Guß", lautete der Slogan. Er impliziert, die administrativen Strukturen aller drei Phasen der Lehrerbildung stärker miteinander zu verzahnen.

[15] Private Träger wie Lehrerverbände und Unternehmen sowie Kirchen bespielen dieses Feld seit Langem.

[16] Dies traf auch für die strategischen Schwerpunktsetzungen des HKM nach PISA zu: Fest-gestellt wurde, dass die Angebote zur Leseförderung die Qualitätskriterien nicht erfüllten (vgl. Görisch & Holstein, 2008).

Eine nach drei Jahren erfolgende Bewertung der politisch zügig geschaffenen Situation (Görisch & Holstein, 2008) erweist sodann die fehlplatzierte Beauftragung von Studienseminaren und Schulen mit Fortbildungen für Lehrkräfte. Beide Institutionen, die mit einem grundsätzlich anderen Auftrag versehen sind, wurden unsachverständig strapaziert. Den Schulen fehlte überdies durch einbehaltene Mittel die notwendigen Ressourcen, um die eigene Selbstentwicklung durch Fortbildung oder mit ,incentives' für die Beteiligung der Lehrkräfte an ihren Schulentwicklungsmaßnahmen durchführen zu können. Eine 2006 vorgenommene Deputatserhöhung für Schulleitungen und Lehrkräfte verschlechterte das Klima in den Schulen[17] obendrein und wirkte sich auch auf die Fortbildungsbereitschaft aus.[18] Es heißt, dass die Angebote auf dem Fortbildungsmarkt weder dem individuellen, situativen oder schulischen Qualifikationsbedarf entsprochen haben.

Insofern war es zugleich die Herausforderung der ersten Stunde des Pilotprojekts KulturSchule, mit eigener Kraft und dem vorhandenen Know-how die das Programm unterstützenden Fortbildungsformate mitzuliefern. Die Fortbildungsangebote sollen sich „unmittelbar am Entwicklungsbedarf der jeweiligen Schulen und Lehrkräfte orientieren" (Vogt & Gonszar, 2009, S. 47) – so die Intention –, wobei die „Berater und Begleiter in einem Prozess" auf dem „Ideen- und Handlungspotential der Lehrkräfte und Schulen selbst aufbauen" (ebd.) sollen.

Welches Aufgabenfeld im Kontext des KulturSchul-Programms die Programmverantwortlichen bei Startbeginn sehen, stellen sie in ihrer zweiten kurzen Veröffentlichung zum Landesprogramm vor (Vogt et al., 2011): Zum einen erhalten Schulen mit einem Profil im kulturellen Bereich systematisch Support hinsichtlich ihrer Schul- und Unterrichtsentwicklung. Zum anderen werden Projekte koordiniert und vernetzt. Über ein neu etabliertes Kulturportal sollen Projekte mit ähnlicher Zielsetzung aufeinander bezogen werden. Denn, so die Begründung, kreative Unterrichtsprojekte oder die Teilnahme an Wettbewerben könnten zum Impuls für ästhetisches Arbeiten werden und benötigten eine Veröffentlichungsplattform.

In erster Linie sind in der Aufgabenbeschreibung begleitende Dienstleistungen für Schulen, die Projekte in den Künsten initiieren, angeführt. Neben der Unterstützung von kulturellen Schulprofilen können grundsätzlich auch andere Schulen, Projekte und Künstler miteinander in Kontakt gebracht werden, indem

---

[17] https://www.rv.hessenrecht.hessen.de/bshe/document/hevr-PflStdVHE2006pP5 abgerufen am 19.6.2022.

[18] Seit 2005 war sie durch das Sammeln von Punkten – eine hoch abstrakte Nachweisform – erzwungen worden.

hierfür geeignete Angebote publik gemacht werden. Allerdings ergibt sich aus einer Dienstleistung wie das Veröffentlichen solcher Hinweise noch kein Aufeinanderzugehen möglicher Partner, für die ein Treffen wahrscheinlich einen gewissen Weg für die Kooperationsinteressierten bedeutet. Eigene programmatische Begründungen der KulturSchul-Akteure lassen sich eventuell hinter einer bildungstheoretischen Begründung von Allgemeinbildung finden und in der Überzeugung der Wirkung des Ästhetischen.

In der Pilotphase gelingt es den Akteuren, die Rolle der ästhetischen Fächer in der KulturSchule zu definieren. Ein Diskurs mit allen Schulbeteiligten habe eine Verständigung dahingehend ergeben, so Vogt, die ästhetischen Fächer breit aufzustellen: „Drei Koordinator/-innen pro Schule haben gemeinsam mit ihren Schulleitungen versucht, das gesamte Kollegium sowie Schüler/-innen und Eltern an diesem praktischen Definitionsversuch" (was eine KulturSchule ausmacht, H.A.) einzubeziehen und zu klären, wie man sich die „allmähliche Umsetzung in den Schulalltag" (Vogt et al., 2011, S. 39) vorstellt. Während dieses partizipativen Prozesses habe sich gezeigt, „dass es nicht nur um eine Addition von Aktivitäten aus dem Bereich der sogenannten musischen Fächer und Arbeitsgemeinschaften gehen konnte" (ebd.), sondern um eine allgemeine Verankerung sinnlicher und erfahrungsorientierter Zugänge *„im gesamten Lern- und Schulalltag"* (ebd., Hervorh. H.A.). In dieser Referenz auf sinnesbezogenes Lernen erhalten die heterogenen ästhetischen Fächer eine sie zusammenführende Gemeinsamkeit; als Künste gewinnen sie eine wichtige Leitfunktion, dem Lerngeschehen über den ästhetischen Fachbereich hinaus künftig eine die Ausdrucksmöglichkeiten stärkende Richtung zu geben.

Ästhetisches Lernen wird damit entgrenzt und die bestehenden Grenzen der Unterrichtsfächer geweitet. Um dies zu entfalten, sind die organisatorischen Strukturen der Einzelschule anzupassen und bedingen eine Organisationsentwicklung der Schule. Das Programm adressiert die teilnehmenden Schulen, zunächst ihre bestehende kulturelle Praxis zu reflektieren, weiterzuentwickeln und auszuweiten.[19] Aufgrund von positiven Erfahrungen kann sie im weiteren Verlauf zum markanten Kennzeichen ihrer Unterrichts- und Erziehungsarbeit werden.[20]

---

[19] Diese konzeptionelle Ausformung des Programms hat eine Legitimation im besonderen Bildungs- und Erziehungsauftrag des hessischen Schulgesetzes von 1999, das kulturelle Praxis als fächerübergreifendes Anliegen verankert hat.

[20] Die Schulleitungen von drei Gesamtschulen sprechen von einem integrierenden „Dach", das die additiven und unverbundenen Initiativen durch die Programmarbeit erhalten haben (Ackermann et al., 2015). Unerforscht ist noch, wie sich mehrere Profile einer Schule aufeinander auswirken.

Mit dem KulturSchul-Programm wird *Kulturelle Bildung* und *Ästhetisches Lernen* zum *Leitbild*, das sich im genuinen Verständnis von Schulentwicklung auch auf das Lern- und Unterrichtsverständnis auswirkt. Damit geht außerdem eine Verschiebung im Bild von Schule einher, wie die zentrale Fragestellung zur Selbstüberprüfung der Schulen im Indikatorentableau 2016 verdeutlicht: „Ist Ihre Schule ein Ort kulturellen Lebens?"

Von dieser konzeptionellen Idee ausgehend ist somit das Fortbildungsangebot im Kontext KulturSchule zu betrachten. Alle an der Schulgestaltung Beteiligten sollen das ästhetische und handlungsorientierte Erfahrungsanliegen des KulturSchul-Programms nachvollziehen und zur Kompetenzerweiterung unterschiedlich ausgerichtete Fortbildungen wahrnehmen. Sie sollen „niedrigschwellig" sein und Impulse für eine Unterrichtsveränderung sowie ein vielseitig performativ ausgerichtetes Schulleben setzen. Die Einzelschule wird als pädagogisch wirksames Gestaltungsfeld (Fend, 1988) visioniert.

Die durch Vogt et al. (2011) beschriebenen Aufgaben des Projektbüros sind mit der Zeit und den Fortschritten komplexer geworden und bilden das Volumen und Gesamtpaket des Büros Kulturelle Bildung nicht ab,[21] vor allem wegen der zunehmend erforderlichen Kooperativität auf allen Arbeitsebenen, die binnen 15 Jahren ein Erfordernis geworden ist. In der Anfangszeit wurde die operative Struktur geschaffen, auf die die Steuerungsakteure angewiesen sind. Aus der graphischen Darstellung bei Langenfeld und Twiehaus (2018, S. 337) geht die komplexe Vernetzung der derzeitigen Aktivitäten hervor, die bis zur EU-Ebene ausgreift. Das Büro Kulturelle Bildung des HKM kann als eine Mischung von Servicestelle (auch für ganztägig lernen) und im Zusammenwirken mit den Referatsmitarbeitern auch als eine Entwicklungsabteilung für das KulturSchul-Programm verstanden werden. Da die Bildungsverwaltung in direkter Beziehung zur Politik steht, ist die Verstetigung des Referats Kulturelle Bildung über mehrere Legislaturperioden hinweg ein Anzeichen dafür, dass die Landespolitik in diesem Querschnittsbereich ein öffentlich legitimierbares Entwicklungs- und Praxisfeld für Schulen sieht.[22] Der Titel KulturSchule gilt aufgrund des normativen Überschusses als Auszeichnung, für dessen Verwendung von der Schulorganisation Engagement verlangt wird.

---

[21] Laut Internetpräsentation des Büros Kulturelle Bildung werden kostenfreie Fortbildungen vermittelt und kulturelle Kooperationsprojekte initiiert, sowie die Schulentwicklung beraten.

[22] Dafür spricht auch die die Einbindung des Referatsleiters in die Stabsstelle zum Förderprogramm Löwenstark.

4.1   Voraussetzungen einer KulturSchul-Programmteilnahme

Eine Aufnahme in das KulturSchul-Programm geht auch mit einer Prüfung der Entwicklungsvoraussetzungen einher. Um Kulturelle Bildung voranzutreiben, soll ein gewisses Fundament im ästhetischen Handlungsfeld und damit auch die Entwickler – Lehrkräfte – vorhanden sein. Bewerberschulen sollen einen ästhetischen Bereich bereits profiliert haben. Hieran kann die künftige Arbeit an der «vertikalen Tiefe» und Bestrebungen, mit Kultureinrichtungen und Kultur- und Kunstschaffenden zu kooperieren, ansetzen. Das der Schulbewerbung vorgeschaltete mehrtägige „Interessenbekundungsverfahren" will seitens der Programmakteure sicherstellen, dass transparent ist, was auf eine Programmschule zukommt. Denn „wenn alle Beteiligten mit der Programmidee vertraut sind und sie mittragen" (HKM, 2014, Amtsblatt 2, S. 86), sei die erfolgreiche Umsetzung möglich. Das Interesse am Programm ist in einer Selbstverpflichtung zu einer deputatsmäßig kalkulierten Freisetzung von Lehrkräften für Koordinierungsaufgaben zu dokumentieren. Tab. 1 zeigt die Bedingungen, die Bewerber-Schulen erfüllen müssen.

Gewünscht wird eine partizipative und von vielen Lehrkräften getragene Bereitschaft, aktiv an den Entwicklungsprozessen mitzuwirken. Ein strukturell verankerter Rückhalt für die KulturSchul-Beauftragten ist Minimalbedingung, um sie auf annähernd gleiche Augenhöhe mit der Schulleitung zu bringen. Zugleich erklärt sich die Schulleitung bereit, Lehrkräfte für Fortbildungen im KulturSchul-Programm vom Unterricht freizustellen, was in den Kollegien (und

Tab. 1   Voraussetzungen einer KulturSchul-Programmteilnahme (HKM, 2016)

Voraussetzungen für die Bewerbung zur Vorphase bzw. Qualifizierungsphase:
• Die Schule weist in einem künstlerischen Arbeitsfeld (Musik, Bildende Kunst und kreative Medienarbeit, Darstellende Künste Theater und Tanz, Kreatives Schreiben) ein ausgeprägtes Profil vor
• Die Schulleitung benennt eine oder mehrere Lehrkräfte ihrer Schule (mehrjährige schulische Berufserfahrung) als KulturSchul-Beauftragte und betraut sie mit Deputatsstunden für Koordinierungs- und Steuerungsaufgaben.
• Die Schulleitung ist bereit, aus dem Schuldeputat unterrichtswirksam Stunden für den Ausbau des künstlerischen Bereichs (künstlerisches Curriculum) zu nutzen.
• Ein Schulkonferenz- und Gesamtkonferenzbeschluss sowie ein zustimmendes Votum der Schüler- und der Elternvertretung für die Bewerbung zur Qualifizierungsphase liegen vor.

Tab. 2 Verpflichtungen bei einer KulturSchul-Programmteilnahme (HKM, 2016)

Teilnehmende Schulen verpflichten sich zur Umsetzung der folgenden Punkte:

- Das Konzept „KulturSchule" wird als Teil des Schulprogramms organisatorisch und inhaltlich verankert.
- Alle Mitglieder der Schulgemeinde werden in den Gestaltungsprozess zur KulturSchule aktiv und partizipativ eingebunden.
- Die Schule engagiert sich für den Auf- bzw. Ausbau verbindlicher Kooperationen mit externen Kooperationspartnern (Künstler/innen, Kulturinstitutionen etc.).
- Die Schulleitung fördert den Prozess zum Aufbau einer KulturSchule aktiv, indem sie die inhaltliche Entwicklungsarbeit begleitet und diese durch organisatorische Maßnahmen (Räume/Zeiten/Stundenplan) ermöglicht,
  - Lehrkräfte als KulturSchul-Beauftragte der Schule zur Wahrnehmung von Koordinierungs- und Steuerungsaufgaben mit Stunden aus dem Schuldeputat versorgt,
  - regelmäßige Entwicklungsgespräche mit den KulturSchul-Beauftragten führt,
  - den Aufbau des künstlerischen Curriculums durch Stunden aus dem Schuldeputat unterstützt,
  - die Fortbildungsarbeit und die Kommunikation im Kollegium durch geeignete Strukturen (z. B. Kooperations- und Konferenzzeiten) fördert,
  - Kulturschul-Beauftragte und Lehrkräfte (jeweils 7 Lehrkräfte[23]) für zwei KulturSchul-Fachforen jährlich freistellt,
  - einen Pädagogischen Tag oder einen Studientag pro Jahr zum Schwerpunkt der kulturellen Schulentwicklung ausrichten lässt.

Die Schritte zur Umsetzung der KulturSchul-Ziele werden für die Projektleitung dokumentiert.

Elternschaft) die Akzeptanz einer Vertretungspraxis erfordert. Auch die Schulprogrammarbeit, eine Prozessdokumentation und curriculare Verschriftlichungen sind zeitlich und personell abzusichern. Tab. 2 zeigt die Erfordernisse, die Schulen im KulturSchul-Programm erfüllen müssen.

Diese Verschriftlichung der Aufgaben will Klarheit bei den Schulen über ihren Beitrag schaffen, damit das Tagesgeschäft mit seinen Anforderungen nicht die Verbindlichkeit unterminiert. Insofern wird das Formale, das in der Vereinbarung zur Teilnahme am KulturSchul-Programm festgehalten wird, durch Differenzierung und Spezifizierung notwendiger Unterstützungsanteile ergänzt.

---

[23] In der Programmerweiterungsbeschreibung (HKM, 2018, S. 6) wird von 2 × 4 Lehrkräften gesprochen, der Anspruch musste also reduziert werden, um die Vertretungsreserve nicht zu überfordern.

4.2 „Wer vom Ziel nicht weiß, kann den Weg nicht haben" (Christian Morgenstern)

Sich als KulturSchule zu entwickeln, stellt einen Lernprozess der Beteiligten dar, vor allem dahingehend, was unter dem Entwicklungsanspruch des KulturSchul-Programms den Schulangehörigen pädagogisch wichtig ist und priorisiert werden soll. Konzeptionelle Empfehlungen aus Gestalterperspektive (vgl. Kammler & Lohmann, 2018; Fuchs, 2017) für eine Orientierung über den einzuschlagenden Weg erfahren meist eine Grenze in der Adaption durch deren Losgelöstheit von den aktuell drängenden schulischen Alltagsproblemen, der Spezifik des lokalen und sozialen Umfelds der Schule und der unterschiedlichen Erfahrenheit der Schulleitung mit ‚Change-Management'. Von außen sind der interne Kommunikationsprozess und die Schulentwicklung nicht zu beeinflussen. Die Theorie besagt hierzu, dass in der Autopoesis des Systems Schule eine Kommunikationsschleife mit dem Umfeld maßgeblich wird; das Forschungsmaterial zum Veränderungshintergrund von fünf KulturSchulen markiert als Anstoß, krisenhafte Erscheinungen zu bewältigen, die auch von außen z. B. durch das Inklusionsgebot induziert sein können.

Das strategische Ziel für neue Programmschulen muß schulintern nicht geklärt werden, es ist eindeutig und vorgegeben: Nach drei Jahren im Programm erfolgt ihre Zertifizierung zur KulturSchule, wofür Erfolge vorzuweisen sind. Hierfür sind sodann operationale Ziele zu klären: Wie will eine Schule die Zertifizierung erreichen? Das heißt, wie soll die kulturelle Praxis aussehen, die in den Jahrgangsstufen 5 und 6 ansetzt, und danach fortzuführen ist? Welche Lehrkräfte stehen für welche optionalen Modelle zur Verfügung? Wieviele neue Partnerschaften sollen die kulturelle Praxis unterstützen? Mit wem sind dafür Vereinbarungen zu treffen? Können beispielsweise Musikdozenten aus der städtischen Musikschule Unterricht und Projekte übernehmen?

An diesen möglichen Fragestellungen ist zu ersehen, dass hierfür noch keine inhaltliche Tiefe der Klärung, was KulturSchule ausmacht, notwendig ist. Das kann sich mit der Erarbeitung einer eigenen Vision von KulturSchule ändern. Zunächst erfordert dieser Workshop Zeit, die gut gefüllt sein will. Die zunächst sich nicht von Rahmenbedingungen leitende Entwurfsvorstellung ist danach in das Schulprogramm zu überführen. Als Handlungsprogramm sind zeitliche Abschnitte zu definieren, die trotz permanent drängender Alltagsbewältigung schrittweise umgesetzt werden (vgl. Kauer, 2020). Sich die Ziele des KulturSchul-Programms zueigen zu machen heißt, Strukturen anzupassen, um Voraussetzungen zu schaffen, Unterricht und Arbeitsweisen umzugestalten. Nach innen wie nach außen sind Aktivitäten der Schule verlangt; mit dem

Schulträger und mit dem Schulamt sind Verhandlungen zu führen, die auch der Referenzrahmen KUBI unterstützen kann.

Für ihren Entwicklungsweg erhalten die Schulen eine Prozessbegleitung und eine systemische Beratung. Die erste Zertifizierung erfolgt mit einem Feedback zum individuellen schulischen Entwicklungsstand. Gelernt wird, so eine Schulleiterin, den „Prozess [indem wir stehen] erst mal zu dokumentieren" (ISL1, 01). „Es ist wichtig, dass man einfach mal einen Schritt danebentritt und das von außen betrachtet, also aus der Entfernung" (ISL1, 05). „Wir haben immer den Gesamtprozess betrachtet, aber auch eine Ordnung in die Situation bekommen...". „Also man versteht den Prozess besser und kann dann auch besser steuern, was sind die nächsten Schritte." (ISL1, 07).

Die im Kontext von KulturSchule entstehenden Baustellen bedürfen einer Delegation von Aufgaben durch die Schulleitung. Nicht zu vergessen ist das Festlegen von Indikatoren, wann ein Mindestmaß einer Ressourcenumsteuerung erreicht ist (Lehrkräftebedarf, Anzahl von Partnerschaften etc.). Leicht kann bei diesen organisatorischen Leistungen aus dem Blick geraten, worum es aus bildungstheoretischer Sicht im Besonderen geht: Wird bei all diesen Allokationsfragen und Zielklärungen konsequent auch die Perspektive des lernenden Subjekts eingenommen? Was ist zentral und wichtig, um das Lernen der Schülerinnen und Schüler zu fördern? Wie können sie darin unterstützt werden, ihren Lernprozess stärker selbst zu bestimmen, zu beobachten, zu reflektieren und Erfolge festzustellen? Hierzu ist hilfreich, die Schüler nach ihren jeweiligen Möglichkeiten in den Veränderungsprozess der Schule miteinzubeziehen. Evaluationen durch die Lerngruppen, die Auskunft geben über die Qualität der neuen Lernumgebungen, können als Online-Befragung künftig vorgesehen werden. Aus einer bereits erfolgten Untersuchung an sechs baden-württembergischen KulturSchulen zieht die Forscherin Britta Klopsch den Schluss, es sei notwendig, die Handlungskompetenz der Schüler zu stärken und ihnen die Möglichkeit zu geben, sich eigene Ziele zu setzen und ihren eigenen Lernprozess selbst zu steuern (Klopsch, 2022).[24] Diese Schlussfolgerung kann gewissermaßen als Zielsetzung des KulturSchulProgramms Hessen angesehen werden.

Im Rückblick auf ihren Prozess zur KulturSchule verstehen sie in unserer Untersuchung (Ackermann et al., 2015, S. 175 ff.) ihre Weiterentwicklung als Qualitätsverbesserung ihrer Unterrichts- und Erziehungsarbeit. Wir meinten eine

---

[24] Die Methodik resultiert in zwei deutlich unterschiedenen Clustern. „Der größte Unterschied besteht in der Wahrnehmung von Kreativität bei den Lehrmethoden und der Berücksichtigung der Interessen der Schüler". Die kreativen Methoden haben laut dieser Untersuchung keinen Einfluss auf Selbstbewusstsein und Wohlbefinden der Schüler. Möglicherweise erkennen die Schüler dies nicht als besondere Merkmal ihres Lernens, meint die Autorin.

höhere Sensibilität der Lehrkräfte für die Befindlichkeit ihrer Lerngruppen festzustellen. Eine vertiefende Untersuchung fehlt dazu. Eine Argumentationslinie
bieten die Programmakteure selbst an: Kulturelle Bildung in der Schule zum
Leitbild des Lernens zu machen, „basiert auf der Überzeugung, dass ästhetisches
Tun die reflexive Wahrnehmungs- und Empfindungsfähigkeit des Individuums in
hohem Maße entwickelt und dadurch ein umfassender Lern- und Bildungsprozess
angestoßen werden kann" (Langenfeld & Twiehaus, 2018, S. 334). Wenn dies die
Lehrkräfte beginnen wahrzunehmen, könnte dies die Motivation stärken, mit der
Schul- und Unterrichtsentwicklung fortzufahren. Tab. 3 zeigt, das grundsätzliche
Ziel, das Programmschulen erreichen sollen und was dafür unbedingt zu tun ist.

Tab. 3 Zielvorgaben der KulturSchul-Programmteilnahme (HKM, 2016)

Schulen, die die Zertifizierung als KulturSchule anstreben, wollen allen Schülerinnen und Schülern einen Zugang zu Kunst und Kultur, zur Teilhabe am kulturellen Leben eröffnen, indem sie Schulleben und Unterricht schrittweise nicht nur inhaltlich, sondern auch organisatorisch und strukturell verändern
Darum arbeiten Sie darauf hin,   • ein Schulcurriculum „Kulturelle Praxis" (im Zusammenspiel von Wahlangeboten und Regelunterricht) zu entwickeln, das den Schülerinnen und Schülern das praktische Kennenlernen aller Künste in den Jahrgangsstufen 5 und 6 und eine Spezialisierung in den Folgejahren ermöglicht;   • ästhetische Zugangsweisen und sinnlich-kreative Lernmethoden in allen Fächern (Sprachen, Gesellschafts- und Naturwissenschaften etc.) zu entwickeln und zu praktizieren;   • die Kooperation aller Lehrerinnen und Lehrer im Sinne der Verbindung des künstlerischen Aufgabenfeldes mit sprachlichen, naturwissenschaftlichen und gesellschaftlichen Aufgabenfeldern zu fördern;   • Schülerinnen und Schüler in ihrer individuellen schulischen, persönlichen und künstlerischen Entwicklung mit einem Portfolio zu begleiten;   • die räumlichen Möglichkeiten, die sächliche Ausstattung und die zeitlichen Spielräume der Schule für Kulturelle Bildung und Praxis zu erweitern;   • das kreative Potenzial von Kollegium und Elternschaft zur Entfaltung einer künstlerisch-kulturpädagogischen Lernkultur einzubeziehen;   • die Zusammenarbeit mit externen Künstlern und Kulturinstitutionen auszubauen;   • den Grad der Beteiligung der Schulgemeinde bei der Weiterentwicklung der Schule zu erhöhen und   • mit allen KulturSchulen im ‚Netzwerk KulturSchulen' aktiven Austausch zu pflegen

4.3 Die Staffelorganisation

Das KulturSchul-Programm ist als Aufeinanderfolge eines drei Jahre umfassenden Durchlaufs einer Prozessberatung und Fortbildungsteilnahme bis zur ersten Zertifizierung der KulturSchule aufgestellt.

Die *erste Staffel* des Modellversuchs 2008 mit fünf Schulen adressiert Sekundarschulen vorwiegend im südhessischen Raum. Die Stärkung der kulturellen Partizipation ist eine Konsequenz, die aus der PISA-Studie gezogen werden kann und ein unstrittiges und legitimierbares Ziel.[25]

2012 startet die *zweite Staffel* mit sechs weiteren Schulen. Diese Schulen verteilen sich auf Mittelhessen und eine weitere auf Osthessen. Seit dieser zweiten Staffel werden den neu aufgenommenen Schulen Paten aus den bereits zertifizierten KulturSchulen an die Seite gestellt und somit die Erfahrungsweitergabe auf mehrere Schultern verteilt. 2013 wird die kulturelle Schulentwicklung an drei Gesamtschulen evaluiert, wobei im Sample auch eine Schule aus der ersten Staffel berücksichtigt wird (vgl. Ackermann et al., 2015). Alle Schulen der ersten und zweiten Staffel nehmen an den Austausch bietenden KulturSchultreffen teil. Die sich stärker ausdifferenzierenden Fortbildungsformate stehen allen Teilnehmerschulen offen.

2015 folgt die *dritte Staffel* mit neun weiteren Schulen des Sekundarbereichs I. Zwei Förderschulen kommen hinzu. Die Verteilung von Programmschulen umfasst seither auch Nordhessen. Durch eine orientierende Vorphase schafft das HKM Transparenz über Erwartungen und organisiert dabei einen ersten Erfahrungsaustausch mit und unter den Bewerberschulen (vgl. HKM, 2014). In Kooperation mit der 2015 gegründeten Lehrkräfteakademie[26] werden zum zweiten Mal für die Schulleitungs- und Steuerungsteams eine „Qualifizierungsreihe und Beratungen" (Langenfeld & Twiehaus, S. 337) angeboten sowie eine Prozessbegleitung an den Schulen durch das Büro Kulturelle Bildung des HKM und systemische Prozessberatung durch die Lehrkräfteakademie.

Die *vierte Staffel* 2022 nimmt 13 Schulen auf. Insgesamt sind damit im zeitlichen Verlauf 33 Schulen unterschiedlicher Schulart beteiligt, Gymnasien sind von

---

[25] Auf dieser Stufe der weiterführenden Schule entfaltet sich die Selektionsfunktion des Bildungssystems nochmals deutlich. Lernarme Schulwelten in der Sekundarstufe I zementieren die Verteilung herkunftsbenachteiligter Schülerinnen und Schüler.

[26] Die Lehrkräfteakademie löste 2015 das Amt für Lehrerbildung ab, das 2013 im (gegen Expertenrat geschaffenen) Landesschulamt aufgegangen war. Übernommen wurde das Ziel, der schulischen Qualitätsentwicklung sowie der Qualifizierung schulischer Führungskräften Rechnung zu tragen. Die SLT-Reihe wurde von der inzwischen aufgelösten Führungsakademie in Zusammenarbeit mit dem HKM entwickelt und durchgeführt.

Beginn an eingeschlossen.[27] Bis vor kurzem richtete sich der Kreis der Bewerber-
schulen auf die Sekundarstufe aus. Unter den Neuaufnahmen befinden sich nun
zwei Grundschulen sowie eine als Schulart auslaufende Haupt- und Realschule
und ein Oberstufengymnasium.

Der Zertifizierung als KulturSchule durch das HKM nach drei Jahren folgt
eine Rezertifizierung nach weiteren drei Jahren. Danach alle vier Jahre, die die
Weiterentwicklung in einem selbstgesteuerten Prozess dokumentiert.

Neuartig ist die Ausschreibung von Profilschulen, die „je einen künstlerischen Schwerpunkt aus dem Bereich der Kulturellen Bildung auf[nehmen, ihn
erweitern und ausschärfen]" (HKM, 2021, Amtsblatt 05, S. 309). Vier Sparten
werden berücksichtigt: Musik, Darstellende Künste, Bildende Kunst, Literatur
und Kulturelle Bildung (als ein Konglomerat unterschiedlicher Kunstspartenein-
flüsse). Dahinter steht die Idee von Referenzschulen, die eine Sparte, in der sie
sich bereits profiliert haben, mit steigendem Anspruch weiterentwickeln. Für die
Schülerinnen und Schüler der Profilschulen soll die Schwerpunktbildung in ihrer
„Schulzeit und über die Schulzeit hinaus wirksam" werden und eventuell „eine
Perspektive für den beruflichen Lebensweg eröffnen" (ebd.).

Im hier beschriebenen operationellen Programm stellen die Profilschulen eine
gewisse Sonderentwicklung dar, insofern KulturSchule eine vor Ort realisierbare
Vielfalt von Künsten beziehungsweise ästhetischen Angeboten bereitstellen soll,
um möglichst allen Schülerinnen und Schülern kulturelle Teilhabe zu ermöglichen. So ist im Slogan «Eine Kunst für jeden» das programmatische Anliegen
komprimiert aufbewahrt, den Heranwachsenden „die Chance [zu geben], alle
Künste in den ersten Jahren für sich zu entdecken, dann in einer Kunst besondere Kompetenzen zu erwerben" (Vogt et al., 2011, S. 39). Profilschulen knüpfen
an dieser Leitlinie mit einer Schwerpunktsetzung an. Wie es scheint, wird hier
vom gesamten Programm ausgehend geplant. Denn an Profilschulen soll eine
Expertise entwickelt werden, die ermöglicht, KulturSchulen und darüberhinaus
alle hessischen Schulen gezielt in den Künsten zu beraten. Das Programm soll
sich mit dem Hintergrund einer professionellen Expertise selbst ‚nähren' können.
Ob dies funktioniert und welcher Weg hier konkret eingeschlagen wird, wird
die Zukunft zeigen. Ihre Selbstentwicklung sollen Profilschulen mithilfe wissenschaftlicher Begleitforschung steuern und diese dürfte auch die Akzeptanz der
Schwerpunkte in der Breite der gesamten Schülerschaft untersuchen. Abb. 1 gibt
einen Überblick über alle Unterstützungsmaßnahmen.

---

[27] Diese bilden in der Schulformhierarchie die Spitze und gelten wiederum in der medialen Öffentlichkeit als diejenigen, die die wenigste Unterstützung benötigen. Pro Schülerkopf
sind die Bildungsausgaben im Gymnasium die höchsten.

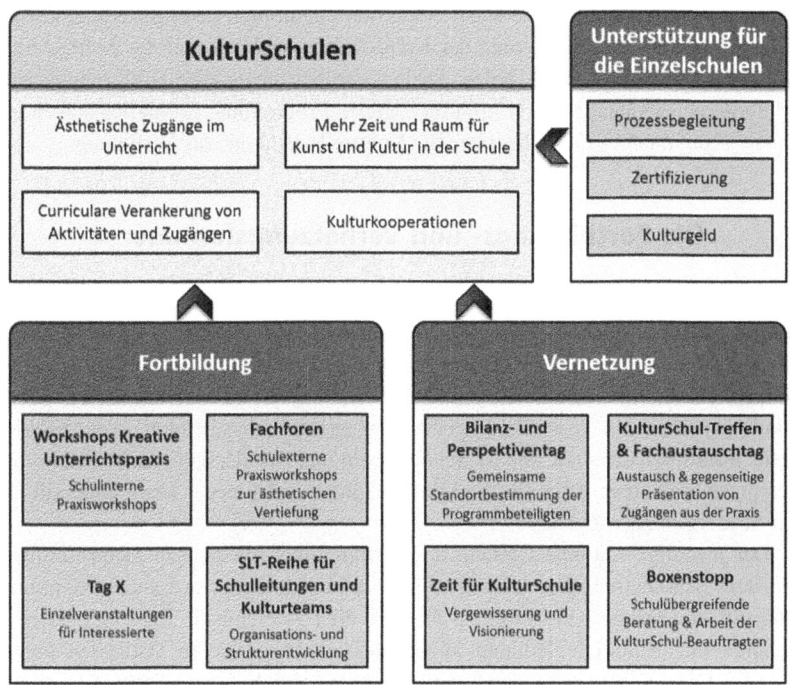

Abb. 1 Die Unterstützungsstruktur für KulturSchulen

5 Die Unterstützungsstruktur für KulturSchulen

Im Referat I.7 «Kulturelle Bildung» des Hessischen Kultusministeriums ist die Entscheidungszentrale des operativen Systems zu verorten, in dem ihm angegliederten Büro Kulturelle Bildung das prozessorientierte Administrationssystem. Die Arbeitsstruktur im HKM umfasst zusätzlich zum Referatsleiter eine Fachreferentin und einen Fachreferenten und im Büro Workshop-Teams, Koordinatoren für verschiedene Kunstsparten sowie drei Landeskoordinatoren KulturSchule, die für den Bewerbungs- und Zertifizierungsprozess sowie Veranstaltungen, Fortbildungen und den Kontakt mit den Schulen organisatorisch verantwortlich sind.

Jede KulturSchule erhält aus diesem Personenkreis einen Prozessbegleiter zur Seite gestellt, der die Schulen zu regelmäßigen Besuchsterminen aufsucht, den direkten Kontakt hält, eine beratende Funktion übernimmt, den Prozess der Zertifizierung und Folgezertifizierung der KulturSchule begleitet und die Anträge auf Kulturgeld bearbeitet. Die Schulen erhalten darüber hinaus eine Hilfestellung zur schulinternen Evaluation ihrer kulturbezogenen Profilierung. Zusätzlich stehen in jedem Schulamtsbezirk Fachberater für Kulturelle Bildung zur Verfügung.

6   Die Fortbildungs- und Vernetzungsformate

Die Fortbildungsangebote gelten als „die zentralen Gestaltungsmöglichkeiten des KulturSchul-Programms und ihr Motor" (Langenfeld & Twiehaus, 2018, S. 344). Die Intention ist, mit der Qualifizierung einhergehend eine Motivation grundzulegen, die die Lehrpersonen bewegt, Kulturelle Bildung und ästhetische Erfahrung kontinuierlich in ihre curriculare Arbeit zu integrieren. Dies bedingt, in der Schule dafür ‚Raum' zu schaffen, sodass Schülerinnen und Schüler ästhetische Erfahrungen machen können. Auch für die Vorausetzungen solch neuer Lernräume gilt es ein Sensorium zu entwickeln.

Der jeweilige zeitliche Umfang der Fortbildungen sucht nach Kompatibilität mit dem Schulbetrieb. Das jüngste ‚Kind' der Fortbildung im Landesprogramm sind die *«Fachforen»*, die zweimal im Jahr über zweieinhalb Tage mittlerweile in einer auf Kulturelle Bildung ausgerichteten Akademie in Osthessen unter Beteiligung von Künstlern durchgeführt werden. Im Rahmen dieses Veranstaltungstypus durchlaufen Lehrkräfte einen eigenen ästhetischen Erfahrungs- und kreativen Schaffensprozess. Die Selbsterfahrung gilt als grundlegende Voraussetzung für die Entwicklung einer Sensibilität hinsichtlich der Modalitäten von Bildungsprozessen für die Schülerinnen und Schülern.

Das Fortbildungsformat *«Tag X»* verläuft als eintägige Einzelveranstaltungen. Die Themen und Arbeitsweisen können sich erheblich voneinander unterscheiden – das Spektrum reicht von museumspädagogischen Einblicken über fachliche bzw. interdisziplinäre Werkstattveranstaltungen bis hin zu Peer-Einblicke in Schulentwicklungsstrukturen. «Tag X» stellt eine flexible Größe dar, mit der kurzfristig und punktuell auf aktuelle Bedarfe der Schulen oder des Büros Kulturelle Bildung reagiert werden kann.

Die *«Workshops Kreative Unterrichtspraxis»* sind ein schulintern stattfindendes Angebot. Ähnlich wie die Fachforen sind sie als erfahrungsorientierte Praxisangebote mit ästhetischen und kreativen Vertiefungsphasen konzipiert und adressieren Lehrkräfte auch unter Schülerbeteiligung aus allen Fachbereichen. Die besondere Stärke der Workshops liegt in der Ideenvermittlung zu fachverbindendem und fächerübergreifendem Arbeiten.

Seit der zweiten Staffel KulturSchule Hessen gehören verpflichtende Fortbildungen für Schulleitungen und Kulturkoordinatoren mit dem Fokus auf der lernenden Organisation in das Spektrum der Angebote. Diese «SLT-Reihe» wird in
Kooperation mit der Hessischen Lehrkräfteakademie durchgeführt. Das Anliegen
besteht darin, bei den Schulleitungen und KulturSchul-Beauftragten Instrumente
an die Hand zu geben, um Strukturen zu verändern. Auch soll das Bewusstsein
für die Herausforderung komplexer Beteiligungsprozesse im Rahmen der kulturbezogenen Schulentwicklung geschärft werden: „Angesichts der Komplexität
der Bildungssysteme in und außerhalb der Schule und den soziokulturellen Herausforderungen unserer modernen Gesellschaft muss kulturelle Schulentwicklung
zukünftig ein größeres Augenmerk auf Organisationsentwicklung und Evaluation
legen" (HKM, 2018, S. 2). Abb. 2 zeigt die vier Fortbildungsformate und ihre
Zielgruppen.

Eine Strategie der berufsbegleitenden Professionalisierung von Lehrkräften ist,
den Austausch in schulischen Netzwerken zu fördern. Die Einbindung der Lehrkräfte in schulübergreifende kommunikative und kooperative Zusammenhänge
dient der Erweiterung des Erfahrungswissens und der Anregung des Reflektie-
rens des eigenen unterrichtlichen und organisationalen Handelns. Eine mit dem
Austausch von Erfahrungswissen erwartete Perspektivenvielfalt soll alternative
Möglichkeiten vor Augen führen, wie in anderen Schulen komplexe Probleme
angegangen werden. Die bemerkten Differenzen oder die Erläuterung kreativer

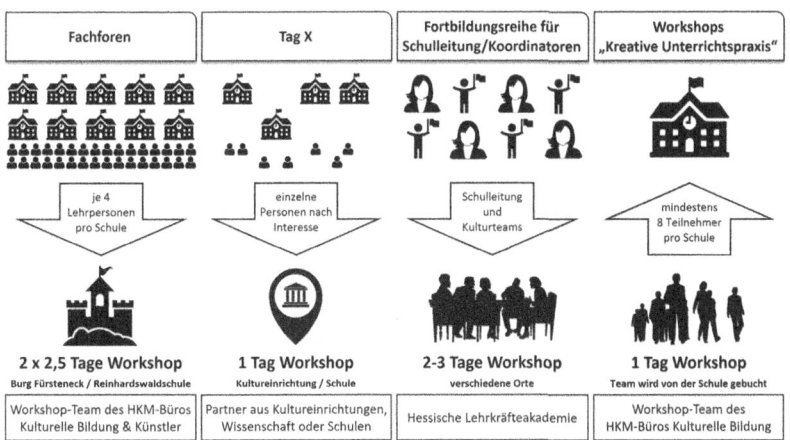

Abb. 2 Fortbildungsformate für die Hessischen KulturSchulen

Abb. 3 Vernetzungsformate für die Hessischen KulturSchulen

Ideen für Projekte sollen so zu Lernenanlässen werden. Diesbezügliche Erwartungen an das Arbeiten in Netzwerken reichen so weit, darin einen Anstoss zu sehen, eigene persönliche Überzeugungen und Handlungsweisen zu hinterfragen. Nils Berkemeyer et al. (2011, S. 231) bewerten empirische Forschungsarbeiten zur schulischen Vernetzung dahingehend, „eindeutige Hinweise dafür geliefert [zu haben], dass schulische Vernetzung kooperative Prozesse zwischen Lehrkräften anstößt". Kooperation gilt als Voraussetzung für die Implementation von Innovationen. Der Rahmen führe zu einer „vertrauensvolle[n] Zusammenarbeit", zur „Wissenserweiterung" und erhöhe die Reflexion (ebd., S. 232).[28]

Das KulturSchul-Programm bietet den Lehrkräften und Schulen verschiedene Vernetzungs- und Austauschmöglichkeiten. Abb. 3 illustriert Vernetzungsformate, Zielgruppen und Aufgaben

Der *Bilanz- und Perspektiventag* stellt die Standortbestimmung der beteiligten Schulen in den Vordergrund; er soll also einen strukturierten Austausch über

---

[28] Kritische Berichte zur Lehrerinteraktion, Kooperation und Schulentwicklung (Bauer, 2004) können einen solch schnellen Umschlag in Qualität fraglich erscheinen lassen. Anhand des Projekts „Schulen im Team" wird zwar ein positiver Einfluss auf die Einzelschule angenommen, aber auch vermerkt, dass ein empirischer „Wirkungszusammenhang" nicht gesichert ist. Vorsichtig formulieren Berkemeyer und Mitautoren in einem anderen Beitrag (2011, S. 129), „dass Schulen unter bestimmten Bedingungen von einer Netzwerkarbeit mit dem Ziel fachbezogener Unterrichtsentwicklung profitieren können".

die gegenwärtige Entwicklung an den Einzelschulen stimulieren. Hierbei werden Schulgruppen gebildet oder gemischte Gruppen miteinander ins Gespräch gebracht, aktuelle Entwicklungsvorhaben der Schulen vorgestellt, übergreifende Problemstellungen zuerst in Kleingruppen und anschließend gemeinsam im Plenum auch unter Beteiligung der Kooperationspartner diskutiert (z. B. mit Fachberatern für Kulturelle Bildung, Dozenten der Hessischen Lehrkräfteakademie oder von der Akademie Burg Fürsteneck und Vertretern der wissenschaftlichen Begleitforschung). Der Bilanz- und Perspektivtag erfüllt verschiedene Zwecke: Für die konzentrierte Vergegenwärtigung wird sich Zeit genommen, den Entwicklungsstand zu bilanzieren; der schulübergreifende Austausch in Kleingruppen betont den Peer-Learning-Aspekt in der Vernetzungsarbeit. Er kann auch in Arbeitsräumen von Kultureinrichtungen stattfinden, sodass dies als benefit eine Führung durch eine Ausstellung mitbeinhalten kann.

Im Wechsel mit dem Bilanz- und Perspektivtag wird das sogenannte *KulturSchul-Treffen* durchgeführt. Es findet in einer KulturSchule statt. Bei diesem Format steht zum einen der Präsentationsaspekt im Vordergrund: Durch Aufführungen und Ausstellungen sowie ggf. Fachvorträge stehen Praxisbeispiele der Kulturellen Bildung im Vordergrund. Daneben besteht die Möglichkeit, sich in eines der parallel angebotenen Foren, die zentrale strukturelle Fragen der KulturSchul-Entwicklung aufwerfen, einzuwählen. Schülergruppen übernehmen nicht mehr nur die organisatorische Rahmung (Begrüßung, Catering, Orientierung), sondern sie stellen auch ihre spezifische Mitwirkung an KulturSchul-Angeboten vor.

Der *Fachaustauschtag* wird wie das KulturSchul-Treffen von einer der KulturSchulen ausgerichtet. Dieses Netzwerkformat bildet ein Zwischenglied zu den Fortbildungen. Am Vormittag besteht die Gelegenheit zu ästhetischen Erprobungen, angeleitet entweder durch Lehrkräfte mit einer entsprechenden Expertise oder durch Fortbildner. Der erste Part des Fachaustauschtags steht im Zeichen eines erfahrungsorientierten Lernens mit einem niedrigschwelligen Zugang. Am Nachmittag folgt das namensgebende Peer-Learning-Element: Im Kreis ihrer naturwissenschaftlichen, (fremd-)sprachlichen, gesellschaftswissenschaftlichen Kolleginnen und Kollegen stellen die Teilnehmer von ihnen erprobte ästhetische Methoden und curricularen Ansätze vor; sie erhalten ein wertschätzendes Feedback und darüber hinausgehende Anregungen.

Das Format *Zeit für KulturSchule* legt einen starken Fokus auf Vergewisserungsprozesse. Es handelt sich um ein zweitägiges Treffen für Schulleitungsteams und die KulturSchul-Beauftragten von Schulen, die sich auf die Zertifizierung bzw. Re-Zertifizierung als KulturSchule vorbereiten. Die Veranstaltung erfüllt drei Funktionen: Inhaltliche Klärungsprozesse, zum Beispiel zum Verständnis von

Kultureller Bildung, die mittels Textarbeit und Diskussion erfolgen können. Die Schul-Gruppen nehmen eine strukturierte Bestandsanalyse vor und nutzen die Zeit für eine Selbstvergewisserung und Dokumentation ihres jeweiligen schulischen Entwicklungsprozesses; hierzu wird die Struktur der Zertifizierungsanträge vorgestellt, die anschließend in den Schul-Gruppen intensiv besprochen werden. Drittens nehmen die Schul-Gruppen eine *Visionierung* vor und planen zukünftige Schritte. Anschließend erfolgt ein schulübergreifender Austausch. Das Format ‚Zeit für KulturSchule' intendiert somit eine konzentrierte Zwischenbilanz, ein „Von-außen-Draufschauen" und eine Selbstermutigung für den weiteren Weg durch eine Rückschau auf das Erreichte.

Der *Boxenstopp* fördert die Vernetzung der KulturSchul-Beauftragten aller KulturSchulen. Hier besteht Gelegenheit zur Vergewisserung der eigenen Rolle als KulturSchul-Koordinator und zur Begegnung mit anderen in gleicher Funktion. Die Teilnehmenden nutzen dieses zweitägige Veranstaltungsformat zur Thematisierung schulspezifischer Problemlagen, zur Ideengenerierung hinsichtlich des Entwicklungsprozesses der eigenen Schule, zur Information von wissenschaftlichen Evaluationsergebnissen zum KulturSchul-Programm, zur Bekanntgabe praktisch-organisatorischer Informationen (Termine, Mittelabruf, Ziele und Konzeption des Hessischen Referenzrahmens Schulqualität Kulturelle Bildung). Die Treffen unterstützen damit die Ausbildung einer Rollen-und Gruppenidentität. Zugleich erhalten die Akteure der Programmsteuerung Eindrücke von aktuellen Problemlagen und für eventuell notwendige Interventionen zur Stabilisierung und Weiterentwicklung des Programms.

Literatur

Ackermann, H., Retzar, M., Mützlitz, S., & Kammler, C. (2015). *KulturSchule. Kulturelle Bildung und Schulentwicklung*. Springer VS.

Ahlring, I., & Messner, R. (2009). Hessische Versuchsschulen – Eine Bilanz. In R. Messner (Hrsg.), *Hessische Versuchsschulen und Lehrerinnenbildung an der Universität Kassel – Zur Geschichte einer Kooperation. Ergänzte Dokumentation des Untersuchungsberichts von Ahlring/Messner* (S. 29–265). University Press.

Bauer, K.-O. (2004). Lehrerinteraktion und -kooperation. In W. Helsper & J. Böhme (Hrsg.), *Handbuch der Schulforschung* (S. 813–831). VS.

Berkemeyer, N., Bos, W., Järvinen, H. & van Holt, N. (2011). Unterrichtsentwicklung in schulischen Netzwerken. Analysen aus dem Projekt Schulen im Team. Zeitschrift für Bildungsforschung 1, 115–132. https://link.springer.com/content/pdf/10.1007/s35834-011-0012-2.pdf

Berkemeyer, N., Järvinen, H., Otto, J., & Bos, W. (2011). Kooperation und Reflexion als Strategien der Professionalisierung in schulischen Netzwerken. In W. Helsper & R. Tippelt (Hrsg.), *Pädagogische Professionalität* (S. 225–247). Beltz. URN: urn:nbn:de:0111-opus-70961. https://doi.org/10.25656/01:7096.

Böttcher, W., & Hogrebe, N. (2008). Gute Schule statt guten Schulen. Wettbewerb von Schulen unter Heterogenitätsbedingungen. In W. Lohfeld (Hrsg.), *Gute Schulen in schlechter Gesellschaft* (S. 21–46). Springer VS.

Dietrich, F. (2019). Governanceforschung und Schulkulturforschung. Konturen einer kulturtheoretischen Perspektivierung von Governance im Mehrebenensystem Schule. In R. Langer & T. Brüsemeister (Hrsg.), *Handbuch Educational Governance Theorien* (S. 51–69). Springer VS.

Fend, H. (1988). Schulqualität. Die Wiederentdeckung der Schule als pädagogische Gestaltungsebene. *Neue Sammlung, 28*(4), 537–547. urn:nbn:de:0111-opus-16294.

Fink, T., Götzky, D., & Renz, T. (2017). *Kulturagenten als Kooperationsstifter? Förderprogramme der Kulturellen Bildung zwischen Schule und Kultur.* Springer VS.

Fuchs, M. (2017). *Kulturelle Schulentwicklung. Eine Einführung.* Beltz.

Gördel, B. (2016). *Neue Steuerung im Schulsystem und ihre Konsequenzen für die Landesschulverwaltungen. Eine governace-orientierte Organisationsanalyse am Beispiel Hessens.* Klinkhardt (Diss.).

Görisch, A., & Holstein, K. (2008). *Fortbildung braucht Steuerung. Bestandsaufnahme und Überlegungen zur Weiterentwicklung.* IQ Report 8 Hessisches Kultusministerium Institut für Qualitätsentwicklung.

Hangartner, J. (2019). Doing governance – Eine praxistheoretische Perspektive auf Governance im Bildungswesen. In R. Langer & T. Brüsemeister (Hrsg.), *Handbuch Educational Gorvernance Theorien* (S. 309–326). Springer VS.

Heinemann, U. (2023). Lose-Kopplung und Vetomacht – Finanzierbarkeit und Krisenhilfe: Worauf bei der Beurteilung von Steuerungsansätzen für die Lehrkräftefortbildung ebenfalls zu achten ist. In B. Priebe, I. Plattner, & U. Heinemann (Hrsg.), *Lehrkräftefortbildung: Zur Qualität von bildungspolitischer Steuerung* (S. 27–32). Beltz.

Hessisches Kultusministerium. (2014). [HKM 2014]. *Eine Kunst für jeden: KulturSchulen. Ausschreibung für die 3. Staffel 2014–2017.* Amtsblatt 02, 17.2.

Hessisches Kultusministerium. (2016). [HKM 2016]. Wege und Ziele. https://kultur.bildung.hessen.de/kulturelle_praxis/kulturschule_hessen/voraussetzungen.html. Zugegriffen: 15. Nov. 2021.

Hessisches Kultusministerium. (2018). [HKM 2018]. Programmbeschreibung der Erweiterung des KulturSchulprogrammes im Rahmen der fortgesetzten Förderung durch das Hessische Kultusministerium und die Stiftung Mercator. HKM. https://media.frag-den-staat.de/files/foi/111614/programmbeschreibung-kulturschule-stiftung-mercator-ocr.pdf. Zugegriffen: 15. Nov. 2021.

Hessisches Kultusministerium. (2021). [HKM 2021]. *Profilschulen Kulturelle Bildung Hessen. Ausschreibung.* Amtsblatt 05, 309–313.

Imschweiler, V. (2019). *Lehrerfortbildung zwischen Selbstorganisation und Steuerungsillusion: Die Entwicklung der hessischen Lehrerfortbildung von der Gründung des Lehrerfortbildungswerkes (1951) bis zur Auflösung des Landesinstituts für Pädagogik (2005) Auftrag, Konzepte, Strukturen, Praxis, Perspektiven.* University press. (Diss.).

Kammler, C., & Lohmann, A. (2018). *Kulturelle Bildung an Schulen. Konzeptionell gestalten – Konkret verankern.* Carl Link.

Kauer, M. (2020). Kulturelle Bildung in Hessen. In M. Wimmer (Hrsg.), *Kann Kultur Politik? Kann Politik Kultur? Warum wir mehr über Kulturpolitik sprechen sollten* (S. 404–411). De Gruyter.

Klafki, W. (1991). *Neue Studien zur Bildungstheorie und Didaktik. Zeitgemäße Allgemeinbildung und kritisch-konstruktive Didaktik* (2. erw.). Beltz.

Klopsch, B. (2021/2020). Identität, Kreativität und Well-being in Kulturschulen. In *KULTURELLE BILDUNG ONLINE.* https://www.kubi-online.de/artikel/identitaet-kreativitaet-well-being-kulturschulen. Zugegriffen: 25. Feb. 2022.

Kolbe, F. U., Reh, S., Fritzsche, B., Idel, T. S., & Rabenstein, K. (2008). Lernkultur: Überlegungen zu einer kulturwissenschaftlichen Grundlegung qualitativer Unterrichtsforschung. *Zeitschrift für Erziehungswissenschaft, 11,* 125–143.

Kultusministerkonferenz. (2007/2022). [KMK 2007/2022]. *Empfehlung der Kultusministerkonferenz zur kulturellen Kinder- und Jugendbildung.* Beschluss der Kultusministerkonferenz vom 1.2.2007 i.d.F. vom 08.12.2022.

Langenfeld, T., & Twiehaus, S. (2018). Qualifizierungsangebote im Schulentwicklungsprogramm „KulturSchule Hessen". In M. Fuchs & T. Braun (Hrsg.), *Kulturelle Unterrichtsentwicklung. Grundlagen, Konzeptionen, Beispiele* (S. 334–346). Beltz.

Langer, R., & Brüsemeister, T. (2019). Ein Fazit aus der Theoriediskussion. In R. Langer & T. Brüsemeister (Hrsg.), *Handbuch Educational Governance Theorien* (S. 771–783). Springer VS.

Liebau, E., Terlinden, R., & Zierfas, J. (2009). Schule und Kunst. Vorwort. In E. Liebau & J. Zirfas (Hrsg.), *Die Kunst der Schule. Über die Kultivierung der Schule durch die Künste* (S. 7–9). Transcript.

Maag-Merk, K., & Altrichter, H. (2015). Educational Governance. *Die Deutsche Schule, 107*(4), 396–410.

Moosmüller, A. (2000). Die Schwierigkeit mit dem Kulturbegriff in der Interkulturellen Kommunikation. In R. Alsheimer, A. Moosmüller, & K. Roth (Hrsg.), *Lokale Kulturen in einer globalisierten Welt. Münchener Beiträge zur Interkulturellen Kommunikation* (Bd. 9, S. 15–31). Waxmann.

Pazzini, K. J. (1999). *Kulturelle Bildung im Medienzeitalter. Gutachten zum Programm.* BLK.

Pfeiffer, M. (2013/2012). Performativität und Kulturelle Bildung. In KULTURELLE BILDUNG ONLINE: https://www.kubi-online.de/artikel/performativitaet-kulturelle-bildung. Zugegriffen: 23. Feb. 2023.

Rürup, M. (2005). Der Föderalismus als institutionelle Rahmenbedingung im deutschen Bildungswesen-Perspektiven der Bildungspolitikforschung. *Trends in Bildung international, 9,* 1–19.

Schemme, D., Novak, H., & Garcia-Wülfing, I. (Hrsg.). (2017). *Transfer von Bildungsinnovationen – Beiträge aus der Forschung.* BIBB, Bonn. Bertelsmann.

Terhart, E. (1986). Organisation und Erziehung. Neue Zugangsweisen zu einem alten Dilemma. *Zeitschrift für Pädagogik, 32*(2), 205–223. urn:Nbn:De:0111-pedocs-143865.

Timm, S., & Scheunpflug, A. (2020). Orientierungen im Feld kulturellen Professionshandelns: Empirische Einblicke und Konsequenzen für die Lehrkräftebildung. In S. Timm, J. Costa, C. Kühn, & A. Scheunpflug (Hrsg.), *KulturelleBildung. Theoretische Perspektiven, methodologische Herausforderungen und empirische Befunde* (S. 147–161). Waxmann.

Vogt, G., & Gonszar, M. (2009). KulturSchulen in Hessen. *Kulturelle Bildung. Reflexionen. Argumente. Impulse 3. Kulturelle Schulentwicklung*, 46–48. https://docplayer.org/148 50629-Kulturelle-bildung-reflexionen-argumente-impulse-nr-03-2009-4

Vogt, G., Federspiel, A., Gonszar, M., & Sturm-Schott, B. (2011). Was macht das Projektbüro Kulturelle Bildung des HKM? In Kultur macht Schule in Hessen, 38-41

Weishaupt, H. (2014). Schulverwaltung zwischen Nutzung wissenschaftlicher Expertise und eigener Verwissenschaftlichung – Wechselfälle bundesdeutscher Geschichte. *Die Deutsche Schule, 106*(3), 219–230.

Westphal, K. (2015). Kulturelle Bildung als Antwortgeschehen. Zum Stellenwert der Phänomenologie für die kulturelle und ästhetische Bildung. In M. Brinkmann, R. Kubac & S. Rödel (Hrsg.), *Pädagogische Erfahrung. Phänomenologische Erziehungswissenschaft, vol 1* (S. 89–106). Springer VS. https://doi.org/10.1007/978-3-658-06618-5_5.

Evaluationsdesign

1 Auftrag und Operationalisierung

Das Landesprogramm KulturSchule Hessen unterstützt sein Schulentwicklungsanliegen mit Fortbildungen unterschiedlichen Formats. Die Fortbildungen stellen
eine das Programm begleitende Kompetenzentwicklung der Lehrkräfte in Kultureller Bildung dar und sorgen für eine Verbreiterung von Erfahrungen mit dem
neuen Lernbereich. Die Kernelemente des Fortbildungsprogramms bilden vier
Qualifizierungsreihen, die auf eine je eigene Weise die Etablierung Kultureller
Bildung an Schulen unterstützen sollen. Mit Ausnahme der Fachforen und der
für schulische Führungskräfte vorgesehenen SLT-Reihe sind diese Fortbildungen
auch für Lehrkräfte aller hessischen Schulen frei anwählbar.

Ein bereits vorhandenes Fortbildungsformat ist im Laufe des KulturSchul-
Programms durch drei zusätzliche Neukonzeptionen, davon ein zweieinhalbtägiges Format für Lehrkräfte an KulturSchulen ergänzt worden. Nunmehr soll
eine Evaluation die Frage beantworten, welchen Beitrag die jeweiligen Formate
zur Etablierung einer ästhetischen Praxis und eines kulturell geprägten Schulprofils leisten. Darin spiegelt sich zugleich der Hintergrund und die Geschichte der
Evaluationsforschung als „praxis- und anwendungsbezogene Forschung" (Stockmann, 2010, S. 57) von „Reformprogrammen" wider. Die Ziele der Untersuchung
sind vorbestimmt und orientiert an den Fragestellungen der Programmakteure.
Als aufschlussreich werden in Absprache mit den Programmverantwortlichen im
Kultusministerium und dem Büro Kulturelle Bildung zwei didaktische Aspekte
und ein transferpolitischer Faktor der Fortbildungen angesehen:

1. Konzeption und Intention der Fortbildungsformate
2. Gestaltung und Ablauf der Fortbildungsveranstaltungen.
3. Aufgreifen der Fortbildungsimpulse durch die KulturSchulen.

© Der/die Autor(en) 2023   49
H. Ackermann, *Fortbildungen für KulturSchule*,
https://doi.org/10.1007/978-3-658-42221-9_3

Der Schwerpunkt in der nachfolgenden Einzelbegutachtung der Fortbildungsformate liegt auf dem jüngsten Format, den Fachforen. Es handelt sich dabei um das langzeitlichste Lehrkräfte-Fortbildungsformat, das zweinhalb Tage im Block stattfindet. Folgende Annahmen und Bedingungen leiten die Untersuchung:

Ad 1) Intention und Konzeption der Fortbildungsformate hängen als didaktische Größen miteinander zusammen. Die Intentionen gehen zu einem Teil aus Dokumenten hervor, oder sie können bei Fortbildungsverantwortlichen nachgefragt werden. In der evaluatorischen Gesamtperspektive interessiert auch die Frage der strukturellen Passung der Fortbildungsangebote mit Hinblick auf die Zielsetzungen des Landesprogramms KulturSchule: Welchen Beitrag leisten die Formate für das KulturSchul-Programm? Welchen Input geben die Fortbildungsformate der KulturSchul-Entwicklung? Wie wirken die Fortbildungen zusammen? Inwiefern befördern sie eine Transformation der Schulkultur und eine mögliche Veränderung des Unterrichts?

Ad 2) Wie die Konzeptionen der Formate jeweils angelegt sind, welche Zielgruppe(n) sie adressieren, welchen gestalterischen Verlauf sie in der Regel aufweisen, wird in einer inhaltlichen Rekonstruktion untersucht. Zu den Fachforen wird beispiel- und ausschnitthaft die Resonanz bei den Adressaten erfasst.

Ad 3) Wie KulturSchulen Fortbildungsimpulse aufgreifen, beeinflusst den Transfer des Neuen in das Praxisfeld der Lehrkräfte. Diesen Transfer des Fortbildungsertrags leisten die Fortgebildeten als Verantwortliche für ihren Unterricht; er ist allerdings auch abhängig von der Frage der Umsetzbarkeit, der Motivation und Faktoren in der Schule.

2 Zum Zweck der Fortbildungen – ‚Cui bono'?

Wenn Lehrkräfte sich fortbilden, gehört dies zum immer wichtiger gewordenen ‚lebenslangen' Lernen. Lehrkräfte erhalten und erweitern in Fortbildungen ihre Kompetenzen und setzen sich in diesem Rahmen mehr oder minder bewusst mit ihrem Unterrichtsstil und -routinen auseinander. Fortbildungen sollen sie in ihrer Weiterentwicklung unterstützen und die Schülerinnen und Schüler fördern. Die Lernenden in der Schule sind in Lehrkräftefortbildungen oftmals ein unbeleuchtetes Schlussglied, aber als Endadressaten sind sie grundsätzlich mit-zudenken.[1] Machmal geraten sie aufgrund wissenschaftlicher Erkenntnisse auch in den Mittelpunkt, wenn es zum Beispiel um Förderungsinitiativen oder Modell-versuche wie den Zweit-Sprachwerb geht. Für diese Evaluation ist relevant, dass das Ziel des KulturSchul-Programms darin besteht, dass sich für die Lernen-den der Lernbereich vergrößert, ihnen abstrakt erscheinende Sachverhalte und Fragestellungen in Unterrichtsfächern anschaulicher werden sollen, ihnen neue Ausdrucksmöglichkeiten geboten werden, die sie sich aneignen können. Die sich durch die Fortbildung erweiternden inhaltlichen und methodischen Fähigkeiten ihrer Lehrkräfte zielen letztlich auf die Zunahme von Gelegenheiten, die Schü-lern vielseitige ästhetische Erfahrungen bieten und deren Wahrnehmung erweitern (vgl. HKM, 2018, S. 1–2) und bei denen sie verstärkt mit den Sinnen lernen; öfter als zuvor sollen sie selbstgesteuert und eigenverantwortlich arbeiten. Außerdem erweitert sich ihr Lernfeld auch über die Schule hinaus.

Mit diesem Hintergrund ist in den Fortbildungen nicht nur die Bereitschaft der Lehrkräfte zu wecken, ästhetisches Lernen vorzubereiten und anzuleiten, kreative Schaffensprozesse aufmerksam zu beobachten und ein motivierendes Feedback an die Schüler zu geben. Diese lernen die Qualität von Erfahrungs-räumen kennen, um diese künftig selbst gestalten zu können und letztlich in die Lage versetzt zu werden, den eigenen Unterricht durch ästhetische Zugänge und hin zu einer kulturellen Praxis zu verändern. Domänenspezifisches Wissen oder künstlerisches Erfahrungswissen ist in der Regel keine Voraussetzung dieser Fort-bildungen. Dies spiegelt wider, dass Kulturelle Bildung einen Querschnittsbereich aller Domänen darstellt, der ästhetische Anteile aufweisen kann, aber nicht muss (vgl. Rittelmeyer, 2018).

3 Methodik der Evaluation

In der Evaluation geht es zunächst darum, die als der Fortbildung zugehörig deklarierten Formate in ihrer didaktischen Konzeption zu verstehen. Metho-den der rekonstruktiven Sozialforschung stellen hierfür ein Instrumentarium zur

---

[1] Die Fortbildungsforschung spricht von einer „Wirkungskette", die über die Erweiterung der Kompetenzen der Lehrkräfte den Unterricht und die Lernaktivitäten der Schülerinnen und Schüler betreffen und – verbunden mit großen methodischen Problemen des Wirkungsnach-weises – in der Schülerleistung evident werde (vgl. Lipowsky, 2013, S. 1). Diese Engführung der Nachweiskette der Fortbildungswirksamkeit bis zur Lernleistung der Schüler, die dem PISA-Denkmodell entspricht, wird neuerdings durch eine Berücksichtigung des Wohlbefin-dens der Schüler ergänzt (Lipowsky, 2023, S. 16).

Verfügung. Die Auswahl der Datenerfassungsmethode geschieht vor dem Hintergrund infrage kommender Theoriekonzeptionen. Für das Feld des organisierten Lehrens und Lernens von schulischen Lehrkräften eignet sich der Ansatz der *Implementationsforschung*. Die Bereitstellung der Fortbildungsformate durch das HKM kann als „Intervention" betrachtet werden, die die Bedingungen dafür verbessern soll, das gesetzte Ziel einer Schul- und Unterrichtsentwicklung zu erreichen (vgl. Schrader et al., 2020, S. 15).

Der Implementationsansatz beinhaltet eine Mehrebenen-Perspektive, die das Zusammenwirken mehrerer Akteure unterstellt; dies sind die Fortbildungsprogrammverantwortlichen, die Fortbildenden als Anleiter und Begleiter, die Lehrkräfte als Adressaten der Fortbildungen und die Schulleitungen der KulturSchulen als Verantwortliche der pädagogischen Einzelschulgestaltung und der Personal- und Unterrichtsentwicklung. Die Programmverantwortlichen sind eine wichtige Erkenntnisquelle über die Implementationsintention und -strategie insgesamt, während die Fortbildenden über die Konzeptionen der Fortbildungen mitsamt ihrer Wirkungserwartung und gesammelten Erfahrungen Auskunft geben können. Zusätzlich erfolgt eine Sichtung und Auswertung von Dokumenten. Die Fortbildungsteilnehmer als direkte Adressaten der Formate können unmittelbar über ihre Eindrücke und Effekte berichten und darüber, welche Anknüpfungsmöglichkeiten sie für ihren Unterricht sehen. Schulleitungen und in Ergänzung die KulturSchul-Beauftragten können ihre Wahrnehmungen zum jeweiligen schulischen Klima, den kollaborativen Arbeitszusammenhängen und letztlich ihren Eindruck zum Umsetzungsgrad der Fachforen-Angebote in die Schule und das schulische Transfermanagement thematisieren.

Für die Datenerhebung werden *Experteninterviews* gewählt, die die „Rekonstruktion komplexer Wissensbestände" (Meuser & Nagel, 1997, S. 481) ermöglichen. Diese werden in der Evaluationsforschung ebenfalls eingesetzt (Flick, 2006). Erschließen lassen sich darüber zum Beispiel Entscheidungsprämissen der Programmgestalter, ein auf regulativen Vorgaben beruhendes und in Praxisroutinen und Verhaltensmustern geronnenes Institutionen- und Erfahrungswissen und ein „Wissen, das in innovativen Projekten gewonnen wird" (ebd., S. 481). Die Experteninterviews haben außerdem einen besonderen Wert angesichts der geringen Verfügbarkeit von begründenden, konzeptionellen und handlungsanleitenden Texten zu diesen Fortbildungen.[2]

---

[2] In einer länderübergreifenden Perspektive stellen die Formate und ihr Gesamtkontext eine Besonderheit dar, wie auch eine Internet-Recherche auf den Websites der Landesinstitute bestätigt.

Das Erkenntnisinteresse dieser Studie fokussiert aufgrund der Innovationserwartung der Programmverantwortlichen die Fachforen und befasst sich mit der Besonderheit ihres didaktischen und ästhetischen Arrangements. Die Teilnehmenden erfahren Formen der kreativen Prozessgestaltung, indem sie sich selbst in der Rolle eines kreativ praktisch Schaffenden wiederfinden. Mit der ästhetischen Vertiefung soll die Persönlichkeit angesprochen werden, indem man etwas Neues über sich selbst lernen kann und über die eigenen Fachdisziplin hinaus den eigenen Horizont erweitert. Insofern steht in der Evaluation die individuelle Wahrnehmung der Fortbildungangebote durch die Teilnehmerinnen und Teilnehmer im Vordergrund.

Als Experten gelten hier mehrere Entscheidergruppen. So werden die Programmakteure im HKM und Büro Kulturelle Bildung befragt.[3] Ebenso die Fortbildnerinnen und Fortbildner, die in ihrem beruflichen Kontext mit den Lehrkräften kreative Prozesse gestalten und an sie ein spezifisches Erfahrungswissen weitergeben. Einige Fortbildende begleiten bereits langjährig ‚ihre‘ Fortbildungsreihe und sie haben auch das Format der Fachforen mit entwickelt. Zudem stehen sie in Kontakt mit den Programmschulen und sind darüberhinaus in Netzwerke eingebunden. Ihr Wissen zu Zielen und Konzeption der Fortbildung basiert auf professioneller Erfahrung und Reflexion; ihre Wahrnehmung der schulischen Entwicklung bildet eine wichtige Auskunftsquelle über den Stand des Erreichten.

Die Lehrkräfte sind Experten für ihren Unterricht und die Schulleitungen für die Funktionserfordernisse der Schule und Organisationsstrukturen. Außerdem sind sie Kenner der ex- und internen Interaktionen der Schulmitglieder und Partner. Eventuell zeigen sich in einer gruppenspezifischen Bilanzierung markante Unterschiede in der Bewertung.

Die Evaluation erfasst das Unterstützungskonzept für das KulturSchul-Programm in seiner Gesamtstruktur, die Ziele der Formate im konzeptionellen Denken der Fortbildner, die Wahrnehmung der Teilnehmenden im unmittelbaren Anschluss an die Teilnahme und drittens den Fortbildungstransfer im Anwendungsfeld Schule. Abb. 1 zeigt den Zusammenhang der Untersuchungsschritte.

---

[3] Problematisiert wird in der einschlägigen Methodenliteratur, wie Experten bestimmt und ausgewählt werden. Bogner und Menz (2002, S. 22) identifizieren Experten wesentlich an ihrer „Gestaltungsmacht" in ihrem Umfeld und im Praxisfeld. Damit bringen sie ein über die besondere Qualität des Wissens hinausgehendes Kriterium in Anschlag. Nicht allein das komplexe ausgefeilte „Sonderwissen" (Meuser & Nagel, 1994, S. 180), auch das „Betriebswissen über Abläufe, Regeln und Mechanismen in institutionalisierten Zusammenhängen" (Przyborski & Wohlrab-Sahr, 2010, S. 134) und ihre „professionalisierte[..] Reflexion" (Bogner & Menz, 2002, S. 26) lässt sie zur wichtigen Erkenntnisquelle für das Verstehen des Handelns in Institutionen beziehungsweise Organisationen werden.

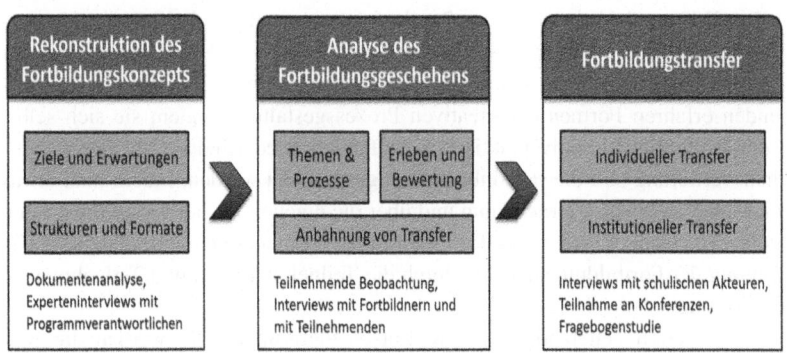

Abb. 1 Evaluationsdesign

„Expertenorientierte Evaluationsansätze verwenden die professionellen Enschätzungen von Experten für die Beurteilung von Institutionen, Programmen, Produkten und Aktivitäten" (Meyer & Stockmann, 2010, S. 133). Für eine umfassende Beurteilung werden meist ergänzende Experten-Sichtweisen genutzt (ebd.). Ein orientierender und flexibel zu nutzender Leitfaden, der der Befragung der Programmverantwortlichen, der Fortbildner und der Fortbildungsteilnehmer und Schulleitungen zugrundeliegt (Meuser & Nagel, 1997, S. 483), stellt eine Vorstrukturierung der möglichen Antworten dar. Die Frageimpulse, die in die zentralen Fragebereiche einführen, bilden einen „Themenweg" (Kruse, 2014, S. 203), der den idellen Interviewverlauf steuert. In der Gesprächsführung hat Flexibilität Priorität, um den Relevanzkriterien des Gesprächspartners nachgehen zu können (vgl. Meuser & Nagel, 1994, S. 484). Die Methodik einer qualitativen Befragung wird gewählt, um die subjektive Perspektive einzufangen und die persönlichen Relevanzkriterien des Interviewpartners kennenzulernen (vgl. Kohli, 1978, S. 10). Es sollen möglichst solche Impulse gesetzt werden, die das Expertenwissen zur Verbalisierung herausfordern. Die an die unterschiedlichen Expertengruppen gerichteten Fragebereiche unterscheiden sich notwendig in gewissen Teilen. Vorgestellt wird hier nur der Leitfaden für die Programmverantwortlichen. Tab. 1 gibt einen beispielhaften Überblick über die Dimensionen des Interviewleitfadens.

Tab. 1 Beispiel Interviewleitfaden für Steuerungsakteure

Kategorien & Dimensionen	
Persönlicher und biographischer Bezug	Eigene Rolle & Aufgabe Persönliche Motive Persönlicher Hintergrund
Fortbildungskonzepte	Verschriftlichung der Konzepte Überfachlicher Ansatz Bedeutung der Fortbildungen für KulturSchulen
Lernertrag für Fortbildungsteilnehmende	Lernziele Kriterien gelingenden Lernens in der Fortbildung, misslingendes Lernen in der Fortbildung Gewinn der FoBi für die Lehrperson Emotionalität Schulformunterschiede und Lehrerhabitus
Einzelne(s) Format(e)	Ziele/Bedeutung des Veranstaltungsformats Ablauf Teilnehmererleben Veranstaltungsbeteiligte/Veranstaltungsort Implikationen einer Teilnahme von Schul-Teams Modifikationen der Formate
Auswahl & Eignung von Fortbildnern	Kompetenzen Rekrutierung Zielverständigung
Zielüberprüfung	Erfolgsfeststellung Feedback
Schulentwicklung	Transfermaßnahmen Erhoffte Auswirkungen Wahrgenommene Auswirkungen
Eigene Legitimation & Begründungsnotwendigkeiten	Rückkopplung in der Institution Leitbildprozess & Selbstvergewisserung
Ausblick	Zukünftige Entwicklung und Notwendigkeiten

An den vorgeplanten Themenkomplexen orientiert sich auch die Auswertung der Daten in der Gewinnung von Kategorien. Für die Publikation wird zugunsten eines einheitlich strukturierten Überblicks eine an den Fortbildungsformaten orientierte Auswertung vorgenommen. Die inhaltsbezogene Auswertung schriftlicher Dokumente der Einladungsschreiben oder von Informationen im Internetportal ergänzen dabei die verbalen Äußerungen der Befragten.

3.1   Zur Befragung und Auswertungsmodalität

Für die Befragung sind die Programmverantwortlichen und die Steuerungsakteure an ihrem Arbeitsort aufgesucht worden. Die Fortbildenden wurden am Rande der von ihnen geleiteten Workshops am jeweiligen Veranstaltungsort befragt. Die Teilnehmenden der Fortbildungsveranstaltungen sind direkt im Anschluss an die Veranstaltung oder im Fall mehrtägiger Workshops meist kurz vor dem Abschluss einer Fortbildung interviewt worden. Die Konversation mit Schulleitungen und KulturSchul-Beauftragten erfolgte in der Regel in den Schulen, teilweise auch im Rahmen von Veranstaltungen des KulturSchul-Programms. Es wurden jeweils Audioaufzeichnungen erstellt, denen die Interviewpartner zugestimmt haben. Die Audioaufzeichnungen sind in Transkripte überführt worden, wobei eine wörtliche Übertragung gewählt wurde (vgl. Mayring, 2002, S. 89). Parasprachliche Auffälligkeiten sind nicht mitprotokolliert worden; im Interesse der Lesbarkeit ist die Form des ‚wissenschaftlichen Grundtranskripts' (vgl. Fuß & Karbach, 2014) gewählt worden, bei der marginale Sprachglättungen vorgenommen werden und auf die Erfassung von Längen von Pausen verzichtet wird.

Die *Auswertung der qualitativen Daten* erfolgt in Anlehnung an die Qualitative Inhaltsanalyse, die eine regelgeleitete Analyse der transkribierten Daten bezweckt und „Konstruktion und Anwendung eines Systems von Kategorien" (Mayring, 2003, S. 12) beinhaltet. Die Kategorienbildung der vorliegenden Studie stellt eine Mischform zwischen induktiven und deduktiven Analysemethoden dar. Das im Vorfeld vorhandene Vorwissen zum Evaluationsgegenstand geht in die erkenntnisleitenden Fragen der Interviewleitfäden ein; zugleich haben Beobachtungseindrücke aus den Fortbildungen, insbesondere für den Fragebereich zum Transfer eine Rolle gespielt.

3.2   Teilnehmende Beobachtung

Die teilnehmende Beobachtung als eine Methode der Feldforschung dient dazu, sich ein „fremdes kulturelles Feld" zu erschließen oder einen „neuen Blick auf ein bereits vertrautes Feld" (Friebertshäuser, 1997, S. 503) zu gewinnen. In zwei der Fortbildungen steht die *Prozessgestaltung* in künstlerisch ästhetischen Lernprozessen im schulischen Rahmen im Mittelpunkt; eine teilnehmende Beobachtung kann hier eine Forschungsstrategie darstellen, der Inszenierung eines unmittelbaren Erlebens nachzuspüren. Der Forschende kann sich dabei allerdings nicht in eine Randzone des Geschehens begeben, um frei von Betätigung und Ablenkung zu beobachten und Notizen anzufertigen. Vielmehr nimmt er aktiv wie die anderen Teilnehmer am besuchten Workshop teil und ist in das Geschehen eingebunden. Somit schwindet die Distanz zu ihm als Beobachter, aber auch die von ihm selbst zum Geschehen. Von Vorteil ist die unmittelbare Nähe zu den Teilnehmenden und die durch das Prozessgeschehen entstehende Gemeinschaftlichkeit im Workshopverlauf; von Nachteil ist das Empfinden einer unaufhebbaren zeitlichen Präsenz in einer Doppelrolle als Teilnehmer wie auch Beobachter mit einem Erkenntnisinteresse. Die gewonnenen Eindrücke können nur mit zeitlicher Verzögerung in einem Forschungstagebuch festgehalten werden.

Aufgrund der Fragestellungen dieser Studie sollte das didaktische Geschehen auch hinsichtlich der ästhetischen Erfahrung erfasst werden (Peez, 2005, 2008).[4] Da für die Wirksamkeit von Fortbildung die Reflexion des Lernprozesses als besonders bedeutsam gilt, ist in allen besuchten Veranstaltungen besonders auf Reflexionsmomente geachtet worden. Außerdem ist von Belang, inwiefern Umsetzungsprobleme und der Transfer ins Praxisfeld eine Rolle spielen.

Insgesamt sind sechs «Fachforen» über jeweils zweieinhalb Tage, der «Tag X» zu variierenden Themen ist dreimal besucht worden und das Peer-Learning Format «Fachaustauschtag» einmal. Zusätzlich ist bei drei Gesamtkonferenzen die Berichterstattung von Besuchen der Fachforen verfolgt worden.

3.3   Fragebogenstudie

Die Teilstudie einer umfassenderen Fragebogenstudie (2016/2017) liefert eine Momentaufnahme von der Akzeptanz der Fortbildungen in den Kollegien von fünf Schulen (n = 219); aus ihr geht die temporäre Fortbildungsquote hervor. Das Interesse an einer Sonderauswertung von bereits vorhandenen Daten verdankt sich der Frage, ob Fortgebildete eine Avantgarde in der Schulentwicklung darstellen. Die Grundlage liefert eine Replikationsstudie der 2013/2014 durchgeführten quantitativen Befragung zur Entwicklung der KulturSchulen in den Kollegien von drei Gesamtschulen (Ackermann et al., 2015). Da 2015 zwei Förderschulen ins KulturSchul-Programm neu aufgenommen worden sind, ist der Fragebogen der Studie von 2013/2014 überarbeitet worden, um der pädagogischen Schulartspezifik gerecht zu werden. 2016 fand die Befragung in den beiden Förschulen statt.

---

[4] „Denn der Kern ästhetischer Bildung sind ästhetische Erfahrungen. Ästhetische Erfahrungen lassen sich sowohl rezeptiv als auch produktiv machen, d. h. sowohl in der Wahrnehmung ästhetischer Objekte und Phänomene als auch im eigenen Gestalten, sei es bildnerisch, musikalisch, dichterisch oder darstellerisch. Ästhetische Bildung ist ohne authentische ästhetische Erfahrungen nicht denkbar und möglich" (Peez, 2008).

2017 sind mit dem identischen Fragebogen die Kollegien der drei Gesamtschulen erneut befragt worden. Da ein Teil der Fragebereiche gleich geblieben sind, kann sie als Replikationsstudie gelten. Diese beiden Studien (FöSch & GesaSch) haben aufgrund eines Items zur Fortbildungsteilnahme und -frequenz die Erfassung der temporären Teilnahmequoten an den KulturSchul-Fortbildungen erlaubt. Für diese Publikation sind die Daten auf Unterschiede im Antwortverhalten von Fortgebildeten und nicht Fortgebildeten ausgewertet worden.

Die Befragung erfolgte in vier Schulen am Rande von Gesamtkonferenzen sowie in der fünften Schule abseits eines Konferenztermins. Die Studie umfasst das Personal von drei Gesamt- sowie zwei Förderschulen Zur Analyse werden Verfahren der deskriptiven Statistik genutzt. Unter Zuhilfenahme des Mann–Whitney-Tests ist für verschiedene Items ermittelt worden, ob unterschiedliches Antwortverhalten mit einer Fortbildungs(-nicht-)teilnahme einhergeht (Signifikanztests). Mithilfe des Jonckheere-Terpstra-Tests wurde darüber hinaus überprüft, ob das Antwortverhalten in einem Zusammenhang mit einer mehrfachen Fortbildungsteilnahme steht (Trendtests).

Die eingesetzten Variablen sind überwiegend ordinalskaliert, die Befragten kennzeichnen ihre Zustimmung oder Ablehnung auf einer vierstufigen Skala (stimme vollkommen zu/stimme eher zu/stimme eher nicht zu/stimme gar nicht zu). Auf die Option einer Mittelkategorie wurde verzichtet. Für einige Analysen und Darstellungszwecke wurde es für sinnvoll erachtet, im Nachhinein bestimmte Variablen zu dichotomen Merkmalen umzucodieren. Einige ordinalskalierte Variablen, die etwa Einschätzungen zu wahrgenommenen Veränderungen enthalten, sind fünfstufig gestaltet worden, z. B. um angeben zu können, dass sich etwas nicht verändert hat.

4   Grenzen des Evaluationsdesigns

Eine Evaluation erfüllt einen anderen Zweck als Forschung, zugleich dienen Forschungsprojekte auch pragmatischen Interessen und werden zur Legitimierung politischen Handelns verwendet. Im Prinzip haben Evaluation und Forschung klar voneinander unterscheidbare Zuständigkeiten und folgen einem eigenen Paradigma (vgl. Lüders, 2006). Beide eint eine zeitliche Beschränkung. Der Einsatz der Forschungsmethoden im Rahmen von Evaluation soll möglichst ein klares Ergebnis hinsichtlich der Einschätzung der Aufgabenerfüllung einer Maßnahme ergeben (Flick, 2006, S. 14). Neben einer Erkenntnis- und Dialogfunktion werden Programme auch dahingehend evaluiert, und „der betriebene Aufwand berechtigt ist" (ebd.). Für eine solche bildungsökonomische Wertung fehlen dieser Studie

Daten; wie beschrieben sind in dieser Studie keine Aussagen zur Wirksamkeit oder Effektivität und Effizienz angestrebt.

Um die Aussagereichweite der Bewertungen der Fortbildung durch die Teilnehmer einzuschätzen, ist in Betracht zu ziehen, dass aufgrund der Freiwilligkeit der Teilnahme am Interview eine sogenannte Positivauswahl zustandegekommen ist. Forschungsethisch ist Freiwilligkeit eine Selbstverständlichkeit, insofern ist nicht auszuschließen, dass Fortbildungsteilnehmer, die den von ihnen besuchten Workshop kritisch bewerten, es vermieden haben, über ihre Eindrücke und Erfahrungen zu sprechen. Zudem legt die Fortbildungsforschung die Folgerung nahe, dass sich oftmals nur diejenigen fortbilden, die einem Fortbildungsangebot positiv gegenüber eingestellt sind. Die Merkmale der gesamten Teilnehmerschaft an den Fachforen sind unbekannt. Trotz dieser Einschränkung in der Selbstselektion erlauben die ausführlichen Stellungnahmen Aufschlüsse über das Geschehen in der unterschiedlichen Wahrnehmung der Lehrkräfte. Auch kann das Konzept in seiner Auswirkung besser verstanden werden.

5 Darstellung der Qualifizierungsformate

Im Folgenden werden die unterschiedlichen Fortbildungsformate einzeln für sich beschrieben und analysiert. Die Untergliederung der Kapitel folgt jeweils der gleichen Struktur: Zunächst werden anhand des erhobenen Materials die Zielstellungen und zugrunde liegenden Prämissen der Konzeptionen der einzelnen Formate rekonstruiert; ihren Gesamtkontext haben Thomas Langenfeld und Simone Twiehaus (2018) dargestellt. Daran anknüpfend werden die strukturell-organisatorischen Rahmenbedingungen beschrieben sowie die Inhalte und Themen aufbereitet. Im dritten Schritt wird basierend auf den teilnehmenden Beobachtungen und anhand zur Verfügung gestellter Dokumente oder eigener Beobachtungen der charakteristische Ablauf der einzelnen Fortbildungsformate geschildert. Es schließt sich jeweils die Darstellung der Teilnehmerresonanz und ein Fazit an.

Da sich die «Workshops Kreative Unterrichtspraxis» als konzeptionelle Keimzelle der ästhetischen Zugangsweisen verstehen, die in den Fachforen in besonderer Weise intensiviert werden, beginnt die Darstellung mit diesen. Den zweieinhalbtägigen Fachforen fällt als Neukonzeption eine besondere Rolle zu. Sechs «Fachforen», die begleitet worden sind, bilden die Basis der Analyse von Praktiken und Prozessen. In ihrem Kontext sind 16 Teilnehmende aus sieben unterschiedlichen Workshops sowie 10 Fortbildende befragt worden. «Tag X» ist zu drei verschiedenen Themen besucht worden, und vier Teilnehmende haben sich hierzu geäußert. Die Darstellung der Fortbildung für Schulleitungsteams «SLT» basiert auf den Dokumentationen eines abgeschlossenen Durchlaufs der Reihe (Murrenhof, 2015/2016) sowie retrospektiven Äußerungen von fünf Teilnehmerinnen und Teilnehmern plus einer in Personalunion programmverantwortlichen Lehrperson.

5.1   Abkürzungen der Interviewtranskripte

Um die Zugehörigkeit der wörtlichen Zitate zu den jeweiligen Expertengruppen zu verdeutlichen, werden in der nachfolgenden Tabelle jeweils die Kürzel und die Anzahl der geführten Interviews angegeben. Aus Tab. 2 geht die Anzahl der Interviews und die benutzten Abkürzungen hervor.

Tab. 2 Abkürzungen der Transkripte

Experte Kürzel	Fortbildungsformat	Anzahl	Geschlecht
Steuerungs-Akteur IS(Nr.)	Verantwortlich für Fachforen, KU, Tag X, Kooperation für SLT-Reihe	5	2 m/3 w
Fortbildner IFFF	Fachforen (tw. KU)	10	7 m/3 w
Fortbildner Künstler IS-a	Fachforen	1	1 m
Lehrperson IFFT	Teilnehmer Fachforum	16	5 m/11 w
Schulleitung ISL	Transfer	5	3 m/2 w
KulturSchul-Beauftragte ISKL	Transfer & Austausch	5	1 m/4 w
Fortbildner IXF	Tag X	2	2 w
Lehrperson IXT	Teilnehmer Tag X	2	2 w

Literatur

Ackermann, H., Retzar, M., Mützlitz, S. & Kammler C. (2015). KulturSchule. Kulturelle Bildung und Schulentwicklung. Springer VS.

Bogner, A., & Menz, W. (2002). Expertenwissen und Forschungspraxis: Die modernisierungstheoretische und die methodische Debatte um die Experten. In A. Bogner, M. Littig, & W. Menz (Hrsg.), *Das Experteninterview: Theorie, Methode, Anwendung* (S. 7–29). Springer.

Flick, U. (2006). Qualitative Evaluationsforschung zwischen Methodik und Pragmatik - Einleitung und Überblick. In U. Flick (Hrsg.), *Qualitative Evaluationsforschung. Konzepte, Methoden, Umsetzungen* (S. 9–29). Rowohlt Taschenbuch.

Friebertshäuser, B. (1997). Feldforschung und teilnehmende Beobachtung. In B. Friebertshäuser & A. Prengel (Hrsg.), *Handbuch Qualitative Forschungsmethoden in der Erziehungswissenschaft* (S. 503–534). Juventa.

Fuß, S., & Karbach, U. (2014). *Grundlagen der Transkription: Eine praktische Einführung.* UTB.

Hessisches Kultusministerium. (2018). [HKM 2018]. Programmbeschreibung der Erweiterung des KulturSchulprogrammes im Rahmen der fortgesetzten Förderung durch das Hessische Kultusministerium und die Stiftung Mercator. https://media.frag-denstaat.de/files/foi/111614/programmbeschreibung-kulturschule-stiftung-mercator-ocr.pdf. Zugegriffen: 25. Nov. 2021.

Kohli, M. (1978). „Offenes" und „geschlossenes" Interview: Neue Argumente zu einer alten Kontroverse. *Soziale Welt, 29,* 1–25.

Kruse, J. (2014). *Qualitative Interviewforschung. Ein integrativer Ansatz.* Beltz Juventa.

Lipowsky, F. (2013). Lehrerfortbildung neu und weiter denken. *Vortrag auf der AFB-Expertentagung zum Thema „Die Reform der Lehrerbildung in Hessen aus der Sicht der Wissenschaft".* Kassel, 18, 2013. http://assets02.hessenspd.net/docs/doc_45511_201 3731128.pdf.

Langenfeld, T., & Twiehaus, S. (2018). Qualifizierungsangebote im Schulentwicklungsprogramm „KulturSchule Hessen". In M. Fuchs & T. Braun (Hrsg.), *Kulturelle Unterrichtsentwicklung. Grundlagen, Konzeptionen, Beispiele* (S. 334–346). Beltz.

Lipowsky, F. (2023). Befunde zur Fortbildungswirksamkeit. In B. Priebe, I. Plattner, & U. Heinemann (Hrsg.), *Lehrkräftefortbildung: Zur Qualität von bildungspolitischer Steuerung* (S. 16–26). Beltz Juventa.

Lüders, C. (2006). Qualitative Evaluationsforschung – Was heißt hier Forschung? In U. Flick (Hrsg.), *Qualitative Evaluationsforschung. Konzepte, Methoden, Umsetzungen* (S. 33–62). Rowohlt Taschenbuch.

Mayring, P. (2002). *Einführung in die qualitative Sozialforschung* (5. Aufl.). Beltz.

Mayring, P. (2003). *Qualitative Inhaltsanalyse: Grundlagen und Techniken.* Beltz.

Meuser, M., & Nagel, U. (1994). Expertenwissen und Experteninterview. In R. Hitzler, A. Honer, & C. Maeder (Hrsg.), *Expertenwissen* (S. 180–192). Westdeutscher Verlag.

Meuser, M., & Nagel, U. (1997). Das ExpertInneninterview – Wissenssoziologische Voraussetzungen und methodische Durchführung. In B. Friebertshäuser & A. Prengel (Hrsg.), *Handbuch Qualitative Forschungsmethoden in der Erziehungswissenschaft* (S. 481–491). Juventa.

Meyer, W., & Stockmann, R. (2010). Evaluationsansätze und ihre theoretischen Grundlagen. In R. Stockmann & W. Meyer (Hrsg.), *Evaluation. Eine Einführung* (S. 101–157). Verlag Barbara Budrich.

Stockmann, R. (2010). Wissenschaftsbasierte Evaluation. In R. Stockmann & W. Meyer (Hrsg.), Evaluation. Eine Einführung (S. 55–100). Verlag Barbara Budrich.

Peez, G. (2005). *Evaluation ästhetischer Erfahrungs- und Bildungsprozesse.* Kopaed.

Peez, G. (2008). Zur Bedeutung ästhetischer Erfahrung für Produktion und Rezeption in gegenwärtigen Konzepten der Kunstpädagogik. In T. Greuel, Thomas & F. Heß (Hrsg.), *Musik erfinden. Beiträge zur Unterrichtsforschung* (S. 7–26). Shaker Verlag zitiert nach https://georgpeez.de/wp-content/uploads/2019/07/. Zugegriffen: 1. Apr. 2023.

Przyborski, A., & Wohlrab-Sahr, M. (2010). *Qualitative Sozialforschung. Ein Arbeitsbuch* (3. korrigierte). Oldenbourg.

Rittelmeyer, C. (2018). Kulturelle Bildung. In H. Barz (Hrsg.), *Handbuch Bildungsreform und Reformpädagogik* (S. 559–564). Springer VS. https://doi.org/10.1007/978-3-658-07491-3_54.

Schrader, J., Hasselhorn, M., Hetfleisch, P., et al. (2020). Stichwortbeitrag Implementationsforschung: Wie Wissenschaft zu Verbesserungen im Bildungssystem beitragen kann. *Zeitschrift für Erziehungswissenschaft, 23,* 9–59. https://doi.org/10.1007/s11618-020-00927-z.

Workshops Kreative Unterrichtspraxis

Die «Workshops Kreative Unterrichtspraxis» (KU) sind als konzeptionelle Keim-zelle ästhetischer Zugangsweisen im (Fach)Unterricht anzusehen. Das Angebot lässt sich bis ins Jahr 1995 zurückverfolgen, es hat gleichsam eine lange Tra-dition in der hessischen Fortbildungslandschaft, und der Ansatz hat sich seither auch in seiner fachlichen Breite weiterentwickelt. Für das KulturSchul-Programm haben die Workshops eine Scharnierfunktion – diese Veranstaltungsreihe ist für Lehrkräfte aller Schulen in Hessen offen und nicht an das KulturSchul-Programm gebunden. Aus einem Katalog beziehungsweise im Internet sind mehr als 60 ver-schiedene Einzelangebote anwählbar, die eine disziplinäre Breite und thematische Vielfalt zeigen, die bis in die Medienpädagogik ausgreift. Sie tragen fachüber-schreitendes kreatives und – niederschwellig – künstlerisches Arbeiten in die hessische Schullandschaft. Neben neuen Unterrichtsimpulsen ist es das postulierte Anliegen, die *sinnliche Wahrnehmung*[1] der Lehrkräfte zu schulen, da ihre Verfei-nerung als Fundament einer Ästhetischen Bildung gilt (vgl. HKM, 2013, S. 25 f.). Didaktisch wird ein handlungsorientiertes Vorgehen bevorzugt, das manchmal durch Bewegungs- oder musikalische Akzente unterstützt wird. Man könnte auch eine Erlebnisorientierung ausmachen, ohne dies mit Oberflächlichkeit zu assozieren.

---

[1] Sinnliche Wahrnehmung meint eine leibbezogene, körperbasierte Sinneswahrnehmung. Diese Sammelbezeichnung für unterschiedliche Sinne wie Sehen, Hören, Schmecken, Rie-chen, Tasten sind in der frühkindlichen Entwicklung wichtige Medien der Welterschließung. Diese, von der Sinnenphysiologie noch stärker ausdifferenzierten Wahrnehmungsformen sind für die geistige, emotionale und soziale Entwicklung eines Individuums von erhebli-cher Bedeutung. Oftmals entzieht sich das Wahrgenommene einer Versprachlichung. Sinnes-wahrnehmungen erfolgen, so die neuere Erkenntnis, sozio-kulturell und alltagsweltlich sinn-deutend, sodass Wahrnehmungen Gegenstand einer kulturwissenschaftlichen empirischen Forschung sind (vgl. Arantes & Rieger, 2014).

© Der/die Autor(en) 2023
H. Ackermann, *Fortbildungen für KulturSchule*,
https://doi.org/10.1007/978-3-658-42221-9_4

Die vom HKM Büro Kulturelle Bildung angebotenen ein- oder halbtägigen Workshops gelten mit ihrem ästhetischen Ansatz als Vorläufer der Fachforen. Aus diesem Konzept hervorgehend hat sich das für das KulturSchul-Programm maßgebliche Verständnis von kultureller Unterrichtsentwicklung durch ästhetische und ungewohnte Zugänge entwickelt.

Die Teamerinnen und Dozenten der Fortbildungsreihe sind teilweise seit vielen Jahren in der Lehrkräftefortbildung tätig und für ihre Tätigkeit in das Büro Kulturelle Bildung abgeordnet. Inzwischen arbeiten bereits einige der einstigen Teilnehmenden von Workshops der Kreativen Unterrichtspraxis oder Fachforen im Workshop-Team mit. Erwartet wird von ihnen als Fortbildende eine fachliche Expertise, ein Repertoire an ansprechenden eigenen Projekten und pädagogische Erfahrung in der Schulpraxis. Neben dem Angebot im persönlichen Erfahrungsschwerpunkt bildet sich das gesamte Workshop-Team regelmäßig im Verbund fort, beispielsweise in der Bundesakademie für Kulturelle Bildung in Wolfenbüttel. Das jährliche Jahresplanungstreffen des Workshop-Teams enthält neben der angebotsentwickelnden Komponente auch eine selbstevaluative. Im Austausch wird geklärt, „wo sind die Schwierigkeiten, wo müssen wir drauf schauen" (IS3, 47), und welche Themen sollen zukünftig aufgegriffen und in Fortbildungsangebote übersetzt werden. Die Leitung versteht sich in keiner Weise als Anleitung der Teamer. Mit Vorgaben verhalte sie sich „ein bisschen zurückhaltend, weil [die] Teamer ja selbst in einem kreativen Prozess sind, was die Entwicklung ihrer Angebote betrifft" (IS3, 47). Das Konzept erhält sich eine ihm eigene Dynamik, indem Neues und Bewährtes die Mischung macht. Zunächst waren im Team die mit kreativen Workshops verbundenen Zielsetzungen offen geblieben: Es „stand nie im Vordergrund, zu sagen, so, wir müssen uns jetzt mal darüber verständigen, was wollen wir damit eigentlich erreichen" (IS3, 47). Diese Gruppe hat sich auf die Intuition und das Können jedes einzelnen Teammitglieds verlassen. Als jedoch die Zahl an Fortbildnern zunahm, wurde die explizierende Klärung von Anliegen und Herangehensweisen erforderlich, in Richtung, wie in den Teilnehmern „die Sehnsucht nach dem großen weiten Meer" entsteht (Saint Exupery), sprich nach kreativem und inspirierenden Tun.

1   Anliegen und Zielgruppen des Formats

Die Workshops der Kreativen Unterrichtspraxis werden mit der Grundüberzeugung gestaltet, dass Ästhetische Bildung ein zentrales Element zur Persönlichkeitsentwicklung darstellt. Da Lehrkräfte die Bildungsgelegenheiten der Schülerinnen und Schüler anlegen und moderieren, ist folglich auch deren

Wahrnehmung zu sensibilisieren (HKM, 2013, S. 27) Verfolgt werden mit den Workshops gemäß den Fortbildungsverantwortlichen drei pragmatische Ziele: Neue Inspiration, Selbsterfahrung, praktische Erprobung und Umsetzung.

Laut den Fortbildenden sollen die eintägigen Werkstattangebote zu einer „Rückbesinnung auf die eigenen Kräfte" (IS3, 17) führen und die Teilnehmenden in der „Wiederentdeckung eigener Fähigkeiten und Leidenschaften" (IS3, 17) unterstützen. Das Gelingen der Fortbildung zeige sich in der Freude am Unterrichten des eigenen Fachs. Im offiziellen Katalog wird der motivationale Aspekt der KU betont: „Sie genießen im Workshop einen Tag mit Zeit zum (Wieder-) Entdecken eigener kreativer Potenziale, tragen den Funken in ihren Unterricht und erfreuen sich an überraschenden Lernerfolgen" (HKM, 2016, S. 3).

Das Prinzip des ästhetisch-sinnlichen Arbeitens bildet den konzeptionellen Kern: Die Lehrpersonen sollen das kreative Arbeiten mit ihren Schülerinnen und Schülern lernen, was keine Technik ist, sodass die für die Schulpraxis beabsichtigen Arbeitsmodi auch im Fortbildungssetting selbst angelegt sind. Sinnlich gestaltendes Arbeiten mit Zugängen, die den Künsten entstammen, sollen kennengelernt und für den Unterricht adaptiert werden.

> „In der Fortbildung ist es sehr wichtig, selbst zu erfahren, was macht [...] die kreative Arbeit mit mir und an welchen Stellen stoße ich vielleicht an Grenzen? [...] Ich muss eine Erfahrung gemacht haben, um das wiederum auch meinen Schülern zu ermöglichen" (IS3, 19).

Das ‚kreative Arbeiten' in diesen Workshops verstehen die Verantwortlichen als eine prozessorientierte didaktische Ergänzung zu vorrangig kognitiv rezeptiven und bewegungsarmen Lernmethoden, die nicht alle Lerntypen gleichermaßen ansprechen:

> „Schülerinnen und Schüler sitzen doch einen Großteil des Tages auf Stühlen irgendwo in Klassenräumen rum und hören Lehrern zu. Also die Eigenproduktion, egal jetzt in welcher Weise, ist immer noch sehr gering. Und an der Stelle, glaube ich, setzt KulturSchule an, indem gefordert wird, dass Schüler eigenverantwortlich aktiv sich den Unterrichtsgegenstand und Inhalte erarbeiten und das mit Methoden tun, die ganz gezielt die Sinne einsetzen und zwar möglichst viele" (IS3, 23).

Arbeitsweisen werden dann als ‚kreativ' charakterisiert, wenn sie eine ästhetische Erfahrung ermöglichen. Die Verantwortlichen verstehen darunter eine durch künstlerisch ästhetische Prozesse initiierte Selbsterfahrung, die sich nicht als weltabgewandt versteht.

„Ich beschäftige mich auch mit mir selber, ja, natürlich auch mit der Gesellschaft, jetzt
insbesondere in unserem Handlungsfeld Schule [...] Da steht immer das Subjekt im
Vordergrund [...] Wenn ich auf jeden einzelnen Schüler und die einzelne Schülerin
eingehen möchte, muss ich mich ja immer erst mit mir selbst auch beschäftigt haben
und mit meinen Möglichkeiten und Grenzen" (IS3, 19).

Die Werkstattarbeit ist darauf ausgelegt, für den Fachunterricht konkret verwert-
bar zu sein. Die Leitung der Fortbildungsreihe beobachtet, dass hauptsächlich
drei Zielgruppen auf das Angebot zugreifen: Dies seien zum einen Lehrkräfte, die
eine ästhetische Lernkultur etablieren möchten, indem sie „kreative und ästhetische Zugangsweisen" (IS3, 17) einsetzen. Zum zweiten handelt es sich um „auch
tatsächlich fachliche Fortbildungen für Musiklehrer, Kunstlehrer, DS-Lehrer und
da speziell [...] fächerverbindendes Arbeiten" (ebd.). Und zum dritten nehmen
Lehrkräfte teil, die „Kunst oder Musik fachfremd unterrichten müssen" (ebd.)
und die „ein bisschen Instrumentarium an die Hand kriegen" (ebd.) und „dankbar
sind wenigstens für diese Anregungen" (ebd.).

Die Einwahl in die Angebote ist unkompliziert gehalten. In ihrer Anfangszeit
wurden sie in einer fotoreichen illustrativen Broschüre präsentiert, jetzt informiert
der Bildungsserver im Internet auf der Website des Hessischen Kultusministeriums über das Programm. Die erforderliche Mindestteilnehmerzahl für einen
Workshop beträgt acht Personen. Wird diese an einer Schule nicht erreicht, ist es
möglich, einen Workshop auch gemeinsam mit einer anderen Schule zu bestellen;
oder der Fachberater für Kulturelle Bildung im jeweiligen Staatlichen Schulamt
bucht einen Workshop für interessierte Lehrpersonen aus dem gesamten Schulamtsbezirk. Für die Schulen sind die Workshops kostenfrei und finden direkt in
der Schule statt.

2   Struktur und Inhalte

Die Kunstsparten in ihrer Breite strukturieren überwiegend die Orientierung über
das Workshop-Programm (Musik/Bewegung/Literalität/Theater etc.) für den sich
auf Angebotssuche Begebenden. In der Betitelung erfährt dieser, worum es geht;
näheres wird auch in weiteren Erwartungen klärenden und zielbezogenen Informationen präzisiert. Auffällig ist jeweils der eher ungewöhnliche Inhalt und
gestaltungsoffene Werkstattcharakter. Im Vordergrund stehen praktisches Arbeiten und Gestalten und forschendes Lernen. Die Fortbildnerinnen und Fortbildner
bieten bisher ungewohnte ästhetische Zugänge für Mathematik und Naturwissenschaften; für Musik, Kunst, Tanz und Theater, Literatur und Sprachverwendung
und Medieneinsatz ist eine solche Kombination eher weniger erstaunlich. Auch
Bildungsangebote, die sich für eine kreative Einbindung von Schülerinnen und

Schülern „ohne ausreichende Deutschkenntnisse" gut eignen könnten, finden Eingang (HKM, 2016, S. 3). Die Schwerpunktsetzungen sollen möglichst den aktuellen Bedarfen entsprechen: „Wie sieht eine gesellschaftliche Entwicklung aus, wie können wir die begleiten? [...] Und auch: Wo ist die Notwendigkeit, dass wir an bestimmten Stellen vielleicht unterstützen? Oder auf Bedürfnisse von Lehrkräften auch eingehen, vor allem auf die veränderten Realitäten in Schule" (IS3, 57).

Die nachstehende Zusammenstellung (Tab. 1) vermittelt einen Eindruck von der Kombinatorik, ansprechende Themen mit Methoden der Kunstsparten zu koppeln.

Ein charakteristisches Merkmal der Workshops ist ihre interdisziplinäre Verschränkung, die thematisch und methodisch Brücken baut. Solche die Fachdisziplinen überschreitenden Ansätze sind zum einen auf der Ebene von jeweils zwei ästhetisch geprägten Fächern zu finden, etwa im Workshop-Typ ‚Musik trifft Sprache', in dem der geübte Stimmeinsatz der Organisation musikalischen Einsatzes zugute kommt. Die Teilnehmenden sollen „den Klang der eigenen (Sprech-) Stimme bewusst einsetzen, Vortrags- und Kommunikationstechniken [und] kreatives Musizieren in Verbindung mit Sprache" (HKM-WKU, 2020a) erleben. Ähnlich verhält es sich etwa beim Workshop ‚Musik trifft Kunst', bei dem beide Kunstsparten fachlich wie didaktisch zum Zuge kommen. Dort strebt man eine „Visualisierung von Musik/Tönen" (HKM-WKU, 2020b) an, lässt „grafische Notationen erstellen und vertonen, [...] kleine Choreographien in der Gruppe entwickeln" (ebd.). Ein drittes Beispiel verbindet Fachinhalte aus einem ästhetischen und einem mathematisch-naturwissenschaftlichen Fach: In ‚Ornamente, Muster, Interferenzen' sollen die Teilnehmenden Mathematisches in der Kunst entdecken: Sie „erleben die Schönheit und Ästhetik der Mathematik und Naturwissenschaft und ergründen, welche Strukturen und mathematischen Modelle immer wieder in der Kunst angewendet werden" (HKM-WKU, 2020c).

Von diesem interdisziplinären Workshop-Typus lassen sich Angebote unterscheiden, die sich die prozeduralen Zugangsweisen der einen Disziplin für die Wissensvermittlung in der anderen Disziplin zunutze machen. Diese Formate betonen die Übertragbarkeit ästhetischer Arbeitsweisen auf andere Fächer, die sich in einer nicht ästhetischen Domäne verorten. Die Veranstaltung ‚Handys raus, Klassenarbeit!' nutzt ein Tabu, um „Fachinhalte dynamisch, medial [zu] vermitteln [und] kreatives Potenzial im Mathematikunterricht [zu] fördern" (HKM-WKU, 2020d). Eine größere Anschaulichkeit von Fachwissen und gesteigerte Arbeitsmotivation der Lernenden verspricht man sich auch von Veranstaltungen wie ‚Trickfilm, Streichhölzer und Theater', in denen „die Teilnehmenden [selbst erproben], wie man einen Trickfilm für den Geometrie- oder Physikunterricht produziert" (HKM-WKU, 2020e). Bei dieser Art von ästhetischem Arbeiten in einem

Tab. 1   Themen der Workshop-Angebote Kreative Unterrichtspraxis

Mathematik und Naturwissenschaften

- Kreative Dokumentation für Naturwissenschaftlerinnen und Naturwissenschaftler
- Von der Wurfmaschine zum Androiden – ungewöhnliche Objekte erfinden und gestalten
- Trickfilm, Streichhölzer und Theater – Unterricht neu gedacht
- Handys raus, Klassenarbeit! – Fotos, Handys und Computer im Mathematikunterricht
- Ornamente, Muster und Interferenzen
- Musik trifft Mathematik – Rhythmus und Klang im Spiegel von Symmetrie und Stochastik

Sprache („SprachKunst")

- Alle Zeit der Welt – Kreatives Schreiben in der Grundschule
- Themen in Szenen verwandeln – szenisches Schreiben im Unterricht
- Gedichten Flügel verleihen – Kreatives Schreiben und szenisches Gestalten zu Kindergedichten
- Das Spiel mit der eigenen und fremden Biografie
- Gedicht wird Film – Lyrik einmal anders
- Sprechen und Spielen in der Fremdsprache
- Spurensuche – eine Werkstatt zum literarischen Schreiben
- Erzählbilder/Bildgedichte – Bilder werden zum Sprechen gebracht
- Kompetenzen kreativen Schreibens

Lesen („LeseLust und VortragsKunst")

- Leseerfahrung sichtbar machen – Verfahren der szenischen Texterschließung und des Interpretierens
- „Wenn ihr's nicht fühlt, ihr werdet's nicht erjagen" – Präsentieren und Vortragen
- Woyzeck - eine Auseinandersetzung mit Film und Literatur – am Beispiel von Büchners Drama und den Verfilmungen von Werner Herzog und Nuran David Calis

Musik („MusikBausteine")

- KlangKörperMusik – alle können mitmachen!
- Musik-ABC – kreativ mit Musik
- Singen mit Kindern – Entdeckungen mit Stimme und Klang
- Percussion – alles hat Rhythmus!
- Bausteine für kreativen Musikunterricht
- „Das ist ein Loop. Ein Loop. Ein Loop. Ein Loop..." – Wiederholung mit System
- Bausteine des digitalen Musikunterrichts – Noten, Musikproduktion und Handy
- Jazz-Improvisationstechniken für alle – einfach spontan Musik machen mit Handy, Laptop und anderen Instrumenten

Kunst („KunstGestalten")

- Wenn Form zum Inhalt wird
- Kunst fachfremd unterrichten in der Grundschule
- Kunststücke – In jedem steckt ein Künstler
- Von der Fläche in den Raum – Papp-Reliefs, Drahtobjekte, Gipsfiguren
- Kunst kooperativ
- Werkstatt Papier
- SKETCHNOTES – Skizzen und Grafiken als Anker im Kopf
- Experiment Linie
- Labor der Dinge

(Fortsetzung)

Tab. 1 (Fortsetzung)

Medienpädagogik („MedienWerkstatt")

- Grundkurs Fotografie – einfach besser fotografieren
- Das Fotostudio in der Hosentasche – Fotografieren mit dem Handy
- Wer bin ich – und wenn ja, wie viele? – Selbstportrait und Selbstinszenierung
- Trickfilmstudio – mit einfachen Mitteln zum beeindruckenden Trickfilm
- „Ruhe bitte. Aufnahme läuft." – Grundkurs Tonstudio und Recording
- Soundhunters: Alles ist Musik – Fieldrecording, Sampling und Musikproduktion
- XLR, Klinke und Mischpult – Grundkurs Ton- und Lichttechnik
- Die neue Lust am Fotografieren – vielseitig, trickreich, sofort verfügbar
- Video für alle – inspirierend, motivierend, technisch unkompliziert
- Digitale Bildbearbeitung – Zaubereien am PC
- Filmanalyse – mehr sehen, besser verstehen
- „Verweile doch, du bist so schön" oder: „Wie man den Augenblick festhält"
- Mit Licht gestalten

Tanz/Bewegung („BewegungsFormen")

- Tänze aus aller Welt – kulturelle Vielfalt gemeinsam erleben
- Unbedingt bewegen – Übungen und Spiele für einen bewegteren Schulalltag
- Tanzen mit Kindern – Spiele mit Körper, Raum, Rhythmus, Gruppe
- Tanztheater – Technik und Improvisation
- TanzRäume – alltägliche Räume neu entdecken und gestalten
- Performance – zwischen Kunst, Tanz und Theater

Theater („SpielRäume")

- So ein Theater! Szenisches Spielen mit Kindern
- Theaterspielen verbindet
- Ordnung und Chaos – Improvisationstraining für den Schulalltag
- Raus bist du noch lange nicht! – Kommunikation und Kooperation im szenischen Spiel
- Ich, du, wir – Kooperation in der Schule
- Lernen am Modell – theaterpädagogische Methoden für alle Fächer
- Nur Spielen – Szenische Erkundungen
- SchulRäume – SchulTräume
- Entdeckungsreisen: Viele Kulturen – viele Facetten
- Entspannt und präsent – mehr Spaß am Unterricht

Weitere interdisziplinäre Angebote („Kunstsprünge")

- Surrealismus – Wege zum kreativen Handeln
- Die Welt ist bunt – Kreatives Schreiben und Musizieren zu „Farben"
- Bilder werden lebendig – von der Kunstbetrachtung zum Bilderlebnis
- Musik trifft Kunst – Improvisation und Performance mit Körper, Klängen, Materialien
- Musik trifft Sprache

(Eigene Zusammenstellung des Workshop-Programms „Kreative Unterrichtspraxis"[2])

mathematischen oder naturwissenschaftlichen Bereich wird von einem lernför-derlichen Potenzial ausgegangen, das in der Medialität angelegt ist. Es wird in

---

[2] http://kultur.bildung.hessen.de/ws-programm/index.html. (Zugriff: 11.11.2021).

Aussicht gestellt, so „abstraktere und theoretische Inhalte kreativ und anschaulich bearbeiten und präsentieren" (ebd.) zu lassen und in dieser Art Workshop können „aktivierende Methoden als Alternative zum Arbeitsblatt kennengelernt" (ebd.) werden. Ein weiteres Charakteristikum einiger interdisziplinärer Angebote ist, das Interesse am *forschenden Lernen* im Unterricht aufzugreifen. Im Workshop ‚Von der Wurfmaschine zum Androiden' werden die Teilnehmenden zum „Tüfteln, Ausprobieren und Experimentieren" (HKM-WKU, 2020f) eingeladen, um „ohne Umwege, direkt über die Praxis zu physikalischen Problemen" (ebd.) vorzustoßen. Handlungsorientiertes, experimentelles und selbstorganisiertes Arbeiten zieht sich wie ein roter Faden durch viele Angebote. So werden etwa auch in ‚Kreative Dokumentation für Naturwissenschaftlerinnen und Naturwissenschaftler' „praktisch-kreative Arbeitsprozesse für den naturwissenschaftlichen Unterricht" (HKM-WKU, 2020g) aufgezeigt, und im Unterricht mehr Raum zu schaffen für „Experimentieren, Ausprobieren, Untersuchen, Selbstorganisation, freies Arbeiten, individuelle Auseinandersetzung" (ebd.). Methoden des künstlerischen Arbeitens sollen austesten lassen, „ob und wie performative und szenische Formen aus dem Theaterbereich dazu beitragen, unser forschendes und experimentelles Tun anschaulich zu machen" (ebd.).

3   Ablauf

Die Workshops der Kreativen Unterrichtspraxis finden direkt in der Schule statt[3], das heißt in einer den Lehrkräften bekannten Arbeitsumgebung und mit Teilnehmern, die sich aufgrund ihrer Arbeitszusammenhängen kennen. Fester Wochentag für einen Workshop ist Mittwoch, da viele Teamerinnen und Teamer einen Teil ihrer wöchentlichen Arbeitszeit an ihrer eigenen Schule unterrichten. Die Dauer eines regulären Workshops beträgt 6,5 h; die Werkstätten finden meist zwischen 10,00 und 16,30 Uhr statt. Im Vorfeld wird geklärt, welche Arbeitsmaterialien durch die Teamer gestellt werden und welche Technik oder Gegenstände mitgebracht werden müssen.

Der Ablauf eines Workshops unterscheidet sich danach, ob ein einzelnes Angebot gebucht wird, während nebenher regulärer Schulbetrieb für das übrige Kollegium stattfindet, oder ob das Workshop-Team der Kulturellen Unterrichtspraxis für die Gestaltung mehrerer paralleler Workshops angefragt wird, um etwa einen Pädagogischen Tag mitzugestalten, in den verschiedene Angebote für mehrere Gruppen mit jeweils unterschiedlichen Fachlehrern integriert sind;

---

[3] In dieses Kapitel fließen keine unmittelbaren Beobachtungseindrücke ein. Jedoch liegen einige retrospektive Aussagen von Teilnehmenden vor.

hierzu können auch Halbtags-Workshops vereinbart werden (vgl. Langenfeld & Twiehaus, 2018, S. 338). Die Arbeitsphasen im Workshop sind nach dem Selbstähnlichkeitsprinzip konzipiert: Die Teilnehmenden finden sich in didaktischen Settings wieder, die in ähnlicher Weise auch mit den Schülerinnen und Schülern durchgeführt werden können. Der Ablauf der einzelnen Phasen unterliegt keinem striktem Zeitplan, sondern ist anpassungsfähig an die Situation: Die Teamer streben nach einer „sehr große[n] Offenheit, die dann immer wieder auch auf die Bedürfnisse und Herausforderungen durch die Teilnehmer ganz flexibel reagieren" (IS3, 59) kann.

Die Veranstalter dieses Formats verzichten weitgehend auf frontale Wissensvermittlung durch Referentenimpulse, auf individuelle lektürebasierte Vertiefungen und didaktisch-reflektierende Gruppenberatungen.

4   Resonanz bei den Teilnehmenden

Die schulintern stattfindenden Workshops Kreative Unterrichtspraxis sind nicht begleitet bzw. beobachtet worden. Jedoch finden sich in den Interviews, die für die Evaluation geführt worden sind, auch Aussagen zu den Workshops.

Auswahlmöglichkeit
Eine Lehrperson, die bereits einen konkreten Workshop geordert hatte, bewertet das Angebot der ‚Kreativen Unterrichtspraxis' als „eine coole Möglichkeit, nämlich ganz gezielt Fortbildungen nachzufragen" (XM2, 342). Der Katalog, aus dem frei ausgewählt werden kann, biete eine schnelle Möglichkeit, „mal so einen frischen Input" (XM2, 342) zu bekommen. Außerdem heißt es, „das Programm der Kreativen Unterrichtspraxis ist ganz super" (XM2, 343). Und über einen Workshop aus dem mathematisch-naturwissenschaftlichen Themenfeld wird berichtet, der Dozent „hat das sehr schön gemacht" (XM2, 352).

Gewachsene Beziehung zu Teamern
Positive Erfahrungen mit den Teamern begründen in den KulturSchul-Kollegien eine Wertschätzung der Fortbildungsreihe. Denn die Teamerinnen und Teamer sind auch durch die Fachforen bekannt. Diese Erfahrung wirkt sich aus und schafft Vertrauen, dass für KulturSchule bestellte Workshopangebote hochwertig realisiert werden:

„Für uns ist das naheliegender, die [Name] zu nehmen, die mit uns diese Fachforen auch machen, weil wir kennen die Leute" (XM2, 344), „weil durch dieses persönliche

Kennen weiß man auch, dass das mit höchster Wahrscheinlichkeit super wird. Das ist schon mal beruhigend" (XM2, 348).

Im Team Ideen generieren

Im Workshop wird auch gelernt, die Ideen mit anderen zu teilen und an diesen weiterzuarbeiten. Als ideal wird das Sich-Ergänzen im Team beschrieben, wenn beispielsweise eine Fachschaft gemeinsam überlegt, wie sich neue Ideen umsetzen lassen:

> „Also dadurch, dass wir halt im Team die Sachen dann geplant haben oder die Tage plant, hat man einen größeren Rückhalt […] Ich habe nicht die besten Ideen, aber ich sage eine Idee oder einen Inhalt und dann kommen auch die anderen und tragen da einfach ihre Idee dazu bei. Und dann bin ich sehr dankbar dafür" (XM2, 341).

Das gruppendynamische Weiterentwickeln von Ideen und Konzepten dient der Konzeption Pädagogischer Tage. Überlegungen einer Einzelperson werden in der Gruppe aufgegriffen: zunächst unausgegorene Ansätze werden gemeinsam weitergetrieben, bis etwas Gestalt annimmt und umsetzbar erscheint.

Berücksichtigung des fachlichen Niveaus

Auf einer fachlichen Kompetenzebene gibt es auch Distanz und Vorbehalte hinsichtlich des Niveaus mancher Fortbildung. In der unterschiedlichen Vorbildung ihrer Kolleginnen und Kollegen sieht ein Profi ein Problem:

> „Ich meine jetzt, diese Fortbildungen sind gut und schön, aber die sind für einen Profimusiker wie mich eher langweilig, muss ich ganz ehrlich sagen. Wenn da jemand ist und uns mit einfachen Klangstäben irgendwelche einfachen Rhythmen beibringen will, das ist, das ist, sorry, zum Einschlafen für mich. Für einen anderen Kollegen, der mit so was noch nie zu tun hatte, ist das mit Sicherheit eine nützliche Sache. Aber da müsste man dann wirklich gucken, dass die Fortbildungen niveautechnisch anders gemacht werden. Es hat keinen Zweck, wenn Leute, die schon seit Jahr und Tag sich mit Musik, Kunst, Darstellendem Spiel beschäftigen oder auch mit kreativem Schreiben, wenn die da so in, ich sage jetzt mal, Anfängerkurse gehen" (IKSL1, 21).

Ein „Profimusiker" wäre nicht gezwungen, diesen Workshop anzuwählen und muss auch nicht in der Funktion am KulturSchul-Tag tätig sein. Andere Kollegen können es übernehmen, mit Schülerinnen und Schülern Rhythmus und Melodien zu üben und eine Zuhörerschaft den Spaß erleben zu lassen, mit dem die Jugendlichen bei der Sache sind. In konstruktiver Absicht findet jeder „Profimusiker" noch eine arbeitsteilige Lösung. Insofern ist nach dem Hintergrund dieser

kritischen Einlassung zu fragen. Vielleicht handelt es sich um eine Selbstempfeh-
lung: Werde die fachliche Expertise von Lehrkräften aus den ästhetischen Fächern
im Vorfeld eines KulturSchul-Tages stärker mit einbezogen und die Angebote
vom Anspruchsniveau her differenziert, könnten die Könner an einem Projekt
zusammenarbeiten:

> „Und so ein KulturSchul-pädagogischer Tag an der Schule selbst für alle Kollegen,
> den könnte man so strukturieren, dass die Leute, die mit so was noch nicht zu tun
> hatten, ich sage jetzt mal in Anfängergruppen kommen, und Leute, die schon ewig
> und drei Tage Kultur praktizieren, entweder selbst als Mutiplikatoren fungieren oder
> vielleicht eine fachübergreifende Gruppe bilden und ein gemeinsames Projekt erar-
> beiten..." (IKSL1, 21).

Unterstützungsfunktion für die kulturelle Schulentwicklung
Als Funktion des Workshop-Angebots für das KulturSchul-Programm sehen
die Fortbildungsverantwortlichen das Kennenlernen „kreativer und ästhetischer
Zugangsweisen in allen Fächern" (IS3, 17) und die konkrete Erfahrung der
überfachlichen Zusammenarbeit. Außerdem lernen die Teilnehmer eine Praxis
des gemeinsamen Experimentierens und Ideen-Generierens und Tüftelns kennen.
Drittens erhoffen sich Lehrkräfte, die im KulturSchulteam einer Schule mit-
wirken, dass ein Pädagogischer Tag der gesamten kulturellen Schulentwicklung
Rückenwind geben. Sie wollen gern auch Skeptiker involvieren, sodass

> „... vielleicht jemanden einladen an so einem pädagogischen Tag, der das halt auch
> mit denen macht, die sich verweigern, sodass man vielleicht doch den einen oder
> anderen gewinnen kann. [...] Ich glaube, das ist der einzige Weg, dass die das selbst
> mal ausprobieren tatsächlich" (IFFT11, 7,25).

In diesem Sinn schlägt die Musiklehrerin vor, in der Breite des Kollegiums
ästhetische Lernzugänge an einem ganzen Fortbildungstag erproben zu lassen:

> „Es müsste wirklich mal ein ganzer Tag als Fortbildungstag für das Kollegium, und
> zwar nicht, ja, wer will, geht mal hin, und wer nicht will, lässt es bleiben, sondern
> wirklich anstelle von so einem Pädagogischen Tag zu irgendwelchen anderen pädago-
> gischen Zielen könnte wirklich mal ein KulturSchul-pädagogischer Tag gemacht wer-
> den, wo auch Kollegen, die bisher in ihrem Unterricht wenig Berührungsflächen mit
> ästhetischen Zugängen hatten, einfach auch selber mal Sachen ausprobieren können
> (IKSL1, 21).

Für manche der KulturSchul-Beauftragten, die den kulturbezogenen Entwicklungsprozess an ihrer jeweiligen Schule koordinieren, stellen die Erfahrungen

mit kreativen Unterrichtsansätzen einen Ausgangspunkt für einen unerlässlichen Verständigungsprozess innerhalb ihres Kollegiums dar, für den es ansonsten an geeigneten Gelegenheiten mangele. Aus ihrer Perspektive sei die Entwicklung zur KulturSchule ein derart herausfordernder Prozess, der eine Auseinandersetzung benötigt und in diesem Format eine Anschaulichkeit erfahre.

> „[Nun] münden die Versuche, die wir die Jahre über gemacht haben, endlich in einen Pädagogischen Tag, der durchgeführt wird [...] unter dem Thema KulturSchule. Das haben wir uns lange gewünscht, lange eingefordert, haben es nie gekriegt [...] Jetzt haben wir das erste Mal die Gelegenheit, mal einen ganzen Tag uns genau damit auseinanderzusetzen, auch im Kollegium, und darüber zu sprechen und Fragen zu stellen" (IKSKL4, 13).

Lehrkräfte, die noch nicht an KulturSchul-Fortbildungen teilgenommen haben, sollen Vorbehalte gegenüber ästhetischen Unterrichtszugängen ablegen können. Die KulturSchul-Beauftragten sehen im Involviertwerden die Möglichkeit, Einstellungen zu ändern, sodass auch Bedenkenträger angeregt werden,

> „sich dann ein Urteil möglicherweise auch zu bilden, was nicht aus Vorurteilen resultiert, sondern aus der Auseinandersetzung" (IKSKL4, 13).

Der nachhaltige Eindruck erfolge durch die ästhetische Erfahrung.

> „Und es ist einfach die Hoffnung, einerseits selbst eine Erfahrung machen zu können, weil ich glaube, [...] ich muss erwägen, was es mit mir macht, wenn ich mich in einem freien ästhetischen Forschungsrahmen begebe" (IKSKL4, 16).

5   Fazit und Ausblick

Die Workshops «Kreative Unterrichtpraxis» bieten Lehrkräften die Möglichkeit, sich über ihre Unterrichtsfächer hinaus neue Anregungen zu holen: Sie können mit dem Szenischen Spiel arbeiten, Schulpausen durch Bewegung füllen, zum Sprechen, Lesen und Präsentieren anregen, mit Fotos, dem Handy oder filmischen Sequenzen u.v.m. arbeiten. Das klassische Lehrbuch wird nicht überflüssig, aber jede Lehrperson lernt auf ganz praktische Art durch eigenes Tun, die Schüler auf andere als die tradierte schulische Lernweise in eine Thematik oder ein Projekt einzubeziehen.

Die „konkrete[n] Lernchancen" werden in der Inhaltsbeschreibung eines Workshop-Angebots benannt und in eine klare methodische Struktur eingebettet. Der didaktische Ablauf besteht aus kurzen Inputs von Experten, aus

Einzel-, Gruppen- oder Partnerarbeit sowie Gestaltungsphasen mit anschließender Präsentation. Kennzeichnend ist das freie Arbeiten, der kreative Umgang mit unterschiedlichsten Medien, mit Sprache, dem eigenen Körper. Medienkompetenz wird ebenso wie Wissen über technische Einsatzmöglichkeiten im Zusammenhang mit einer Gestaltungsaufgabe gesteigert. Spielen und Experimentieren sind Modi des Agierens und Interagierens. Ästhetische Lernzugänge werden damit nahegebracht, von Schülern als aufgesetzt empfundene Ansätze für das Schreiben von Texten werden mit starken Impulsen versehen, sich zum Beispiel mit der eigenen Lebensgeschichte auseinanderzusetzen oder nach Spuren zu suchen, die Menschen hinterlassen haben. Wer dafür offen ist, findet ein facettenreiches Feld von Anregungen, die originell sind und nicht in einer seitenschweren Ratgeberliteratur stehen.

Als schulinterne Lehrkräftefortbildung stellen die Workshops ein spezielles Format mit einer Doppelfunktion dar: Einerseits wird ein individuelles Fortbildungserlebnis ermöglicht, das nicht nur eigene Kompetenzen erweitert, vielmehr auf das Potenzial des Ästhetischen aufmerksam macht und eigene Gestaltungskräfte weckt; andererseits wird damit eine auf die schulische Organisation gerichtete Zielstellung verfolgt. Denn die schulintern stattfindende Fortbildung wird auch von der Erwartungshaltung der kulturell Engagierten getragen, im Kollegium damit eine Erfahrungsbasis für weitere gemeinsame Anliegen zu schaffen. Das Workshopangebot soll im Kollegium die Akzeptanz und das Interesse an ästhetischen Zugängen stärken und forschendes und ästhetisches Lernen im schulischen Kontext unterstützen.

Mehrere Lehrkräfte regen im Interview an, Workshops der kreativen Unterrichtspraxis für einen Pädagogischen Tag ihrer KulturSchule zu nutzen: Wenn sich alle Lehrkräfte einer Schule in parallele ästhetische Workshops einwählen, ließe sich in begrenztem zeitlichem Umfang eine hohe Reichweite zur Veranschaulichung des Potenzials von kultureller Schul- und Unterrichtsentwicklung herstellen. Insbesondere zu Beginn der Teilnahme einer Schule am KulturSchul-Programm könnte derart eine wichtige Orientierung für alle Lehrkräfte zu kreativen Unterrichtsansätzen geleistet und damit der weitere KulturSchul-Entwicklungsprozess gefördert werden. Zudem kann dies für eine schulinterne fachübergreifende Diskussion unter den Lehrkräften genutzt werden, die auch Vorbehalten und Widerständen sowie Wünschen und Erwartungen einen kommunikativen Raum bietet.

Literatur

Arantes, L. M., & Rieger, E. (2014). Einleitung. In L. M. Arantes & E. Rieger (Hrsg.), *Ethnographien der Sinne. Wahrnehmung und Methode in empirisch-kulturwissenschaftlichen Forschungen* (S. 13–19). Transcript.

Hessisches Kultusministerium. (2013). [HKM 2013]. *Kreative Unterrichtspraxis – Programm 2013/2014. Kostenfreie Workshops für hessische Lehrkräfte aller Fächer und Schulformen.* HKM. https://www.yumpu.com/de/document/read/17756851/kreative-unterrichtspraxis-programm-2013-14-kultur-bildung. Zugegriffen: 25. Nov. 2021.

Hessisches Kultusministerium. (2016). [HKM 2016]. *Workshop-Programm Kreative Unterrichtspraxis. Kostenfreie Workshops für hessische Lehrkräfte aller Fächer und Schulformen.* HKM.

Hessisches Kultusministerium. (2020a). [HKM-WKU 2020a]. Workshopbeschreibung Kreative Unterrichtspraxis – Musik trifft Sprache. https://kultur.bildung.hessen.de/ws-programm/ws-programm/ausfuehrliche_ws-beschreibungen/musik_trifft_literatun.html. Zugegriffen: 12. Nov. 2020.

Hessisches Kultusministerium. (2020b). [HKM-WKU 2020b]. Workshopbeschreibung Kreative Unterrichtspraxis – Musik trifft Kunst. https://kultur.bildung.hessen.de/ws-programm/ws-programm/ausfuehrliche_ws-beschreibungen/musik_trifft_kunst.html. Zugegriffen: 12. Dez. 2020.

Hessisches Kultusministerium. (2020c). [HKM-WKU 2020c]. Workshopbeschreibung Kreative Unterrichtspraxis – Ornamente, Muster, Interferenzen. https://kultur.bildung.hessen.de/ws-programm/ws-programm/ausfuehrliche_ws-beschreibungen/ornamente.html. Zugegriffen: 12. Dez. 2020.

Hessisches Kultusministerium. (2020d). [HKM-WKU 2020d]. Workshopbeschreibung Kreative Unterrichtspraxis – Handys raus, Klassenarbeit! https://kultur.bildung.hessen.de/ws-programm/ws-programm/ausfuehrliche_ws-beschreibungen/handys.html. Zugegriffen: 12. Dez. 2020.

Hessisches Kultusministerium. (2020e). [HKM-WKU 2020e]. Workshopbeschreibung Kreative Unterrichtspraxis – Trickfilm, Streichhölzer und Theater. https://kultur.bildung.hessen.de/ws-programm/ws-programm/ausfuehrliche_ws-beschreibungen/trickfilm_streichhoelzer_und_theater.html. Zugegriffen: 12. Dez. 2020.

Hessisches Kultusministerium. (2020f). [HKM-WKU 2020f]. Workshopbeschreibung Kreative Unterrichtspraxis – Von der Wurfmaschine zum Androiden. https://kultur.bildung.hessen.de/ws-programm/ws-programm/ausfuehrliche_ws-beschreibungen/von_der_wurfmaschine_zum_androiden_norwig.pdf. Zugegriffen: 12. Dez. 2020.

Hessisches Kultusministerium. (2020g). [HKM-WKU 2020g]. Workshopbeschreibung Kreative Unterrichtspraxis – Kreative Dokumentation für Naturwissenschaftlerinnen und Naturwissenschaftler. https://kultur.bildung.hessen.de/ws-programm/ws-programm/ausfuehrliche_ws-beschreibungen/kreative_dok.html. Zugegriffen: 12. Dez. 2020.

Langenfeld, T. & Twiehaus, S. (2018). Qualifizierungsangebote im Schulentwicklungsprogramm „KulturSchule Hessen". In M. Fuchs & T. Braun (Hrsg.), *Kulturelle Unterrichtsentwicklung. Grundlagen – Konzeptionen – Beispiele* (S. 334–346). Beltz.

Fachforen

Die Fachforen gelten als „Herzstück" (HKM, 2017) der KulturSchul-Fortbildungen. Es ist das Fortbildungsformat mit der größten Reichweite im KulturSchul-Programm – zum einen, weil es in seiner zweieinhalbtägigen Dauer ein für die Wirksamkeit von Fortbildung zeitlich notwendiges Kontingent erfüllt (Lipowsky, 2011, S. 402)[1] und zum anderen, weil das Konzept den Austausch unter den Teilnehmenden fördert.[2] Etabliert wurden Fachforen im Zusammenhang mit der zweiten KulturSchul-Staffel; ein Differenzmerkmal gegenüber den Workshops der Kreativen Unterrichtspraxis ist, dass in den Fachforen die Teamer auch mit Kunstschaffenden zusammenarbeiten.

Ästhetisches Forschen hieß das Thema, das zum Auftakt der Reihe im Jahr 2014 für die Lehrkräfte und weiteres pädagogisches Personal an KulturSchulen der ersten und zweiten Staffel ausgeschrieben war; es offenbart ein zentrales Schlüsselelement des Konzepts. Ebenso konveniert, dass seit der dritten Staffel 2015 die Fachforen in einer auf Kulturvermittlung ausgerichteten erwachsenenpädagogischen Begegnungs- und Tagungsstätte stattfinden, der Akademie Burg Fürsteneck, unter Beteiligung der dortigen Mitarbeitenden.[3] Es erscheint

---

[1] Um eingeschliffene Handlungsroutinen, die auf Überzeugungen gründen, zu ändern, ist neben einem „„Mehr an Zeit auch ein höheres Ausmaß aktiven Lernens" notwendig, „das wiederum mit einem höheren selbstberichteten Lernzuwachs der befragten Lehrer korrespondierte" (Lipowsky, 2011, S. 402). Haeffner (2012) rechnet Austausch dem informellen Lernen zu, das wichtiger werde.

[2] Auch in den anderen Fortbildungsformaten findet ein Austausch unter den Teilnehmenden statt. An geeigneter Stelle wird sich zeigen, dass dieser Austausch ein zum Gestaltungsprozess notwendiges Element ist.

[3] Eine Kooperationsvereinbarung zwischen dem Hessischen Kultusministerium und Akademie formalisiert die Zusammenarbeit.

© Der/die Autor(en) 2023   79
H. Ackermann, *Fortbildungen für KulturSchule*,
https://doi.org/10.1007/978-3-658-42221-9_5

nicht übertrieben, die Fachforen mit ihrer Konzeption innerhalb der Lehrkräftefortbildungsszene als ein besonderes Qualifizierungsangebot anzusehen. Die Fortbildungsverantwortlichen formulieren akzentuierend:

> „Im Unterschied zu Fortbildungen, bei denen es um die Vermittlung von Methoden oder ‚Unterrichtsrezepten' geht, liegt der Schwerpunkt von KulturSchul-Fachforen als Impulsworkshop immer auf dem eigenen gestaltenden Schaffen in einer Laborsituation" (HKM, 2017).

Als Konkretisierung teilen sie darüberhinaus mit: Die Lehrkräfte „[erhalten] die Möglichkeit […], kreativ zu arbeiten, […] was das „eigene Potenzial erfahrbar" (IS2, 20) werden lässt. „Kreativität steht in diesem Kontext als Synonym für die Entwicklung von Neuem" (Langenfeld & Twiehaus, 2018, S. 341). Dies sind Hinweise auf die Personzentriertheit des Konzepts.

In den thematisch differenzierten Workshops eines Fachforums, die nach verschiedenen künstlerischen bzw. ästhetischen Arbeitsweisen arbeiten, ergeben sich im Verlauf des kreativen Prozesses „Perspektivenwechsel, Offenheit und neue[.] Ideen" (Einladungsschreiben). Gelingt das Involvement in eine „künstlerische Dimension" (IS6a, 08) wird das Erleben des eigenen Selbst in einer als Freiraum angelegten „Laborsituation" möglich. Dabei befinden sich die Werkstattteilnehmer ebenso wie andere in einer Situation, in der ohne fertigen Lösungsansatz gearbeitet wird. Die Künste haben die Rolle, das in seinen Alltag verstrickte Individuum herauszufordern und im Geschehen aus diesem zu lösen, sodass es den Blick auf sich und das ästhetische Objekt und dessen Gestaltung richtet. Es stehen „eigene ästhetische Erfahrungen im Zentrum, die von einer primären Bindung an äußere Aufgaben, Funktionen und Ziele abgekoppelt sind" (Langenfeld & Twiehaus, 2018, S. 341).

1   Anliegen und Zielgruppen des Formats

Die Einladungsschreiben adressieren als Zielgruppe „Lehrerinnen und Lehrer aller Fächer" in den KulturSchulen der verschiedenen Staffeln und darüber hinaus weitere Professionen, die an diesen Schulen tätig sind wie pädagogisch-therapeutisches Personal. Je Fachforum sollen möglichst vier Personen aus einer KulturSchule gemeinsam teilnehmen; das berührt eine grundsätzliche Vereinbarung im KulturSchul-Programm und ist als Erwartung mit den Schulleitungen geklärt. Den Teilnehmern steht eine mehrtägige „Auszeit vom Alltag" (Einladungsschreiben) in Aussicht, in der sie selbst kreativ tätig werden.

Im Gestaltungsprozes sind Irritationen und Verunsicherungen angelegt, diese sind keine Störfaktoren, vielmehr Bestandteil des Lernprozesses; in der Fortbildungssituation erleben die Lehrkräfte künstlerische Prozesse aus der eigenen Anschauung und finden sich dabei in der Rolle eines Lernenden wieder. Annähernd soll der sich in dieser Rolle Befindliche erfahren, „wie sich das anfühlt, Kulturelle Bildung in den Unterrichtsfächern zu erleben" (IS1, 17).

Der Kern des Fachforum-Ansatzes ist die *Förderung und Stärkung der Lehrerpersönlichkeit*.[4] Die Fortbildung soll „Impulse" (HKM, 2017) zur Vergegenwärtigung und Reflexion individueller Interessen ebenso wie zur Reflexion des eigenen Unterrichts geben. Anstöße bestehen in der Auseinandersetzung mit der kreativen Arbeit. Dabei gehe es um die Erweiterung der eigenen „Fähigkeit […], Veränderungen einzuleiten und Formen zu entwickeln, die potenziell eine neue Qualität in einem Kontext entfalten können, als z. B. neuer Gedanke, neue Formel, neue Konstruktion, neuer musikalischer Klang …" (Langenfeld & Twiehaus, 2018, S. 341). Solche Konstruktionen beinhalteten Transferpotenzial für die schulische Praxis, die stetig neue Ideen und Anschlüsse benötige. Die Fachforen werben für sich mit einer Trias: „Ermöglichung eigener künstlerischer Praxis (Erfahrungslernen), [eine] Reflexion über Kompetenzerwerb [und] Transferplanung für die Umsetzung in der Schule" (HKM, 2013, S. 2). Die Transformation der schulischen Praxis wird in einer Veränderung gesehen, die eine Lehrperson infolge des Prozessgeschehens selbst erfährt in der Annahme, Persönlichkeits- und Schulentwicklung bedingen einander. Die Persönlichkeitsentwicklung wird durch den kreativen Prozess, in den die Lehrperson sich begibt – vermittelt durch das Fachforum – angestoßen. Dies ist der hypothetische Zirkel, in dem sich die konzeptionellen Annahmen bewegen. Grundlegend ist Erfahrungslernen, um in einem „Freiraum, [etwas] selbst auszuprobier[en]" (IS5, 20). Die angedachten nachfolgenden Stufen sind Kompetenzreflexion und Transferplanung. Zuvor steht die prospektive Erkenntnisgewinnung über den Zugewinn an, den ergebnisoffene Prozesse, so man sich auf sie einlässt, haben können. Die Teilnehmerinnen und Teilnehmer

„erkennen im Prozess, dass diese Freiheit sie zu ganz anderen Möglichkeiten gebracht hat, die sie vielleicht, wenn sie sehr einschränkend ihre Aufgaben bekommen hätten, gar nicht erreicht hätten. Und daraus dann den Wert zu erkennen, der in diesen Freiheiten steckt. Dass man auch da seinen eigenen Unterricht noch mal überdenkt: Wie frei gehe ich an bestimmte Themen heran, was für Freiheiten lasse ich meinen Schülern in den Aufgabenstellungen. Je nach Workshopleiter oder -leiterin sind diese auch

---

[4] Dieser Ansatz hat laut Imschweiler (2019) eine lange Tradition in Hessen (vgl. auch Bohnsack, 2004; Mayr, 2011).

provokativ, um die Leute bewusst da auch mal zu fordern. Und das fällt auch nicht jedem Lehrer leicht, sich dann auf diese Freiheit einzulassen, weil ja das Gewohnte dann wegbricht" (IS2, 28).

Dieser Akt einer ‚positiven Provokation' trifft auf die Einstellungen und Haltungen, Orientierung und Handlungsroutinen die Fortbildungsteilnehmenden. Die Irritation soll zu einer Infragestellung des bisher Selbstverständlichen führen. Auch das ästhetische Erleben hat hierfür eine bedeutsame Rolle. Zum einen soll die Wahrnehmungsfähigkeit und die Empfindungsfähigkeit der Teilnehmenden angesprochen werden; in der Literatur wird diesbezüglich von „Räume[n] der Selbstaufmerksamkeit" (Dietrich et al., 2012, S. 163) gesprochen. Eine Voraussetzung dafür ist die räumliche und zeitliche Herauslösung aus dem gewohnten Umfeld, um sich „abgehoben vom schulischen Alltag" (IS5, 20) in einem andersartigen Horizont zu bewegen. Die kreative Arbeit schaffe die Bedingung, um „in einen Modus der Selbstaufmerksamkeit oder Selbstbegegnung" (Dietrich, 2012, S. 126) zu geraten, um in selbstreflexiven Prozessen eine „Ahnung davon [zu entwickeln], dass dieses Geschehen nicht nur den Moment, sondern mehr betreffen könnte" (ebd., S. 126). Gemeint ist damit eine „Ergriffenheit" (ebd.), die in dem unmittelbaren Erleben frei ist von Reflexion und Analyse oder einer instrumentellen Intention. Man kann „ein Stück mehr von sich kennengelernt haben, […] etwas Neues erfahren haben über sich selbst" (IS2, 24). Außerdem soll sich für den Einzelnen abzeichnen, was ist „meine Qualität" (IS2, 38). Dies schließe ein, sich „mit seinen eigenen Möglichkeiten und seine[n] eigenen Grenzen" (IS2, 46) auseinanderzusetzen und eine „Möglichkeit des Wachsens" (IS1, 21) zu sehen. Durch eine vertrauensvolle Begleitung in diesem Prozess wolle man das Selbstvertrauen wecken, sodass der Einzelne „in neue Bereiche [vordringen] könn[e], ohne dass man sich eine Blöße gibt, ohne dass man sich blamiert, […] weil man Ängste entwickelt, dem Ganzen nicht gerecht zu werden oder sich nicht künstlerisch genug zu fühlen" (IS2, 46). Als Resultat werde „die Kreativität der Einzelnen wieder [ge]weck[t]" (IS2, 20). Diese Selbsterfahrung stärke die Lehrperson in ihrer eigenen Persönlichkeit – vergleichbar etwa Annahmen der Transferforschung, welche die Auswirkungen kreativen Arbeitens auf die Entwicklung von Kindern und Jugendlichen unter der Prämisse untersucht, „dass im künstlerischen Tun Kreativität, Imaginationsfähigkeit und Authentizität eingeübt werden, über die sich das Individuum selbst finden und anderen gegenüber ausdrücken kann" (Rittelmeyer, 2017, S. 11).

Daneben tritt das Entdecken *alternativer Möglichkeiten und Formen der Wissensaneignung*. Die Teilnehmenden sollen „Strategien [entwickeln] in dem Prozess der Aneignung, der Vermittlung" (IS6, 19). Auf praktisch erprobende

Weise sollen sie sich selbst andere Erkenntniszugänge erschließen. Um alternative und nicht allein sprachlich-kognitive Lernzugänge in der Schule zu initiieren, „[muss] man selbst eben solche Prozesse mal erlebt haben" (IS5, 20). Nur ein Sich-Hineinversetzen in die Rolle eines Lernenden („wenn dann die Lehrerinnen und Lehrer so eine Art Schülerperspektive einnehmen" (IS2, 28)), lasse die Lehrkräfte nachvollziehen, worauf es bei (nicht nur) ästhetischen Prozessen ankomme.

Die Impulse zur Weiterentwicklung des Unterrichts, die sich die Programmverantwortlichen von den Fachforen erwarten, sind mentaler Natur. Hinsichtlich didaktischer Fähigkeiten wird die Erweiterung des Repertoires angestrebt – aber nicht in der Tätigkeit als „Sammler und Jäger", die „typisch" sei für Lehrerinnen und Lehrer: „auf eine Fortbildung zu gehen und mit einem ganzen Stapel Unterrichtsmaterial wieder zurückzukommen" (IS2, 20). Es gehe nicht um „[konkrete] Verwertbarkeit, sondern eine Ebene der *Inspiration*" (IS6, 25). Die Teilnehmenden sollen mit einem „Impuls an die Schule zurückkehren und dann die eigenen Unterrichtskonzepte [...] entwickeln, [...] ohne dass man vorgefertigtes Material bekommt, was vielleicht gar nicht so zu einem passt" (IS2, 20).

«Fachforen» laden zur *Kreativität* ein und schaffen Erfahrungsgrundlagen. Das heißt für die Gestalter, den Lehrkräften „ihre eigenen kreativen Impulse zu zeigen" (IS2, 40). Kreatives Arbeiten kann sich dabei sowohl auf ein „Produkt" (IS6, 31) oder auf „die Produktionsweise" (ebd.) beziehen. Prioritär ist dabei, dass „es um etwas Neues [geht]" (ebd.). Denn die selbsttätige Aktivität des Entwickelns in einem freien Gestaltungsprozess soll den Wunsch nach einer Transformation der Schulpraxis wecken oder bestärken. In der konkreten Form ist dies noch unbestimmt und bekommt erst dort Gestalt:

> „Es sollte [...] der Kollege, wie gesagt, beglückt nach Hause gehen und inspiriert mit Ideen, und es soll ein Prozess innerlich in Gang gesetzt werden, der noch mehr entwickelt, also nicht nur diese Ideen, die jetzt mal gerade eben da sind, sondern es soll innen drin was in Bewegung gesetzt werden, was noch mehr generiert, was sich potenziert, was durch Gespräche mit Kollegen, aber auch vielleicht in einem selber wie eine Lawine noch mehr hervorbringt" (IS3, 29).

Neben diesem inspirierenden Mehr, das im Gefolge eines Fachforums entstehen soll, sollen sich die Teilnehmenden „Impulse in verschiedenen Bereichen" holen, „explizit nicht nur mit ihrem Fach" (IS2, 22). Auch die Qualität und die Möglichkeiten der anderen Künste und anderer Fächer sollen entdeckt werden.

Dieses Überschreiten der studierten Fachkulturen[5] liegt in didaktischen Impulsen, die als „kreative Zugänge in allen Fächern" (IS2, 88) klassifiziert werden. Bei den angesprochenen Dömänen handelt es sich in erster Linie um Praktiken, die mit den ästhetischen Kunstsparten Kunst, Musik, Darstellendes Spiel, Tanz und Bewegung in Beziehung stehen. Deren Arbeitsweisen werden in den Workshops genutzt, um einen ästhetischen Zugriff auf nicht-ästhetische Unterrichtsfächer anzubahnen.

Die Organisatoren der «Fachforen» sind sich zugleich bewusst, dass das Ausprobieren neuartiger Arbeitsweisen in der Schule Kommentare und eine gewisse Skepsis hervorrufen können; deshalb wollen die Workshops zugleich darin bestärken, diesen Ansatz selbstbewusst zu vertreten. Die Wirkung der Workshops soll dazu ermutigen, dass „wenn man im Unterricht was anderes macht als die Kolleginnen und Kollegen im Fach, im Jahrgang, zu sagen, nein, das ist jetzt aber mein Weg, den ich so beschreite […] und das setze ich jetzt auch durch, auch gegen […] die kritischen Blicke von den Kolleginnen und Kollegen" (IS5, 46). Die Fortbildner hoffen, dass „die Lehrerinnen und Lehrer motiviert zurückkommen und ein Paket dabei haben an neuen Ansätzen und neuen Ideen" (IS2, 36). Die Fortbildung soll „Leidenschaft und Begeisterung" (IS1, 23) für das eigene Fach erneuern und Offenheit und Experimentierfreude schaffen, „frei an etwas heranzugehen ohne Vorurteile" (IS2, 26). Die Lehrkräfte sollen merken, „dass es mit kreativen Zugängen keine Qualitätsminderung gibt" (IS2, 48), dass diese Methoden ebenfalls wie die bekannten Unterrichtsmethoden zur Erkenntnisgewinnung beitragen. Diese Gewissheit sollen sie in die Schule mitnehmen. „Loslassen im Unterricht, sich ganz kreativ einem Inhalt nähern, verschiedene Lernwege zulassen, den Kindern Zeit geben" (IS1, 37) und ein Gespür dafür zu entwickeln, „dass man eine Offenheit hat für den Prozess des Arbeitens" (IS5, 22). Sei das Verständnis für künstlerische Prozesse erst entwickelt, dann fielen Schranken, um Kunstschaffende in die Schule zu holen (ebd.). Aus einer eigenen Kenntnis heraus ließe sich die interprofessionelle Kooperation besser gestalten und würden mögliche „Problemfelder […] in der Zusammenarbeit" (IS1, 37) eher erkannt.

---

[5] Bekanntlich sieht die Lehrerbildung in Deutschland ein Studium von zwei- oder drei-Fächern vor, was eine Sozialisation in mehrere Fachkulturen impliziert. Von den Wissenschaftsdiziplinen werden die ihnen zugehörigen «doing culture»-Praktiken mit Ausnahme der performativ geprägten Religionswissenschaft weitgehend nicht reflektiert oder empirisch untersucht. Auch innerhalb der Unterrichtsforschung bleibt die Erforschung der Fachkulturen marginal (Lüders, 2007). In dem hier thematisierten Fortbildungskontext kann die bewusste Anreicherung des Fachlichen mit „anderen" „kreativen" Zugängen Impulse zur Reflexion bieten, die auch Lernwiderstände überwinden kann (vgl. Bereswill & Freytag, 2019 für das Beispiel Hochschullehre).

Um die schulinterne Zusammenarbeit zu stärken, soll die Teilnahme von drei weiteren Lehrkräften einer Schule an den Fachforen eine gemeinsame Zeit sowie geteilte Fortbildungserfahrung bieten und die Herausbildung einer „gemeinsamen Idee von Kultureller Bildung" (IS1, 17) begünstigen, die in das Kollegium weitergetragen wird. Indem man „mit Kolleginnen und Kollegen hier ist, mit denen man sonst eigentlich gar nicht zusammenarbeitet; und da entwickeln sich natürlich auch Ideen, was man vielleicht machen könnte" (IS5, 50). Die interdisziplinären Workshops wollen „Synergieeffekte für die Schule" generieren, sodass man „sich mit anderen Fachkollegen aus anderen Fachbereichen […] zusammensetz[t] und Unterrichtskonzepte entwickel[t]" (IS2, 22). Unterstrichen wird, dass Kulturelle Bildung nicht an „die damit assoziierten Fachlichkeiten […] wie Kunst und Musik" (IS1, 39) gebunden sei.

2   Struktur und Inhalte

Die Fachforen werden im HKM Büro Kulturelle Bildung geplant und organisiert. Das Team legt die Themenauswahl, die Auswahl von Workshop-Referenten fest und bespricht Maßnahmen zur Qualitätssicherung. Auf einer jährlichen Tagung des Mitarbeiterteams des Büros mit den Dozentinnen und Mitarbeitern der Akademie Burg Fürsteneck werden Thematiken diskutiert, Zielsetzungen besprochen und festgelegt, Erfahrungen reflektiert und das in Planung befindliche Fachforumskonzept an die Resultate der Beratungen angepasst; darüber hinaus übernehmen auch einige freischaffende Künstlerinnen und Künstler aus dem Referentenpool der Burg die konkrete Ausgestaltung und Durchführung der Workshops. Zum Teil arbeiten die Künstler in Tandems mit denjenigen Fortbildnern des HKM Büros zusammen, die bereits über eine langjährige Erfahrung auf dem Gebiet der Lehrerfortbildung verfügen und auch Angebote der Reihe Kreative Unterrichtspraxis durchführen.

Um einen breiten Interessentenkreis in den KulturSchulen anzusprechen und auch für einen erneuten Veranstaltungsbesuch zu gewinnen, entwickeln das HKM Büro Kulturelle Bildung und das Team der Akademie Burg Fürsteneck bei ihren Treffen weiter gefasste Themen, unter denen sich Workshops aus unterschiedlichen Sparten und interdisziplinäre Projekte fassen lassen. Es wird abgewogen, „welche Themen sind geeignet, um in allen Fächern […] eine Rolle zu spielen" (IS5, 42). Unter dem Dach einer überspannenden Thematik wie ‚Metamorphosen', ‚Visionen' oder ‚Erinnern' werden parallele Workshops mit unterschiedlichen Ansätzen veranstaltet. Praktisch alle Workshops bieten Einstiegs- und

Vertiefungsmöglichkeiten in eine ästhetische Praxis; Hürden durch einen Schwierigkeitsgrad in erforderlichen Fertigkeiten werden vermieden. Interdisziplinäre Angebote sind häufig vertreten. Dementsprechend werden ästhetische Arbeitsweisen mit einer bestimmten fachlichen Thematik verbunden: Zum Beispiel ist in technisch naturwissenschaftlichen Arbeitszusammenhängen (Stromkreislauf, Robotik) eine ästhetische Praxis integriert (durch theatrale Arbeitsweisen, mit kreativem Schreiben oder Videographie), auch mit dem Anspruch, so für unterschiedliche Lerntypen ansprechende Zugänge zu bieten.

Eine eigene Auswertung der inhaltlichen Angebote der Fachforen (vgl. Tab. 1) zeigt dass bisher besonders häufig mit bewegungs- und tanzorientierten Zugängen sowie mit Arbeitsweisen aus dem Bereich der Bildenden Kunst gearbeitet wurde (jeweils 22 Mal im Zeitraum November 2014 bis September 2019). Es folgen der Häufigkeit nach Workshops in den Bereichen kreatives Schreiben/Literatur, Theater und Medien. In einem Mittelfeld befinden sich Musik, Mathematik/Naturwissenschaften und Performance. Seltener sind Angebote in Gesellschaftswissenschaften, Sprachen und Philosophie. Abb. 1 veranschaulicht die Verteilung der Themen der Fachforen auf Bezugspunkte.

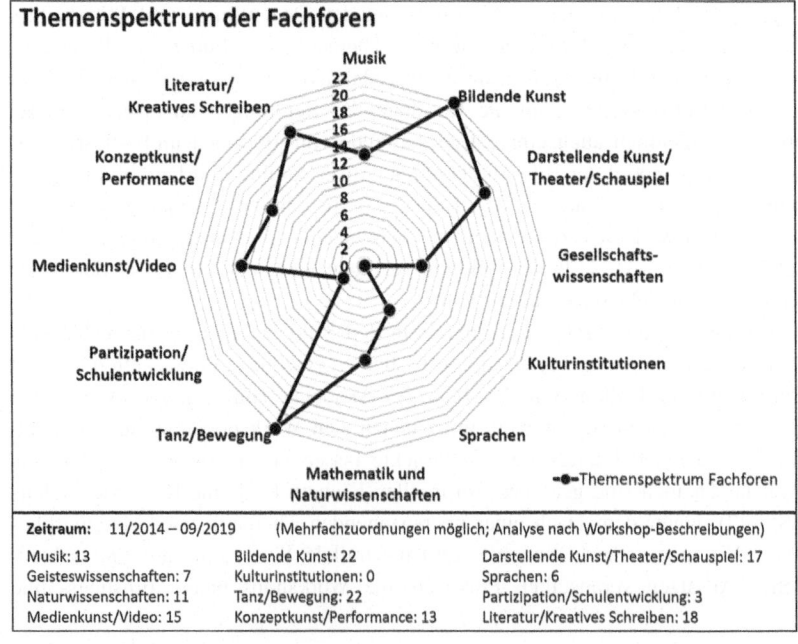

Abb. 1 Themenspektrum der Fachforen

Die Fortbildner der Fachforen stammen nicht nur aus dem Kreis der langjährigen Experten in der Lehrkräftefortbildung. Hinsichtlich eines Gespürs für „prozesshaftes Arbeiten" (IS5, 28) werden Kunstschaffende in die Fortbildung eingebunden. Deren Rekrutierung verlangt außerdem eine umfassende pädagogische Erfahrung und didaktische Kompetenz: Neben der „Sachkompetenz" (IS2, 70) im jeweiligen Themenbereich, die sich nicht nur auf Fachwissen in der jeweiligen Kunstsparte beziehe, sei die Fähigkeit wichtig, ästhetische Prozesse zu initiieren und zu moderieren: „Das ist nicht der klassische Fortbildner, der Material an die Leute bringt und Unterrichtseinheiten mit den Leuten entwickelt. Hier haben wir Fortbildner, die sensibler arbeiten müssen, in einem ganz anderen Bereich arbeiten müssen, ganz viel Empathie auch mitbringen müssen" (IS2, 70). Die Kompetenz bestehe darin, „dass er/sie [die Lehrkräfte] motivieren kann, kreativ zu arbeiten" (IS2, 70). In den Workshops sei es elementar, die Teilnehmer aufzuschließen und „Vertrauen zu schaffen" (IS2, 46) für „Situationen, die sehr ungewohnt sind" (IS5, 26); es gilt, ihnen zu helfen, sich zu öffnen und sich auf den Prozess einzulassen, „ohne dass man sich blamiert fühlt oder sich abwendet, weil man Ängste entwickelt, dem Ganzen nicht gerecht zu werden oder sich nicht künstlerisch genug zu fühlen" (IS2, 46). Fortbildner, die als geeignet erscheinen, erzeugen eine Arbeitsumgebung, in der „die Teilnehmerinnen und Teilnehmer sich auch wirklich fallen lassen können" (IS2, 70). Im Kern meint dies, dass im Arbeitsprozess ein Flow (Csíkszentmihályi, 1985) entsteht sowie ein spontanes Entwurfshandeln angeregt wird.

„Es braucht natürlich auch eine große pädagogische Kompetenz, um zweieinhalb Tage hier zu gestalten. Und wenn man überhaupt keine Erfahrung hat, wie man solche zweieinhalb Tage auch didaktisch-methodisch strukturieren kann, ist das, glaube ich, erst mal schwer. Also ich glaube nicht, dass man jetzt wirklich wer weiß wieviel Erfahrung haben muss mit Schülerinnen und Schülern. Aber dieses grundsätzliche Verständnis, wie kann ich auch so was vermitteln an Menschen, die aus einem anderen Kontext kommen als ich, das ist schon wichtig. Und es kann auch hilfreich sein, dass man eben so schulische Situationen mitdenken kann. Unsere Fortbildnerinnen und Fortbildner machen ja oft diesen Transfer. Und da ist das natürlich auch schon förderlich, wenn man das mitdenken kann. [...] Ich denke da an einige Künstlerinnen und Künstler, [...] also da hatte ich sehr gute Rückmeldungen, dass sie eben diese Erfahrung auch haben" (IS5, 32).

Ein pädagogisches Gespür der Kunstschaffenden sei entscheidend, um sich auch in Unterrichtssituationen hineindenken zu können und mit der Perspektive junger Menschen vertraut zu sein. So ist die Grundhaltung mit im Auge zu behalten, „wie ich den Schülern auch begegne und wie ich mit deren Potenzial arbeite, [...] wie stark ich unterstütze, [...] dass die einzelnen Schülerinnen und Schüler [...] sich entfalten können" (IS3, 43).

In der nachfolgenden Übersicht über die thematischen Workshop-Angebote wird erkennbar, dass diese Fortbildung sich staffelweise an die Lehrkräfte der KulturSchulen richtet. Tab. 1 und 2 geben eine Übersicht über die übergreifenden Themenstellungen der Fachforen und die jeweiligen Adressaten.

Tab. 1 Übersicht über Workshop-Angebote bei Fachforen (Teil 1)

11/2014	**Improvisation und Kreativität**	Staffel 2
	• Improvisation und Kunst • Jetzt und Hier! • Schreiben dicht am Leben	
05/2015	**Dazwischen Ich**	Staffel 3
	• Von Individuen und Beziehungen • Tanz dazwischen! • Textil – Textil – Textur • Video, Fotografie, Performance, Installation oder irgendwas • dazwischen	
10/2015	**Spurensuche**	Staffel 3
	• Blick und Spur: Vom Spaziergang zur eigenen Fährte • Spurensuche: Eine Werkstatt zum literarischen Schreiben • Das „ICH-Experiment" • Wie echt darf's denn sein? Authentizität – gibt es das überhaupt?	
11/2015	**Biografie und Identität**	Staffel 1 + 2
	• Spielen und Schreiben: Eine Werkstatt • Fremd ist der Fremde nur in der Fremde • Dialog mit dem Material Papier • Biografie, Identität und Rolle • Was bewegt uns?	
02/2016	**Naturwissenschaft und Ästhetische Bildung**	Staffel 3
	• Symmetrie und Grenzen in der Natur • Musik trifft Mathematik	
05/2016	**Zeit**	Staffel 2
	• Zeit in Musik und Literatur • Sprung in die Zeit • Kunst in Bewegung – Kunst wird Film	
07/2016	**Zeitsprünge**	Staffel 3
	• Augenblick-mal-Momente-zeichnen • Film-Zeit/Zeit im Film • Just in time: Tanz- und Bewegungsexperimente zum Thema Zeit • Zeit/Ich: Von Anfängen, Warteschleifen und Verwandlungen • Szenische Improvisationen zwischen Zeit und Raum	
09/2016	**Ordnung und Chaos**	Staffel 1 + 2
	• Die Ästhetik von Zahlen, Form, Struktur, Rhythmus und Klang: • Mathematik trifft Musik • Im Leben wie in der Kunst: Ordnung und Chaos	

Tab. 2
Workshop-Angebote bei
Fachforen (Teil 2, jeweils
eigene Zusammenstellung)

02/2017	Visionen	Staffel 3
	• Schwarz-Weiß-Visionen • Zuerst tanzen, später denken • Blick in die Zukunft • Mathematik und Sprach-Klang • Auf zum Atom! Wege ins Kleine	
02/2017	Metamorphosen	Staffel 1 + 2
	• Alles neu 1.1 – Metamorphosen. Bewusst. Machen • Mensch als Maschine – Maschine als Mensch? • Metamorphosen: Über die Verwandlung von Text in Film • Geräusch wird Bewegung wird Klang wird Tanz	
08/2017	Tisch und Stuhl	Staffel 2
	• Tisch und Stuhl und Kunst • Über Tische und Stühle	
08/2017	Metamorphosen	Staffel 3
	• Über die Verwandlung von Text in Film: Metamorphosen • Zeu(g)s(') Verwandlungen • Alles neu 1.1 – Metamorphosen. Bewusst. Machen • Geräusch wird Bewegung wird Klang wird Tanz • Metamorphosen auf der Bühne • Meta morpht: Das Verwandeln der Dinge	
02/2018	Erinnern	Staffel 1 + 2 + 3
	• Erinnern – Vom Rezital zur Graphic Novel (und zurück…) • „Ich erinnere mich" • Zeichnerische & tänzerische Experimente zum Erinnern & Vergessen • Memories are made of this	
06/2018	Stift und Papier	Staffel 1 + 2 + 3
	• Times Up! Put down that pen and paper. Opening performative spaces in foreign language education • Sprachliche und naturwissenschaftliche Experimentierfelder • Artistic Research – Das forschende Selbst mit und ohne Stift und Papier • TanZeichnen • Klangliche und mathematische Erkundungen	
08/2018	Dabei sein! Spielarten der Partizipation	Staffel 1 + 2 + 3
	• (Teilnehmer entwickeln eigene Workshops)	
02/2019	Nicht von Pappe	Staffel 1 + 2 + 3
	• Zeichenwerkstatt • Papp up! Verbindungswerkstatt • Tanz- und Bewegungswerkstatt	

Manchmal werden Lehrkräfte von KulturSchulen aus zwei Staffeln zur Teilnahme aufgefordert, seit 2018 werden Lehrkräfte aller KulturSchulen adressiert.

3   Ablauf

Seit die Fachforen in der Akademie Burg Fürsteneck stattfinden, profitieren sie von einem professionellen Ambiente und der Aura des historischen Gebäudes. Ein Fachforum beginnt mit einer zu dieser passenden Eröffnungspraktik, dem „Fürstenecker Aufzug". Dieser findet auf dem Burghof statt, mit diesem beginnt auch der zweite Tag und als „Fürstenecker Abzug" beschließt er den dritten Tag. Vorstellen muss man sich darunter einen Schreittanz, dem sich eine beliebige Zahl an Mitwirkenden anschließen kann. Zu Beginn formiert sich die Teilnehmergruppe im Kreis; unter Anleitung und der Tonfolge und Taktgebung einer mittelalterlichen Musik beginnt ein Reihentanz, der in seinen formalen Aufstellungen modifiziert wird; fortlaufend entstehen neue Verkettungen oder Verschlingungen und mit dem Schlusstakt endet die Formation wiederum im Kreis. Der Tanz generiert eine erste auflockernde bewegungsorientierte Aktivität und initiiert in Neukonstellationen der sich Begegnenden Kontakt unter den Angekommenen. Die Vergegenwärtigung eines historischen Tanz- und Musikschemas repräsentiert diesen besonderen Ort der Burg und ist zugleich eine Anschauung höfischer Geselligkeit und Ausdrucksform.

Nach der Bewegungsaktivität versammeln sich die Teilnehmenden in der Burghalle, dem größten Veranstaltungsraum auf dem Gelände. Hier stellen sich die Workshopleitungen vor und kündigen den Angekommenen den erfahrungsorientierten Charakter der Veranstaltungstage an, die ohne „Methodenkoffer" auskommen. Stattdessen werden Momente der „Überraschung, Irritation, Infragestellung, Kontakt" in Aussicht gestellt. In einer Blitzlicht-Runde können die Angereisten ihre Erwartungen artikulieren. Sodann teilen sich die Gruppen auf die von ihnen angewählten Workshops auf.

In den einzelnen Werkstätten folgt der Ablauf einem bestimmten Grundmuster. Zunächst fördern Kennenlern-Aktivitäten das gegenseitige Vorstellen. Die Workshopleitungen verknüpfen diese Warm-up-Phase mit dem Aneignen der räumlichen Umgebung. Es wird gemeinsam umgebaut, und das Arbeitsumfeld ganz nach den Erfordernissen der kommenden Arbeit vorbereitet, einzelne Arbeitstechniken ausprobiert, und neue Paarungen oder Gruppen werden gebildet. Im Prinzip geht es darum, in die besondere Arbeitstechnik des Workshops einzuführen. So bietet zum Beispiel das Material Pappe, die zum Transport und zur Lagerung von Waren in diversen Größen genutzt wird, eine unterschiedliche Haptik und vielfältige Formen, die in einer Zeichenwerkstatt oder in einer „Papp UP Verbindungswerkstatt" bearbeitet werden oder der „Welten"-Darstellung in einer Tanzperformance dienen. In der zweiten Phase werden diverse ästhetische Ausdrucksformen erprobt, die das Thema des Workshops vorstellig machen; die Teilnehmenden setzen sich mit den Arbeitsaufträgen auseinander und lassen sich auf musikalische, theatrale, bewegungsorientierte, künstlerisch-gestalterische, literarische, audiovisuelle, mediale performative Prozesse[6] ein. Diese Phase erstreckt sich über den gesamten ersten Workshop-Tag und wird in der Regel nach dem Abendessen fortgesetzt sowie am Anfang des zweiten Tages. Gleitend schließt sich die dritte Phase an: die Überlegungen zur bzw. die Vorbereitungen auf die Darbietungssituation der Werkstatt-Einblicke, die am Ende stehen. Hierzu werden in Gruppen- oder Einzelarbeit Szenen bzw. Erzeugnisse entwickelt oder weiter vorangebracht, die den Teilnehmenden aus den parallel stattfindenden Workshops zum Abschluss präsentiert werden sollen. Das Hinarbeiten auf diese Präsentation intensiviert die Verwicklung der Teilnehmenden in die ästhetischen Aktivitäten und in kooperative Arbeitsprozesse; der Zeitplan erfordert die Fertigstellung bzw. Auswahlentscheidungen. In der vierten Phase, der Präsentation, werden Ausstellungsmanieren entfaltet: die Workshop-Gruppen besuchen einander in ihren jeweiligen Arbeitsräumen, Gäste werden willkommen geheißen, ein Kurzprogramm wird aufgeführt oder diese durch eine Ausstellung geleitet. In der abschließenden fünften Workshop-Phase, einer Transfer-Phase, werden die Erfahrungen aus dem Werkstatteinblick sowie aus dem gesamten Workshop rekapituliert und reflektiert; dabei rückt die Frage in den Fokus, wie sich Teile der selbst erfahrenen ästhetischen Handlungspraxis in Schule und Unterricht integrieren lassen könnten. Den Abschluss des Fachforums bildet eine kurze Feedback- und Verabschiedungsrunde im Plenum im Burgsaal, gefolgt vom ‚Fürstenecker Abzug‘ und dem gemeinsamen Mittagessen.

„Alles kann Gegenstand und Anlaß ästhtischer Forschung sein“ (Kämpf-Jansen, 2021, S. 274). Die Workshops sind geprägt von einer performativen Prozessgestaltung und trotz des offenen und unbestimmten Wegs gibt es Ziele (ebd., S. 276). Mit Zugängen, die für die Teilnehmer überwiegend neu und ungewohnt sind, bearbeiten diese Fragestellungen der Projekte und müssen sich dabei auf unwägbare Prozesse einlassen. Dies gleicht einem Entwurfsprozess, der sich

---

[6] Als performative Prozesse werden „Transformationsprozesse“ verstanden, die Spiel- und Freiräume einer in der Gestaltung erzeugten Wirklichkeit hervorbringen. Sie sind nicht vollkommen planbar. „Intention und Kontingenz, Planung und Emergenz sind in ihnen untrennbar verbunden“ (Kulturen des Performativen, Sonderforschungsbereich 447, FU Berlin (https://www.geisteswissenschaften.fu-berlin.de/v/sfb-kulturen-des-performativen/ konzept/index.html. Zugriff am 1.4.2023).

im Offenen abspielt (Pöhl Buchli, 2022[7]). Im Rahmen der Fachforen lernen die Lehrkräfte, „die Bedeutung des genuinen Wissens der Künste und künstlerische Verfahrensweisen für die Bildung […] einzuschätzen" (Kußmaul, 2018, S. 124). Die Werkstattarbeit gibt den Lehrpersonen Zeit für ihre produktiven Entwurfstrategien, die einen „Dialog" darstellen „zwischen Denken und Handeln, wobei das reflexive Moment im Handeln selbst die Suchbewegung unmittelbar beeinflusst" (Pöhl Buchli, 2022, S. 36).

Diese künstlerischen Arbeitsweisen unterscheiden sich je nach Sparte hinsichtlich der besonderen Lerngelegenheiten, die sie schaffen wollen, und eingesetzten Arbeitsprinzipien. In Workshops, die mit musikalischen Zugängen[8] arbeiten, ist man vornehmlich an einer Vermittlungssituation interessiert, die partizipativ gestaltbar und offen ist, sodass im gelingenden Fall neue Ideen entstehen, welche nicht im Voraus antizipiert werden können (vgl. Eickelberg & Stiller, 2018, S. 40). In den Angeboten, die auf Verfahren der Darstellenden Künste zurückgreifen (Theater, Tanz und Performance), werden Szenarien erzeugt, die zum Aufbau von Vertrauen und Teamfähigkeit beitragen sollen, Reaktionsvermögen und Spontaneität abverlangen, das eigene Körpergefühl stärken und ein Übersich-Hinauswachsen anregen können. Eine Orientierung liegt auf dem Aufbau von

---

[7] Mit „Bedeutung und Potenzial des Entwerfens als Handlungspraxis für die Kulturelle Bildung" setzt sich Regula Pöhl Buchli (2022) in ihrer Masterarbeit im Weiterbildungsstudiengang «Kulturelle Bildung an Schulen» auseinander. Das Zeigen von Unentdecktem unterstützt, solch ungewöhnliche und neue Fortbildungskonzepte wie die Fachforen zu entschlüsseln.

[8] Der Diskurs über diese Fortbildungen und die Unterrichtsmethodik bedient sich häufig des Worts „Zugang". Dieser Ausdruck ist ebenso bildhaft wie schillernd. Brockhaus Konversationslexikon von 1898 kennt den Begriff nur als einen juristischen (Accesion), ebenso Wikipedia: Ein Zugang wird kontrolliert und geschieht nur durch dazu Berechtigte. Er wird neuerdings im übertragenen Sinne von «Perspektiven eröffnen» verwendet. So ist im Allgemeinbildungsdiskurs beispielsweise von unterschiedlichen Modi des „Weltzugangs" die Rede. Zu den heterogenen Modi der Weltrepräsentation in Vorstellungen wie der Mathematik oder den Naturwissenschaften oder in Sprache und Literatur sollen nunmehr ästhetische Zugänge genutzt werden, um sich spezifischen Unterrichtsgegenständen anzunähern und sie anschaulich zu machen. Insofern wird mit Zugang eine Hilfestellung und Abwehr oder Offenheit bewirkende Differenzerfahrung gemeint, ohne dass der sich einer ersten Erschließung entziehende Gegenstand in seiner Eigenschaft analysiert werden muss. Bereswill und Freytag (2019) verbinden „ästhetische Zugänge mit soziologischen Ansätzen und laden Studierende aus Studiengängen der Sozialen Arbeit und des Lehramts dazu ein, erfahrungsbezogenes, ästhetisches und theoretisches Lernen zu verknüpfen". „Im Kontext von Kultureller Bildung geht es […] um Fragen der Vermittlung in künstlerischen Lehr- und Lernprozessen. Wir fragen am Beispiel eines interdisziplinären Seminars nach der besonderen (Mikro-) Verlaufsstruktur von Bildungs- und Lernprozessen in den Künsten" (Bereswill & Freytag, 2019, S. 2).

Kooperation und auf Erweiterung der persönlichen Ausdrucksfähigkeit. Ähnlich wie in anderen Fortbildungen wird daran gearbeitet, sich auf ergebnisoffene Prozesse einzulassen (vgl. Engel & Böhme, 2015; Sack, 2011; Bilstein et al., 2007), die sinnliche Wahrnehmung zu schulen (vgl. Westphal & Bogerts, 2018, S. 55), nach Prinzipien des Zumutens und Unterstützens zu arbeiten, eine inspirierende, motivierende und wertschätzende Atmosphäre zu schaffen, den Wert von Mitbestimmung in Gestaltungsprozessen zu erkennen sowie durch das selbsttätige Schaffen sich mit sich selbst und mit der Welt auseinanderzusetzen (vgl. ebd., S. 55 f.). In solch künstlerisch ausgerichteten Workshops, die an nicht verwandte Domänen wie Physik anknüpfen (Robotik), steht im Vordergrund, die Teilnehmenden dabei zu unterstützen, eigene kunstbezogene Ausdrucksformen als Erweiterung ihrer Handlungsmöglichkeiten zu finden (vgl. Schuh, 2018, S. 75), Räume für „Inspiration und Neuerfahrungen" (ebd.) zu schaffen, experimentelles Handeln anzuregen (vgl. ebd., S. 81) sowie Präsentationen und Aufführungen als Reflexionsmomente und Dialogangebote an andere zu richten (vgl. ebd., S. 84).

Einige Workshops legen großen Wert auf interaktive Elemente in der künstlerischen Arbeit, betreten das Terrain einer kooperativen Praxis, einer gemeinsamen Entwicklung und Gestaltung, durch die schöpferisches Arbeiten als eine kollektive Anstrengung erlebt wird. Die Gemeinschaftsleistung geht dabei über das hinaus, was eine einzelne Teilnehmerin bzw. ein einzelner Teilnehmer zu leisten imstande wäre.

Diese Angebote sind zum Teil interdisziplinär ausgerichtet und mit naturwissenschaftlichen, medialen oder gesellschaftswissenschaftlichen Themenbezügen verknüpft. In der Werkstattarbeit des kreativen Schreibens wird darauf geachtet, dass die Teilnehmenden in ihrem offenen Arbeitsprozess Freiheitsräume wahrnehmen und ausgestalten, zum Beispiel sprachliche Präzision entwickeln, ihre emotionalen Ausdrucksweisen erweitern, sich auf spontane Artikulationene einlassen, sich Zeit zum Nachdenken nehmen und persönliche Erfahrungen miteinfließen lassen.

Die folgende Abbildung (Tab. 3) bietet einen Auszug aus den ästhetischen Praktiken. Gemeinsam ist diesen, einzelne Kunstsparten oder ein Unterrichtsfach mit einer künstlerischen Arbeitsweise zu verknüpfen.

Tab. 3 Beobachtete Arbeitsprinzipien in Fachforen-Workshops

Arbeitsprinzipien in den Workshops der Fachforen

Theater/Schauspiel

Erzeugen von Vertrauen
Herbeiführen von emotionalen Extremsituationen
Einladung zur Improvisation
Schulung des Reaktionsvermögens
Erschaffen von Illusionen
Stärkung des Körpergefühls
Zulassen & Überwinden von Unsicherheiten

Tanzen / Bewegung

Stärkung des Körpergefühls
Zulassen von Körperkontakt
Aufbau von Vertrauen und Selbstvertrauen
Gespür für eigene räumliche und zeitliche Präsenz
Erzeugen von Konzentration und Koordination
Herbeiführen eines gemeinsamen Gruppengefühls
Überwinden von persönlichen Grenzen

Physik & Theater-Ansätze

Offenheit für Experimentieren und Scheitern
Überforderungen erleben und daran wachsen
Erfahrungen mit spielerischen Methoden
Vertrauen in andere entwickeln
Erproben non-verbaler Kommunikationsformen
Kollaboratives Konzeptionieren
Körpergefühl & körperlicher Ausdruck

Kunst:
Bildnerisches & plastisches Gestalten

Raum für persönliches Ausdrucksvermögen
Schulung von Wahrnehmung und Aufmerksamkeit
Kooperatives Handeln in Kleingruppen
Freude am Arbeiten ohne Leistungsdruck
Vorrang von Emotionalität vor Rationalität

Performance

Persönliche Auseinandersetzung
mit Biografie & Identität
Suche nach indiv. künstl. Ausdrucksmöglichkeiten
Mut zu ungewöhnlicher Selbstdarstellung
Kooperation im Schaffensprozess

Mathematik / Geometrie

Forschend-experimentelles Entdecken
Neugierde als Anlass für Verstehensprozesse
Probleme als pos. Herausforderung annehmen
Arbeit mit sinnlich-haptischem Material
Spielerische Annäherung an math. Phänomene

Kreatives Schreiben / Videoarbeit

Assoziation und Spontaneität im Arbeitsprozess
Wertschätzende Feedbackkultur
Kollaborative Entwicklung gemeinsamer Produkte
Schaffung von Möglichkeiten zur Vereinzelung
Erzwingung von experimentellen Freiräumen

Kreatives Schreiben

Anleitung zu assoziativem Denken und Schreiben
Freiheiten im Arbeitsprozess nehmen
Entschleunigung
Ermutigung, sich auf etwas persönlich einzulassen
Präzision im sprachlichen Vermögen
Abbau von Hemmnissen vor der Gruppe

4 Resonanz bei den Teilnehmenden

Um die Wahrnehmung und die Eindrücke der Teilnehmer zu erfassen, sind diese unmittelbar vor Ort interviewt worden. Dies geschah entweder am Abend nach einem Veranstaltungstag oder zum Abschluss der Worshops kurz vor der Abreise, sodass der unmittelbare Fortbildungseindruck der Teilnehmer erfasst wird. Die Fragekomplexe beziehen sich auf die Veranstaltungsbedingungen, das ästhetische Erleben, die möglichen Effekte auf die eigene Persönlichkeit, den Gewinnn für den eigenen Unterricht, den prospektiven Nutzen für die Schülerinnen und Schüler sowie die Transferierungsmöglichkeiten in die eigene Schule.

Wertschätzendes Ambiente
Positiv äußern sich die Lehrkräfte zu den Rahmenbedingungen der «Fachforen». Eine mehrtägige Fortbildung in einem ungewöhnlichen und komfortablen Ambiente, „außerhalb zu sein" (IFFT1, 8), wird als Abwechslung beschrieben, die eine mentale Herauslösung aus dem Alltag unterstütze: „Das Ambiente ist spitze, bringt einen auch so weg, [...] so auf dem Berg in dieser alten mittelalterlichen Burg, mit dem Beginn, mit dem Tanz" (IFFT2, 8). Die Ausstrahlung des Ortes, ohne „diesen Jugendherbergsstil" (IFFT1, 8), überträgt sich auch auf die Wahrnehmung der Fortbildung insgesamt: „Ein Schloss zu haben, die Räume sind schön, das ist gleich irgendwie wertig" (IFFT1, 8). Die Art der Unterbringung und das abgegrenzte Gelände tragen zu einem Gefühl von Exklusivität und Willkommensein bei, sodass die Dankbarkeit für die Auswahl eines solchen Ortes auch als Feedback an die Organisatoren gemeint ist: „Ich fühle mich sehr wertgeschätzt, total, also dass da Leute sind, die sich irgendwie so viel Mühe geben für das Detail, für das Essen, [...] man ist nicht so auf so einer Massenveranstaltung" (IFFT1, 8). Der Komfort ist für das Gelingen der Fortbildung eine wichtige Grundvoraussetzung – eine Teilnehmerin erläutert, sie „brauchte [s]ich um nichts zu kümmern, [...], sondern ich bin hierhergefahren und konnte mich eigentlich so, ja, bereichern lassen" (IFFT4, 7). Erst die Gewissheit, „dass man dann den Berufsalltag hinter sich lässt" (IFFT9a, 13), gestatte es, „dass man in dieses Thema eintaucht" (ebd.). Eine Teilnehmerin resümiert die Rahmenbedingungen als „drei Tage Sonne, Vollversorgung, Komfortzone pur" (IFFT14, 19), die es den Lehrkräften erlauben, den Alltag auszublenden und sich einzulassen.

> „Ich glaube, die Atmosphäre trägt viel dazu bei, also auch so die, tatsächlich die Unterbringung, dass man auf so einem Gelände ist erst mal, wo man mit vielen Menschen konzentriert und interessiert arbeiten kann, wo man aber auch sonst einfach nicht diesen strukturierten Tagesablauf, diesen normalen Tagesablauf hat und auch so die Gedanken abschweifen lassen kann. Also ich muss jetzt hier nicht nachdenken, wann gehe ich einkaufen oder muss ich das noch machen oder muss ich das noch irgendwie ausdrucken, sodass man sich wirklich zwei Tage, zweieinhalb, intensiv so hineingeben kann, auch in so einen Flow so reinkommt" (IFFT5, 12).

Experimenteller erfahrungsorientierter Ansatz
Die Fachforen werden als kontrastiv zu anderen Fortbildungsansätzen wahrgenommen, bei denen der praktischen Selbsterfahrung Vorrang eingeräumt wird: „Man hat total viel mitgenommen, aber indem man es erlebt und nicht indem man es theoretisch erfasst oder so" (IFFT1, 8). Die Arbeitsweise wird als

handlungs- und prozessorientiert, nicht als produktorientiert umschrieben: Es sei „komplett anders, [...] null Theorie, die im Vordergrund steht" (IFFT1, 8). Das Fortbildungsgeschehen sei geprägt von experimentellem, spielerischem Arbeiten und beinhalte „das Nachspüren, das Experimentieren, das Herausfinden, das Darüber-Nachdenken und auch das Spielen mit verschiedenen Formen und Ausdrücken" (IFFT3, 8). Die Zugangsweisen in den Workshops werden als „spektakulär" (IFFT4, 15) beschrieben, sie erlauben selbstständiges Arbeiten und involvieren die Teilnehmenden auf einer persönlichen, biographisch bedeutsamen Ebene.

Bewertungsfreie ästhetische Erfahrungsräume
Das ästhetische Erleben steht im Zentrum der Teilnehmererfahrung, darin wird die besondere Qualität des Fachforums gesehen. Die Lehrkräfte beschreiben, dass sie den kreativen Schaffensprozess als gelöste, positive Aktivität empfinden: „Es ist einfach ein Stück frei sein, ein Stück ungezwungen sein, ein Stück Spaß haben, Spaß erleben und [...] es fühlt sich einfach gut an" (IFFT1, 12). Die Teilnehmenden berichten von ihrer Erfahrung, sich einlassen zu können – so erklärt ein Teilnehmer, „ich habe noch nie mich so lange meinen Bewegungen hingegeben" (IFFT1, 16). In theoretischen Phasenmodellen kreativer Prozesse wird häufig von einer Inkubationsphase gesprochen, in der eine ästhetische Vertiefung geschieht, ohne bewusst zu denken (vgl. Pfab, 2019, S. 92 ff.; Matussek, 1974, S. 264). Von solchen Phasen fokussierten Gestaltens, in denen man alles andere ausblendet, wird auch in den Interviews berichtet:

> „Mich hat das überrascht, dass, wenn man jetzt eine Technik beispielsweise kennenlernt, dass man sich stundenlang damit beschäftigen kann und im Grunde genommen da ja sehr kontemplativ eintauchen kann und man eigentlich nicht merkt, wie schnell dann die Zeit rumgeht. Also dass man eigentlich an irgendeiner Sache stundenlang, ja, weiter ausprobieren und experimentieren kann und es wird einem nicht langweilig, obwohl es nach wie vor eben dasselbe Medium ist, das hat mich tatsächlich doch überrascht, ja, dass das so ist" (IFFT9a, 23).

Die Vertieftheit erzeuge eine Umgebung, in der man alles um sich herum vergessen könne. Eine Lehrerin konturiert diese Art zu arbeiten als ein intuitives, offenes Schaffen, indem sie „den Kopf so ein bisschen ausstellt, so ein bisschen auch mal nach dem Bauchgefühl geht und sich überlegt, ach, ich probier das jetzt einfach mal" (IFFT4, 33). Auch ein anderer Lehrer spricht bildhaft davon, dass ein Schalter umgelegt worden sei:

> „Auf einmal hat es bei mir auch so Klick gemacht, und dann bin ich nur noch so rumgelaufen und war einfach, ich habe völlig komplett abgeschaltet. Und das ist ja auch

so ein Ding, was mir total schwerfällt. […] In meinem Kopf ist einfach so viel drin, so viele Sachen, die ich mache, so viele Dinge, die da sind, Nebenberuf ja auch natürlich, die auf einmal alle weg sind, und man ist einfach nur noch am Fließen. Das war sehr cool" (IFFT1, 16).

Solche Öffnungsprozesse werden dadurch erleichtert, dass die Workshops bewertungsfreie ästhetische Erfahrungsräume darstellen – es sei „völlig egal, ob wir jetzt da Fehler gemacht haben; es geht ja nicht um richtig und falsch" (IFFT1, 12). Es gebe keinen Behauptungsdruck, da „es nicht darum ging, sich zu vergleichen, sondern […] was zu machen. Und das, was du gemacht hast, war gut, […] ohne zu gucken, was macht der andere" (IFFT13, 11). Ein solches Arbeiten verleiht den Teilnehmenden eine Sicherheit in der Gestalt eines Angenommen-Seins: „Ich kann einfach erst mal so sein, wie ich bin" (IFFT1, 12).

Durch die von den Workshopleitungen geschaffene stressfreie Arbeitsatmosphäre sind geschützte Momente der kreativen Verunsicherung möglich. Ähnlich wie in einem ästhetischen Experiment (vgl. Seel, 1996, S. 139) wird mit Zumutungserfahrungen gearbeitet, die „ein Spiel mit Hindernissen und Schwierigkeiten" (Sack, 2011, S. 157) darstellen. Die Teilnehmenden sind aufgefordert, eigene Grenzen zu überwinden und daran mental zu wachsen. Momente des Erstaunens und der Irritation bieten die Gelegenheit, über sich hinauszuwachsen und von sich selbst überrascht zu sein:

„Und ich weiß nicht, wie betrunken ich sein müsste, um mit anderen Leuten irgendwie zu tanzen, weiß ich nicht, wo ich mit meinen besten Kumpels nach 17 Bier so abgehen würde wie jetzt in dieser Fortbildung" (IFFT1, 22).

Die ästhetische Erfahrung bietet eine Gelegenheit zur Selbsterfahrung, die die Teilnehmenden umschreiben mit Aussagen wie „[ich habe] mich selbst erlebt" (IFFT1, 10) oder „ich habe mich noch nie so lebendig gefühlt" (IFFT1, 22). Diese Äußerungen verweisen darauf, dass einige Teilnehmende einen bisher ungekannten Zustand an sich wahrnehmen. Als begünstigender Faktor in diesem Prozess hat sich die Offenheit und eine positive Bestärkung innerhalb der Workshop-Gruppe herausgestellt:

„Dieses Vertrauen, obwohl die Gruppe fremd ist, das zuzulassen, und da habe ich gedacht, ach wie gut, da bist du schon auf einem guten Weg, also auch so persönlich, so der Kontakt mit fremden Menschen, dann auch wiederum zuzulassen und zu vertrauen" (IFFT4, 15).

Ähnlich dieser Reflexion berichten auch Joachim Ludwig und Sarah Thomsen (2020) von einer derartigen Resonanz in frei gewählten Tanz-, Theater- und Performance-Projekten.

Persönliche Weiterentwicklung
Die Teilnehmenden berichten nicht nur von der unmittelbaren Eindrücklichkeit ihrer ästhetischen Erfahrung, sie betonen zudem den Wert dieser Erfahrung für ihre eigene Persönlichkeitsentwicklung. Man sei „total reich beschenkt worden" (IFFT13, 15) und habe eigene Sichtweisen und Fähigkeiten erweitern können, verfüge über „einen größeren Spielraum in meinem Handeln und auch in meinem Denken, auch mir selbst gegenüber" (IFFT13, 15). Eine Weiterentwicklung bei sich selbst beobachtet auch eine Teilnehmerin, die „glaub[t], ich habe mich selbst besser kennengelernt als Person, ich habe meine Grenzen auch ein Stück weit selbst kennengelernt, auch teilweise eigene Grenzen erweitert, mich ein bisschen befreit im Großen und Ganzen" (IFFT15, 9). Man habe sein eigenes Spektrum vergrößern können, berichtet eine Teilnehmerin, die feststellt, dass sie sich „auf so eingefahrenen Bahnen" (IFFT16, 16) bewegt habe. Bemerkenswert ist, dass die Vertiefung in einer ästhetischen Praxis bei einer Teilnehmerin schmerzhaft empfundene Erinnerungen an seit Langem überlagerte kreative Potenziale geweckt hat; diese seien sehr lange ungenutzt blieben, was nun jedoch eine bedeutsame biographische Reflexion ausgelöst habe:

> „Ich bin [durch den Workshop, H.A.] in eine richtige Krise geraten. [...] Ich wollte immer gerne auch künstlerisch arbeiten und habe dann aber mit meiner Familienplanung doch den sicheren Hafen des Beamtentums gesucht. [...] Ich habe [zuvor, H.A.] viel Filme mit Kindern gemacht, was nicht dasselbe ist wie selber Filme machen, und habe dann bei dem Fachforum dummerweise entschieden, ich mache mal Filme, ich gucke mal, was passiert. Ich hätte malen sollen, aber ich habe gedacht, filmen kann ich ja. Und ich war so deprimiert wie schon lange nicht mehr. Mich hat es sehr deprimiert, weil ich gemerkt habe, dass da erst mal ein Loch ist, dass da nichts mehr ist, ja, dass ich so immer in meinem Alltag am Funktionieren und Organisieren bin, und das ist auch etwas, was ich gut kann, aber das ist nur ein Teil von mir und der andere ist verkümmert, und das hat mich deprimiert. [...] Das war so eine Erkenntnis, die für mich wichtig war, weil ich gemerkt habe, dass die Seite in mir nicht genug Bühne hat in meinem Leben. Also es war für mich eine sehr wichtige Erfahrung" (IFFT16, 15).

Transfermotivation für offeneren Unterricht und ästhetische Zugänge
Die Lehrkräfte erkennen eine Unterrichtsrelevanz in ihrer Fortbildungsteilnahme – in den Fachforen sehen sie eine Chance, um das eigene Repertoire um interessante Lernzugänge zu erweitern. Mit den Erfahrungen aus den Workshops werde ihr Unterricht „reichhaltiger" (IFFT10, 21). Das prozessoffene Arbeiten ist für einige Teilnehmende zunächst ungewohnt, da es nicht unbedingt dem ansonsten üblichen Planen entspricht:

> „Was auch am Ende der letzten Fortbildung war, dass es gar nicht so darum geht, jetzt konkrete Wege zu eröffnen, sondern dass es eher darum geht, Impulse zu geben,

mit denen man sich dann wieder selbst eigene Gedanken macht, um dann zu überlegen, so wie kann ich das jetzt integrieren, nicht darum, jetzt eine Unterrichtseinheit zu bekommen und das dann eins zu eins übertragen zu können. Und das, glaube ich, ist etwas, was mir noch ein bisschen schwerfällt, weil ich gerne strukturiert vorgehe, arbeite oder gern ein Ziel vor Augen habe. Und hier ist es halt sehr offen" (IFFT12, 9).

Experimentelles, praktisches, haptisch-sinnliches, den Leib involvierendes Arbeiten erscheint vielen Fortgebildeten als eine sinnvolle Ergänzung. Eine Teilnehmerin fasst den Vorsatz, „mehr, also in meinen normalen, herkömmlichen Unterrichtsfächern einfach auch mehr so ästhetische Zugänge einzubinden, mich das auch mal zu trauen" (IFFT11, 19). Zum einen besteht die Motivation darin, dass die Schülerinnen und Schüler „wesentlich mehr Spaß daran haben [...] an praktischen Phasen" (IFFT8, 19), zum anderen erkennen die Lehrkräfte auch ein besonderes Veranschaulichungspotenzial: „Hier nehme ich mit, dass noch mehr geht eigentlich und dass dadurch man dann die Theorie doch noch besser versteht" (IFFT8, 19). Eine Lehrkraft, die über sich aussagt, „Physik ist mein Angstgegner" (IFFT6, 6), reflektiert über die eigene fachliche Unvertrautheit im diesem Feld, räumt jedoch ein, sich an die zuvor unbekannte Materie „auf eine experimentell spielerische Form annähern zu können" (ebd.), wenn zur Vermittlung ein niedrigschwelliger ästhetischer Zugang gewählt wird. Die besondere Erkenntnismöglichkeit eines ästhetischen Zugriffs beschreibt diese Lehrkraft dadurch, „dass du einen Experimentcharakter hast und dass du durch das Spielerische zu neuen Erkenntnissen kommst und dass das auch [...] für den technischen Bereich gilt, wo ich normalerweise extrem unsicher bin oder gehemmt bin" (IFFT6, 8). Die Initiierung einer ästhetischen Zugangsweise wird insofern als ein Eisbrecher für komplexe Themen und Phänomene eingeschätzt und ein praktischer Zugang „ermöglicht mir [...] für die Schüler so eine Offenheit irgendwie zu schaffen" (IFFT5, 30). Ein positiver Nebeneffekt besteht in einer Signalwirkung für die Schülerinnen und Schüler: Die Lehrkraft könne durch die Wahl eines spielerischen Zugangs ihr Vermögen zum Ausdruck bringen, im Vermittlungsprozess auf vielfältige Weise für alle Schülerinnen und Schüler einen geeigneten Zugang herzustellen, sodass „die hinterher auch im normalen Unterricht ganz einfach wissen, auf diesen Lehrer können wir uns verlassen" (IFFT1, 18).

Als Ertrag sehen Fortbildungsteilnehmende, sie „möchte jetzt gerne diesen Schwung wieder auch in den Unterricht" (IFFT10, 19) mitnehmen und die Zusammenarbeit mit den Schülerinnen und Schülern angenehmer gestalten: „Was nehme ich mit, [...] ich möchte auch solche Lernatmosphäre schaffen, ich habe Lust darauf" (IFFT15, 15). Eine Lehrerin hofft, die Lust am Arbeiten auf den Alltag übertragen zu können, „dieses Genussvolle, was wir eben halt hier erleben durften, das mitzunehmen" (IFFT3, 20). Im Sinne eines Ausbalancierens gehe es um „eben diese Mischung zwischen Spiel und Lernen, also zwischen Erfahren und Lernen. Ich glaube, das ist total toll. Also das würde ich auch gern meinen Schülern beibringen, dass sie beides machen können und haben können" (IFFT15, 17). Eine Teilnehmerin resümiert, es gehe ihr um, „eine Leichtigkeit im Kopf, was Planen betrifft [...], Raum für Experimente, ohne zu wissen, was dabei eigentlich am Ende herauskommt" (IFFT8, 23). Die Transferlogik des ‚Fachforums' wird so resümiert: „eine Erfahrung für sich zu machen und zu sagen, gut, das hat mir so Spaß gemacht, vielleicht könnte das ja auch Spaß machen, das als Lehrer anzuleiten" (IFFT5, 23).

Stimulus zur Schülerorientierung
Gestärkt, angeregt und revitalisiert in die Schule zurückzukehren, verhelfe dazu, auch den Schülerinnen und Schülern souveräner gegenüberzutreten: „Eine entspannte Lehrerin, inspirierte Lehrerin ist angenehmer für die Kinder als jemand, der verbissen durch den Tag durchheizt" (IFFT14, 24). Damit wird eine Verbindungslinie gezogen zur Schülerorientierung im eigenen Unterricht.

> „Schüler können, wenn sie bestimmte Rahmenbedingungen bekommen, einfach selber sehr kreativ sein. [...] Man hat mehr Vertrauen in die Schüler sozusagen, [...] die kriegen auf jeden Fall was hin. Also man muss [...] vertrauen einfach und auch gespannt sein, was rauskommt, ja. Und sich dann auch die Schülerergebnisse anzugucken, wertschätzend anzugucken und mit diesen Ergebnissen zu arbeiten. Das, finde ich, ist einfach ein anderes Bild [...] [als] sich den Lehrplan reinzufressen und zu sagen, das und das und das müssen sie bis dahin gelernt haben. Sondern zu gucken, was bringen die eigentlich mit. [...] Ich finde auch einfach, dass Schüler sich dann ernster nehmen gegenseitig und sagen, boah, der hat ja aber irgendwie was total Cooles" (IFFT5, 32).

Die Workshop-Arbeit in einem kreativen Prozess selbst zu erleben, helfe insgesamt dabei, sich „in die Köpfe der Schüler auch hineinzuversetzen" (IFTT8, 11), denn „man schlüpft eher auch so ein bisschen in die Rolle der Schüler, wenn man ästhetische Sachen [...] ausprobiert, und man lernt so ein bisschen, okay, das war mir jetzt selbst ein bisschen unangenehm oder da musste ich mich erst drauf einlassen" (IFFT11, 12). Der ‚Seitenwechsel' im Workshop von der Lehrkräfte- in die Teilnehmerrolle lasse nachempfinden, welche Schwierigkeiten sich auch den Schülerinnen und Schülern in ähnlichen Prozessen stellen: „Mir ist das ja selbst nicht so leichtgefallen, da was vorzulesen. Das ist aber das, was ich tagtäglich von meinen Schülern in irgendeiner Form erwarte" (IFFT9b, 3). Sich auch einmal in die Rolle als Lernende und Angeleitete zu begeben, wird als wichtige „Horizonterweiterung" (IFFT6, 10) aufgefasst. In der Teilnehmerrolle wird einem abverlangt, Hemmungen zu überwinden und das Beobachtet-Werden auszuhalten. Dies nachzuempfinden, versetze in die Lage, entsprechend im eigenen Unterrichtsgeschehen zu verfahren: „Ich glaube, ich würde mich mehr trauen, [...] die Schüler auch zu provozieren, sie herauszufordern und sie auch zum Machen zu animieren, also ihnen zuzumuten, etwas zu sein, etwas darzustellen, also dass sie mehr aktiver werden" (IFFT15, 25). In diesem speziellen Format auf dem Gebiet der Lehrkräftefortbildung sehen sich die Teilnehmenden in ihrer Haltung und Inszenierungskraft herausgefordert – anders als in Fortbildungen, die auf fachliche Wissenserweiterung und weniger handlungsorientiert angelegt sind.

Hinsichtlich der Persönlichkeitsentwicklung der Schülerinnen und Schüler sehen die Fachforum-Besuchenden ebenfalls einen Gewinn, ausgehend von ihren eigenen Erfahrungen in den Workshops, die man auf die Schülerinnen und Schüler überträgt. So wird davon berichtet, man beabsichtige, den Kindern mehr bewegungsorientierte Tätigkeiten anzubieten und „mehr darauf zu achten, dass man eben dieses Bewegen einfach bewusster macht mit den Schülern" (IFFT1, 18). Ebenso wolle man ermöglichen, dass „schüchterne Menschen [...] aus sich herausgehen" (IFFT1, 20) und über eigenes ästhetisches Erleben ein größeres Selbstbewusstsein aufbauen. Dass man „einen Impuls [setzt], dass man auch über Grenzen gehen kann" (IFFT4, 33) und „irgendeine Form von Selbsterfahrung" (IFFT8, 25) initiiert, diese Grundidee wird auch für die Arbeit mit den Schülerinnen und Schülern stärker in Betracht gezogen.

Fortbildungseindrücke sichern: Austausch, Reflexion und Übung
Eine Lehrerin resümiert im Sinne anderer Fachforum-Teilnehmer: „Ich würde jederzeit wiederkommen" (IFFT11, 23). Was einige allerdings vermissen, ist die Gelegenheit für eine reflektierte „Nachlese" (IFFT10, 23). Man würde begrüßen, wenn es „die Möglichkeit gibt, das eine oder andere tatsächlich auch im größeren Forum auszutauschen" (ebd.), insbesondere um zu „schauen, wie hat [der Fortbildungsimpuls] denn weitergewirkt" (ebd.). Es wird konstatiert, dass Gelegenheiten, die Erfahrungen zu teilen und gemeinsam Transfermöglichkeiten zu reflektieren an der Schule in der Regel fehlen: „Die Gremien, die es gibt an der Schule, sind nicht dafür da, um irgendwie über Unterricht [...] zu sprechen" (IFFT1, 28).

Bei einigen Teilnehmenden besteht auch die Sorge, mehr Übung zu benötigen, um mit den eigenen Klassen so arbeiten zu können, wie sie es soeben in den Workshops kennengelernt haben:

„Alle sind motiviert, begeistert, [...] aber du hast eben keine Schülergruppe da. Und da denke ich dann manchmal, [...] na ja, Mann, Mann, Mann, wenn ich das jetzt mit meiner Klasse gemacht hätte, die hätten mir den Vogel gezeigt. [...] Ich glaube, davon müsste ich jetzt das zwei-, dreimal machen, damit es dann so ein bisschen mehr Routine hat. Also ich könnte jetzt zum Beispiel aus meinem Workshop jetzt viele Dinge aus der Bewegung einbauen. Aber weil ich völlig planlos mit der Musik bin, bräuchte ich da mindestens noch – dreimal müsste ich das noch mal wiederholen, damit sich das irgendwie bei mir manifestiert, ja, und automatisiert" (IFFT13, 26).

Somit stellt sich die Herausforderung, zur Verinnerlichung ästhetischer Arbeitsweisen aufrechterhaltende Impulse zu setzen, z. B. durch das Angebot von Transfer- oder Vertiefungsmodulen.

Diese konstruktiv-kritische Sicht lässt nach dem Nutzen der Fortbildung für die eigene Unterrichtsgestaltung fragen. Ergänzend kann dazu eine Bewertung von Fortbildungsteilnehmern aus fünf KulturSchulen herangezogen werden (vgl. Kap. 10). Abb. 2 zeigt die Einschätzung der Fortgebildeten zum Nutzen der Fortbildung.

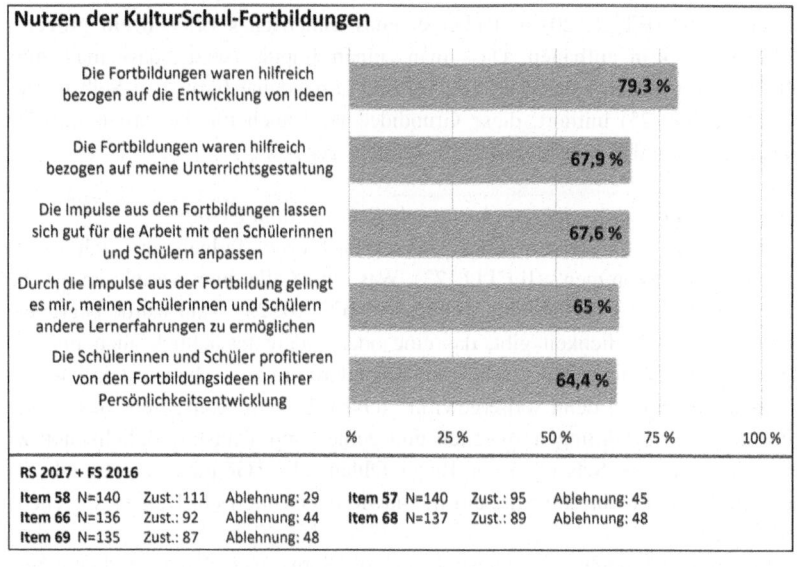

Abb. 2 Empfundener Nutzen der Fortbildung

Nahezu 80 % der Antwortenden (N = 140) in dem Befragungszeitraum 2016 (Förderschulen) und 2017 (Gesamtschulen) geben an, dass sie durch ihren Fortbildungsbesuch zu neuen Ideen angeregt worden seien. Und jeweils etwa zwei Drittel der Teilnehmenden resümiert im Nachhinein, dass die Fortbildungserfahrungen für die Gestaltung des eigenen Unterrichts (67,9 %) sowie für die Arbeit mit den Schülerinnen und Schülern (67,6 %) hilfreich waren. Durch fortbildungsinduzierte Impulse werde den eigenen Schülern andere als die bisherigen Lernerfahrungen ermöglicht, bestätigen 65 % der an fünf KulturSchulen befragten Lehrkräfte. Was mögliche langfristige Effekte betrifft, ist mehr als die Hälfte der Befragten (64 %) der Ansicht, dass die Schüler in ihrer eigenen Persönlichkeitsentwicklung von den veränderten Lernzugängen profitieren, die die KulturSchul-Lehrkräfte neu einbringen.

Schaut man auf die ablehnenden Stimmen, so wird erkennbar, dass eine Skepsis von Fortgebildeten dahingehend herrscht, ob sich die Fortbildungsimpulse für die Unterrichtsarbeit mit den Schülern eignen und diese auf die Schülerpersönlichkeiten einen Effekt haben. Dennoch sind hier positive Überzeugungen zu vermerken. Gleichwohl lässt sich hier noch ein Handlungsfeld für die Fortbildner identifizieren, um die Adaptierbarkeit der Erfahrungen zu erhöhen.

Auswirkungen der Fortbildungsteilnahme auf die Zusammenarbeit in der Schule
Im Interview sind die Workshopteilnehmer danach gefragt worden, wie sie nach der Fortbildung ihre neuen Erfahrungen und Kenntnisse einbringen möchten. Ihre unmittelbare Motivation ist, „ach, das würde ich jetzt total gerne ausprobieren, […] mit einer Vorfreude jetzt irgendwie auf die Schule wieder" (IFFT5, 10). Eine Teilnehmerin erläutert, „man kommt zurück und hat immer wieder irgendwas, was man […] unmittelbar umsetzt und mit den Schülern direkt ausprobiert" (IFFT18, 29). Dieselbe Teilnehmerin greift ihr Gefühl von Sich-erfrischt-Fühlen auf und findet, „es bringt einen aus dem Rhythmus, macht einen flexibler" (IFFT18, 31) und auch das übrige Kollegium profitiere von einer positiv angeregten Lehrperson: „Es bringt auch eine gewisse Selbstverständlichkeit, Lockerheit und Zusammenarbeit in das Kollegium mit hinein, die ohne diese Fortbildungen sich nicht entwickeln würde" (IFFT18, 29).

Äußerungen wie diese legen nahe, dass das Arbeitsklima in einem Kollegium sich verbessern könnte. Solange aber eine große Anzahl an Kolleginnen und Kollegen noch kein Fachforum oder Workshops der Kreativen Unterrichtspraxis besucht haben, gestalte sich nach Ansicht der Teilnehmenden die eigentliche Thematisierung der Fortbildungserfahrungen noch etwas schwierig. Die Workshopbesucher nehmen an, dass sich ihre Kolleginnen und Kollgen eher für ästhetische Lernzugänge öffneten, wenn sie diese als Teilnehmer selbst kennengelernt haben.

Einige Fortgebildete hat der Effekt überrascht, dass das Zusammengehörig-keitsgefühl mit den Kolleginnen und Kollegen der eigenen Schule zugenommen hat: Zwar gelingt es nicht immer, dass mehrere Lehrpersonen aus einer Schule gemeinsam ein Fachforum besuchen, aber wenn man als kleine Gruppe beteiligt war, sei in der Vergangenheit eingetreten, dass man im Workshopkontext „manche Kollegen [der eigenen Schule] ganz anders kennengelernt hat" (IFFT17, 9). Das hat, infolge eines persönlicheren Austauschs während der Fortbildungstage die Arbeitsbeziehungen in der eigenen Schule gefestigt und Bilder von diesen aufgebrochen:

> „Für mich war es eine sehr wichtige Erfahrung auch: Erst mal die Kollegen, die dabei waren, mit denen zusammen sozusagen Kunst zu machen. Und das hat sich auch im Alltag ausgewirkt. Ich sehe die Kollegin, mit der ich so am engsten da zusammen war, ganz anders jetzt und kann viel besser einschätzen, dass da noch ganz viel an Möglich-keiten sind, ja. Das hätte ich vorher nicht so gedacht, dass wir darüber in der Arbeit weiterkommen, sage ich mal. Also dass da Entwicklungspotenzial ist, wo ich vorher dachte, in einem gewissen Alter wird alles so regelmäßig, aber das habe ich als sehr positiv erlebt" (IFFT17, 9).

5   Fazit und Ausblick

Die Fachforen rücken ästhetisch forschendes, experimentelles, entwerfendes und performatives Arbeiten im Anwenden künstlerischer Arbeitsweisen ins Zentrum. Den Teilnehmern wird die Gelegenheit gegeben, sich in einem geschützten Rahmen bewertungsfrei über einen mehrtägigen Zeitraum hinweg auf eine Werk-stattarbeit einzulassen, in deren Verlauf spielerisch besondere Erkenntniszugänge wie vorwissenschaftliche, „an Alltagserfahrungen orientierte[.] Verfahren, künst-lerische[.] Strategien und wissenschaftliche[.] Methoden" (Kämpf-Jansen, 2021, S. 275) erprobt werden. Unter einer bestimmten Themensetzung werden Proze-duren, die etwa für performativ bildnerische, musikalische, literarisch sprachliche oder bewegungsorientierte und improvisierende Verfahren charakteristisch sind, als neue didaktische Herangehensweisen kennengelernt, die die Teilnehmer an ihre eigene Unterrichtspraxis anpassen können. Hierzu zählen auch ein kollektives Aufgabenbewältigen in einem Zumuten wie auch Unterstützen oder die Heraus-forderung zum spontanen Ausdruck. Charakteristisch für viele Workshops ist das Zustandekommen von Involviertheit und Flow, die künstlerische Verfahrenswei-sen erzeugen können, was von den Lehrkräften als persönliche Bereicherung und Entfaltung von eigenen Entwicklungsmöglichkeiten erlebt wird.

Die Fachforen bereichern das didaktische Repertoire; wichtiger ist der Konzeption das individuelle sinnliche und prozesshafte Erleben und die ästhetische Erfahrung der Lehrkräfte, um neue Ideen anzustoßen. Das handlungsorientierte und freie Arbeiten in den Workshops stellt eine wichtige Erfahrungsquelle dar, die zu einer explorativen Arbeitshaltung und zu offenem und den Arbeitsstand beachtendem Unterricht anregt. Ohne pädagogischen Lehrsatz wird so die Schülerorientierung unterstützt: Im eigenaktiven kreativen Arbeiten können die Lehrkräfte nachempfinden, welche Emotionen ihre Schülerinnen und Schüler im Unterricht begleiten und was es für viele bedeutet, sich vor anderen auch im Unterricht zu exponieren.

Das Ambiente der Burg Fürsteneck trägt dazu bei, dass die Teilnehmenden sich wie Gäste fühlen und sich wertgeschätzt sehen; befreit von Alltagspflichten können sie sich auf Neues einlassen. Die gemeinsame gruppendynamische Erfahrung mit Kolleginnen und Kollegen aus der eigenen Schule motiviert zu einer Intention des Aufbruchs in die eigene Unterrichtsentwicklung. Der Einzelne fühlt sich nicht vereinzelt und weniger kritisch von außen betrachtet. Vor allem Lehrkräfte aus KulturSchulen, die bereits längere Zeit im Programm sind, sehen in den Fachforen eine Chance, an den Schulen neu angekommene Kolleginnen und Kollegen für ästhetische Lernzugänge zu gewinnen. Die Wiederholung von Erprobungsgelegenheiten wird als wichtig zur Etablierung einer ästhetischen Unterrichtspraxis angesehen – ein einmalig erfahrener Prozess erscheint einigen Teilnehmenden als nicht ausreichend, um eine Sicherheit in der frisch erprobten Praktik auszubilden. Es wird weiterer Bedarf für eine zusätzliche Transfereinheit, z. B. eine Nachbesprechung, gesehen, um die neu kennengelernten Zugänge zu reflektieren und zu diskutieren, nachdem man sie im Unterricht erprobt hat.

Literatur

Bereswilll, M., & Freytag, V. (2019). Zu-Mutungen: ästhetische Zugänge in einem interdisziplinären universitären Seminar als Chance. In KULTURELLE BILDUNG ONLINE: https://www.kubi-online.de/artikel/mutungen-aesthetische-zugaenge-einem-interdisziplinaeren-universitaeren-seminar-chance. Zugegriffen: 14. Nov. 2021.

Bilstein, J., Dornberg, B., & Kneip, W. (Hrsg.) (2007). *Curriculum des Unwägbaren* (Band 1: Ästhetische Bildung im Kontext von Schule und Kultur). Athena.

Bohnsack, F. (2004). Persönlichkeitsbildung von Lehrerinnen und Lehrern. In S. Blömeke, P. Reinhold, G. Tulodziecki, & J. Wildt (Hrsg.), *Handbuch Lehrerbildung* (S. 152–164). Klinkhardt.

Csikszentmihalyi, I. S. (1985). *Das Flow-Erlebnis*. Klett-Cotta. (Original: Csikszentmihalyi, M. (1975) *Beyond boredom and anxiety*. Jossey-Bass.

Dietrich, C. (2012). Ästhetische Erziehung. In H. Bockhorst, V.-I. Reinwand, & W. Zacharias (Hrsg.), *Handbuch Kulturelle Bildung* (S. 121–127). Kopead.

Dietrich, C., Krinninger, D., & Schubert, V. (2012). *Einführung in die Ästhetische Bildung.* Beltz.

Eickelberg, R., & Stiller, B. (2018). „Musik erleben. Musik vermitteln" – Kulturelle Bildung aus musikalischer Sicht an der Hochschule für Künste Bremen. In S. Keuchel & B. Werker (Hrsg.), *Künstlerisch-pädagogische Weiterbildungen für Kunst- und Kulturschaffende. Innovative Ansätze und Erkenntnisse. Band 1 Praxis* (S. 27–45). VS Verlag.

Engel, B., & Böhme, K. (2015). *Didaktische Logiken des Unbestimmten. Immanente Qualitäten in erfahrungsoffenen Bildungsprozessen.* Kopaed.

Haeffner, J. (2012). *Professionalisierung durch Schulentwicklung. Eine subjektwissenschaftliche Studie zu Lernprozessen von Lehrkräften an evangelischen Schulen.* Waxmann (Diss).

Hessisches Kultusministerium (2013) [HKM 2013]: Kooperation zwischen dem Hessischen Kultusministerium und der Stiftung Mercator. HKM (unveröffentlicht).

Hessisches Kultusministerium. (2017). [HKM 2017]. FachForen KulturSchule Hessen. https://kultur.bildung.hessen.de/kulturelle_praxis/kulturschule_hessen/fachforen/7._ff-ausschreibung_ff_metamophosen_2017.pdf. Zugegriffen: 3. Jan. 2021.

Imschweiler, V. (2019). *Lehrerfortbildung zwischen Selbstorganisation und Steuerungsillusion: Die Entwicklung der hessischen Lehrerfortbildung von der Gründung des Lehrerfortbildungswerkes (1951) bis zur Auflösung des Landesinstituts für Pädagogik (2005) Auftrag, Konzepte, Strukturen, Praxis, Perspektiven.* University press (Diss.).

Kämpf-Jansen, H. (2012). *Ästhetische Forschung. Wege durch Alltag, Kunst und Wissenschaft. Zu einem innovatioven Konzept ästhetischer Bildung.* Tectum.

Kußmaul, M. (2018). „aesth paideia" – Eine dialogisch-forschende Weiterbildung. Zur Professionalisierung von Kunst- und Kulturschaffenden für die Kulturelle Bildung in der frühen Kindheit. In S. Keuchel & B. Werker (Hrsg.), *Künstlerisch-pädagogische Weiterbildungen für Kunst- und Kulturschaffende. Innovative Ansätze und Erkenntnisse. Band 1 Praxis* (S. 123–155). VS Verlag.

Langenfeld, T., & Twiehaus, S. (2018). Qualifizierungsangebote im Schulentwicklungsprogramm „KulturSchule Hessen". In M. Fuchs & T. Braun (Hrsg.), *Kulturelle Unterrichtsentwicklung. Grundlagen, Konzeptionen, Beispiele* (S. 334–346). Beltz.

Lipowsky, F. (2011). Theoretische Perspektiven und empirische Befunde zur Wirksamkeit von Lehrerfort- und -weiterbildung. In E. Terhart, H. Bennewitz, & M. Rothland (Hrsg.), *Handbuch der Forschung zum Lehrerberuf* (S. 398–417). Waxmann.

Lüders, J. (Hrsg.). (2007). *Fachkulturforschung in der Schule.* Budrich.

Ludwig, J., & Thomsen, S. (2020). Bildungsprozesse von Teilnehmenden in Tanz-, Theater- und Performance-Projekten. In S. Timm, J. Costa, C. Kühn, & A. Scheunpflug (Hrsg.), *Kulturelle Bildung: Theoretische Perspektiven, methodologische Herausforderungen, empirische Befunde* (S. 265–278). Waxmann.

Matussek, P. (1974). *Kreativität als Chance. Der schöpferische Mensch in psychodynamischer Sicht.* Piper.

Mayr, J. (2011). Der Persönlichkeitsansatz in der Lehrerforschung. In E. Terhart, H. Bennewitz & M. Rothland, M. (Hrsg.), *Handbuch der Forschung zum Lehrerberuf* (S. 125–148). Waxmann.

Pfab, F. (2019). *Kreativität im künstlerischen Gestaltungsprozess. Entwurf einer systemtheoretischen Definition.* Transcript.

Pöhl Buchli, R. (2022). *«Wenn alle entwerfen» – Bedeutung und Potenzial des Entwerfens als Handlungspraxis für die Kulturelle Bildung.* Masterarbeit im Weiterbildungsmaster Kulturelle Bildung an Schulen. Marburg (unveröffentlicht).

Rittelmeyer, C. (2017). *Warum und wozu ästhetische Bildung? Über Transferwirkungen künstlerischer Tätigkeiten. Ein Forschungsüberblick.* Athena.

Sack, M. (2011). *Spielend denken. Theaterpädagogische Zugänge zur Dramaturgie des Probens.* Transcript.

Schuh, R. (2018). „Kinder_Kunst_Räume" – Kunst für Kinder wirksam machen. In S. Keuchel & B. Werker (Hrsg.), *Künstlerisch-pädagogische Weiterbildungen für Kunst- und Kulturschaffende Innovative Ansätze und Erkenntnisse. Band 1 Praxis* (S. 71–92). VS Verlag.

Seel, M. (1996). Zur ästhetischen Praxis der Kunst. In M. Seel (Hrsg.), *Ethisch-ästhetische Studien* (S. 126–144). Suhrkamp.

Westphal, K., & Bogerts, T. (2018). „Kunst_Rhein_Main" – Weiterbildung an der Schnittstelle von Kunst und Bildung unter besonderer Berücksichtigung zeitgenössischer Theater-, Tanz- und Performancekunst. In S. Keuchel & B. Werker (Hrsg.), *Künstlerisch-pädagogische Weiterbildungen für Kunst- und Kulturschaffende. Innovative Ansätze und Erkenntnisse. Band 1 Praxis* (S. 47–70). VS Verlag.

Tag X

«Tag X» ist ein Fortbildungsformat des HKM-Büros Kulturelle Bildung, das seit 2012 als Tagesveranstaltung mit wechselnden Themen angeboten wird. Gegenwärtig beläuft sich die Anzahl dieses durchnummerierten Angebots auf 25 (Stand: Dezember 2022)[1]. Es handelt es sich um einen punktuell und flexibel einsetzbaren ‚Joker‘, um „bestimmte Themen auf[zu]greifen, die für die Schule gewinnbringend sein können (IS2, 64) beziehungsweise mit dem „auf Wünsche unserer KulturSchulen" (IS1, 61) reagiert wird. Explizit ist an die Möglichkeit einer „Ideenwanderung" zwischen den Schulen gedacht, zumal dieses Angebot für alle interessierten Lehrkräfte offen ist.

«Tag X» kann sehr unterschiedliche Schwerpunkte setzen: Kulturinstitutionen werden erkundet – etwa das Mathematicum in Gießen oder das Senckenberg-Museum in Frankfurt. Er bietet aber auch KulturSchulen Gelegenheit, ihre Good-Practice-Beispiele von kultureller Praxis zu präsentieren. Oder ästhetische Gemeinsamkeiten von zwei Fächern werden in einem schulischen Rahmen unter interessierten Lehrkräften erprobt (Langenfeld & Twiehaus, 2018, S. 338).

1   Anliegen und Zielgruppen des Formats

Die Veranstaltungen von «Tag X» können von interessierten Einzelpersonen und ebenso von Fachgruppen und Lehrkräften aus allen Schulen in Hessen besucht werden. Mit Tag X möchte man im Büro Kulturelle Bildung auch recht kurzfristig einen neuen Anreiz zur Fortbildung setzen; die Themen sind oft pfiffig formuliert. Der Veranstaltungstypus bietet die Chance, aktuell gefragte Sachverhalte, die eine „Dynamik" aufweisen, aufzugreifen, „also Themen auszuwählen,

---

[1] https://kultur.bildung.hessen.de/netzwerk/tagx/index.html

© Der/die Autor(en) 2023
H. Ackermann, *Fortbildungen für KulturSchule*,
https://doi.org/10.1007/978-3-658-42221-9_6

die vielleicht gerade so brennen, also die vielleicht auch gerade viele interessieren" (IXF2, 9). Das Format stellt insofern eine schnelle und bedarfsorientierte Angebotsmöglichkeit dar, um „flexibel reagieren [zu] können auf Wünsche unserer KulturSchulen" (IS5, 58). Lehrpersonen bieten sie die Gelegenheit, einem besonderen Interesse nachzugehen. Außerdem liefert das Format Best-Practice-Einblicke anderer Schulen, also Beispiele „besonders gelungener Entwicklung, Schulentwicklung" (IS1, 61), ähnlich einem „Tag der offenen Tür [...], also Besuch mit Führung" (ebd.). Somit können solche Tag-X-Veranstaltungen die Funktion erfüllen, über Fragen der kulturellen Schulentwicklung miteinander „in Austausch zu kommen" (IXF2, 7). Die Einblicke, die Einzelbesucher dieses Fortbildungsformats in verschiedene Arbeitsfelder der KulturSchulen erlangen, sind gleichermaßen für Angehörige anderer Schulen bestimmt; sie tragen somit dem Referenzschul-Gedanken Rechnung:

> „Und dann haben wir ja auch viele Schulen mit kulturellem Schwerpunkt, also die in irgendeiner Weise kulturaktiv sind. Und die möchten wir natürlich auch mit den KulturSchulen in Kontakt bringen. Es gibt ja auch also diesen Gedanken der Referenzschulen, also dass KulturSchulen Referenzschulen sein könnten für andere Schulen, die keine KulturSchulen sind. [...] Die Idee verfolgen wir natürlich auch, dass andere Schulen von den KulturSchulen profitieren können, und wir natürlich letztendlich auch vom Austausch profitieren" (IS5, 68).

Neben dieser Vernetzungsintention spielt für die Moderatoren dieser Angebote die Förderung der Motivation, Unterricht zu verändern eine Rolle. Man möchte „einen Anreiz geben oder einfach Lust machen" (IXF1, 13) auf neue Methoden des eigenen Fachs, die Lehrkräfte in ihren Lerngruppen ausprobieren. Auch mit ein oder zwei Schülern teilzunehmen, kann ein passendes Arrangement in diesem Format sein. Dies gilt insbesondere für fachliche Gebiete wie Mathematik, hinsichtlich derer eine gewisse emotionale Distanz der Schülerinnen und Schüler angenommen wird. Eine Expertin für kreative Falttechnik weist auf die Breite von Einsatzmöglichkeiten hin:

> „Das wünsche ich mir, dass sie (die Lehrkräfte) es vielleicht schaffen, Schüler zu motivieren, sich im Fach zu interessieren durch das Papierfalten, das wäre so meine Idee. [...] Also im Mathe-Unterricht, da bin ich der Meinung, bei jedem Teilgebiet der Mathematik kann Origami eingesetzt werden, [...] beim Teilen, Bruchrechnen, alles Mögliche, Winkel halbieren, Winkel konstruieren" (IXF1, 28).

Das Ziel sei „Freude, Spaß, Entspannung" (IXF1, 19) bei der Vermittlung neuer Zugänge zu stiften und „Faszination" (IXF1, 13) zu wecken. Die ungewöhnlichen Ansätze sind attraktiv und sie ziehen auf spielerische oder artifizielle Art und Weise ein Individuum in ein Lerngebiet mit hinein. Eine Fortbildnerin sieht es gerne, wenn die Methodik dazu verhilft, dass auch Lehrpersonen gelassener arbeiten:

> „Es ist natürlich auch Entspannung. […] Denn die (Lehrkräfte) setzen sich [auch beim kreativen Arbeiten] oft unter Stress …" (IXF1, 26).

Die Verschiedenartigkeit der «Tag X»-Angebote, auch die Orte, an denen er stattfindet, bedingen eine gewisse Unvorhersehbarkeit der Teilnehmerschaft, auf die sich die Organisatoren jeweils mit Eingang der Anmeldungen einzustellen haben. Sie bescheinigen sich allerdings eine gewisse Erfahrung und Flexibilität im Vorgehen:

> „Danach richte ich dann eigentlich immer spontan meinen Workshop aus. Also ich bereite mich jetzt nicht vorher in jedem Detail vor …. Sondern je nachdem, wie die Teilnehmer zusammengesetzt sind" (IXF1, 7).

Neben dem konkreten Nutzen für den Unterricht und die Schulentwicklung (IXF1, 5) wird die Hoffnung artikuliert, dass die individuelle Fortbildungserfahrung einen Effekt in den Kollegien in Gang setzt:

> „Was ich mir auch wünschen würde: dass diejenigen, die sich jetzt dafür begeistern konnten, vielleicht auch andere Lehrer damit anstecken, dass sie es weitergeben, das wäre schön, dass die Begeisterung einfach weitergetragen wird" (IXF1, 28).

Ein Teil des Konzepts ist das Peer-Lernen. Die Präsentation der Best-Practice-Beispiele zur kulturellen Praxis wird von den verantwortlichen Lehrkräften selbst aufbereitet. Für diese habe es einen anerkennenden und bestärkenden Effekt, wenn die erprobten Ansätze mit den Teilnehmern diskutiert werden und es so zu einem Feedback kommt. Das sei „immer auch noch mal so eine schöne Rückmeldung und Motivation, um weiterzumachen" (IXF2, 7).

2   Struktur und Inhalte

Die Veranstaltungen der «Tag X»-Reihe finden etwa zwei- oder dreimal jährlich an verschiedenen Orten in Hessen statt. Als Referentinnen und Referenten steht ein potenziell großer Expertenkreis zur Verfügung. Best-Practice-Schulbesuche finden vor Ort in einer der kulturell profilierten Schulen statt, wobei Personen aus Schulleitung und KulturSchul-Team die moderierenden und referierenden Rollen übernehmen. Richtet eine Kulturinstitution Tag X aus findet gleichfalls eine Inhouse-Erkundung und -Schulung statt, und ein Experte des Hauses übernimmt die Präsentation. Eine dritte Variante besteht in der Einbindung von „Spezialisten für ästhetische Zugangsweisen" (IS1, 63), günstigenfalls gepaart mit Fortbildnern, die eine weitere Erfahrungskomponente hinzufügen. Eine vierte Möglichkeit besteht darin, einen eintägigen Workshop mit ästhetischem Charakter anzubieten, wie er in ähnlicher Form beim Veranstaltungsformat Kreative Unterrichtspraxis angeboten wird, in diesem Fall auch für interessierte Einzelpersonen aus ganz Hessen und mit einschlägig ausgewiesenen externen Referenten. Ergänzend wurden auch Informations- und Sachthemen wie Fundraising oder Pressearbeit mit Bezug auf eine Kompetenzerweiterung für die KulturSchularbeit angeboten.

Die Zusammensetzung der Teilnehmerschaft variiert entsprechend den angebotenen Themen. Unter zeitlich organisatorischer Perspektive lässt sich Tag X als ein familienfreundliches Format einordnen, da zur Fortbildung keine Übernachtung erforderlich ist. Auch für die ausrichtende Einrichtung ist das Format verhältnismäßig praktikabel, weil „nur so ein Tag" (IXF2, 9) zu bestreiten ist.

Thematisch und strategisch erachten die Organisatoren diese Flexibilität als einen Vorteil. Man könne auf neu auftretende Bedarfe reagieren: „Das ist ein schnelles Modul sozusagen" (IS1, 63), „mit dem man auch mal schnell auf eine bestimmte Thematik einwirken […] oder [eine] Thematik aufgreifen kann, die gerade aktuell" (IS2, 64) sei. Mit Tag X bestehe die Chance, „immer wieder Neuigkeiten, Prozesse, Themen […] reintragen" (IS3, 58) zu können. Abb. 1 zeigt die Häufigkeit und Verteilung der Themen von Tag X .

Der Blick auf die bisherigen Inhalte zeigt, dass Angebote in den Bereichen Musik sowie Tanz und Bewegung dominieren. Daneben bilden Mathematik und Naturwissenschaften sowie Sprachen und Bildende Kunst weitere wichtige Komponenten. Gelegentlich standen Besuche in Kulturinstitutionen auf der Agenda. Seltener sind als Sachinhalte hingegen Literatur, Performance, Theater und Medien vertreten; Geographie, Gesellschaftswissenschaften und Philosophie kommen im «Tag X» bislang nicht vor. Tab. 1 zeigt die Verteilung von Bezugspunkten bei Tag X.

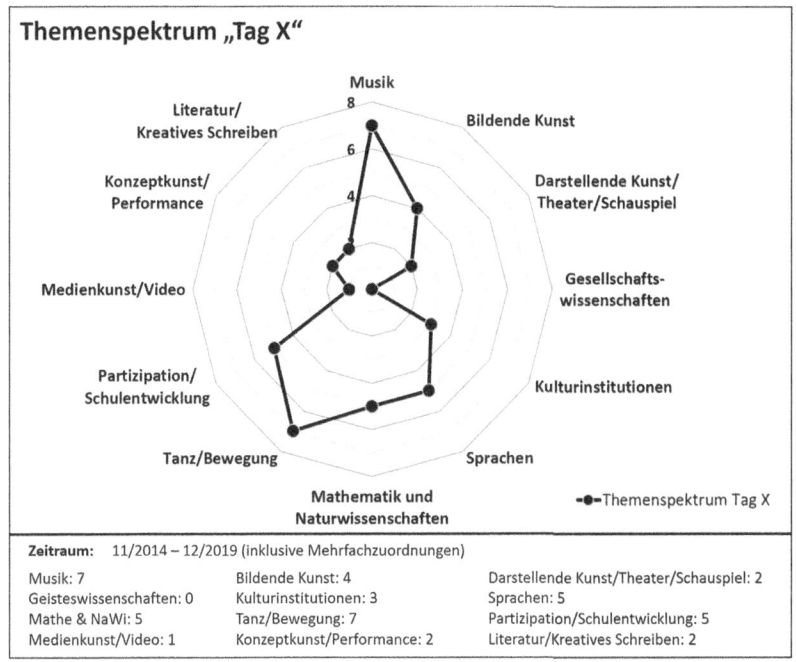

Themenspektrum „Tag X"

Musik
8
Literatur/
Kreatives Schreiben
6
Bildende Kunst

Konzeptkunst/
Performance
4
Darstellende Kunst/
Theater/Schauspiel

Medienkunst/Video
Gesellschafts-
wissenschaften

Partizipation/
Schulentwicklung
Kulturinstitutionen

Tanz/Bewegung
Sprachen

Mathematik und
Naturwissenschaften
-●-Themenspektrum Tag X

Zeitraum: 11/2014 – 12/2019 (inklusive Mehrfachzuordnungen)

Musik: 7	Bildende Kunst: 4	Darstellende Kunst/Theater/Schauspiel: 2
Geisteswissenschaften: 0	Kulturinstitutionen: 3	Sprachen: 5
Mathe & NaWi: 5	Tanz/Bewegung: 7	Partizipation/Schulentwicklung: 5
Medienkunst/Video: 1	Konzeptkunst/Performance: 2	Literatur/Kreatives Schreiben: 2

Abb. 1 Themenspektrum des Formats «Tag X»

3   Ablauf

Der Ablauf bei «Tag X» kann so verschieden sein wie der entsprechende Themenschwerpunkt oder die Provenienz der Referenten. Allerdings gibt es einige konstant bleibende Strukturelemente, die trotz der Unterschiedlichkeit der Thematiken und Akzentsetzung ähnlich auftreten und beobachtbar waren.

Instruktive, vortragsähnliche Phasen sind meist enthalten, sie sind zeitlich sehr begrenzt (es sei denn, es handelt sich um Veranstaltungen aus der Rubrik ‚Best-Practice zur Schulentwicklung'). Bei «Tag X» sind in der Regel Phasen vorgesehen, in denen sich die Teilnehmenden in handlungsorientierte selbsttätige Arbeit vertiefen können, angeleitet von dem jeweiligen Referenten. Experimentier- und Erprobungsgelegenheiten können dabei entweder in räumlicher Nähe zueinander angelegt sein und von Kleingruppen genutzt werden. Gruppenaktivitäten sind von

Tab. 1 Thematische Veranstaltungen von «Tag X» (2012–2019)

2012	• Kunst (in) der Naturwissenschaft • Darstellendes Spiel • Praxistag an der Steinwaldschule Neukirchen
2013	• Fachgespräch Bildende Kunst: Kooperationen von Schulen und Künstlern am Beispiel der Kontextschule Berlin • The Power of Pictures – A day full of experience at the English Theatre • Fundraising für Schulen • Bewegung als Dialog • Drum Circle – Rhythmus und Groove für Musiker und Nichtmusiker
2014	• Direktor beißt Hund – oder: Wie kommt meine Schule in die Presse? • Bildzugänge interdisziplinär • Schulzeug als Schlagzeug
2015	• Debattieren und Feedback geben • Begabtenförderung und ästhetische Zugänge im Fach Mathematik • Schätze heben – in der Marburger Lern- und Forschungswerkstatt
2016	• Mathematik ist schön?! Auf den Spuren der Ästhetik der Mathematik • Künste & Sachunterricht: Senckenberg kreativ • Klingende Wege in die Mathematik
2017	• Mathematik – kannst du knicken!? Die Vielfalt der Mathematik am Beispiel „Origami" erkennen • Zeit und Raum für KulturSchule – Schulstrukturen verändern und Partizipation ermöglichen
2018	• Soundpainting – eine kreative „Sprache" für alle Fächer und Gruppen • Gemeinsam kreativ schreiben mit Weblogs • bodymoves unlimited – Tanzen im Kontext der Kulturellen Bildung
2019	• Transfer Zeichnung-Musik: Klangbilder zeichnen, Bildklänge musizieren • Poetry Slam – Wenn Sprache im Raum steht

Abstimmungsprozessen und einer gemeinsam entwickelten kreativen Gemein-schaftsleistung geprägt, die anschließend in Gruppenpräsentationen vorgestellt werden. Die Sozialformen sind auf ergebnisoffene Schaffensphasen hin orientiert und halten Momente des Staunens und Erkennens bereit.

Bemerkenswert ist, dass zwar jeweils Reflexionsgelegenheiten erzeugt werden, in denen Rückmeldungen zu den Aktivitäten gegeben werden können, jedoch wird diese Thematisierung vorwiegend fachlich-funktionell und didaktisch-strategisch vorgenommen: Mit den Teilnehmenden wird besprochen, mit welcher Jahrgangsstufe der Schülerinnen und Schüler sich bestimmte Aktivitäten durch-führen lassen oder auf welche fachlichen Problemstellungen sich die bei einem «Tag X» erlernten Kompetenzen transferieren und lassen. Ein Reflektieren über die bei der Fortbildungsveranstaltung ermöglichten Erfahrungen findet hingegen sehr begrenzt oder eventuell nicht statt. Insofern wird die in der Fortbildungsveranstaltung ggf. angelegte (ästhetische) Erfahrungsdimension nicht explizit als solche aufgenommen. Die von den Fortbildenden geschaffenen besonderen Erfahrungs- und Prozessqualitäten laufen damit Gefahr, unerkannt zu bleiben.

4   Resonanz bei den Teilnehmenden

Die Auswertung zum Fortbildungsgeschehen und zur Anwendbarkeit für den schulischen Kontext basiert auf drei teilnehmenden Beobachtungen des «Tag X» sowie zwei mit Fortgebildeten und zwei mit Fortbilderinnen geführten Interviews. Zudem liegen drei Interviews mit Verantwortlichen aus der Fortbildungsplanung vor.

Potenzial von Impulsen und Ideen
Das Feedback der Teilnehmenden zu «Tag X» fällt in den Interviews, die unmittelbar nach dem Ende der Veranstaltungen geführt wurden, sehr positiv aus. Zur Phase des frontal gegebenen Inputs wird zurückgemeldet, dass die Vortragsinhalte „viel" (IXT1, 10), „aber […] nicht […] langweilig" (ebd.) gewesen seien. Die Abwechslung aus theoretisch rezeptiven, praktischen und interaktiven Elementen wird insgesamt als anregend und „sehr entspannend" (ebd.) gewertet. Eine der Teilnehmerinnen, die häufiger Fortbildungen des Typs Tag X besucht, hebt das impulsgebende Potenzial dieses Formats hervor, das eine bereichernde Wirkung auf sie als Schulleiterin ausübe.

> „Das habe ich ja schon mal gesagt: Es ist auch wie ein Urlaub, weil jedes Mal empfinde ich eine unglaubliche Erfrischung durch die Vielzahl von Impulsen und Ideen, die ich vermittelt bekomme – authentisch und […] ehrlich ausgesprochen auch, ja, ist das für mich eine wahnsinnige Erfrischung" (IXT2, 9).

Dieselbe Teilnehmerin weist außerdem auf den Anregungswert für ihr Schulleitungsteam hin:

„Wie Sie sehen, habe ich hier sieben Seiten mitgeschrieben. Und da steckt in jeder Seite eine große Frage, die ich mir notiert habe und die ich ganz gewiss mitnehme und auch in meine Teams geben werde" (IXT2, 11).

Gelegenheit zu offenem, kritischem Austausch
Eine besondere Qualität wird unter den Teilnehmenden in der Unbefangenheit gegenüber problemzentrierten und kritischen Aspekten gesehen:

> „[Wir sind hier] in einem unglaublich spannenden Dialog, [...] weil hier so ehrlich umgegangen wird. Unter den KulturSchulen selbst muss man sich nicht anlügen. Wir müssen uns nicht erzählen, wie toll unsere Erfolge sind, verstehen Sie. Sondern wir können sehr ehrlich die Probleme benennen. Und ich glaube, dass das auch eine Qualität von KulturSchulen ist, dass wir, weil wir ans Eingemachte gehen, gelernt haben oder erlernen müssen in einem schmerzhaften Prozess, wenn ich es mal so sagen darf, dass wir die Dinge benennen müssen, und zwar wirklich benennen, ja. Und [...] dass es nicht sinnvoll sein kann für uns, wenn wir um die Dinge herumreden. Es nützt auch nichts, Befindlichkeiten zu benennen, weil das ist destruktiv. Sondern [...] wir müssen in einem ehrlichen Dialog die Dinge benennen, und das ist schwer" (IXT2, 7).

«Tag X» bietet aus Sicht der Teilnehmenden also auch einen kollegialen Rahmen, in dem schulübergreifend offen über Entwicklungen einer kulturbezogenen Schulentwicklung diskutiert werden kann. Die Fortbildungsteilnehmer sehen sich nicht als profilierungsbedürftig, vielmehr als gleichermaßen beteiligt an Schulentwicklung, die ihre Erfahrungen teilen und einander mögliche Lösungen aufzeigen können.

Reflexion über Transfer
In der Transferierung geeigneter Praxisbeispiele wird ein besonderer Nutzen gesehen, etwa indem man sich besondere Strukturen abschaue. Eine Teilnehmerin „habe [s]ich gedacht, warum habe ich sowas nicht an meiner Schule" (IXT2, 17). Auch auf der individuellen Ebene wird über konkrete praxisrelevante Austauschmöglichkeiten berichtet, die zwischen einzelnen Fachlehrerinnen und Fachlehrern bestehen oder die sich neu entwickeln, zumal durch die KulturSchul-Zugehörigkeit – und günstigenfalls auch durch das Fortbildungsthema – eine gemeinsame Arbeitsgrundlage gegeben ist.

„Neben den Infos, die wir hier bekommen, einfach auch die Vernetzung, andere
Schulen zu sehen, also andere Kollegen erstens entweder wiederzutreffen oder halt
auch neue Kollegen kennenzulernen, mit denen ins Gespräch zu kommen, wie läuft's
bei denen, was gibt es für Probleme, was gibt es für Ideen, woran wird gearbeitet.
Und jetzt gerade heute, das war total interessant, die Kollegen von [Name der Kultur-
Schule], die waren total interessiert daran, wie wir bei uns binnendifferenziert Mathe
unterrichten. [...] Ich habe denen sogar Materialien gezeigt, die ich dabei hatte auf
dem Rechner. Also dass man so in Austausch kommt noch mal mit anderen Kollegen
aus anderen Schulen" (IXT1, 12).

Nicht bei jedem Thema stellt sich ein solcher Austausch oder eine Anwendungsperspektive ein. Eine Teilnehmerin erklärt: „Wobei [...] ich da nicht ganz so viel
mitnehme, wo ich sagen könnte, das könnte ich bei mir an der Schule anbringen"
(IXT1, 10).

Anstoß für schulische Selbstvergewisserungsprozesse
Der Besuch einer «Tag X»-Veranstaltung zur Schulentwicklung kann einem Teilnehmenden vor Augen führen, welche Handlungsfelder die eigene Schule bisher
noch nicht für sich erschlossen hat.

„Und das war auch, wo ich denke, da kann ich was mitnehmen. Also so dieser Punkt
Selbstvergewisserung. Das ist so, was bei uns ein bisschen zu kurz kommt auch an
der Schule. So dieser Blick, einfach mal stehen zu bleiben und zu gucken, wo bin ich
denn jetzt gerade. Zu konsolidieren, was haben wir denn schon geschafft, was ist gut
gelaufen, was nicht. Das ist noch mal so ein Punkt, der mir so ein bisschen die Augen
geöffnet hat, was bei uns noch fehlt an der Schule" (IXT1, 10).

Gleichzeitig ermöglicht die Betrachtung von gelingenden Praxisbeispielen anderer
Schulen eine eigene Selbstvergewisserung in dem Sinn, dass man sich an bereits
Erreichtes und Geleistetes im zurückliegenden Entwicklungsprozess erinnert:

„Dann sagte eine Kollegin heute zu mir, wir können doch unwahrscheinlich dankbar
sein für das, was wir erreicht haben. Da habe ich gesagt, ja, das stimmt auch. Und es
tut mir auch gut, das mal wieder zu relativieren und sagen, jo, das und das und das,
und das machen wir ja auch, das haben wir ja auch in dem Zusammenhang entwickelt.
Und das ist auch eine Vergewisserung" (IXT2, 15).

Anerkennung für Erreichtes
Für die schulischen Akteure, die im Rahmen eines Tag X angefragt werden, einen
Veranstaltungstag für den Kreis der anderen KulturSchulen auszurichten, stellt die
Vorbereitung und Durchführung eines solchen Ereignisses eine Gelegenheit dar, um

die an der jeweiligen Schule entwickelten Innovationen zu präsentieren und sie im
Plenum zu reflektieren – zum Beispiel neu etablierte Planungsgremien oder ein inte-
gratives Unterrichtsfach, ästhetische Lernzugänge, Formate der Schülerbeteiligung
usw. Das Aufbereiten, Vorzeigen und Zur-Kenntnis-Nehmen durch Außenstehende
wirkt selbstbestärkend. Die Erfahrung, dass andere Schulen an den neu entwickelten
Ansätzen interessiert sind, sei „immer auch noch mal so eine schöne Rückmeldung
und Motivation, um weiterzumachen" (IXF2, 7).

5   Fazit und Ausblick

«Tag X» ist ein thematisch sehr vielseitiges und offenes Format für unterschiedliche Funktionen. Je nach Spezifik hilft das Format, die Grenzen eines
Fachverständnisses auszudehnen und zu weiten und neue methodische Konzepte
kennenzulernen. Außerdem erlaubt es, Kulturinstitutionen einzubeziehen, die ihr
breites Potenzial an besonderen Lernmöglichkeiten vorstellen und Ideen für Pro-
jekttage mit Schülerinnen und Schülern vermitteln können. Lehrkräfte erhalten
auf diese Weise Einblicke in Sammlungen und auch in museumspädagogische
Arbeitsweisen. Mit «Tag X» bekommen Themen wie Fundraising oder Öffent-
lichkeitsarbeit an der Schule, die schwer unter eine Rubrik subsumierbar sind,
einen Raum.

Die Veranstaltungen bieten eine gesprächsoffene Arbeitsatmosphäre und
schaffen überschulische Kontakte zu Lehrkräften anderer Schulen. Zudem kann
eine in der eigenen Schule bereits etablierte Praxis Kultureller Bildung dem Kreis
anderer KulturSchulen vorgestellt und in Arbeitsgruppen thematisch diskutiert
werden.

Dieses Format liefert Impulse ‚zum Mitnehmen' oder Zugang zu thematischen Netzwerken, deren Besonderheit von Experten vorgestellt wird (Mall
et al., 2016). Der Lernertrag für einzelne Teilnehmer könnte stärker durch in den
Ablauf integrierte Reflexionsgelegenheiten zur Sprache gebracht werden. Und
ästhetische Phänomene sollten ausreichend Zeit erhalten zu wirken.[2] Ideen aus

---

[2] In der Arbeitsphase „Klingende Wege in die Mathematik" trat das klangästhetische Experiment sofort in den Hintergrund, als eine Lehrkraft ermahnte, sich auf die kommende Präsentation zu fokussieren: „Was können wir gleich im Plenum darstellen?", lautete die Frage, die
das Staunen und Ausprobieren, dass sich mit Klangfolgen geometrische Figuren darstellen
lassen, überlagerte.

Unterrichtsfächern wie alte und neue Sprachen, Deutsch als Zweitsprache, Gesellschaftswissenschaften und Philosophie könnten mit einbezogen werden, um die Teilnehmerschaft noch zu verbreitern.

Literatur

Mall, P., Spychiger, M., Vogel, R., & Zerlik, J. (2016). *European Music Portfolio – Sounding Ways into Mathematics. Arbeitsbuch für Lehrerinnen und Lehrer.* Hochschule für Musik und Darstellende Kunst.

Langenfeld, T. & Twiehaus, S. (2018). Qualifizierungsangebote im Schulentwicklungsprogramm „KulturSchule Hessen". In M. Fuchs & T. Braun (Hrsg.), Kulturelle Unterrichtsentwicklung. Grundlagen – Konzeptionen – Beispiele (S. 334–346). Beltz.

SLT-Reihe für Schulleitungen und KulturSchul-Teams

In der «SLT»-Reihe treffen die Schulleitungsteams der neu ins Programm aufgenommenen KulturSchulen zusammen. Es handelt sich um ein exklusives Format im Fortbildungsportfolio des KulturSchul-Programms, das sich an die Verantwortlichen, die KulturSchule gestalten und weiterentwickeln, richtet. Die Schulleiterinnen und -leiter sowie alle weiteren Mitglieder der Schulleitung einer KulturSchule und die KulturSchul-Beauftragten werden durch Prozessbegleiter für je ein Schulleitungsteam ergänzt. Das Qualifizierungsformat ist mit Beginn der zweiten Staffel des KulturSchul-Programms im Jahr 2011 etabliert worden, also einige Zeit, bevor die Hessische Lehrkräfteakademie gegründet wurde, die seither allgemein für die schulische Führungskräftefortbildung zuständig ist.

Fortbildungsdurchgänge der SLT-Reihe im KulturSchul-Programm fanden 2012–2013 (2. Staffel) und 2015–2016 (3. Staffel) statt.[1] Ein neuer Durchgang für die Schulleitungsteams ist für die vierte Staffel 2023 geplant.

2015 sind unter Angela Federspiel vier Bausteine konzipiert worden, die den Seminaraufbau und das Konzept „Methoden und Instrumente für die Prozessgestaltung" beschreiben (Murrenhoff, 2015/2016); die Erprobung in der Durchführung ist protokolliert worden. Insofern liegen weitreichende Informationen zu Inhalt und Verlaufsgestaltung vor. Durch diese Qualifizierung der Schulleitungen und KulturSchul-Beauftragten werden Voraussetzungen dafür geschaffen, dass in

---

[1] Als die Evaluation der Fortbildungsformate startete, befand sich die Fortbildungsreihe für Schulleitungen und KulturSchul-Beauftragte der dritten Programmstaffel bereits vor ihrem Abschluss. Eine teilnehmende Beobachtung konnte nicht mehr stattfinden. Die Datengewinnung zu diesem Format ist rein rekonstruktiv angelegt worden: Die Auswertung basiert auf vier Dokumentationsberichten (Murrenhoff, 2015/2016). Interviews mit Fortbildungsverantwortlichen sowie Aussagen ehemaliger Teilnehmer. Darüber hinaus wurden von der Hessischen Lehrkräfteakademie zusätzliche Daten aus einer internen Evaluation unter SLT-Fortbildungsteilnehmenden bereitgestellt.

© Der/die Autor(en) 2023
H. Ackermann, *Fortbildungen für KulturSchule*,
https://doi.org/10.1007/978-3-658-42221-9_7

der einzelnen KulturSchule Veränderungsprozesse zur Implementation Kultureller Bildung gezielt und mit organisationspsychologischem Hintergrund in Angriff
genommen werden können. Eine schulische Führungskräfteentwicklung gibt es
auch erst nach Gründung der Hessischen Lehrkräfteakademie, sodass auf diesem
Gebiet eine besondere Dringlichkeit in der Professionalisierung vorliegt.

Um Veränderungen in den Strukturen vorzunehmen, sind die schulische
Strukturen zu überprüfen. Die Führungskräfte sollen sich gezielt mit einem
konsistenten Leitbild ihrer Schule und ein darauf basierendes Profil auseinandersetzen. Sie finden Zeit und Raum vor, um eine langfristige Perspektive zu
entwickeln und sich über ihre Vorstellungen von Kultureller Bildung klar zu
werden, diese mit Literaturbezug zu vertiefen, um auf einem gefestigten Verständnis letztlich ein kommunizierbares Konzept begründen zu können. Neben
dem Kennenlernen von „Werkzeug", „wie sie Schulentwicklung gut betreiben"
(IS2, 66), geht es auch um die Aneignung und den Aufbau einer „professionelle[n] Kommunikationsstruktur" (Langenfeld & Twiehaus, 2018, S. 343). Diese
Reihe unterstützt in der Vorbereitung von Steuerungsprozessen die Organisationsentwicklung, fokussiert geeignete Anschlussstellen im Unterrichtsprogramm für
den Querschnittsbereich Kulturelle Bildung und schaut auf zu gestaltende Parti-
zipationsprozesse in der Schule (Kauer, 2018, S. 142 ff.). Es gilt die Erkenntnis
zu gewinnen und umzusetzen, dass eine gemeinsame Basis für KulturSchule
nur dann gegeben ist, wenn „alle Lehrer mit eingebunden werden in diesen
Schulentwicklungsprozess" (IS2, 66).

1   Anliegen des Formats

Die SLT-Reihe wurde von der inzwischen aufgelösten Führungsakademie in
Zusammenarbeit mit dem Referat Kulturelle Bildung im HKM entwickelt und
durchgeführt. Die KulturSchul-Programmverantwortlichen im HKM-Referat und
die Ansprechpartnerin der Hessischen Lehrkräfteakademie legen besonderen Wert
darauf, dass die Schulleitungen dieses Qualifizierungsformat zur nachhaltigen
Veränderung der Schule nutzen und dieses als hilfreiche Reflexionsmöglich-
keit erkennen. Und in der Tat sind die anberaumten Termine für die Personen
der schulischen Steuerungsebene eine rare Gelegenheit, sich den Ist-Zustand
ihrer Schule in den gegebenen Rahmenbedingungen vorzulegen. Die Schulleitung
muss den gesamten Veränderungsprozess administrieren, in diverse Diskussionen
involviert sein und Entscheidungen treffen und verantworten.

„Wir bestehen auch darauf [...], dass der Schulleiter, die Schulleiterin dabei sind. Die Erfahrung zeigt tatsächlich, dass, wenn der Schulleiter sagt, lass die mal machen, ich habe da so ein paar junge Kolleginnen, die sind so ganz engagiert im Bereich Kultur, ich mache mal hier meinen Job – das kann schwierig werden. Also Schulleitung muss mit rein, weil letztendlich an dieser Stelle des Veränderungsprozesses die Entscheidungen getroffen werden, Beauftragungen gegeben werden. Und wenn die nicht dabei sind, kann so ein Projekt auch schnell in Schieflage geraten" (IS4, 18).

Diese Qualifizierungsmaßnahme unterstützt die schulischen Akteure hinsichtlich ihrer komplexen Aufgabe in der Schul- und Organisationsentwicklung und sensibilisiert für den wichtigen Schritt, dem KulturSchul-Programm im Kollegium einen Rückhalt zu verschaffen. Ohne einen kollektiven Willen zur Schulveränderung ist diese nicht möglich. Es entspricht den Erkenntnissen in der Schulentwicklungsforschung, dass die Schulleitung ein umfassendes Schulentwicklungsprogramm, das „in alle Bereiche vordringen [und] die Schule durchwirken" (IS1, 65) kann, aufstellen muss, um Kulturelle Bildung nachhaltig in die Schule zu bringen. Die Fragestellung, „wie nehmen wir alle Beteiligten mit?" (IS1, 65), sei zentral, sagt der Programmverantwortliche. Die schulischen Akteure erhalten in der SLT-Reihe Gelegenheit dazu, eine Vision ihrer Schule zu entwickeln:

„Und auf der Ebene der Führungskräfte geht es natürlich darum, auch erst mal an der Vision zu arbeiten, was ist denn unsere Vision, wie soll denn eine KulturSchule in zehn, zwanzig Jahren aussehen. Was stellen wir uns als Team, als Schulleitung vor, wie sieht dann diese Schule aus? Also wir starten mit einer Vision ‚unsere Schule in zehn Jahren'" (IS4, 28).

Dieser prognostische Blick in die Zukunft gibt Orientierung, worauf die zu planenden Maßnahmen zielen. Außerdem wird deutlich, dass die Lebenswelten der Heranwachsenden sich stark ändern, worauf in der Schule letztlich nicht vorbereitet werden kann. Wenn sich der Unterricht in mehreren Schritten stärker in Richtung eines Lernlabors[2] ändert, zielt dies auf das Anregen der zunehmenden Selbständigkeit der Heranwachsenden. Insofern ist zu klären, wie der hohe Anspruch „Wir machen es möglich, dass jedes Kind in unserer Schule glücklich und erfolgreich ist" (Murrenhoff, Baustein 1, S. 32), umzusetzen ist. Lehrkräfte müssten sich mit dem Konzept des selbstgesteuerten Lernens (und den strukturellen Behinderungen) auseinandersetzen (Konrad & Traub, 2018).

---

[2] Lernlabore werden in der naturwissenschaftlichen Bildung konzipiert und ihr Einsatz erforscht; sie werden mittlerweile an manchen Universitäten in die erste Phase der Lehrerbildung eingeführt (und von Firmen gesponsert vgl. TU-Darmstadt; Roth & Priemer, 2020).

Nicht der Unterricht an sich und die zu erteilenden Deputatsstunden stünden dann im Mittelpunkt eines solchen Reformvorhabens wie nicht nur der Erziehungswissenschaftler Jürgen Oelkers klarstellt. Nicht zuletzt die Lehrkräfte haben das Bedürfnis, den pädagogischen Bezug zu den Schülern zu verbessern (vgl. Dorsemagen et al., 2007). Eine gelungene Visionierung muss sich also von den existenten administrativen Vorgaben befreien und „Mut machen, traditionelle Pfade mal zu verlassen und vielleicht bessere Modelle für die Schule zu entwickeln" (IS1, 69).[3]

Es braucht eine Kontinuität, um an der Konsistenz eines kulturellen Profils arbeiten zu können. Zwar habe jeder „ein eigenes Bild von Kultureller Bildung an Schule" (IS1, 65); im Sinne einer gemeinsamen Perspektive gelte es diese heterogenen Vorstellungen „gemeinsam anzupassen" (ebd.). Dafür sind sicherlich erst einmal Räume und auch der Mut zu einer Auseinandersetzung über den Stellenwert von Kultureller Bildung zu finden. Sich über Bildungsfragen zu veständigen, ist im schulischen Kontext allerdings eher ungewöhnlich und wird wohl deswegen öfter mit „Problemsituationen" assoziiert. Um die Schulleitungen und Kultur-Teams darauf vorzubereiten, soll die Fortbildungsreihe die Teilnehmenden „unterstützen, […] gar nicht erst Problemsituationen aufkommen zu lassen" oder, wenn sie entstehen, damit umzugehen.

„Also und da fehlt, glaube ich, häufig die Zeit, manchmal auch die Information, manchmal ist es auch Angst davor, wir wissen selber nicht genau, sich inhaltlich auseinanderzusetzen. […] Eigentlich bräuchten die [Schulen] mehr Foren und Möglichkeiten, sich auseinanderzusetzen, nicht nur in diesem Leitungsteam, sondern auch als ein Angebot an Schule, die Schulgemeinde, die Schüler, die Lehrkräfte immer wieder..." (IS4, 24).

Zu klären sei dabei, welche schulspezifische Ausprägung Kulturelle Bildung, die zu den Kontextbedingungen und Orientierungen der Mitglieder passe, haben soll. Insofern müssten sich Schulleitungen und KulturSchul-Koordinatoren die Frage stellen, „wie kann das an unserer Schule aussehen" (ebd.). Und was tut sich im Veränderungsprozess?

---

[3] Von bekannten und als Handlungsmöglichkeiten beschränkend erfahrenen Rahmenbedingungen zu abstrahieren, ist gar nicht so einfach, nimmt man Untersuchungen zur Schulentwicklung zu Kenntnis, in denen die Ressourcen bei den Lehrkräften eine starke Rolle spielen (vgl. Haeffner, 2012). Insofern ist die erweiterte Sicht der Fortgebildeten, die die Studie im 10. Kapitel belegt, interessant für die Gewinnung einer neuen Dynamik im Rahmen von Selbstwirksamkeitserfahrungen, die Fachforen freisetzen.

„…und gucken, was hat sich verändert. Und jetzt haben wir wieder ein Jahr daran weitergearbeitet, und wieder zu gucken, was hat sich jetzt verändert. Also die bräuchten eigentlich eine richtig intensive […] Vergewisserung, was hat sich [verändert]. Und das kann nach einem Jahr anders aussehen, im nächsten Jahr wieder anders aussehen" (IS4, 24).

Diese Vergewisserung gekonnt zu provozieren und in strukturierte Bahnen einer reflektierenden Auseinandersetzung zu lenken, Lernarrangements in ihrer Zieldimension einer Evaluation zugänglich zu machen und diese kontinuierlich zu wiederholen und vorgenommenen Veränderungen miteinzubeziehen, entspräche einer Prozess-Evaluation. Daraus können Folgerungen gezogen werden. Den Verantwortlichen ist die Dimension eines Umbaus einer Schule bei laufendem Betrieb bewusst, der insgesamt bewirken kann, dass die Professionellen einen genaueren und einen anderen Blick auf die Lerngestaltung entwickeln. Auf Leitungsebene soll sich eine Einigkeit und ein gemeinsam geteiltes Verständnis über den Entwicklungsweg einer Schule herstellen, um die Innenkommunikation geschmeidiger zu machen. Dies hat auch für die Außendarstellung Bedeutung: „Es muss immer wieder verdeutlicht werden, wir sind eine KulturSchule, wir denken anders […] undsoweiter" (IS1, 65).

Den Fortbildungsverantwortlichen ist es ein Anliegen, im Rahmen dieser Schulung den Schulleitungen verstehen zu geben, sie mit den ausgewählten Themen und Instrumenten in ihrer Steuerungs- und Leitungsaufgabe stärken zu wollen, insbesondere um sich einen größeren Rückhalt im Lehrerkollegium zu verschaffen. Insofern geht es um die Handlungserweiterung der Schulleitungen durch Erweiterung ihrer Kompetenzen. Zugleich wird die Notwendigkeit gesehen, in den Veranstaltungen das Konzept und Anliegen des KulturSchul-Programms zu verdeutlichen, um die mit Kultureller Bildung verbundenen Möglichkeiten hervortreten zu lassen und die Schulleitungen auf mögliche Auseinandersetzungen vorzubereiten. Das stärke auch die Aufgabe der Schulleitung, die in hohem Maße eine kommunikative, aber auch eine von der Person getragene sei:

„Je stärker die Schulleitung […] überzeugt ist von diesem Programm, desto stärker werden sie das auch in der Schule vertreten können. […] Je stärker sie diesen Nutzen, diesen Mehrwert erkennen, desto stärker werden sie das in ihrer Schule auch implementieren und unterstützen" (IS2, 66).

Es ist ein Signal an die Schulleitung, dass die Kulturschulbeauftragten mit dem Schulleitungsteam an der Fortbildung für Führungskräfte teilnehmen. Denn dies besagt, dass es in der Funktion nicht bloß um eine technische oder kommunikative Koordination der kulturellen Angebote in einer KulturSchule gehen kann. Dieser Aufgabenbereich erfordert einen Rang, der einer Leitungsaufgabe gleichkommt. Die Koordination benötigt einen immerwährenden Support seitens der Schulleitung, um in ihrem Stellenwert anerkannt zu werden:

> „Wir haben [...] in dieser Qualifizierungsreihe auch gesagt, ganz wichtig ist die KulturSchul-Beauftragte oder der KulturSchul-Beauftrage. [...] Es muss sichergestellt werden, dass es so eine Beauftragung gibt, die letztendlich auch Steuerungsaufgaben hat. [...] [Es] braucht die Beauftragung von der Schulleitung. Sonst hat man im Kollegium schnell auch mal die Stimme, was hat die uns eigentlich zu sagen" (IS4, 18).

Nicht zuletzt ist die Rede von einem Selbstlernprozess der Fortbildenden aufgrund ihrer Beobachtungen in ihrer und den anderen Schulgruppen und in den Schulen. Denn die implizite Erwartung ist, dass die in die Fortbildung integrierte Zusammenarbeit dieser Funktionsrollen sich in der Schule nahtlos fortsetzen soll. Bereits durch die Fortbildungsteilnahme der KulturSchulbeauftragten erhöht sich die Legitimation dieses Aufgabenbereichs innerhalb der KulturSchul-Kollegien. Zugleich soll frühzeitig Richtungskämpfen im Kollegium, die unnötig Energien binden, entgegengewirkt werden. Wichtig ist die Schaffung einer tragfähigen Arbeitsbasis und eine funktionelle Verteilung von Arbeitsaufgaben, die alle Lehrkräfte einbezieht – „sonst hat man die Situation, [...] zwei Menschen bekommen den Auftrag und verbrennen mit der Zeit" (IS1, 65)[4], weil ihre Vorhaben an fragmentierten Interessen im Kollegium auflaufen und scheitern.

2   Struktur und Inhalte

Die Qualifizierung ist als Zyklus angelegt und erstreckt sich über einen Zeitraum von zwei Jahren. In dieser Zeit sind vier feste Blockseminare anberaumt: Einmal über drei Tage und dreimal über zwei Tage. Die Vertreter von drei oder vier Schulen bilden eine feste Fortbildungsgruppe (vgl. Langenfeld & Twiehaus, 2018, S. 342), die sich nicht an den Schulformen orientiert. Der leitende Gesichtspunkt der Gruppenbildung ist, einen „Blick über den Tellerrand aus meiner Schulform heraus" (IS4, 20) auf andere Schulwelten zu richten und wechselseitige Besuche durch regionale Nähe zeitlich zu vereinfachen. Der Austauschmöglichkeit mit anderen Schulteams in Dreier- oder Vierer-Schulgruppen wird von einer Dozentin ein besonderer Stellenwert beigemessen:

---

[4] Die Problematik einer Überforderung der Kulturbeauftragten und ihre mangelnde Integration in Schulentwicklungsprozesse zeigt die Abschlussevaluation des Programms „Kulturagenten für kreative Schulen" von Abs et al. (2017) auf.

„Man darf nicht genug überschätzen und hoch schätzen, wie wichtig für Leitungsteams oft ist, im Austausch mit anderen Teams auf Augenhöhe zu sein. Also das ist
offensichtlich ein hohes Bedürfnis" (IS4, 44).

Zwischen den Seminaren 2 und 3 sowie den Seminaren 3 und 4 organisieren die
jeweiligen Schulteams Hospitationstage für ihre Fortbildungspartner und stellen
diesen ihre KulturSchul-Praxis gebündelt und anschaulich vor. Dieser Aufbau von
schulübergreifenden Peer-Teams wird ergänzt durch das Team der Prozessbeglei-
terinnen und -begleiter, die jede dieser KulturSchulen pro Schulhalbjahr zweimal
besuchen, um sie in ihrem Prozess zu beraten.

Die Fortbildenden sind erfahrene Dozenten der Führungsakademie resp. Hessischen Lehrkräfteakademie, die auf externe Experten auf dem Gebiet der
Organisations- und Personalentwicklung zurückgreifen. Jeder Schulgruppe wird
ein zweiköpfiges Referententeam zur Seite gestellt, für dessen Zusammensetzung
auf günstige komplementäre Kompetenzen geachtet wird: sie sollen sowohl in
der Lehrkräftefortbildung als auch in der Organisationsentwicklung erfahren sein
(IS4, 14). Die Tandems (w/m) bleiben über den Zwei-Jahres-Zyklus hinweg konstant (Langenfeld & Twiehaus, 2018, S. 342). Eine gemeinsame grundsätzliche
Zielfindung und eine konkrete tägliche Abstimmung der Dozenten erfolgen in
institutionalisierter Runde: „[Wir] sitzen dann als Referententeam abends noch
zusammen, überlegen, was waren die Ergebnisse des Tages, was ist jetzt der
nächste Schritt, wo müssten die vielleicht nochmal nacharbeiten" (IS4, 14).

Die Fortbildungsinhalte einer SLT-Reihe orientieren sich laut den Verantwortlichen des Fortbildungsprogramms an den folgenden Fragen des „Change
Managements":[5]

• „Wie steuere ich einen Veränderungsprozess?
• Wie viel Partizipation brauche ich?
• Wie viel Struktur brauche ich?
• Was muss ich als Leitung bereitstellen?" (IS4, 24)

---

[5] Unter „Change-Management" wird ein steuerungstechnisches Konzept für die gezielte Veränderung einer Organisation verstanden. Wie einige Schulentwicklungsvorstellungen haben
sie eine Grundlage in der Unternehmensentwicklung im Profitbereich. Der Erziehungswissenschaftler Krautz sieht die dem Change Management vorausgesetzte „Reformorientie-
rung" unfraglich werden; in der neuen Verwaltungssteuerung" seien zumindest das politische
Subjekt und der Zweck noch greifbar gewesen. Ausgelöscht werde im Topos das konkrete
Anliegen. Deshalb erinnert er daran, dass es darauf ankomme, zu erfahren, „wer ist das
Subjekt, das in der Schule „Reformen anstößt, [und] wie sie begründet sind und was damit
bezweckt ist" (Krautz, 2018, S. 19). Den Autor kann man so verstehen, dass die Lehrkräfte
die Subjekte einer bewusst eingeleiteten Entwicklung sind und dies bleiben sollen.

Anhand dieser auf die eigene Schule bezogenen Fragestellungen soll bei den Fortbildungsveranstaltungen ein „Einblick in die Phasen und Dynamiken von Veränderungsprozessen" (Langenfeld & Twiehaus, 2018, S. 343) gegeben werden. Die thematischen Schwerpunktsetzungen der vier Blockseminare richten sich zudem nach den Etappen dieser Schulen im KulturSchul-Programm. Somit „spiegeln sich die Phasen des Veränderungsprozesses in den Themenschwerpunkten der einzelnen Bausteine wider" (ebd., S. 342):

- „Baustein 1: KulturSchule Hessen – Was bedeutet das für unser System?
- Baustein 2: Führung und Prozessgestaltung im Rahmen der KulturSchule
- Baustein 3: Umgang mit den Reaktionen des Systems und einzelner Personen
- Baustein 4: Prozesse beenden – Bilanzierung" (ebd.).

Innerhalb eines einzelnen Blockseminars kommen jeweils Vorträge und Arbeitsphasen zu den Themen Zielformulierung, Organisations- und Kommunikationsstrukturen, Führen und Führungsrolle, Systemdiagnose, Methoden des Change Managements, gruppendynamische Prozesse und Feedback zum Tragen (IS4, 6). Die Teilnehmenden erfahren, wie sie Wertediskussionen und Konflikte in den Schulen moderieren, wie Widerstände innerhalb der Schule eingeordnet werden können, welche Schritte im Projektmanagement vorzusehen sind, wie innerhalb schulischer Gremien an einer sinnstiftenden Vision gearbeitet werden kann, und „wie lade ich zu einer Kooperation ein" (ebd.). In diesen Themen wird ein hoher praktischer Nutzen für die Teilnehmenden gesehen. Gearbeitet wird mit Reflexionsschleifen, die darauf basieren, dass in der Fortbildung Beobachtungen in den Schulen angeregt werden, auf die man bei der darauffolgenden Blockveranstaltung erneut Bezug nahmen kann:

> „Die Hoffnung dabei ist, dass sie bei dem nächsten Projekt, bei dem nächsten Schritt dieses Wissen anwenden, [...] dass sie wissen, wir müssen gucken, stimmen unsere Kommunikationsstrukturen noch so, sind wir noch auf dem Weg, haben wir noch die Schulgemeinde hinter uns? Also auch immer wieder in diesen Schleifen, die wir ja auch in diesen Fortbildungen auch immer wieder zeigen, dass dieser Prozess in Schleifen läuft, dass immer wieder rückversichert werden muss. Also wenn sie das einmal exemplarisch mit uns durchlaufen, dass sie sozusagen das für die nächsten Prozesse mitnehmen. Das wäre idealtypisch" (IS4, 24).

Bezüglich des Gegenstands Organisationsentwicklung liege bei den Fortzubildenden ein umfassendes Erfahrungswissen vor – „das betrifft nicht nur die KulturSchule, das betrifft jeden Veränderungsprozess" (IS4, 30). Deswegen falle es leicht, einen prozedural-organisatorischen Fortbildungsinput zu setzen, der von den Teilnehmenden nachvollzogen wird. Von diesem Erfahrungswissen müsse allerdings das explizite Theoriewissen zu Kultureller Bildung und der Ästhetischen Erfahrung unterschieden werden. Diesem Theoriewissen weisen die Teilnehmenden offenbar eine geringere Bedeutung zu, wie kritisch vermerkt wird:

> „Ernüchternd war dann, dass […] [bei einer anderen KulturSchul-Veranstaltung] die ja auch Texte vorgelegt haben, zum Teil identisch waren mit denen, die ich im ersten Modul vorgelegt habe. Und dann: überhaupt kein Wiedererkennungswert […] Ich hatte nicht den Eindruck, dass das denen jetzt geholfen hat" (IS4, 26).

Die angestrebte Theoriearbeit hat sich, in der Wahrnehmung der Dozentin, was Kulturelle Bildung betrifft, noch nicht als fruchtbar erwiesen. Insbesondere die Klärung dessen, was mit Kultureller Bildung im Schulkontext verbunden ist, wird für die schulinterne Kommunikation und Zielbestimmung als besonders wichtig angesehen.

3 Ablauf

Die Veranstaltungen der «SLT»-Qualifizierungsreihe haben Klausurcharakter, zusätzlich erfolgt eine Prozessbegleitung der Schulen durch das Büro Kulturelle Bildung sowie durch systemische Prozessberatung durch die Lehrkräfteakademie (Langenfeld & Twiehaus, 2018, S. 337). Auch die Prozessbegleiter nehmen an diesem Format teil, sodass ein Wissensaustausch stattfinden kann. Das Peer-Learning hat einen besonderen Stellenwert in und außerhalb der Veranstaltungen. Grundsätzlich schafft dieses Format den Teilnehmenden „Gelegenheit, außerhalb des Alltagsgeschäfts an den Vorhaben ihres Systems zu arbeiten" (Murrenhof, 2015/2016, Baustein 1, S. 4) und damit nicht allein gelassen zu werden. Tab. 1 zeigt die vier Bausteine der SLT-Reihe.

Tab. 1 Die Fortbildungselemente der SLT-Reihe 2015/2016

Baustein 1: KulturSchule Hessen – Was bedeutet das für unsere Schule?			
Tag 1	Einstieg & organisatorische Klärungen Rollen- und Auftragsklärung Positionierung zur kult. Schulentwicklung Übungen zur Perspektivenübernahme Planung einer Visionierung Feedback & Reflexion	Tag 2	Inputvortrag Veränderungsprozesse Visionsarbeit Entwicklung von Meilensteinen, Zwischenschritten und Ereignissen Rollenklärung Initiierung d. Peer-Review-Aktivitäten

(Fortsetzung)

Tab. 1 (Fortsetzung)

Tag 3	Erprobung des Visionierungsinstruments einer „Traumschule" Leitbildarbeit, ausgehend von Biografiearbeit Verabredungen und Vorkehrungen für gegenseitige Hospitationsbesuche		
Baustein 2: Führung und Prozessgestaltung im Rahmen der KulturSchule			
Tag 1	Reflexion des Entwicklungsstands Auswertung erreichter Zwischenschritte Reflexion der Peer-Hospitationen Input-Vorträge zur Organisationsentwicklung Konzeptionelle Arbeit in Schulgruppen	**Tag 2**	Schulinterne Entwicklungsanalysen und Planungen mit OE-Instrumenten Diskussion von Beratungsergebnissen Veranstaltungsreflexion Vereinbarung von Beratungsterminen
Baustein 3: Umgang mit den Reaktionen des Systems und einzelner Personen			
Tag 1	Zwischenbilanzierung KulturSchul-Entwicklung Input-Vorträge zur Organisationsentwicklung Arbeitsphasen zu OE-Instrumenten	**Tag 2**	Praxiseinblick einer KulturSchule Schulinterne Werkstattarbeit Absprachen zu Hospitationen/Beratung
Baustein 4: Prozesse beenden – Bilanzierung			
Tag 1	Input-Vortrag zu Steuergruppenarbeit Schulspezifische Analyse und Weiterentwicklung der Steuergruppenarbeit	**Tag 2**	Präsentation der Beratungsergebnisse Planung weiterer Entwicklungsschritte Abschlussreflexion Verabredung Peer-Termine/ Beratung

Diese für die KulturSchul-Entwicklung reservierte Zeit ermöglicht durch die theoriebezogenen Inputs, in Distanz zur eigenen Schule zu treten. Das Einstiegsmodul geht über drei Tage. Hier finden die Schulgruppen zusammen, die Arbeitsaufgaben mal für sich und mal in gemischten Gruppen bearbeiten. Baustein 1 fordert dazu heraus, sich mit dem KulturSchul-Programm intensiv auseinanderzusetzen. Denn es gilt, dass die Schulleitung davon überzeugt sein muss, worüber sie mit den Lehrkräften ihrer Schule in den noch kommenden Planungs- und Arbeitstreffen sprechen will. Zuerst wird an einer Schulvision und an den dazu nötigen Planungsschritten gearbeitet. Am Ende der Moduleinheit stehen die Verabredungen der Schulteams zu den wechselseitigen Hospitationsbesuchen.

Die inhaltliche Arbeitsstruktur im Modul sieht vor, dass ein Vortrags-Input ein Handlungsfeld in der Organisationsentwicklung erschließt; eine gemeinsame Auseinandersetzung, wie sich die Problematik des vorgestellten Themas in der Wahrnehmung der drei bzw. vier Schul-Teams in den Schulen darstellt, schließt sich daran an. Daraufhin vereinzeln sich die Schul-Teams und arbeiten für sich an Lösungsansätzen zum Thema – die Fortbildner stehen in dieser Phase auf Abruf zur Beratung bereit; im weiteren Verlauf stellen sich die Schulen gegenseitig ihre Pläne vor und geben sich untereinander jeweils Rückmeldungen.

Die nächsten Bausteine 2 bis 4 folgen sehr viel stärker den Bedürfnissen der Teilnehmer, die den erreichten Entwicklungsstand ihrer Schule reflektieren: „Also [es gibt im Team] eine hohe Flexibilität, Themen bereitzuhalten, die passgenau für die Gruppe sind" (IS4, 14).

> „Da wir prozessorientiert arbeiten, kommen jetzt nicht alle Themen zu einem ganz bestimmten Zeitpunkt vor, sondern in dem Moment, wo wir das Gefühl haben, die bräuchten jetzt mal was, um sich klar zu werden, was ist eigentlich die Führungsaufgabe. Oder […] Veränderungsprozesse, […] also was durchläuft so ein Kollegium" (IS4, 6).

Eine hohe Intensität der Auseinandersetzung ergibt sich für die Teilnehmenden aus den längeren Arbeitsphasen, in denen Zeit für strategische Planungen anberaumt ist und jeweils Raum für Feedback von Peers aus den anderen Schulen besteht. Seitens der Teamer wird auch mit Aufstellungen gearbeitet, um das Sozialgefüge und die unterschiedlichen Rollen in den Schulen anschaulich zu machen. Dies dient letztlich auch der eigenen Rollenklarheit und -findung in der Leitung der Schule.

Eine Besonderheit dieses Qualifizierungsformats verdankt sich dem Bestreben der Fortbildungsverantwortlichen, den Ergebnisdarstellungen eine ästhetische Komponente hinzuzufügen. Die Schul-Teams sind aufgefordert, ihre Beratungen und Ergebnisse anschaulich und haptisch zu visualisieren. Aus Sicht der Teamer ist dieses Element „schon eine gewisse Zumutung, weil Leitung eigentlich sonst nicht so drauf ist, das kreativ umzusetzen" (IS4, 32). Damit signalisieren die «SLT»-Fortbildungen allerdings eine methodische Verbindungslinie zu den anderen KulturSchul-Qualifizierungsformaten, bei denen eine ästhetische Erfahrungsqualität und schöpferisch-kreatives Arbeiten zum Fortbildungsgeschehen gehört. Ausgedrückt wird damit, dass in KulturSchulen mit sinnlichen Bezügen gearbeitet wird.

Eine Nähe zu darstellerischen Mitteln bieten die Rollenspiele:

> „Auch in Rollen gehen, also dass wir sagen, wir legen mal Rollen der Betroffenen und Beteiligten aus [...]: die Eltern, den schulfachlichen Dezernenten, die Öffentlichkeit, die Lehrkräfte, die Schüler – und geben Resonanz aus diesen Rollen, also dass dann eine Schule was vorgestellt hat und die anderen stellen sich an die Orte und reden mal aus der Rolle. [...] Ich meine, da muss man auch erst mal sich trauen und da reingehen. Aber das hat auch immer einen erstaunlichen Effekt" (IS4, 32).

Dabei geht es auch um Perspektivenübernahme und Perspektivenwechsel. Nach Abschluss der vierten Blockveranstaltung treffen die jeweiligen Leitungsteams und KulturSchul-Koordinatoren wieder beim Netzwerkformat «Zeit für KulturSchule» zusammen. Die Schulleitungsteams bereiten sich dann auf ihren Zertifizierungsprozess vor und blicken auf ihren nahezu dreijährigen Entwicklungsprozess seit Beginn ihrer Programmteilnahme zurück.

4   Resonanz bei den Teilnehmenden

Retrospektiv konnten in Interviews die Erinnerungen von vier ehemaligen «SLT»-Teilnehmern bezüglich Gestaltung und des Nutzens der Qualifizierung festgehalten werden.

Zeit für gemeinsames konzeptionelles Arbeiten
Der Loslösung aus der gewohnten schulischen Routine wird ein hoher Stellenwert beigemessen. Die Qualifizierungsreihe wird als eine wohltuende Phase gesehen, in der man „einfach auch ganz viel Zeit hatte jenseits vom Schulalltag" (IKSKL1, 22). Die Distanz zum regulären Schulbetrieb biete Zeit zum gemeinsamen Nachdenken. Bei den SLT-Qualifizierungen könne man sich auf die KulturSchul-Entwicklung fokussieren, ohne andere Themen aus dem Tagesgeschäft abhandeln zu müssen:

> „Und da ist ganz wichtig, einfach auch mal Zeit zu haben, herausgehoben aus dem Schulalltag. Das ist, klar kann man sich am Nachmittag zusammensetzen und Dinge besprechen. Und das ist sicherlich auch größtenteils produktiv. Aber wir kommen aus unterschiedlichen Bereichen, haben noch Dinge im Kopf aus unserem Unterricht, aus unserer Funktion vielleicht, und da laufen ja ganz viele Themen parallel. Und herausgehoben zu sein, mal für zwei Tage, drei Tage, aus dem Alltag, sich wirklich auf eine Sache konzentrieren zu können, das hat einen ganz, ganz hohen Nutzen, einen ganz hohen Wert" (ISL2, 25).

Die Möglichkeit, über einen längeren ungestörten Zeitraum hinweg miteinander zu beraten, ermögliche ein *kollaboratives, tiefgründiges und elaboriertes Bearbeiten* von Fragestellungen, losgelöst von allen anderen schulorganisatorischen Herausforderungen, die sich ansonsten rasch in den Vordergrund drängen würden:

> „Also das ist dieses Im-Fluss-Bleiben. Man geht nicht raus und geht dann wieder sozusagen an den Schreibtisch und beschäftigt sich mit tausend anderen Dingen, die man hat, oder geht in seine Klasse und hält noch Unterricht oder geht nach Hause und bereitet Unterricht vor oder geht noch in eine Konferenz mit einem anderen Thema, sondern man bleibt im Fluss […] Und dann […] auch im Austausch mit den anderen: Mensch, guck, was haltet ihr denn davon, ist doch eigentlich ein spannender Aspekt, haben wir bisher noch gar nicht so im Blick gehabt. […] Das ist der ganz große Wert. Und deswegen gefällt mir dieses Format" (ISL2, 27).

Zur Relevanz der Kollaboration im Kulturschul-Team
Hervorgehoben wird die eigene Erkenntnis, dass kulturelle Schulentwicklung nur als Gemeinschaftsanliegen realisierbar ist, mit der Konsequenz, in einem Team zu kooperieren:

> „Also das hat was mit Teamfähigkeit, mit Kooperation zu tun. […] Für mich auch so ein Aha-Erlebnis, ja" (ISL2, 61).

Dass Schulleitung und KulturSchul-Beauftragte gemeinsam über einen längeren Zeitraum an Zielen und Umsetzung der eigenen KulturSchule arbeiten, gilt als weitere Besonderheit. In der Schule ist dies in dieser Form kaum realisiert, während die Arbeitsstruktur und der Klausurcharakter der «SLT»-Reihe hierfür eine beispielhafte Anschauung bietet.

> „Dadurch, dass auch die Konrektorin und die Schulleiterin immer mit waren, haben wir da wirklich sehr intensiv diskutiert und auch, ja, in der Tiefe diskutiert, wie wir es in der Schule einfach nie schaffen, weil sich der Rahmen dafür nie bietet und weil man einfach auch ein bisschen Zeit braucht, um überhaupt so tief einzusteigen" (IKSKL1, 22).

Der oder die KulturSchul-Beauftragte ist mit dieser Funktion nah am Schulleitungsteam positioniert. Diese Beauftragung ist auch durch den Konferenzbeschluss zur Teilnahme am KulturSchul-Programm legitimiert, allerdings ist diese Rolle des KulturSchul-Beauftragten eher intermediär angesiedelt und insofern hinsichtlich der Kompetenz nicht klar austariert. Die gemeinsame Fortbildung schafft in einmaliger Weise eine gemeinsame Arbeitsgruppe von Schulleitung und KulturSchul-Beauftragten und veranschaulicht die Sinnhaftigkeit, dies in die

Arbeitsstruktur der Schule zu übernehmen. Von Vorteil wäre es, innerhalb der «SLT»-Reihe die Rolle der KulturSchul-Beauftragten für die Schulentwicklung genau zu klären.

Zur didaktisch-methodischen Durchführung
Ein Schulleiter benennt das Verschriftlichen von Vorhaben und aufgetretenen Problemen als ein wichtiges qualitatives Moment in der Fortbildung, sodass einerseits eine Vergewisserung möglich wurde und andererseits systematisch noch offene Punkte langfristig abgearbeitet werden konnten. Es werde nicht einfach nur über Problemstellungen gesprochen, sondern deren Klärung verbindlicher bearbeitet.

> „Und du hattest halt auch […] die Zeit. Wir konnten da auch wirklich mal schreiben. Also konntest du sitzen und konntest Gedanken, die du hattest, auch verschriftlichen. Weil sonst diskutierst du drüber, aber das Verschriftlichen passiert nicht. Also das, was ich vorhin kritisiert habe, dass du kaum Zeit hast zu der Nachbereitung, die hat man da, Vor- und Nachbereitung. Das waren zwei oder drei Tage" (ISL4, 61).

Die Aussage zeigt wiederum ein Grundproblem des Schulalltags. Dieser ist mit administrativen Aufgaben derart verdichtet, dass auch die aus den Veranstaltungen erwachsenen Bearbeitungsaufträge an den Rand geschoben werden. Das eingeplante Zeitbudget in der Veranstaltung wird vor diesem Hintergrund besonders begrüßt, um eigene Gedanken fixieren zu können.

Die Integration von einigen unkonventionellen kreativen Methoden, die Anregungen zur Teamentwicklung liefern sollten, wurde zunächst als befremdlich empfunden. Später, im Nachhinein, zeigte sich unerwartet ein Erkenntnisgewinn, der als Symbolik entschlüsselt wird. Die anfängliche innere Abwehr habe sich aufgelöst:

> „Ich weiß da noch. Ich habe das erst abgelehnt. Das war komisch, da sollten wir bestimmte Worte legen mit so Fäden, und dann, oder die mussten ein Wort schreiben, hatten die Augen verbunden, und dann, wie war das mit den Buchstaben und so weiter. Also das hat was mit Teamfähigkeit, mit Kooperation zu tun. … Aber für mich auch so ein Aha-Erlebnis, ja, eigentlich klar, du hast einen Faden, und der Faden muss sich so und so verschlingen und dann geht das ad hoc" (ISL4, 61).

Innerschulische Partizipation
Das Ziel der «SLT»-Reihe besteht darin, „der Schulleitung eine Sicherheit [dabei zu vermitteln], dieses KulturSchul-Programm als Schulentwicklungsprogramm in der Schule" (IS2, 66) umzusetzen. Somit steht die Relevanz und die Anwendbarkeit der Fortbildungsinhalte im schulischen Handeln unmittelbar im Zentrum. In

Betonung der Teamarbeit auf der Managementebene der KulturSchule habe sich der Hinweis auf die Einbindung aller Lehrkräfte in die schulischen Entwicklungsprozesse als besonders hilfreich erwiesen. Das Beherzigen dieser Empfehlung habe dem KulturSchul-Anliegen genützt und wird auch als günstiger Faktor für noch folgende Vorhaben betrachtet:

> „Alle mitnehmen, alle Kollegen mitnehmen. Darauf wurde ja wirklich der allergrößte Wert gelegt. Und das hat uns gutgetan, dass wir da immer wieder zurückgepfiffen wurden. Und das ist bestimmt hilfreich für alles, was noch kommt, egal ob KulturSchule oder was" (IKSKL1, 26).

Dies wird als Impuls für den Austausch innerhalb der eigenen Schule mit anderen Akteuren wie etwa anderen Lehrpersonen, aber auch Eltern sowie Schülerinnen und Schülern verstanden.

Prozessbegleitung für den eigenen Weg
Die Möglichkeit, dass zwischen den einzelnen Fortbildungsblöcken Prozessbegleiter die Schulen besuchen, findet große Zustimmung.

> „Und die Beratung durch den [Name Prozessbegleiter] war total hilfreich, wenn er bei uns an der Schule war. Ich glaube, das ist auch ein wesentlicher Unterschied, dass er halt auch wirklich uns im Alltag aufgesucht hat und gesehen hat, wie es bei uns ist und, ja, wo die Herausforderungen auch sind" (IKSKL1, 22)

Die «SLT»-Fortbildung lasse Raum dafür, dass jede einzelne Schule ihren eigenen Weg für ihre kulturelle Profilierung findet. Es gebe kein Patentrezept, wie eine ‚richtige' KulturSchul-Entwicklung aussehe, sondern

> „jede Schule für sich muss ja irgendwie schauen, wie organisiere ich das, wie festige ich Strukturen und wie organisiere ich da was. Und man kann da Hilfestellungen mitnehmen, aber es ist für jede Schule anders und ich glaube auch nicht für jede Schule gleich einfach" (IKSKL2, 41).

Die Einsichten in die Praxis der anderen Schulen haben das Verständnis dafür erhöht, dass jede Schule einen eigenen Weg einschlage, der sich von dem der anderen Schulen unterscheide. Durch das Feedback von Experten und aus anderen KulturSchulen sei das Erkennen der eigenen Stärken und des bereits Erreichten besser möglich gewesen. Zudem stärke das Feedback der Peers motivational.

5   Fazit und Ausblick

Die «SLT»-Reihe für Schulleitungsteams und KulturSchul-Beauftragte hat für das
Schulentwicklungsanliegen des KulturSchul-Programms eine zentrale Funktion,
die über den Qualifizierungsanspruch zur Prozessgestaltung in KulturSchulen
hinausweist: In den Kompaktseminaren wird die Relevanz von konkretisieren-
den Zielbestimmungen im Organisationshandeln, die Rolle von Kommunikation
und die Chancen innerschulischer Kooperation sowie das Finden der eigenen
Rolle im System deutlich. Aufgrund einer systemischen Perspektive wird von
den Teilnehmern im Verlauf der Seminarveranstaltungen zunehmend erkannt,
dass eine strukturelle Veränderung an einer Stelle eine Folge an anderer Stelle
hat. Infolgedessen kann Innovation nicht ausschließlich als Aufgabe einzelner
Lehrpersonen, ihrer persönlichen Motivation und Bereitschaft, ihren Unterricht
zu verändern, gesehen werden. Vielmehr – und dies ist der theoriebezogene
Kern, der über das «SLT»-Konzept hinausweist – wird die Einzelschule als ein
organisatorisches Gefüge wahrnehmbar, deren Strukturen Handlungsrationalitäten
offenbaren. Die Wirksamkeit der Handlungsstrategien aufzudecken, bedarf eines
gemeinsamen Lernprozesses der Akteure (Agyris, 1993/1997). In solchen Lernaktivitäten wird zunehmend ein Organisationswissen produziert und um Wissen
über Instrumente und Verfahren zur Zielerreichung erweitert. Letztlich zielt die
«SLT»-Qualifizierung auf die Kompetenz der Schulleitungen zur „Selbststeue-
rung der Organisation“.[6] Diese ist allerdings in ein Schulsystem eingebunden,
das gesellschaftsbestimmte Zielsetzungen verfolgt – eine Voraussetzung, die
unbeleuchtet bleibt.

Die «SLT»-Reihe offeriert neben der Aneignung von Organisations- und
Managementwissen, erste Maßnahmen im KulturSchul-Kontext professionell
begleitet zu planen und einzuleiten. Die Effekte werden von den Schulleitungsteams beobachtet und bei den Terminen gemeinsam reflektiert. Als zu
erreichender Arbeitsstand für die Schulleitungsteams steht, mit dem Abschluss
der Reihe möglichst eine professionelle Arbeitsstruktur an der eigenen Schule
mitsamt einer eigenen Rollenklärung etabliert zu haben. Allerdings geht aus den
vier Bausteinen der Konzeption ein solches selbstgesetztes Ziel als Kriterium der
erfolgreichen Teilnahme nicht hervor. Die Verantwortlichen im HKM sehen es in
der „Etablierung einer professionellen und themenfokussierten Zusammenarbeit

---

[6] Dieser beliebte Topos verleitet dazu, die gesetzten Rahmenbedingungen zu unterschlagen.

zwischen den Steuernden der unterschiedlichen Führungsebenen einer Schule" (Langenfeld & Twiehaus, 2018, S. 343).[7] Aber: Welche Indikatoren geben darüber Auskunft, ob dieses erreicht werden konnte?

Zusammenarbeit ist ein großes Wunschthema, und es wird auch in der Schulentwicklungsforschung breit abgehandelt. Das Mantra der Fortbildungsreihe, das die vier interviewten Teilnehmer in der Retrospektive erinnern, ist, dass Schulentwicklung, ohne das Kollegium mitzunehmen, nicht möglich ist. Dass dies als hoch bedeutsam eingeschätzt wird, zeigt, dass in der Schulrealität einzelne Gruppen Ziele in der Konkretisierung der Schulprogrammarbeit verfolgen, die im Verlauf der weiteren Arbeit nicht in das Gesamtkollegium eingespeist und kommuniziert werden. Dies verbessert weder die Interaktionen der Lehrkräfte noch dient es der Schulentwicklung (vgl. Bauer, 2004).

Man kann davon ausgehen, dass aufgrund der «SLT»-Reihe die Schulleitungen das Potenzial des Kollegiums klarer sehen, dass die vorhandenen Strukturen deutlicher wahrgenommen und reflektiert werden, dass die Bedeutung einer wertschätzenden Kommunikation erkannt ist. Was es aber heißt, „ein Kollegium in Bewegung [zu] setzen" (Murrenhoff, 2015/2016, Baustein 4, S. 18), wie es ein Teilnehmer als Absichtserklärung formuliert, wird sich in aller Differenziertheit im Schulalltag noch zeigen.

Am Ende der Seminarreihe mit Peer-Besuchen und individueller Prozessberatung für jede Schule steht die Erstellung eines Aktionsplans jeder Schule bis zum Zertifizierungszeitpunkt. Dies scheint ein befriedigender Schlussakkord für die Veranstaltungsreihe zu sein, bis man sich sodann beim Termin «Zeit für KulturSchule» wiederbegegnen wird.

Die didaktische Struktur einer mehrtägigen intensiven Vertiefung in den Problemkreis der Entwicklungsziele der eigenen Schule, das gemeinsame Arbeiten im Team an der eigenen KulturSchul-Entwicklung sowie der Beistand durch eine kompetente Beratung, die sich den speziellen schulischen Problemlagen und Kontextbedingungen widmet, bewirkt ein konzentriertes planerisches Arbeiten der Teilnehmenden. Gestärkt wird durch diese Fortbildung auch die Handlungsmotivation der Führungspersönlichkeiten, zum einen, weil die als spezifisch erfahrenen Probleme im Handlungsfeld begrifflich fassbar werden und in Distanz betrachtet werden können. Es werden Lösungsmodelle vorgestellt, die erörtert werden. Vor dem Hintergrund der Makroebene des Schulsystems zeigen sich die

---

[7] Neben der Leitungsebene sieht die Organisationsliteratur eine nur schwach ausdifferenzierte mittlere Ebene. Die Frage, in welchem Verhältnis sich die Formalstruktur, die informellen Kommunikationsprozesse und das Führungspersonal untereinander und zum Kollgium befinden, wirft Amling (2021) in konzeptionellen Überlegungen zur Erforschung von Lernprozessen in und von Schulen auf.

Problemlagen der eigenen Schule ähnlich der anderen. Eine teilweise gefühlte Isolation in der Führungsrolle und dem Laborieren an immer wiederkehrenden Problemen wird durch den Austausch durchbrochen. Neu ist sicherlich für die Schulleitungen und die KulturSchul-Beauftragten die Erfahrung, wie klar Experten Reibungspunkte und Konflikte in den Schulen benennen und neue Ansatzpunkte empfehlen können.[8]

Die zeitlichen Abstände zwischen den Themeneinheiten gestatten es, relevante Entwicklungsbaustellen über längere Zeiträume hinweg immer wieder aufzugreifen und mit Leitungen anderer Schulen zu besprechen, außerdem durch Hospitationen Anregungen unterschiedlichster Art zu erhalten und eigene Anpassungsmaßnahmen vorzunehmen. Solche Möglichkeitsräume legen frei, dass in der «SLT»-Reihe der Struktur- und der Entwicklungsgedanke eine wesentliche Rolle spielt. Konkrete schulische Entwicklungsfelder werden zunächst durch einen theoriebezogenen Input lanciert und in ihrer Problematik ausgeleuchtet. Anschließend werden realitätsnah Veränderungen durchgespielt, die bei künftigen Treffen rekapituliert und in ihren Auswirkungen in der Schulgruppe gemeinsam verfolgt werden können. Im Kern enthält dieses strategische Vorgehen einen Laboransatz, der noch stärker nutzbar wäre.

Die Rolle der KulturSchul-Beauftragten in der Schule könnte hinsichtlich der Strukturanbindung offen thematisiert und geklärt werden; dazu gehört, wie diese Zusammenarbeit in der Schule verstetigt wird. Wenn Kulturbeauftragte sinnvollerweise in die Fortbildungsplanung zur Personalentwicklung eingebunden würden, wird die Verengung vermieden, in dieser Funktion das Initiieren von Kulturprojekten zu sehen. Auf Schulleitungsebene weiß man, welche Fachgruppen Anstöße zur Unterrichtsentwicklung benötigen oder wie kreativ der Unterricht ist. Berichte aus Schulen zeigen (vgl. Abs et al., 2017), dass es nicht einmal selbstverständlich ist, dass die Steuergruppe Schulentwicklung mit der bzw. dem Kulturbeauftragten zusammenarbeitet. Dieser Befund aus der Evaluation des Projekts «Kulturagenten für kreative Schulen» ist hilfreich, um Sackgassenstrukturen zu begegnen. Ebenso bedarf die fächerverbindende und fächerübergreifende Zielsetzung Kultureller Bildung eine Stimme, die diesen quer zur Fachstruktur stehenden Aspekt in den Fachkonferenzen vertritt; auch dies könnte ein Thema in der SLT-Fortbildung sein. Sie kann mittlerweile auf mehr empirische Forschungsergebnisse aus der Forschung zur Entwicklung von Kulturschulen zurückgreifen als in der Anfangszeit.

---

[8] „Der Blick von außen ist sehr hilfreich. Manchmal sind sie [die Referenten] ganz schön unangenehm und setzen den Finger in die Wunde. Aber das ist gut so." (Individuelles Fazit eines Teilnehmers in Murrenhoff, 2015/2016, Baustein 4, S. 18).

Eine zentrale Herausforderung aber ist der *Transferanspruch,* der aus allen Fortbildungsformaten erwächst. Es ist wichtig, dass die Einzelschule einladende Angebote zur Erprobung der Ideen aus den Fortbildungen macht und darüber dann die Fachschaften und interessierte Lehrkräfte diskutieren. Sowohl von Fortbildenden als auch den Fortgebildeten wird die Begleitung des Veränderungsgeschehens innerhalb der ersten beiden Jahre als KulturSchule als wertvoll und hilfreich erachtet. Von allen wird eine Verlängerung dieses Prozesses als sehr erstrebenswert angesehen. Die Schulleitungen wünschen sich, längerfristig zu gewissen Zeitpunkten in bewährter Personen-Konstellation konzentriert an Aufgabenstellungen ihrer Schule zu arbeiten. Dies spricht für die in der «SLT»-Reihe gefundene Beziehungsbasis und die Wichtigkeit eines Blicks von außen. So sehen die Verantwortlichen in den Schulen für ihren langfristigen Entwicklungsprozess weiteren Bedarf am konstruktiven Außenblick auf ihren Prozess. Im Weiteren könnte stärker die Gestaltung der Lernwelten eine Rolle spielen: Ist es nicht auch ein Ziel des KulturSchul-Programms, statt eines lehrseitigen das lernerseitige Lernen zu unterstützen? Wie und wodurch kann das geschehen? Dazu wird mehr Wissen über Lernarrangements benötigt.

Literatur

Abs, H. J., Stecher, L., Knoll, K., Obsiadly, M. & Ellerichmann, M. (2017). *Entwicklung Kultureller Bildung in Schule durch das Modellprogramm „Kulturagenten für kreative Schulen" 2013–2015.* Gesellschaft zur Förderung Pädagogischer Forschung; Deutsches Institut für Internationale Pädagogische Forschung.

Agyris, C. (1997). *Wissen in Aktion. Eine Fallstudie zur lernenden Organisation (Aus dem Amerikanischen übersetzt von H. Kray).* Klett-Cotta.

Amling, S. (2021). Schulorganisationen als mehrdimensionales Gebilde. Konzeptionelle und methodologische Überlegungen zur Erforschung von Lernprozessen in und von Schulen aus der Perspektive einer praxeologoischen Wissenssoziologie. In A. Moldenhauer (Hrsg.), *Schulentwicklung als Theorieprojekt* (S. 139–158). Springer.

Bauer, K.-O. (2004). Lehrerinteraktion und -kooperation. In W. Helsper & J. Böhme (Hrsg.), *Handbuch der Schulforschung* (S. 813–831). VS Verlag.

Dorsemagen, C., Lacroix, P., & Krause, A. (2007). Arbeitszeit an Schulen: Welches Modell passt in unsere Zeit? Kriterien zur Gestaltung schulischer Arbeitsbedingungen. In M. Rothland (Hrsg.), *Belastung und Beanspruchung im Lehrerberuf. Modelle, Befunde, Interventionen* (S. 227–247). VS Verlag.

Haeffner, J. (2012). *Professionalisierung durch Schulentwicklung. Eine subjektwissenschaftliche Studie zu Lernprozessen von Lehrkräften an evangelischen Schulen.* Waxmann.

Kauer, M. (2018). Kulturelle Unterrichtsentwicklung als Teil kultureller Schulentwicklung. Erfahrungen aus dem Programm der „KulturSchule" Hessen. In M. Fuchs & T. Braun (Hrsg.), *Kulturelle Unterrichtsentwicklung. Grundlagen – Konzeptionen – Beispiele* (S. 142–153). Beltz.

Langenfeld, T., & Twiehaus, S. (2018). Qualifizierungsangebote im Schulentwicklungsprogramm „KulturSchule Hessen". In M. Fuchs & T. Braun (Hrsg.), *Kulturelle Unterrichtsentwicklung. Grundlagen – Konzeptionen – Beispiele* (S. 334–346). Beltz.

Konrad, K., & Traub, S. (2018). *Selbstgesteuertes Lernen. Grundwissen und Tipps für die Praxis* (6. überarbeitete und erw. Aufl.). Schneider Verlag Hohengehren.

Krautz, J., & Burchardt, M. (Hrsg.). (2018). *Time for change?* Kopaed.

Murrenhoff, L. (2015/2016). Dokumentationsberichte Baustein 1–4. Im Auftrag des Hessischen Kultusministeriums (unveröffentlicht).

Roth, J., & Priemer, B. (2020). Das Lehr-Lern-Labor als Ort der Lehrpersonenbildung – Ergebnisse der Arbeit eines Forschungs- und Entwicklungsverbunds. In J. Roth & B. Priemer (Hrsg.), Lehr-Lern-Labore: Konzepte und deren Wirksamkeit in der MINT-Lehrpersonenbildung S. 1-10), Springer https://doi.org/10.1007/978-3-662-58913-7.

Passung und Funktionalität der Fortbildungsformate zur Förderung Kultureller Bildung in KulturSchulen

Die Evaluation untersucht durch inhaltliche Rekonstruktion der Konzeptionen der Fortbildungsformate deren Leitvorstellungen und didaktische Grundideen, welche Zielgruppen sie adressieren, welchen gestalterischen Ablauf sie in der Regel haben sowie, ausgewählt und beispielhaft, welche Resonanz sie bei den Teilnehmerinnen und Teilnehmern auslösen. Die Grundfragestellung des Hessischen Kultusministeriums an die Evaluation richtet sich auf den Beitrag, den die jeweiligen Formate zur Etablierung einer ästhetischen und kulturellen Praxis und damit zum Programm KulturSchule leisten.

In struktureller Hinsicht sind die vier in dieser Studie ausführlich dargestellten und näher betrachteten Qualifizierungsformate der Lehrkräftefortbildung im Rahmen des KulturSchul-Programms als Reihe eigenständig, sie weisen eine spezifische Genese auf und nehmen jeweils bestimmte Funktionen wahr.

Bei den *Workshops Kreative Unterrichtspraxis* handelt es sich um eine Inhouse-Schulung, an der ein gesamtes Kollegium oder ein Teil von diesem teilnimmt. Diese Fortbildungsreihe, die allen hessischen Schulen unabhängig vom KulturSchulprogramm zur Verfügung steht, weist eine große inhaltliche Bandbreite unter ästhetischem Schwerpunkt auf. Die Fortbildenden werden wegen ihrer Professionalität von den Lehrkräften sehr geschätzt.

Die Dauer der Workshops ist regelhaft ein Tag, das Angebot kann auch in halbe Tage gesplittet werden beziehungsweise eine Fortsetzung über den nächsten Tag erfolgen. Insofern ist das Format ‚handlich‘ und kompakt, allerdings ohne routinisierende Vertiefungs- und Trainingsmöglichkeiten konzipiert.[1] Dies ist hinsichtlich der Wirkungstiefe zu bedenken.

---

[1] Lipowsky und Rzejak (2019, S. 20) empfehlen eine Verschränkung von Input-, Erprobungs-, Feedback- und Reflexionsphasen. Aktuell wird besonders die Relevanz der Anwendungsphase betont.

© Der/die Autor(en) 2023
H. Ackermann, *Fortbildungen für KulturSchule*,
https://doi.org/10.1007/978-3-658-42221-9_8

Im Idealfall können alle Lehrkräfte einer KulturSchule gemeinsam die Umsetzung kreativer Zugänge und Methoden kennenlernen, miteinander fachspezifisch und fachübergreifend arbeiten, Unterrichtssituationen ko-konstruieren, sich austauschen und den Ertrag reflektieren. Aufgrund dieser Möglichkeit, alle Lehrkräfte einer Schule einzubinden, werden mit dem Konzept schulinterner Fortbildung (SchiLf) Erwartungen verbunden, hierüber die Unterrichtspraxis einer Schule nachhaltig zu verändern. Da in KulturSchulen sich das Kollegium bereits dezidiert für eine Profilierung hinsichtlich Kultureller Bildung und damit für eine größere Berücksichtigung von ästhetischen Angeboten für die Lernenden ausgesprochen hat, erscheinen die fachverbindenden und überfachlichen Workshop-Angebote sehr geeignet, um alle Fachdomänen miteinander in produktive Handlungen zu verstricken und sie gezielt über ihre Erfahrungen mit ästhetischen Zugängen ins Gespräch zu bringen. Aus schulinternen Fortbildungen ist jedoch auch bekannt, dass nicht jede Lehrperson bereit ist, sich in der Gegenwart der Kolleginnen und Kollegen auf neue und ungewohnte Arbeitsweisen einzulassen. Da man sich auf diese Reserviertheit einer geringen Anzahl von Lehrkräften vorbereiten kann, können Ansätze, die ‚das Eis brechen', dem entgegenwirken. Infolge der Heterogenität von Kollegien, die per se unterschiedliche Werte, Überzeugungen und pädagogische Vorstellungen aufweisen, sind schulinterne Fortbildungen also nicht voraussetzungslos. Es besteht die Möglichkeit, dass schulinterne Konfliktlinien zutage treten, zumal der Schulkontext der Fortbildung habitualisierte Verhaltensmuster hervorrufen könnte. Dies kann Anlass sein, einen anderen Ort, der sich auch wegen der Ausstattung besonders eignet, für die Fortbildung zu wählen. Der Erziehungswissenschaftler Hartmut Wenzel spricht dann von schulinterner Lehrerfortbildung, „wenn sich das gesamte oder größere Teile des Kollegiums einer Schule bewusst in auf Lernprozesse zielende Handlungssituationen begeben" (Wenzel, 2010, S. 295). Das bedeutet, dass im Vorfeld für diese Fortbildung zu werben ist, auch damit neue Erfahrungen zugelassen werden und sich ein „gemeinsame[r] Standpunkt sowie gemeinsame Verfahrensweisen" erarbeitet werden (ebd.). Jedoch ist nicht auszuschließen, dass dennoch unterschwellige Konflikte zutage treten, die dann vorrangig bearbeitet werden müssen.

In der moderatorengestützten Variante schulinterner Fortbildung am Beispiel der Workshops Kreative Unterrichtspraxis können prinzipiell eineinhalb Tage als Ausgangspunkt der KulturSchul-Entwicklung genutzt werden, um dem gesamten Kollegium die fachbezogenen und fachübergreifenden Potenziale ästhetischen und forschenden Lernens erfahrbar zu machen und sie in konkrete Gestaltungsprozesse zu involvieren. Das fachverbindende und überfachliche Arbeiten ist besonders innovativ (vgl. Herzmann, 2001) und bietet nebenbei auch dazu

Gelegenheit, dass weniger erfahrene Lehrkräfte mit erfahrenen und sicheren Lehrkräften zusammenarbeiten. „Peer-Learning" käme hier zur Anwendung. Es wäre hilfreich, wenn die Besonderheit des Disziplin überschreitenden Lehrens und Lernens einleitend und/oder resümierend thematisiert wird, damit Lehrkräfte, die in ihre Fächer einsozialisiert sind, sich auch dieses Aspektes und nicht ausschließlich der kreativen Zugänge bewusst werden. Fächerübergreifendes Arbeiten[2] versucht, die Perspektive einer Fachdisziplin zu weiten und „vernetztes Denken, Denken in Zusammenhängen und die Fähigkeit zum Perspektivenwechsel zu fördern" (Stübig, 2009, S. 315). Dies verdankt sich der Erkenntnis, dass einzelfachlicher Unterricht „nicht das leistete, was er selbst als seine ureigenste Aufgabe ansah – die Vermittlung umfassender Kenntnisse und Einsichten in den jeweiligen Disziplinen" (Reinhold & Bünder, 2001, S. 351). Daraus leitet sich die Erprobung ab, „verschiedene Arten und Weisen [zu nutzen], wie die Schüler zu Erkenntnissen gelangen können" (ebd., S. 344).

Im Prinzip ergibt dies einen reizvollen Dialog der Fachkulturen, der in den Workshops der Kreativen Unterrichtspraxis erlebbar wird. Außerdem bieten diese Workshops gute Auflösungsmöglichkeiten eines verengenden und die Lernmöglichkeiten limitierenden Schulartenbezugs. Dies erlaubt, dass in den Workshops Lehrkräfte aus unterschiedlichen Schularten gemeinsam miteinander arbeiten und sich fortbilden.

Die *Fachforen* wollen den Alltag einer Lehrkraft bewusst unterbrechen und initiieren für die Fortbildung einen Ortswechsel für ihr zweieinhalbtägiges Workshopangebot.[3] Mit dem Hintergrund der professionellen Ausstattung der Akademie Burg Fürsteneck, komfortabler Übernachtungsmöglichkeit und Versorgung ist für ein entspanntes und lernförderliches Ambiente gesorgt. Gemeinsam mit den Fortbildnern aus dem Büro Kulturelle Bildung leiten Dozenten aus dem künstlerischen Feld einige der Workshops an.

Die Teilnehmer können sich in dem gewählten Workshop frei von Zeitdruck auf ein handlungsintensives produktives Geschehen einlassen; es gibt auch Phasen für Nachbetrachtungen und Gespräche. Natur und Landschaft im Umfeld der Burg bieten sich an, das Aktionsfeld räumlich zu erweitern oder zur Erholung und Kontemplation zu nutzen. Rückblickend sehen die Teilnehmenden ihre knappe Zeit als gut in diese Fortbildung investiert an. Die zeitliche Struktur von

---

[2] Von fächerübergreifendem Arbeiten wird gesprochen, wenn „Gegenstände und Methoden von wenigstens zwei Schulfächern gleichzeitig zur Bearbeitung einer unterrichtlichen Fragestellung bzw. Themas herangezogen werden" (Stübig, 2009, S. 313).

[3] Von der Fortbildungsforschung werden zwei Tage als wichtige Voraussetzung einer Wirksamkeit angesehen; die längere Fortbildungsdauer beeinflusst die Gestaltung der Lerngelegenheiten und deren Qualität (vgl. Lipowsky, 2009, S. 351).

Montag bis Mittwoch oder von Mittwoch bis Freitag vermeidet eine anschließende Überlastung der Lehrkräfte mit liegengebliebener Arbeit. Zwischen vier
und mindestens zwei Lehrkräften aus einer Schule nehmen gleichzeitig teil, auch
das weitere pädagogische Personal ist dazu eingeladen. Zwar wird ein Workshop
ganz nach eigenem Interesse gewählt. Der gemeinsame Besuch der Veranstaltung kann dazu führen, neue Seiten bei einer Kollegin oder dem Kollegen zu
entdecken. Auch die Perspektive, KulturSchule gemeinsam zu gestalten wird konkreter, sollte eine gemeinsame Leidenschaft für das in der Fortbildung Erfahrene
erkennbar werden. Die befragten Teilnehmenden schätzen das Angebot in diesem Rahmen sehr und bewerten den besuchten Workshop in seinem Inhalt und
der Gestaltung als attraktiv, gelungen gestaltet und persönlich bereichernd. Ihre
Vorstellungen und ihr Empfinden, was KulturSchule ausmachen kann, werden
durch die hier gemachten Erfahrungen angeregt.

Die Programmverantwortlichen sehen eine ‚Brücke' zwischen einer ästhetischen Erfahrung hin zur Umgestaltung der schulischen Lernwelt. In dieser
Fortbildung ist man entfernt davon, „Unterrichtsrezepte" (IS3) anzubieten, vielmehr will man „Türen aufmachen", dazu motivieren, „Dinge auszuprobieren"
und „bestimmte Pfade einfach mal zu verlassen". Bei aller Unterschiedlichkeit
der Individuen lassen die Teilnehmeräußerungen auf eine Anregung von Ideen
schließen wie, dass „man aus kleinen Sachen was macht". Die können noch
wachsen und weitergetrieben werden. In einer Reflexion der Wirkung der erlebten
Fortbildung wird konstatiert: „Ich habe jetzt einfach einen größeren Spielraum in
meinem Handeln und auch in meinem Denken". Mehr als nur ein Einzelner fühlen sich nach der Fortbildung befreit davon, Unterricht kleinschrittig zu planen.
Außerdem möchte man Arbeitsprozesse bei den Schülern mehr laufen lassen und
offen für die Ergebnisse sein.

Auch eine Sensibilisierung für das Befinden der Kinder und Jugendlichen ruft
diese Fortbildung hervor. Lehrkräfte äußern, dass sie neue Möglichkeiten schaffen
wollen für die im Unterricht erlebten Kinder, „die so angepasst sind, die so einen
Leistungsdruck haben, die zuhause funktionieren, die in der Schule funktionieren"
(IFT1, 21).

Gelingt es also, dass die Künste den Lehrpersonen Anstöße geben, um später
im Unterricht zur Improvisation zu ermuntern, sich auf ergebnisoffene Prozesse und forschendes Lernen einzulassen (vgl. Engel & Böhme, 2015; Sack,
2011; Bilstein & Kneip, 2020), in ihrem Unterricht die sinnliche Wahrnehmung ihrer Schüler zu schulen und diesen Gelegenheiten für die Erfahrung von
Selbstwirksamkeit zu geben?

Es braucht dazu weitere Untersuchungen, wie sich die Fachforen-Fortbildung auf den Unterricht und das Schulleben auswirken. Positiv kann bereits festgehalten werden, dass Lehrkräfte lernen, mit ihrer eigenen Unsicherheit umzugehen. Der Impuls dazu geschieht abseits einer Lehrer-Schüler-Interaktion im Rahmen einer herausfordernden Gestaltungsaufgabe. Die erlebte Irritation wird bewältigt in einem Kontext, der kein richtig oder falsch für eine Lösung kennt; ein Zutrauen zur eigenen Coping-Fähigkeit kann entstehen. Dennoch ist auch mit möglicher Anwendungsunsicherheit, je nach Komplexität der Aufgabenstellungen in den Workshops, umzugehen. Follow-up-Treffen von einem halben Tag vier bis sechs Wochen nach dem Ende könnten dieser entgegenwirken. Ersten Unterrichtserprobungen von kreativen Zugängen, die aus der Fortbildung erwachsen sind, könnte dabei Raum gegeben werden, komplexere Prozesse aufgefrischt und variiert, der Austausch wiederbelebt werden. Dies wäre eine Form, wie bereits bei der Planung der Fortbildung der Lerntransfer fachübergreifend gestärkt werden kann.

Tag X ist ein Angebotsjoker; die Fortbildung wird eher kurzfristig annonciert und findet ganztägig, manchmal ‚schulverträglich' nur am Nachmittag, in einer Schule oder in einer Kultureinrichtung wie einem Ausstellungsort statt. Orte der Kulturvermittlung werden in dieses Fortbildungsformat gezielt eingebunden, sodass das Potenzial außerschulischer Lernorte aufgezeigt sowie dort vorhandene Medien (Exponate) kennengelernt oder Aufgabenstellungen gemeinsam erprobt werden.

Thema und Inhalt können sich auch auf virulente Fragestellungen, die im Entwicklungsprozess von KulturSchule aufkommen, richten (z. B. ‚Zeit und Raum schaffen für kulturelle Aktivitäten'). Aktuelle Themen, zum Beispiel Fragen von Schulorganisation und Teamarbeit, die viele Schulen betreffen, können hier behandelt werden. Ästhetische Aspekte werden demonstriert und fächerverbindende Arbeitsmöglichkeiten aufgezeigt (z.B. Soundpainting in allen Fächern'). Das ganztägige Format eignet sich für die Einführung kreativ ästhetischer Methoden und für fächerverbindende Angebote; auch hier können ästhetische Erfahrungen ermöglicht werden. Ein halbtägiges Angebot dient gemäß der Beobachtung stärker der Informationsvermittlung, der Arbeit an konzeptionellen Fragestellungen und Fachgesprächen und dem Erfahrungsaustausch.

Bei Tag X sind oftmals Experten die Impulsgebenden, die auch den weiteren Verlauf mitgestalten. Auch können Schülerinnen und Schüler eingebunden sein (vgl. ‚Kreatives Schreiben mit Weblogs'). Dies ist eine attraktive Möglichkeit, dass Seiten- und Quereinsteiger in den Lehrberuf fachübergreifende Methoden kennenlernen können und vermittelt bekommen. Da an diesem Angebot ganz nach Interesse einzelne Lehrkräfte von KulturSchulen teilnehmen und das Angebot für Lehrkräfte aller Schulen in Hessen zugänglich ist, trägt dies Anregungen zur ästhetischen Praxis und zum fächerverbindenden Arbeiten in die Breite der Schullandschaft.

In seiner Vielfältigkeit der Themen ist Tag X breit aufgestellt, aber in seiner Zeitstruktur begrenzt geeignet, eine ästhetische Praxis vertieft kennenzulernen und anzuleiten. Neben der Informationsvermittlung ist die Eigenerfahrung ein Bestandteil, allerdings steht infrage, ob an diese produktiv angeknüpft werden kann. Entsprechend problematisieren einzelne Teilnehmer, was bei Tag X für die eigene Schule mitgenommen werden kann. Nicht immer scheint eine Transferhilfe gegeben zu werden. Sie ist nicht nur für die Teilnehmenden wichtig, auch für die Zielerreichung. Dennoch wäre ein Vergleich mit den zeitlich umfangreicheren Formaten sachbezogen verfehlt. Den ein solcher bildete weder die didaktische und ästhetische Erfahrungsqualität ab, wie sie z. B. bei ‚Klingende Wege in die Mathematik' feststellbar war. Noch würde dies dem Informationsinput und daran anschließenden kreativen Arbeitsphasen gerecht. Wo bekämen Lehrkräfte ansonsten eine Möglichkeit, Ausstellungsexponate des Senkenberg-Museums zur Mustererkennung zu nutzen? Es hat einen Vorzug, in den verdichteten Lehreralltag einen Fortbildungstag ‚einschieben' zu können, der sich nicht digital am Schreibtisch im Angesicht der wartenden Korrekturarbeiten abspielt, sondern dabei unterstützt zu werden, Lernen am außerschulischen Ort vorzubereiten.

Die **SLT-Reihe** hat exklusiven Charakter. Für Schulleitungsteams und KulturSchul-Beauftragte ist sie als verpflichtendes Format bei Aufnahme in das KulturSchul-Programm konzipiert. Es richtet sich an die Verantwortlichen für die schulinterne Programmumsetzung und Organisationsentwicklung von KulturSchulen. In einem Zeitraum von zwei Jahren sind vier Blockseminartermine anberaumt. Die unter einem thematischen Schwerpunkt stehenden Arbeitstage finden in Lehrkräftefortbildungseinrichtungen des Landes wie zum Beispiel der Reinhardswaldschule statt. Für die Dauer der Fortbildung bestehen feste Gruppen aus Vertretern von drei oder vier Schulen, die von einem konstant bleibenden Referentenpaar (m/w) fortgebildet werden. Die Zusammensetzung der gemischten Schulgruppen, die sich wechselseitig besuchen und beraten, orientiert sich nicht an der Schulform, sondern sie erfolgt unter dem Gesichtspunkt einer hinsichtlich der Fahrzeit unaufwendigen Kooperationsmöglichkeit aufgrund einer möglichst geringen Entfernung der Schulen voneinander. Zugleich werden so die Grenzen zwischen den Schularten aufgebrochen, und in den Partnerschulen werden eventuell andere pädagogische Muster erlebbar. Dieser fremde Blick bietet allen Beteiligten kommunizierbare Reflexionsmomente.

Die KulturSchul-Beauftragten bilden in der SLT-Reihe mit ihrer Schulleitung ein Team. Auf indirekte Weise wird damit deren Beauftragung als Koordinatoren und als Ansprechpartner für kulturelle Belange ‚gewürdigt‘ und diese sind in Erörterungen der Struktur- und Prozessentwicklung ihrer Schule miteinbezogen. Die kompakten Arbeitstage miteinander werden trotz der Anstrengung, sich dafür Freiraum an den Wochenenden verschaffen zu müssen, geschätzt. Individuell werden alle Teilnehmenden in positiver Weise herausgefordert, sich mit bisher theoretisch kaum zur Kenntnis genommenen Management- und Steuerungsfragen der Schulentwicklung in Hinblick auf die Verfasstheit ihrer Schule auseinander zu setzen. Die von der Lehrkräfteakademie vorgenommene Evaluation der SLT-Reihe lässt analog zum Evaluationsmaterial vermuten, dass theoriebezogene Aufmerksamkeitsmomente steigerbar sind. Dass theoretische Erkenntnisse über die Bedingungen von Schulentwicklung ‚griffig‘ werden, zeigen Bemerkungen der Teilnehmenden, die die Erkenntnis als eine für sie besondere betonen, dass das gesamte Kollegium auf dem Weg zur KulturSchule mitzunehmen sei.

Der Gewinn der SLT-Reihe ergibt sich nicht aus der ergänzenden Praktizierung ästhetischer Arbeitsweisen. Das ist eine schöne Zutat, die bereits Früchte trägt, da einige Schulleitungen mittlerweile äußern, Konferenzen anders gestalten zu wollen. (Auch werden Themen und Fragestellungen bei KulturSchul-Tagen durch Graphic Recording protokolliert, wodurch eine Anschauung von Alternativen, besondere Fragestellungen festzuhalten gegeben wird.) Die Nachdenkmöglichkeiten, der Austausch mit den Peers und die Erfahrungen mit den Umstrukturierungen, die gemeinsam reflektiert werden, sind wichtig für den Lernprozess, eine Schule zu leiten, professionelle und interprofessionelle Zusammenarbeit zu initiieren und Kulturelle Bildung zu implementieren. Die Tiefe erreicht das Format durch den wahrnehmbaren Theorie-/Praxis-Bezug, der ständig wechselt, und durch den Input der Prozessbegleiter.

Die vier Fortbildungsformate sind unterschiedlich unterrichtsnah. Das von den Akteuren mitgedachte ergänzende Zusammenwirken der Fortbildungsreihen soll die Transformationsleistung zugunsten einer performativen Aufführungspraxis und eine durch Kulturelle Bildung geprägte und durchzogene Schul- und Unterrichtsentwicklung der KulturSchulen stärken. Allerdings erreichen die Fortbildungen nur in der Kreativen Unterrichtspraxis und den Fachforen größere Teilnehmergruppen aus KulturSchulen, mit Tag X oftmals nur einzelne Teilnehmer oder bestimmte Fachgruppen. Das heißt, durch den Besuch der Fortbildungen entsteht erst sukzessive eine verallgemeinernde Wirkung auf die schulische Unterrichtspraxis, zumal die Anwahl der Fortbildungen zumindest im Untersuchungszeitraum nicht von einer Fortbildungsplanung in den Schulen gesteuert wurde und sich zufällig und beliebig gestaltete.

Die SLT-Reihe leistet mit ihrem Mix von theoriebezogenem Input zur Organisationsentwicklung, mit systemischer Beratung und individueller Prozessbegleitung und dem Peer-Lernen einen bedeutsamen Beitrag zur systematischen organisationsbezogenen Vergewisserung und Prozesssteuerung auf der leitenden, koordinierenden und Kooperationsstrukturen schaffenden Ebene. In diesem Kontext steht auch der Unterricht, auf den die Fortbildungsmaßnahmen indirekt oder direkt zielen. Insofern kommt die Frage nach einem innovationsförderlichen Transfermanagement der Einzelschule auf. Es bedarf einer systematischen Fortbildungsplanung und eine Förderung von Umsetzungsversuchen der aus der Fortbildung Rückkehrenden. Seit Längerem wird im Rahmen teilautonomer Schulen die Kompetenzentwicklung der Lehrkräfte im Zusammenhang mit der Schulentwicklung als wichtige Aufgabe erachtet. Im SLT-Konzept hätte dieses Thema seinen Platz. Insofern existiert Weiterentwicklungsbedarf im Konzept, das die Prozesssteuerung fokussiert. Die Personalentwicklung ist im Bündnis mit dem Kulturbeauftragten systemisch stärker mit Unterrichts- und Schulentwicklung zusammenzuführen.

Die Fortbildungsformate unterscheiden sich hinsichtlich ihres jeweiligen Beitrags zu einer ästhetisch kulturellen Praxis: Die Fachforen sind zentraler Baustein zur Initiierung und Etablierung einer ästhetisch-kreativen Unterrichtspraxis der einzelnen Lehrpersonen. Ihre Idee setzt an dem, was mit „[b]ildende Wirkungen ästhetischer Erfahrungen" (Rittelmeyer, 2016) bezeichnet wird, an. Die Evaluation zeigt als Momentaufnahme, dass Teilnehmer Wirkungen bei sich identifizieren. Die Ausstrahlung der initiierten Prozesse ist derart, dass selbst eine bekundete anfänglich geringe Motivation zur Teilnahme, die aufgrund ihrer Alltagseingebundenheit einige Zögerliche bei sich konstatiert haben, durch das Involvement in kreative Prozesse überwunden wird; am Ende konstatieren die Spät-Angemeldeten mit dem individuellen Ertrag ihres Workshops sehr zufrieden zu sein. Diese Zufriedenheit, die die Interviewpartner äußern und die Weiterempfehlung an ihre Kolleginnen und Kollegen stehen für den gelingenden Ansatz des Konzepts.

Im Unterschied zur Konzeption der Fachforen stellen die Workshops der Kreativen Unterrichtspraxis konkrete und anwendbare Innovationsbeispiele oder -impulse für den Unterricht bereit. Sie können in die Breite der Fachbereiche hineinwirken. Da die Inhouse-Schulung die Möglichkeit beinhaltet, ein gesamtes Kollegium zu erreichen, kann dies für eine Präsentation des Potenzials ästhetischen Lernens und Forschens in KulturSchulen genutzt werden. Alle Fachbereiche können dabei repräsentiert sein und außerdem Schülerinnen und Schüler einbezogen werden. Zur Kompetenzentwicklung der Lehrkräfte bieten die Workshops den KulturSchulen ein einplanbares Angebot.

Tag X thematisiert beispielsweise eine Zusammenarbeit mit Kulturschaffenden und Kulturinstitutionen oder offeriert dem HKM-Büro eine flexible Möglichkeit, Struktur- oder Partizipationsfragen kultureller Schulentwicklung zu klären, oder er schafft eine größere Öffentlichkeit, um Beispiele guter Praxis vorzustellen. Ästhetische Praxis an konkreten Beispielen ist oftmals in Tag X eingelagert, wie am Beispiel der Faltkunst Origami zu beobachten war; der Anwendungsbezug und Transferanspruch ist bei den diversen Themen unterschiedlich mit im Blick.

Die Parallelität dieser Angebote stellt sich als „subsidiäre Unterstützung" (Berkemeyer, 2011, S. 117) für eine angestrebte Unterrichtsreform durch Lehrkräftefortbildung dar. Es liegt bei den Lehrkräften, was sie fortan im Unterrichts- und Schulkontext aufgreifen. Vergegenwärtigt man sich das Gesamtspektrum, so ergänzen die Formate einander und bilden insgesamt ein funktionales System im KulturSchulkontext. Konzeptionell und inhaltlich sind die Formate für sich selbständig aufgestellt, dennoch in gewissem Maße aufeinander beziehbar und sie wirken moderat zusammen. Dieses Zusammenwirken ist mit dem Blick von außen deutlicher als für die einzelne Lehrkraft, die nach vorhandenem Zeitbudget mal dieses Angebot, mal jenes abruft, ohne das Gesamtrepertoire zu überschauen. Bei einer stärkeren Personalentwicklung in den KulturSchulen, könnte es auch sein, dass bestimmte Wünsche an die Fortbildungen geäußert würden.

In jedem Format hat das Ziel des Praktizierens beziehungsweise das Überführen des Erlernten in den schulischen Kontext in irgendeiner Weise Bedeutung. Insofern steht der Transfer des Gelernten und Neuen in den schulischen Arbeitskontext auf der Agenda der Fortbildner. Dies belegen auch die Fragen, die sich Programmakteure und Fortbildende regelmäßig in ihren Besprechungen stellen: „Wie und wodurch gehen die in der konkreten Fortbildung ermöglichten Erlebnisse und Erfahrungen nicht verloren? Welche Einstiegsübungen für Unterricht können praktisch angeschlossen und ‚mitgenommen' werden? Ist in den Fortbildungen ausreichend Zeit vorhanden für persönliche Aufzeichnungen, Fotodokumentationen, gegebenenfalls sogar Videosequenzen zur Wiedervergegenwärtigung? Welche Form eines Erfahrungsaustauschs der Teilnehmenden vor Ort zur ‚Praktikabilität' oder der erzielten Wirkungen in Unterricht und Schule könnte es geben?" Die reflektierenden Fragen richten sich vergewissernd an die Fortbildungskonzeptionen, wie die Umsetzung in die Schule gefördert werden kann.

Die von Teilnehmern an Fachforen geäußerte Motivation ist ein wichtiger Teilschritt im gesamten Lerntransferprozess. Allerdings ist dieser von weiteren Faktoren, die mit dem Arbeitsfeld zusammenhängen, abhängig. In Aufarbeitung der Diskussion zum Transfergeschehen weist Rico Emmrich darauf hin, dass die

„Motivation der Lehrkräfte [...] mithin zu den bedeutsamsten individuellen Einflussfaktoren auf Transfererfolge im Rahmen von Schulentwicklungsprozessen [zählt]" (Emmrich, 2010, S. 23). Daran schließt sich die Frage an, unter welchen konkreten Umständen aus einem Vorhaben, aus ersten Ideen und erstmalig in den Fachforen erprobten Ansätzen ein eigener Unterrichtsversuch wird? Welche Gründe und Faktoren spielen für die Erprobung und die weitere Übernahme in das eigene Unterrichtsskript eine Rolle? Wann kann von einer veränderten Unterrichtsrealität gesprochen werden? Dazu fehlen empirische Studien, was bedeutet, dass das wissenschaftliche und professionelle Wissen über Transferprozesse noch recht begrenzt ist.

Literatur

Berkemeyer, N. (2011). Unterstützungssysteme der Schulentwicklung – zwischen Konkurrenz, Kooperation und Kontrolle. In H. Altrichter & C. Helm (Hrsg.), *Akteure & Instrumente der Schulentwicklung* (S. 115–131). Schneider.

Bilstein, J., & Kneip, W. (Hrsg.). (2020). *Curriculum des Unwägbaren. Band III: Kinder.Kunst.Lernen.* ATHENA/wbv.

Emmrich, R. (2010). *Motivstrukturen von Lehrerinnen und Lehrern in Innovations-und Transferkontexten.* Peter Lang (Diss.).

Engel, B., & Böhme, K. (2015). *Didaktische Logiken des Unbestimmten. Immanente Qualitäten in erfahrungsoffenen Bildungsprozessen.* Kopaed.

Herzmann, P. (2001). *Professionalisierung und Schulentwicklung. Eine Fallstudie über veränderte Handlungsanforderungen und deren kooperative Bearbeitung.* Leske + Budrich.

Lipowsky, F. (2009). Unterrichtsentwicklung durch Fort- und Weiterbildungsmaßnahmen für Lehrpersonen. *Beiträge zur Lehrerinnen- und Lehrerbildung, 27*(3), 346–360. https://www.pedocs.de/volltexte/2017/13705/pdf/BZL_2009_3_346_360.pdf. Zugegriffen: 24. Apr. 2021.

Lipowsky, F., & Rzejak, D. (2019). Was macht Fortbildungen erfolgreich? – Ein Update. In B. Groot-Wilken & R. Koerber (Hrsg.), *Nachhaltige Professionalisierung für Lehrerinnen und Lehrer. Ideen, Entwicklungen, Konzepte* (S. 15–56). Wbv.

Reinhold, P., & Bünder, W. (2001). Stichwort: Fächerübergreifender Unterricht. *Zeitschrift für Erziehungswissenschaft, 4*(3), 333–357.

Rittelmeyer, C. (2016). *Bildende Wirkungen ästhetischer Erfahrungen.* Beltz Juventa.

Sack, M. (2011). *Spielend denken. Theaterpädagogische Zugänge zur Dramaturgie des Probens.* Transcript.

Stübig, F. (2009). Fächerübergreifender Unterricht. In S. Blömeke, T. Bohl, L. Haag, G. Lang-Wojtasik & W. Sacher (Hrsg.), *Handbuch Schule. Theorie – Organisation – Entwicklung* (S. 313–317). Klinkhardt.

Wenzel, H. (2010). Schulinterne Lehrerfortbildung. In T. Bohl, W. Helsper, H. G. Holtappels, & C. Schelle (Hrsg.), *Handbuch Schulentwicklung. Theorie – Forschungsbefunde – Entwicklungsprozesse – Methodenrepertoire* (S. 295–298). Klinkhardt.

Zum Transferanliegen der Lehrkräftefortbildung

Qualifizierung ist nicht zu denken ohne Transfer. Von Transfer wird gesprochen, sobald Wissen oder Fertigkeiten auf andere ähnliche Aufgaben und Fragestellungen oder Situationen bezogen und im Lernhandeln produktiv und deutlich werden (vgl. Seel, 2000, S. 30). Lerntransfer bedeutet ein Adaptieren von und Umgehen mit Wissen in vergleichbaren oder überwiegend unbekannten Problemlösungssituationen als intellektuelle Aktivität des Lerners. Mitnichten handelt es sich um einen regelhaften Automatismus, vielmehr um sowohl intuitives wie auch reflektiertes Handeln eines Individuums. Die „Übertragung" (Seel) des Erlernten hat aufgrund ihrer Nicht-Zwangsläufigkeit zu einer Befassung mit der «Qualität» von Wissen geführt (vgl. Renkl, 1994), so in der Fragestellung seiner Anwendbarkeit und Nützlichkeit. Damit spielen in Lernzusammenhängen prospektive Verwendungsgesichtspunkte des Wissens eine Rolle, die keine Qualität des Wissens selbst sind (Heid, 2005, S. 104); diese sind gesellschaftlicher Praxis und deren Akteuren und Interessen geschuldet. Mithin werden in Institiutionen der Wissensvermittlung laufend Unterscheidungen getroffen, welches Wissen für bestimmte Zielgruppen als besonders relevant erachtet und gelehrt wird (vgl. Strunk, 2005).[1]

An die Lehrkräfte(fort-)bildung wird, verstärkt seit der PISA-Studie (Baumert et al., 2001), die generelle Frage nach ihrer „Wirksamkeit" adressiert. Damit wird generell ihr Transfererfolg mit einem Zweifel behaftet, was sie unter Nachweisdruck bringt. Sie soll über die Qualitäten ihres Angebots hinaus ihren Erfolg in der Anwendung des Vermittelten im Lehrerhandeln und Unterricht unter Beweis stellen. An die Teilnahme von institutionalisierten qualifizierenden Bildungsveranstaltungen wird die Anforderung gerichtet, möglichst umgehend „Wirkungen

---

[1] Die Selektion von Wissen ist eine selten untersuchte Fragestellung: Welche Personengruppen sind hierfür maßgeblich? Welchen Kriterien folgt die Selektion und wem nutzt die Verwertung von Erkenntnissen?

H. Ackermann, *Fortbildungen für KulturSchule*,
https://doi.org/10.1007/978-3-658-42221-9_9

im Berufsalltag" (Mutzeck, 1988, S. 1) zu zeigen – das ist sicherlich wünschens-
wert, aber nicht voraussetzungslos und letztlich naiv. Denn es ist die Frage, ob
und wie Fortbildung darauf Einfluss hat. Um den Anspruch noch zu steigern,
soll die Lehrkräftefortbildung sogar das Lernen der Schülerinnen und Schüler
verbessern (z. B. Heinrich-Dönges, 2021). Als Grundlage für solch hohe Erwartungen fehlen allerdings „Studien (in der Lehrkräftefortbildungsforschung, H.A.),
die Lernfortschritte von Schülerinnen und Schülern in Folge von Lehrerfortbildungen nachweisen wollen"; [sie sind] „vergleichsweise selten" (Fussangel et al.,
2016, S. 376). Forschungsmethodisch dürfte dies auch besondere Anforderungen
an das Design stellen (Neuweg, 2011). All das hindert nicht daran, den Anspruch
aufrechtzuerhalten.

Aufgrund ihrer Einbettung „zwischen Praxis, Forschung und Politik" (Heinemann, 2023, S. 29) ist es nicht trivial, dass die Lehrkräfte[fort-]bildung auf die
existente Schulpraxis ausgerichtet ist, sie zielt auch auf ihre Modernisierung und
ist Teil der Standortpolitik (dazu: Ahlheim & Bender, 1996,) wie auch an PISA
erkennbar wird (Huisken, 2005).[2]

Zu dieser Konstellation unterschiedlicher Anforderungen und Erwartungen
kommt aktuell hinzu, dass unter der Bezeichnung „Unterstützungssystem" die
Lehrkräftefortbildung im Kontext einer „Dezentralisierung" in der verstärkten
Selbständigkeit der Schule zugleich „Schulqualität" gewährleisten soll (Fussangel et al., 2016, S. 362). Dennoch fehlt es an einer an dem Bedarf der einzelnen
Schule orientierten Fortbildung. Und in einer weiteren Funktion gilt Lehrkräftefortbildung in ihrer bildungspolitischen Nähe als weiche Form von Steuerung mit
„zwanghafte[n] Nutzenerwartungen" (Berkemeyer, 2017, S. 187). Insofern ist die
Nachfrage des Historikers und Verwaltungsexperten Ulrich Heinemann (2023)
nach empirischen Studien für die These, Fortbildung verbessere die Schule,
nachvollziehbar und berechtigt.

---

[2] Die Lehrkräftefortbildung steht in direktem Zusammenhang mit den beruflichen Anforderungen an die Fortentwicklung des intuitiven und reflexiven Handlungsvermögens und
Stärkung der Kompetenzen von Lehrpersonen in den Handlungsfeldern Unterrichten, Erzie-
hen, Beraten und Bewerten. Dem Erziehungswissenschaftler Helmut Heid zufolge bilden
sich „konkret inhaltliche Lernbereitschaften und Lernbedürfnisse […] nur in Auseinandersetzung mit jenen [external bestimmten, H.A.] Anforderungen heraus" (Heid, 2005, S. 106).
Lehrkräfte sind grundsätzlich mit dem Berufseintritt zur Fortbildung verpflichtet, um ihre
berufliche Qualifikation zu erhalten und fortzuentwickeln. Dennoch sind die gesetzlichen
Regelungen und die Teilnahmequoten in der Fortbildung in den Bundesländern unterschiedlich (Kuschel et al., 2020). Ein Nachweis wird in Hessen in einem Qualifizierungsportfolio
dokumentiert, das Grundlage des Mitarbeitergesprächs oder im Jahresgespräch in der Schule
sein kann.

Mit diesem problemfokussierten Blick auf inkommensurable Interessen und Erwartungen an die institutionalisierte Lehrkräftefortbildung, das diese nicht als freien und unabhängigen Akteur zeigt, geht es im Folgenden um die Ebenen Teilnehmer, Schule und Unterricht als Voraussetzungen für die Umsetzung des Gelernten. Dabei wird von zwei unterschiedlichen Systemen, ‚Schule' und ‚Fortbildung', die einen Bezug aufeinander haben, ausgegangen. Sie fungieren eigenständig und weisen jeweilige Eigenlogiken auf. Es ist zu zeigen, dass die Bedingungen des Lernerfolgs eben nicht ausschließlich beim Lernenden und in der Qualität des Lernangebots liegen, sondern in Umsetzungs'anreizen' und den Transfer unterstützenden Maßnahmen der Organisation Schule.

Das verbale Material des Evaluationsprojekts (von Fortbildnern, Teilnehmern, KulturSchul-Beauftragten und Schulleitungen) und weitere Notizen zu den Fortbildungen für KulturSchule werden vor dem Hintergrund eines heuristischen Modells hinsichtlich des Lernertrags der Fortbildungen und Unterstützung von Reflexion und Transfer gesichtet. Darüber sollen Anhaltspunkte für den „Wirksamkeitsanspruch" der Fortbildung und die Voraussetzungen der konkreten Transfersituation gewonnen werden. Da im Rahmen eines Sammelsuriums von «Innovationsprojekten» die Bezeichnung Transfer geradezu inflationär in Anspruch genommen wird, wird hier auf den konstitutiven begrifflichen Zusammenhang mit Lernprozessen sowie die Interdependenz mit spezifischen Transfersituationen Wert gelegt (vgl. Mähler & Stern, 2006, S. 784).

1   Heuristisches Rahmenmodell

Mit dem Fokus auf den Transfer des in der Fortbildung Gelernten sind einige ‚Stationen' und Gegebenheiten des beruflichen Lernens im Erwachsenenalter bereits unterstellt: Die Lehrkräfte verfügen über Wissen, Fähigkeiten und Strategien sowie Erfahrungen; sie handeln selbständig und eigenverantwortlich im Beruf; beim Lernen und in ihrer Tätigkeit verfolgen sie eigene Interessen. Die Fortbildung trifft also auf eine biographische Lerngeschichte eines Einzelnen. Diese will sie für die Bewältigung berufsspezifischer Situationen qualifizieren. Die beruflichen Anforderungen der Lehrkräfte unterscheiden sich dabei „in vielfacher Hinsicht von denen anderer Akademiker" (Lipowsky, 2011, S. 399): Sie sind „in der Regel mit komplexeren Situationen konfrontiert, unterliegen einem permanenten Entscheidungs- und Handlungsdruck und haben sich mit einer Vielzahl von ‚ill-defined-problems', also mit einer Reihe ungeklärter Probleme und unvermeidlicher Zielkonflikte auseinanderzusetzen, für deren Bewältigung eine adaptive Expertise[3] und kein rezeptologisch anwendbares Wissen wie in anderen Berufen erforderlich ist" (ebd.).

Wenn in Fortbildungen neues Wissen erlernt wird, muss dieses in irgendeiner Form als weiterführend erscheinen, im Sinne von deutend und hilfreich oder problemlösend vor dem Hintergrund einer Vielzahl von bekannten oder neu auftretenden Situationen in Schule und Unterricht. Diese Erwartungsperspektive auf das in der Fortbildung vermittelte Wissen wird im Folgenden als Anwendbarkeit gefasst. Die Bedeutung, die dem neuen Wissen zur Bewältigung von Berufssituationen mehr oder minder zugeschrieben wird, bildet den Hintergrund für die persönliche Fortbildungs- und Transferbereitschaft. Schlicht gesagt: Eine Lehrperson hat in der Fortbildung eine Nutzenerwartung. Der banale Satz, was in der Fortbildung gelernt wird, soll in der Praxis ankommen, ist insofern nicht den Wirksamkeitsanforderungen an Fortbildung entnommen, sondern basiert auf den sich im Berufsalltag stellenden Anforderungen, die täglich zu bewältigen sind. Von den Fortbildungsteilnehmern wird der ‚Nutzen' einer Veranstaltung auf das Level bezogen, wie diese die eigenen Fähigkeiten und persönliche Handlungskompezenz im Aktionsfeld erweitern. Das zeigt und erweist sich im späteren zeitlichen Verlauf in den konkreten Anforderungssituationen.

In der Weiterbildungsforschung ist ein heuristisches Modell entwickelt worden, das den Blick über die Fortbildung und das Lerngeschehen hinaus auf das jeweilige Anwendungsfeld richtet (Sandmeier et al., 2021). Im Wesentlichen besteht es aus den Elementen «Transfererfolg», der abhängig ist vom «Lernfeld» und «Funktionsfeld». Neben didaktischen Komponenten, die im Lernfeld zum Tragen kommen, wird mit diesem heuristischen Modell auch die für den Lerntransfer bedeutsame transferunterstützende Situation in der Organisation, die das jeweilige Funktionsfeld darstellt, erfasst. Überdies ergeben sich Hinweise auf Organisationsmerkmale, die auf die individuelle Transfermotivation Einfluss nehmen. Mit dem Hintergrund dieser Konzeption und ihr zugrunde liegende Studien haben die Autoren einen handhabbaren Fragebogen mit Items und Skalen entworfen, der für die evaluative Nutzung in der betrieblichen Weiterbildung gedacht ist; er könnte auch für die Lehrkräftefortbildung adaptiert werden, wenn eine institutionenübergreifende Zusammenarbeit gestärkt und mehr Informationen über den langfristigen Transfererfolg gewonnen werden sollen. Abb. 1 zeigt die Verbindung von Lernfeld, Funktionsfeld und Transfererfolg.

---

[3] Die adaptive Expertise beinhaltet Denken und Handeln in Berücksichtigung der jeweiligen Situation und ihren Begleitumständen und den Bezug auf den ‚Fall' (Lipowsky, 2011). Zu betonen ist dabei, dass das implizite Wissen auf eine neue Situation bezogen wird.

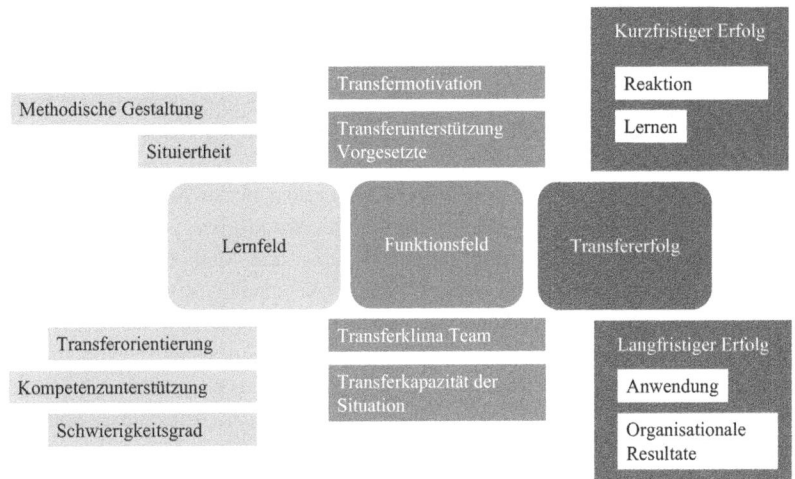

Abb. 1 Theoretisches Rahmenmodell **aus:** Sandmeier et al., (2021, **S. 18).** Wiederverwendung aus *Zeitschrift für Evaluation* mit Genehmigung des Waxmann-Verlages

Das Modell veranschaulicht die Anforderungen an die Lehrkräftefortbildung und ebenso die notwendige Unterstützung seitens des schulischen Innovationsmanagements. Ein Vorzug des dargestellten Modells ist: Es widersteht kurzschlüssigen Wirkungserwartungen, wie sie in Wirksamkeitsstudien transportiert werden, in denen Lehrpersonen zu Kompetenzträgern schrumpfen und Lernende als Lernleistungserbringer vorgestellt werden (kritisch Bosse, 2012, S. 23). Insofern ist es wichtig, zu rekapitulieren, dass statistisch feststellbare Lernresultate sich nicht in Kausalzusammenhängen nachweisen lassen (Schüßler, 2012). Lernerfolge haben zahlreiche Bedingungen; eine davon ist, dass der Lerninhalt für den Lernenden relevant ist. Dies ist eine Leistung der Fortbildung, wenn es gelingt, eine Auseinandersetzung mit dem Gegenstand zu initiieren. Am Faktor solch subjektiver Gründe für die Relevanzzuschreibung von Inhalten sehen groß angelegte Wirkungsstudien vorbei. Auch verschwinden im Design solcher Studien individuelle Besonderheiten und Lernbiographien der Teilnehmenden; diese begleiten eine Lerngelegenheit mit ihren persönlichen Deutungen. Auch die Einmaligkeit einer Lernsituation, die ihre Unwiederholbarkeit begründet, spiegeln

Untersuchungen, die Ziele, methodische Gestaltungsmerkmale des Lernarrangements und die Besonderheit der Lehrpersonen auf eine sie vergleichbar machende Abstraktionshöhe manipulieren, nicht wider.[4]

Darüberhinaus scheint die Teilnehmerforschung über das Lernen in der Fortbildung noch erweiterungsfähig zu sein. Der Mathematikfachdidaktiker Günter Törner beklagt in seiner Bestandsaufnahme von „Faktoren für Lehrerfortbildung", dass er in der Literatur sehr wenig über das Lernen in der Fortbildung inklusive der zugehörigen Lernumgebungen finden konnte (Törner, 2015, S. 212). So hilfreich also eine Modellierung der Anwendung und Methodik für das Lernen der Lernenden erscheinen mag – für das Verständnis von Lernprozessen ist aufschlussreich, wenn bekannt ist, an welchem Inhalt und unter welchen Bedingungen die Vermittler des ‚Stoffs' mit ihrem Wissensstand gelernt haben. Eventuell könnten sie auch etwas gelernt haben, was sie als Lernende befähigt hat, das eigene Wissen selbständig zu erweitern? Diesbezügliche Aufschlüsse könnten für die Gestaltung von Lernarrangements auf Unterrichtsebene wegweisend sein.

Ein weiteres Problem stellen generalisierte Bezugnahmen der Fortbildungsforschung auf Studien dar, die „überwiegend auf angelsächsischen, hauptsächlich US-amerikanischen Untersuchungen basieren[]" und ein „Wissen über Zusammenhänge, Mechanismen und Wirkungen bestimmter Fortbildungskonzeptionen auf Aspekte der Professionalität von Lehrpersonen" (Heinemann, 2023, S. 28) zusammentragen. Diese Studien entstehen manchmal unter arrangierten Versuchsbedingungen. Es ist fraglich, inwieweit sie sich überhaupt auf Verhältnisse in Schulen in Deutschland übertragen lassen – und diese bedeutsame Fußnote wird in Forschungsüberblicken oftmals weggelassen. Werden z. B. in Meta-Studien Effektstärken[5] betrachtet, dann stützt sich die Aussagekraft auf ein rein statistisches Maß (Lind, 2012). Georg Lind fügt dagegen als Hauptargument an,

---

[4] Es liegen oftmals Studien mit kleinen Teilnehmerzahlen vor, die sich in ihrem Forschungssetting unterscheiden. Es ist also die Frage, auf welcher Abstraktionsebene die an der Weiterentwicklung von Fortbildungskonzepten Interessierten das für sie Wesentliche erfahren, um über konkrete Bedingungen des Gelingens von Lehren und Lernen urteilen zu können. Kann so dem Wunsch entsprochen werden, dass die Fortbildner ihre Konzeptionen mit dem Hintergrund wissenschaftlichen Wissens entwickeln?

[5] „Effektstärkemaße sind so konstruiert, dass sie unabhängig von der Größe der Stichprobe sind und damit einen wichtigen Nachteil der statistischen Signifikanzmaße ausschalten. Mit anderen Worten: die Effektstärke einer Intervention ist unabhängig davon, an wievielen Versuchspersonen man sie getestet hat. Damit machen diese Maße auch Untersuchungen miteinander vergleichbar, die verschieden große Samples benutzt haben. Diese Maße hängen aber nach wie vor stark von der Streubreite der Werte der abhängigen Variablen in der jeweiligen Untersuchungsgruppe ab „weshalb man [sie] auch als relative Effektstärkemaße bezeichnen sollte" (Lind, 2012, S. 7).

dass die Effektstärke kaum etwas über die theoretische oder praktische Bedeutsamkeit der jeweiligen Studie besagt. Eben diese wäre zu begründen und zu
entfalten. Insgesamt besteht die Schwierigkeit, «Wirkung» eindeutig und nach-
weisbar von anderen Einfussfaktoren zu isolieren und auf einen invarianten
Faktor zurückzuführen. Nicht zuletzt ist unklar und disparat, was als Wirkung
definiert und in einem Forschungsdesign methodisch zugreifbar untersucht wird
(vgl. Heinrich-Dönges, 2012, S. 49 ff.). „Die Wirksamkeit von Lehrerfort- und
Weiterbildungsmaßnahmen ist keine eindimensionale Größe", schränken Frank
Lipowsky und Daniela Rzejak (2012, S. 235) ein, um dennoch ohne Weiteres
daran anschließend komprimiert Output-Ergebnisse auf vier unterschiedlich gut
erforschten Wirkungsebenen, die den prominenten Evaluationsstufen von Donald
Kirkpatrik (1960) gleichkommen, vorzustellen.[6]

Michael Gessler und Andreas Sebe-Opfermann (2011) bezeichnen Wirkungs-
ketten auf solchen Ebenen als Mythos. Lernresultate lassen sich nicht von
den Lernarrangements, in denen sie zustande kommen, trennen.[7] Neben den
wahrgenommenen Effekten einer Fortbildung treten auch nicht-intendierte auf,
die aufgrund der Fokussierung auf das Erwartete oftmals nicht zur Kenntnis
genommen werden. Zudem entwickeln sich in Lernkontexten der Fort- und
Weiterbildung auch individuelle „Benefit"-Komplexe, die über den Erwerb spezi-
fischer Kenntnisse und Fähigkeiten hinausgehen (Schäfer, 2017, S. 14). Es wäre
also aufklärend, wenn identifizierbar wäre, welche Fortbildungsrealität durch die
Forschungsdaten erfasst wird.

Die graphische Darstellung des Transferprozesses bei Sandmeier et al. (2021)
lässt erkennen, dass es den Autoren nicht um die Bebilderung einer der Argu-
mentation enthobenen ‚Notwendigkeit' geht, neu Gelerntes in das Funktionsfeld
zu transportieren. Auf Pfeile zwischen den Feldern Lernen und Funktionskontext

---

[6] Ebene 1 erfasst die Reaktion der teilnehmenden Lehrkräfte mit Hinblick auf die Fortbildung, Ebene 2 das Lernergebnis, Wirkungsebene 3 die Veränderung im unterrichtlichen
Handeln (behavior) und 4 die Auswirkungen auf die Lernergebnisse der Schüler (results).
Ähnlich Donald Kirkpatricks (1960) Evaluationsstufen (level) werden vier Stufen vorgestellt, zwischen denen Übergänge angenommen werden. Auch ist ein grading der Effektivität
mit den Evaluationsstufen unterstellt (vgl. auch Lipowsky & Rzejak, 2019).

[7] Gessler und Seebe-Opfermann, die sich mit den Evaluationsverfahren in der Weiterbildung
befassen, weisen aufgrund von Studien darauf hin, dass „die Zufriedenheitswerte [in Teilneh-
merbefragungen, H.A.] keinen Zusammenhang aufweisen mit dem Lernerfolg, respektive
Transfererfolg, und damit keinen Aufschluss geben über den tatsächlich erreichten Lernerfolg, respektive Transfererfolg" (Gessler & Sebe-Opfermann, 2011, S. 277). Die Sicherung
der Qualität einer Weiterbildungsmaßnahme gehe weit über die bei Abschlussevaluationen
übliche, per „happy sheets" festgestellte Zufriedenheit der Teilnehmer hinaus.

wird verzichtet. Der Lerntransfer hat neben Bedingungen im Lernfeld eine wichtige Komponente im Organisationskontext. Jeweils sind bestimmte Leistungen in beiden Handlungsfeldern von unterschiedlichen Akteuren zu erbringen, damit Lernen gelingen kann und Transfer unterstützt wird. Um Fortgebildete langzeitlich zur Umsetzung neu erworberer Kompetenzen und Gestaltungsideen für das Lernarrangement zu bewegen, sind somit mehrere moderierende Bedingungen und ‚Stellschrauben' zu beachten.

Zum einen betrifft dies die didaktische Gestaltung der Lerngelegenheiten. Die eingesetzten Methoden sind nicht unabhängig von Zielen einer Konzeption und den Inhalten, sie sollen das Lernen unterstützen und werden mit den an die Inhalte gebundenen Ziele abgestimmt.[8] In der Teilnehmerorientierung wird der Lernsituation für das Lernen eines Individuums eine hohe Relevanz beigemessen; sie sollen auch ihre Erfahrungen mit einbringen können. Der Einzelne soll im Lernprozess ‚mitgenommen' werden und eigene Bezüge zum Gegenstand entwickeln.[9] Auch der antizipierte Nutzen des Erlernten im Funktionsfeld ist wichtig für die Entstehung individueller Lerngründe (vgl. Holzkamp, 1993). Die Qualität der Lernsituation wird außerdem vom Austausch mit den anderen Teilnehmern und einer angenehmen Atmosphäre bestimmt. Ebenso sind Kompetenzunterstützung durch Anwendung und direktes Feedback im Lerngeschehen wichtig für den Lernerfolg. Das bedeutet, Fortbildende benötigen ein umfangreiches Wissen, „wodurch sich erfolgversprechende Lerngelegenheiten in Fortbildungen auszeichnen" (Lipowsky & Rzejak, 2021, S. 13), um mit ihrer umfangreichen didaktisch gesättigten Erfahrung die Bedürfnisse der Zielgruppe zu antizipieren (Heid, 2005, S. 109).

Die Sachverständigen ihres Lernens sind und bleiben die Teilnehmerinnen und Teilnehmer. Sie entscheiden mit ihrem persönlichen Hintergrund, ob sie eine Fortbildung als erfolgreich bewerten und was sie ihnen geboten hat. Wie sich dies in den Stellungnahmen der Fortbildungsteilnehmer ausdrückt, ob als kurzfristiger oder sogar langfristiger Lernerfolg, und welche Bedingungen im Anwendungsfeld herrschen, zeigt die weitere Analyse.

---

[8] So kann der Transfererfolg nicht unabhängig vom Inhalt der Weiterbildung valide erfasst werden (Sandmeier et al., 2021).

[9] Es ist daran zu erinnern, dass jegliches Erlernte qua seiner Natur immer schon eine Deutungsleistung ist (Berger & Luckmann, 1969). „Viele Lernprozesse laufen ‚implizit' ab und formieren sich zu Erfahrungsmustern und Handlungsdispositionen, ohne dass diese in jedem Fall explizit reflektiert werden" (Alheit & von Felden, 2009, S. 10). In einer dialektischen Verschränkung von „Weltaneignung und Selbstbildung" (ebd.) bilden sich übergeordnete Handlungs- und Wissensstrukturen heraus, die als Erwerb und Aufbau biographischer Lernhaltungen gelten (ebd.) und weiter fortbestehen. Eine Fortbildungsmaßnahme sollte sich dieser Emergenz bewusst sein und versuchen, an den Sinndeutungen ihrer Teilnehmenden anzuknüpfen.

1.1 Die Teilnehmerperspektive

In dem Sinne der vorab genannten Kriterien wie Einbezug der Teilnehmer, Gestaltung der Fortbildung und Rahmenbedingungen, Erleben von Selbstwirksamkeit, Reflexionsmomente und Transferbedingungen in der Schule wurde das verbale Material durchgesehen. Die Fachforen werden von den Teilnehmern als besonders erachtet und gewürdigt, auch in dem Sinne, von dem Verlauf und den Aufgabenstellungen überrascht zu sein. Vermerkt wird in der Begründung ein anderes Seminarkonzept, das Freiräume und einen starken Einbezug in Prozesse bietet.

„Dieses intensive Einlassen auf einen Schaffensprozess. Hat man sonst bei Fortbildungen ja überhaupt nicht, also geschweige denn, dass man selber so aktiv mit eingreifen kann" (FFT3, 00:37). [Involviertsein]

„… man braucht aber die zweieinhalb Tage, um auch [aus dem Alltag] rauszukommen und hier reinzukommen. Und ich liebe das. Das ist ein extrem intensives Arbeiten, die eineinhalb Tage bis zur Präsentation abends am zweiten Tag. Und dann noch mal diese Reflexionsrunde, und die war heute jetzt extrem gut, so wie wir das gemacht haben. Dass wir diese Gruppen noch mal gemixt haben, und dadurch hast du nämlich auch von den anderen noch mal genauer mitgekriegt, wie haben sie es gemacht, also wie war der genaue Prozess. Sodass ich dieses Mal mehr noch von den anderen Gruppen mitnehme als sonst. Vorher habe ich immer nur deren Produkt gesehen und habe gedacht, ist schön. Und jetzt war es zum ersten Mal so, dass ich Teile, die mich interessierten oder wo ich mich andocken konnte, dass ich dann noch mal rückfragen konnte gezielt, wie seid ihr denn vorgegangen, ja, also bei der Performance-Gruppe beispielsweise, ja" (FFT6, 20). [Prozessgeschehen & Austausch]

„Sehr sehr kommunikativ, sehr förderlich, sehr hilfreich in kollegialen Austausch zu gehen, andere Zeichnungen zu sehen, mit anderen sich darüber zu unterhalten, die Entwicklung der anderen mit zu sehen; zu sehen und zu erleben und zu hören. Hat auch für das eigene Vorankommen ganz viel gebracht und auch für die eigene Reflexion. Und vor allem der Raum hat es einfach auch ja geboten dadurch, dass es die Empore gab, dass man diese Distanz zum eigenen Werk oder zum Werk der anderen aufbauen kann. Und, ja, also man war ja Teil eines Ganzen, und dieses Konzept, was der R. (Name) da entwickelt hat, mit den anfänglichen Spuren auf dieser riesengroßen Fläche, ja, das war ein superschöner Einstieg" (FFT3, 05). [Lernen durch kollegialen Austausch]

„Also ich als völlig tanzunbegabter Mensch, so würde ich mich einfach bezeichnen, der noch nie Kontakt größer dazu hatte, merke, ich kann es ja doch irgendwie. Man kann ja doch – von den anderen Kursteilnehmern, da waren ja auch manche mehr oder weniger begabt, was das Tanzen angeht – und wir kriegen eine Performance hin und das wird irgendwie total putzig und witzig und schön, und es entsteht einfach was" (FFT1, 17). [Zuwachs des eigenen Vermögens/das soziale ‚Produkt']

„Was nehme ich mit, ja, diese Atmosphäre, die entstanden ist und diese Möglich-keit, so eine Atmosphäre zu schaffen. Ich habe das Gefühl, ich könnte … ich möchte auch solche Lernatmosphäre schaffen. Ich habe Lust darauf" (IFT15, 04). [Positives Beispiel für die eigene Praxis & Transferwunsch]

„… ja, wo ich merke, erst mal reflektieren muss, was ist denn da alles so passiert. Ich bin mir auch nicht sicher, ob ich das in meinen Unterricht einbauen will. Aber es hat erst mal auch was einfach mit mir gemacht, … es hat mich so in meiner Ein-geschränktheit, in meiner Form, die ich so habe, die wurde geweitet. Ich habe jetzt einfach einen größeren Spielraum in meinem Handeln und auch in meinem Denken, auch mir selbst gegenüber" (IFT13, 04). [Bildungsaspekt]

Die Interviewausschnitte demonstrieren den persönlichen Eindruck, den die Fort-bildung in den Workshops der Fachforen hinterlässt. Zur Zufriedenheit der Teilnehmer gehört auch, sich mit den anderen Teilnehmern auszutauschen und gemeinsam an einer Aufgabe zu arbeiten. Das Überschreiten von geglaubten eigenen Grenzen wird vermerkt. Ebenso eine Atmosphäre, die entspannt ist und Freiräume zum Aufeinanderzugehen lässt. Es gibt Stimmen, die sich fragen, ob es ihnen gelingen wird, ihre Erfahrung in den Schulraum zu transferieren. Zur Zeit des Interviews fehlt ihnen noch die Sicherheit eines eigenen Konzepts.

Auch wenn Lernerfolg und Zufriedenheit nicht in einem direkten Zusammen-hang stehen (Gessler & Seebe-Opfermann, 2011) und damit auch ein Nicht-Lernen nicht auszuschließen ist, liegt einer solchen Zufriedenheitsbekundung die Erfüllung eines anderen Bedürfnisses zugrunde, wie die nach Kommunikation, Austausch oder Kenntnis der Werkprodukte anderer. Dennoch bleibt es plausibel, anzunehmen, dass die Zufriedenheit mit einer Fortbildungsmaßnahme eine posi-tive Grundlage für den Aufbau einer Transfermotivation ist. Diese wird besonders deutlich in dem artikulierten Vorhaben, eine Atmosphäre im Klassenzimmer schaffen zu wollen, wie sie in der Fortbildung enstanden ist.

Es gibt Unterschiede in den Workshops, wie nah der Schaffensprozess an die Unterrichtsstrukturen im Klassenraum heranreicht. Das Professionswissen entwickelt sich nicht mit rezepthaften Handlungsanweisungen. Denn Handeln ist situativ bedingt und kann nicht vorweggenommen werden (Neuweg, 2011, S. 464). Sobald infolge der Fortbildung mit den eigenen Routinen freier umge-gangen werden kann, erweitern sich die eigenen Handlungsmöglichkeiten. Eine Voraussetzung ist das Einnehmen einer Distanz zu Unterricht und Schule. Vor allem fühlen sich die Teilnehmer selbst als Person angesprochen, neu angeregt und erfrischt und entwickeln zum Teil weiterführende Ideen:

„So eine Vorfreude, Sachen wieder auszuprobieren und im Unterricht auch sich so Freiräume zu schaffen, irgendwie zu gucken, mal auszuprobieren, also wenn man diese Roboter bastelt, tatsächlich auch fächerübergreifend zu arbeiten, noch mal außerhalb der Projektwoche. Also ich würde gerne probieren zu gucken, wie kann ich solche fächerübergreifenden Elemente im normalen Alltag unterbringen" (FFT5, 04). [Transferidee und Erprobungsmöglichkeit]

„… es hat mich so, ich will es jetzt mal klar mal sagen, so bereichert, und ich denke, da wird einiges dann, wenn ich im Schulalltag bin, mir noch einfallen, dass ich sage, ach ja, vielleicht kann man das so oder so machen, oder das war vielleicht jetzt noch mal eine Idee" (FFT4, 07). [Inkubation und Variabilität der Umsetzung]

„Und eben, dass man aus den kleinen Sachen was macht, also aus einer Begrüßung, dass man irgendwie, wir spielen eine Begrüßung und bauen das mal so als eine Performace auf. Da fing es sofort bei mir an zu rattern, wie, man hat ein Musikstück und die Kinder kommen auf die Bühne, machen ihren Begrüßungsmove und gehen wieder ab, und die nächsten kommen raus, das geht so alles Hand in Hand" (FFT1, 17). [Einfachheit der Idee für Transfer]

„Also ganz konkret tatsächlich auf den Unterricht bezogen, ich werde bestimmt die Sache, die wir am ersten Tag gemacht haben, das Gestell, die Konstruktion, die Türme, auch direkt mit meinen beiden fünften Klassen, glaube ich, umsetzen. Ganz direkt tatsächlich auch das Spiel mit Schatten, ob man die nachzeichnet, ob man die fotografiert, im Hinblick auf Abstraktion. Ich finde das einen guten Einstieg für die Oberstufe, ganz klar. Ich bin gespannt, wohin das eigentlich sich dann auch so im Klassenraum entwickelt" (FFT8, 06). [Neugier, was der Transfer auslöst]

Nicht nur das eigene Selbst wird durch die Fortbildung affiziert, die Lehrkräfte denken auch an ihre Schülerinnen und Schüler. Zum einen,

„dass dann mit solchen Übungen, wie wir sie hier gemacht haben, kann man also das wieder aufbrechen, dass man von einem Großen sich einen Teil rausnimmt…" „Sie können auch über so einen experimentellen Weg am Ende zu einem schönen Ergebnis kommen" (FFT3, 12). [Umlernen ermöglichen]

„Also das ermöglicht mir so für die Schüler so eine Offenheit irgendwie zu schaffen" (FFT5, 11). [Freiräume zulassen]

Und von Schülern lernen:

„…zu gucken, was bringen die eigentlich mit, und was kann ich von denen lernen auch. Ja. Auch so ein gegenseitiges Lernen" FFT5,13). [Reziprozität als persönlicher Gewinn eines Transfers]

Zum anderen das Verhältnis zu den Schülern neu auszutarieren:

> „Auch gleichzeitig so eine Offenheit zu haben für Schüler [und] dann auch zu sagen, ich will nicht auf dieses Ergebnis hinaus, sondern gucken, wo kommen die Schüler raus" (FFT 5, 04). [Schülerorientierung]

> „Aber ich glaube, ich würde mich mehr trauen jetzt, die Schüler auch zu provozieren, sie herauszufordern und sie auch zum Machen animieren. Also ihnen zuzumuten, etwas zu sein, etwas darzustellen, also dass sie mehr aktiver werden, … ja, also so auch mal Szenen nachspielen oder etwas, dass das Körperliche vielleicht jetzt noch mal in den Fokus gerät" (FFT15, 10). [Bildungsaspekt]

Für Lehrkräfte liegt ein *Transferanreiz* der Fortbildung in Anregungen, anders auf die Schülerinnen und Schüler zuzugehen (was hier auf die als angenehm empfundene Umgangsweise der Fortbildner mit den Teilnehmenden zurückgeht) oder in der Sensibilisierung für deren Schwierigkeiten (aufgrund einer Selbstbeobachtung z. B. beim Vorlesen) oder um diese aus einer erstarrten Haltung im institutionalisierten Lernen herauszuführen (auf der Basis einer Beobachtung des Schülerverhaltens).

Die beispielhaften Aussagen der Lehrkräfte stehen somit für ihren individuellen Lernerfolg und eine Transferorientierung, die in der Fortbildungsveranstaltung geweckt wird. Der Bezug auf die Praxis lässt bei der Mehrzahl der Lehrkräfte Bilder entstehen, in welche Richtung diese transformiert werden kann und in welcher Hinsicht die Schüler von einer neuen Haltung profitieren. Insofern scheint die Intention, die die Programmverantwortlichen und die Fortbildenden verfolgen, aufzugehen, nämlich qua Gestaltung der Fachforen eine ästhetische Erfahrung zu ermöglichen und über deren Eindrücklichkeit die Lehrperson zu motivieren, ihren Unterricht zu verändern, sodass auch Schüler das erleben können. Obwohl in diesem nicht lang ausgezogenen Format von zweieinhalb Tagen die unterrichtliche Anwendung nicht im Vordergrund steht, vielmehr das bildende Moment der Selbstwahrnehmung im ästhetischen Moment, erfolgt diese Reflexion auf den eigentlichen Adressaten. Insofern lassen die Kommentierungen der Teilnehmer die Interpretation zu, dass die ästhetische Erfahrung im Individuum etwas anstößt, was die Sicht der Lehrperson auf Relevanzen im Unterrichten verändert und auch für die Perspektive der Schüler sensibilisiert.

2   Reflexion und Transfer

Das heuristische Modell des Lerntransfers unterscheidet zwischen kurz- und lang-fristigem Erfolg einer Fortbildungsmaßnahme. Der langfristige Erfolg zeigt sich mit der Anwendung des im Lernrarrangement erworbenen Wissens, der Fertigkei-ten oder veränderter Haltung. Gemäß der Itemformulierungen des Modells wird langfristiger Erfolg in beruflichen Kontexten darüber erfasst, wenn die in der Fort-bildung erworbenen Kompetenzen in der subjektiven Einschätzung zum Beispiel „öfter" zum Tragen kommen, zu mehr Zufriedenheit im Arbeitsumfeld führen und sich positiv auf die eigene Arbeitsleistung auswirken und sich Arbeitsabläufe und das allgemeine Klima verbessern.[10] Eine positive Auswirkung erstreckt sich dem-nach auch auf das Subjekt des Transfers selbst, aber ebenso auf die Organisation, die in die Weiterbildung der Arbeitskräfte investiert hat. Ein vorteilhafter Effekt mitsamt einer positiven Resonanz stellen also für den Einzelnen einen einsich-tigen Grund dar, seine an die Praxis adaptierten Kenntnisse und Kompetenzen einzubringen.[11]

Soweit jedenfalls die Modellannahmen; die allgemeine Erwartung von posi-tiven Effekten bildet den Hintergrund für die Empfehlung, die individuelle Transferbereitschaft bereits in der Fortbildung zu unterstützen. Dies kann in eingeplanten Reflexionsphasen geschehen, in denen aufgrund von Impulsen die individuellen Wahrnehmungen und Deutungen des Lernertrags rekapituliert wer-den und so stärker ins Bewusstsein des Einzelnen gelangen. Die Interdependenz von Reflexion und Transfer interessiert auch Experten, die sich mit Lernen und Erkenntnis, Handlung und Transfer und Professionalisierung beschäftigen.

Reflexion und Transfer werden als mentale und praktische Aktivitäten rekon-struiert, die die in der Fortbildung vermittelten Intentionen, Inhalte und Erfah-rungsprozesse betreffen. Ein Modus von Fortbildung besteht beispielsweise darin, neue Handlungserfahrungen in die bisherigen zu integrieren; verbunden werden also die Vermittlung von Wissenselementen und Handlungsmustern.

---

[10] Diese Formulierungen weisen eine gewisse Interpretationsbreite auf: Wie oft ist „öfter", was liegt einer höheren Zufriedenheit zugrunde etc.?

[11] Das Modell unterstellt, dass Weiterbildungsmaßnahmen, an denen ein Beschäftigter teil-genommen hat, sich per se auch positiv für das Team und Untergebene darstellen. Das wäre allerdings noch die Frage. Denn die Arbeitsleistung eines Beschäftigten ist nicht ausschließ-lich vom ‚Leistungserbringer' abhängig, sondern wesentlich von Vorgaben und Techniken. Dasselbe gilt für das Bestimmen der Arbeitsabläufe. Dass allerdings die Zufriedenheit eines Beschäftigten steigt, wenn die Freiheitsgrade in der Bestimmung der eigenen Arbeitsab-läufe größer werden, geht aus Studien hervor, die dies als «Subjektivierung der Arbeit» bezeichnen.

Als Reflexion gilt der das Lernen und Üben begleitende Verarbeitungsprozess (vgl. Neuweg, 2010). Diesem wird auch in formalen Lernprozessen eine hohe Bedeutung zugesprochen (Konrad, 2005). Aktuell wird vermerkt, dass in der Literatur kein klares Verständnis von Reflexion vorliegt (v. Aufschnaiter et al., 2019). Eine mögliche Erklärung könnte sein, dass die Disziplinen und Forschungsrichtungen, die Reflexion reflektieren, einander abgelöst und sich damit Kontexte und Diskursrichtungen geändert haben. Ein Zugriff auf Herkunftsgeschichte und Bedeutung von Reflexion findet sich in der Philosophie, die Reflexion zu ihren Grundbegriffen zählt.

Die begriffliche Bezeichnung umfasst die grundsätzliche Erkenntnis von Gegenständen, Zuständen, Ereignissen und Verhältnissen in der Erfahrungswelt sowie – in einer Distanz von der bereits gewonnenen Erkenntnis – die Kategorisierung der gebildeten Vorstellungen (Wagner, 1973, S. 1203). Es geht dabei zum Beispiel um Relationierungen dieser systematisierten Vorstellungen zu den Phänomenen. Die zweite Verwendungsweise von Reflexion meint das bewusste Wahrnehmen des Selbst, also ein nach innen gerichteter Fokus eines Subjekts auf seine Geistestätigkeiten. Diese beiden unterschiedlichen Richtungen des Denkens, die sich mal mit der äußeren und mal mit der inneren Welt befassen können, können jedoch zu einer Unklarheit führen: „Im empirisch-empiristischen Begriff der Reflexion bleibt ein wichtiges Stück des Problems unklar und wird ein wichtiges Verhältnis verzerrt. Verwischt wird der „Unterschied zwischen dem, was als Bewusstseinsgeschehen, und dem, was als Bewusstseinsinhalt und als Produkt jenes Bewusstseinsgeschehens möglicher Gegenstand der Reflexion ist: das eine gilt ihm genau wie das andere als im Bewusstsein enthalten und in der Reflexion gleicherweise auffindbar" (ebd., S. 1204). Um Klarheit zu bewahren, seien die Vorgänge des Denkgeschehens von den Ideen zu trennen.

Wie es scheint, stellt dieses unter der Hand geschehende Zusammenfließen von zwei Denkrichtungen eine nach wie vor aktuelle Problematik dar. Dies muss hier nicht weiterverfolgt werden, dennoch hilft der Hinweis auf diese Verschränkung, die besser unterbliebe. Zugleich verfolgt der aktuelle Diskurs in Fortbildungs- und Professionalisierungsforschung das Interesse, dass die Fortbildungsteilnehmer ihr Handeln in beruflichen Situationen rekapitulieren und „reflektieren". In ihrer begrifflichen Auseinandersetzung mit dem Reflexionsverständnis hält Claudia v. Aufschnaiter als Konsenskern diverser Grundlagentexte „vertieftes, lösungsorientiertes Nachdenken" fest. Einen Dissens macht sie darin aus, ob Nachdenken einen Selbstbezug aufweisen muss. Dieses Problem, das in der philosophischen Diskussion als gelöst gelten kann, ergänzt sie durch Vorgabe eines orientierenden Telos von Fortbildung, nämlich „sich selbst als professionelle Lehrkraft weiterzuentwickeln": „Wird eine Reflexion eingefordert [sic!], geht es um das analytische

Nachdenken mit Bezug auf sich selbst mit dem Ziel, an der eigenen Professionalität zu arbeiten. [...] Reflexion ist ein Prozess des strukturierten Analysierens, in dessen Rahmen zwischen den eigenen Kenntnissen, Fähigkeiten, Einstellungen/ Überzeugungen und/oder Bereitschaften und dem eigenen situationsspezifischen Denken und Verhalten [...] eine Beziehung hergestellt wird, mit dem Ziel, die eigenen Kenntnisse, Einstellungen ... und/oder das eigene Denken und Verhalten (weiter-)zuentwickeln" (v. Aufschnaiter et al., 2019, S. 148, i. O. tw. kursiv). Angesprochen wird die individuelle Professionalität, die auch durch institutionalisierte Fortbildung angebahnt werden soll (Cramer, 2020, S. 112). Georg H. Neuweg (2021) macht in einer Analyse darauf aufmerksam, dass „in keiner Weise gesichert ist, dass sich Lehrerinnen und Lehrer entlang ihrer Erfahrung alleine professionell weiterentwickeln können", wenn „Distanz und Einlassung vergleichzeitigt sind" (S. 470); erst eine gestandene Berufsbiographie schaffe dafür eine Chance.

Es stellen sich folgende Nachfragen an die Definition Aufschnaiters: Wer ist das Subjekt, das Reflexion vom Teilnehmer einfordert? Woher ergibt sich die nicht begründete Zwangsläufigkeit, „an der eigenen Professionalität zu arbeiten"? Colin Cramer sieht in dem Begriff der Reflexion „normativ übersteigerte Erwartungen" (ebd., S. 125), die an Lehrkräfte gestellt werden. Zu normativen Aussagen wird dann gegriffen, wenn wissenschaftliche, auf Wahrheit zielende Klärungen ersetzt werden. Soll eine Lehrperson analysierend vorgehen, so ist dieser Form des Denkens ein Beschluss zur eigenen Weiterentwicklung nicht immanent. Denn im denkenden Tun liegt ein gedanklicher Fortschritt – oder auch nicht. Der Gedanke ist zu beurteilen, nicht der moralische Wille des Denkenden.

Offenbar handelt es sich hier um ein an Berufspraxen[12] herangetragenen Wunsch beziehungsweise eine normative Setzung. Der Einwand gegenüber solchen Zuschreibungen lautet, dass Nachdenken als Denktätigkeit frei ist. Die Sache wird verfehlt, wenn neben den inhaltlichen Denkvorgang ein eigener sittlicher Auftrag tritt.

Die mit dem Lehrberuf verankerte Ungewissheitskonstante gilt als ein Grund, Reflexivität zu fördern, indem „die Grundlagen der Reflexion im Reflexionsprozess mitbedacht werden" (Cramer, 2020, S. 118). Bezogen auf die Fortbildung unterscheidet Frank Lipowsky eine *Reflexionsphase,* die während des Fortbildungsgeschehens ein „vertiefte[s] Nachdenken über [die] eigene Praxis" (Lipowsky, 2010, S. 64) initiiert, und eine *Transformationsphase,* die im Anwendungsfeld Schule zu verorten ist. Letztere bezeichnet die Umsetzungsleistung,

---

[12] Berufe sind solche Arbeitstätigkeiten, mit denen ein Einkommen erzielt wird, sofern ihnen ein Anwendungsfeld geboten wird.

„das Gelernte in der alltäglichen Praxis anzuwenden, [was] zum einen von den tatsächlichen Anwendungsgelegenheiten, zum anderen vom Austausch mit Kolleginnen und Kollegen und von der Unterstützung durch Vorgesetzte abhängig ist" (ebd., S. 65). Diese Differenzierung korrespondiert also durchaus mit dem heuristischen Modell von Sandmeier et al. (2021) und verweist auch auf Bedingungen, die im Funktionsfeld gelten.

Für die Fort- und Weiterbildung heißt Reflexion in einem engeren Sinne, dass die Teilnehmenden zunächst ihren Lernprozess vergegenwärtigen. Auf dieser Ebene wird die Selbstbeobachtung und -wahrnehmung angeregt. Weiterhin können Fortbildende Überlegungen anbahnen, welche weiteren Hinsichten das Erlernte außerdem noch bietet. In diesem Sinne ist ein Fortbildner ein Lernprozessbegleiter (Breitschwerdt, 2022), der dafür Wissen und didaktisches Know-how benötigt.

Eva Cendon (2016) sieht in „Re-flexion" die Möglichkeit, den Blick zurückzuwenden auf in der Selbstbewertung gelungene oder weniger gelungene oder gescheiterte Handlungssituationen im Beruf. Ihre Reflexionsimpulse legt sie so an, den Teilnehmern ein insgesamt besseres Verständnis der Vorgänge und Probleme im Berufsfeld zu ermöglichen. In dem Fall geschieht das Wahrnehmen ex post und ist mehr ein Erinnern. Deshalb spricht Georg Hans Neuweg von Konstruktion und Interpretation. Eingeschlossen ist in diesen Vorgang eine mehr oder wenig scharf gestellte Selbstbeobachtung. Ein bisheriges stillschweigendes Wahrnehmen, Handeln, Denken wird zu einem (stummen mentalen oder verbalen) Bericht über das in Situationen aktivierte Handlungswissen transformiert (Neuweg, 2001).[13] Reflexion zielt insofern auf Vergegenwärtigung eines sich angeeigneten, eventuell auch abgesunkenen Wissens und das Transparentwerden von Abläufen situativen Handelns in beruflichen Situationen. Berufliches Handeln und die ihr zugehörige berufliche Praxis können insofern einer Neubewertung zugänglich gemacht werden. Eine Selbstaufklärung über die eigene berufliche Praxis ermöglicht auch eine emanzipative Perspektive. Berufliche Selbstbeschreibungen zwischen Idealisierung und Wirklichkeit lassen Berufsfunktionen hinterfragbar werden und stiften Klarheit für das Handlungssubjekt über die Grundlagen und die Gründe des eigenen Handelns. Bemerkte Beschränkungen fordern zur Erklärung der Ursachen heraus und lassen nach Funktionszusammenhängen fragen. Eventuell zeigen sich dahinterliegende gesellschaftliche Interessen und Funktionszuweisungen.

---

[13] Neuweg hat das „knowing-in-action" (Schön) von Experten als „Re-trospektion" (Neuweg, 2001, S. 84) bezeichnet. Er weist ab, dass es sich um Introspektion handelt.

Der Erziehungswissenschaftler Helmut Heid betont die lern- und bildungs-theoretische Perspektive, „wenn Lernende lernen sollen, sich fremdbestimmten Zwecken externaler Instanzen nicht kritiklos zu unterwerfen". „[D]en darin zur Geltung kommenden Anspruch (können) sie „nur dann erfüllen, wenn sie gelernt haben, ihr Wissen auf die sachkompetente Kritik der Bedingungen, Prinzipien und Mechanismen externaler Zumutungen an*zuwenden*" (Heid, 2005, S. 101, Hervor-hebung. i. O.). Eine offenkundig externale Aufforderung ist definitorisch nicht in eine internale Zielrichtung, konstruktiv an der eigenen Berufsrolle zu arbeiten, zu verwandeln. Als Gegenstand von Lernprozessen ließe sich über Funktio-nen, existente Spannungsfelder und Einflussmöglichkeiten im Rahmen beruflicher Selbstbeschreibungen und der Verfehlung ihrer Funktion sprechen. Für die For-schung schärfen diese den Blick auf das Subjekt und dessen „Vorstellung von dem eigenen Berufsbild oder der eigenen Berufskultur" (Hartig, 2006, S. 160), das zu einer kritischen Analyse erheblich kontrastieren kann (vgl. Gutte, 1994).

Um das Reflektieren anzuregen, sind einige Methoden wie z. B. Lerntagebü-cher oder die dialogische Didaktik entwickelt worden, die auf die Stärkung von nachträglicher Selbstbeobachtung zielen oder darauf, unartikulierte Relevanzkri-terien für das eigene Handeln hervorzulocken. Ein diesbezüglicher Lernertrag ergänzt u. U. die Selbstwahrnehmung eines Individuums, dient der besseren Selbstkontrolle in der Wissensaneignung und der Kompetenzerweiterung im Handlungsfeld. Ob sich die Praxis tatsächlich ändert und eventuell sogar verbes-sert, ist damit nicht gesagt. Ulrich Heinemann hinterfragt das „Bild des überaus engagierten professionellen Handelns und des pädagogisch besten Willens zum alleinigen Wohle aller Schülerinnen und Schüler" (Heinemann, 2023, S. 27), das die Schulentwicklungsforschung als auch die Professionstheorien zeichnen und markiert Sollensansprüche, die sich hinter indikativischen Verben verbergen. Insofern kann auch vermutet werden, dass die aktuelle Konjunktur der Reflexion auf ein Interesse an flexiblen Lehrkräften verweist, die vielfältigen externalen Ansprüchen nach Veränderung der Praxis genügen sollen, ohne Bedingungen die-ser Berufstätigkeit und ihre Zwecksetzung zu thematisieren. Letzteres wäre ein durchaus wichtiger Gegenstand von Reflexion.

2.1 Reflexion und Transfer – ein Entwicklungsfeld

Die Programmverantwortlichen wollen von der Evaluation der Fortbildungs-formate im Kontext des KulturSchul-Programms beantwortet sehen, wie die KulturSchulen die Fortbildungsimpulse aufgreifen. Ihre Fragestellung weist auf die empirische Grenze der Fortbildung hin, ebenso auf die Grenze der Schule.[14] Solche Grenze gilt für jede Organisation, und sie hat Bedeutung für den Transfer, der von den besonderen Bedingungen im Anwendungsfeld abhängt. Eine Frage ist, wie mit dieser Grenze umgegangen wird. Die Reflexion der Fortbildungsteilnehmer kann sich auf das künftige Handeln richten, sie können Umsetzungsideen und Transfergelegenheiten ansprechen und damit mental vorbereiten. Für die Evaluation sind deswegen auch Reflexionsphasen in den Fortbildungsformaten sondiert worden.[15]

Im Rahmen der teilnehmenden Beobachtung sind von den Reflexionsphasen handschriftliche Notizen angefertigt worden. Äußerungen der Teilnehmer und Teilnehmerinnen werden weitgehend in indirekter Rede wiedergegeben. Der Verlauf erscheint skelettiert und ist nicht mit der situativen oder inhaltlichen Qualität der Fortbildung identisch. Drei Beispiele verdeutlichen, dass an Reflexionsphasen komplexe Anforderungen bestehen, die im Rahmen eines Abschlussszenarios eher eine sie einschränkende Bedingung vorfinden.

Reflexionsimpuls-Beispiel 1: Workshop-Team (in der Schlussphase eines Workshops beim Fachforum, 2017)
Die 30-minütige Sequenz ereignet sich in der Burghalle der Burg Fürsteneck am Abschlusstag eines zweieinhalbtägigen tanz- und bewegungsorientierten Workshops um 11,00 Uhr nach einer 90-minütigen Aktivitätsphase, in der noch verschiedene Übungen ausprobiert und weiterentwickelt wurden. Am Vorabend fanden bereits die ‚Werkstatteinblicke‘ statt. Diese Phase ist im Ablaufplan mit „Reflexion, Feedback, Austausch, Transfer etc." überschrieben.

Die Kursleiterin bittet alle Teilnehmer, sich im Kreis niederzusetzen. Jeder erhält ein zweiseitiges „Arbeitsblatt" als Hilfestellung, um die Fortbildung zu rekapitulieren. Das Blatt fordert die Teilnehmenden auf, ihre „kreativen Ressourcen" zu fokussieren. Die zu vervollständigenden Aussagen lauten z. B.:

- „Ich fühle mich kreativ, wenn…"
- „Kreative Augenblicke in meinem Unterricht sind, wenn ich…"

---

[14] Nerowski bestimmt aus dem handlungstheoretischen Schulbegriff und dem Modell der Grenzentscheidungen die „empirische Grenze" als „[a]lle Handlungen der Lehrkräfte, die auf Schülerinnen und Schüler gerichtet sind" (Nerowski, 2015, S. 219).

[15] Seit Langem befassen sich die Fortbildner im KulturSchul-Projekt mit einem schlüssigen Reflexionskonzept, das sie miteinander besprechen, erproben und anpassen oder verwerfen. Nach jedem Durchlauf einer Fortbildung sehen sie sich herausgefordert, ihre Einschätzung des Gelingens zu überprüfen. Mit Beteiligung unterschiedlicher Dozenten wie Künstlerinnen oder Wissenschaftler oder Teamern der Akademie Burg Fürsteneck vervielfältigt sich der Aufwand, ein solches Konzept verbindlich zu vereinbaren und zu evaluieren.

- „Was muss ich tun, um meine Ziele NICHT zu erreichen?"
- „Woran würde ich merken, dass ich mein Ziel erreicht habe?"

Die Mehrzahl der Teilnehmenden holt sich einen Stift. Nach 20 min äußert jeder im Kreis ringsum eigene Eindrücke. Die Teilnehmerreaktionen werden im Folgenden ihrer Reihenfolge nach in indirekter Rede wiedergegeben:

Teilnehmerin 1:	Die Bewegung im Workshop schaffe Gemeinschaft. Dies sei auch im Kollegium oder in der Arbeit mit den Schülern möglich. Die Teilnehmerin habe Offenheit und Toleranz wahrgenommen.
Teilnehmerin 2:	Mit dieser Art von Aktivität schaffe man es, aus „Trott und Routine rauszukommen".
Teilnehmerin 3:	Man habe einen „Zugang zum eigenen Körper" finden können und Gemeinschaft erlebt.
Teilnehmerin 4:	Man habe „nicht groß überlegen" müssen. Die Leitung habe kurze Impulse gesetzt und die Teilnehmenden frei agieren lassen. Vieles sei offen gelassen worden; eine Steigerung der Schwierigkeiten wurde ermöglicht. Die Aufgabenstellungen hätten „nicht so ausführlich" ausfallen müssen. Das eigene persönliche Credo laute, „sei frei und spontan."
Teilnehmerin 5:	Die Kursleitung habe „eine Atmosphäre geschaffen, in der es erlaubt war, sich einzulassen."
Teilnehmer 6:	Als Teilnehmer habe man gelernt, „an die eigenen Grenzen zu gehen und sie zu überwinden." Der Workshop habe ihn dazu gebracht, „Nähe zuzulassen", und der Körperkontakt habe „Grenzen geweitet"
Teilnehmer 7:	Der Workshop habe gezeigt, dass die Kursleitung entscheidend dafür sei, wie sie „ihre Rolle mit Ideen und Visionen füllen kann."
Teilnehmerin 8:	Sie habe „Respekt vor dem Rollenwechsel", der ihr bevorstehe: „von der Teilnehmerin zur Lehrerin." Sie wünsche sich mehr Sicherheit, wenn sie in ähnlicher Weise eine Gruppe anleiten würde. Konkrete Anwendungsmöglichkeiten zu besprechen, wäre hilfreich für sie.
Teilnehmerin 9:	Sie habe die Erfahrung gemacht, „dass Bewegung befreiend ist." Das eigene Erleben bei der Fortbildung sei „eine wichtige Voraussetzung dafür, dass man es mit den Schülern ausprobiert."

Teilnehmerin 10:	Ihr Anspruch an die Fortbildungsteilnahme sei es gewesen, „etwas Konkretes nutzen zu können." Im Ergebnis nimmt sie die Stärkung eines Gemeinschaftsgefühls und die Stärkung der eigenen Persönlichkeit mit, die durch den Workshop ermöglicht worden sei.
Teilnehmerin 11:	Die eigene Batterie sei nun wieder aufgeladen.
Teilnehmerin 12:	Sie sei „ohne Erwartungen hergekommen" und fühle sich jetzt „losgelöst und entspannt, anders als vorher." Es sei gut gewesen, eine eigene Erfahrung machen zu können: Man verlange den Schülern oftmals etwas ab und könne dies nun besser verstehen.
Teilnehmerin 13:	Die Teilnehmerin sei „ohne bestimmte Erwartungen" angereist und überrascht, wie schnell man selbst mitgemacht habe: „Woanders hätte ich mich geniert." Es sei möglich gewesen, den „Kopf auszuschalten und einfach mal zu machen". Die Schule sei während des Workshops in ihrem Kopf nicht präsent gewesen.
Teilnehmerin 14:	Sie sei mit einer anderen Vorstellung vom Tanzen angereist und hätte beispielsweise Gruppentanzchoreographien erwartet. Stattdessen sei eine große Offenheit gefordert gewesen. Sie habe Spaß gehabt und ihren Kopf ausschalten können; es ging „nur um Fühlen, Sein."

In dieser Phase erfolgt keine Kommentierung oder aufnehmende Beiträge zu bereits geäußerten Teilnehmereindrücken. Diese sind different, der persönliche Eindruck wird thematisiert und der Kursleitung ein Feedback gegeben. Die eigene Erwartung an den Workshop sowie neu Gelerntes, das positiv attribuiert wird, werden angesprochen. Auch die Umsetzungsfrage wird von einigen angesprochen (T8, T9. T10). Auf den schriftlichen Impuls des „Arbeitsblatts" mit seinen Fragestellungen wird in dem Austausch weder von Teilnehmenden noch von der Kursleitung eingegangen.

Da diese Reflexionsphase am Ende des zweieinhalbtägigen Workshops erfolgt, ist davon auszugehen, dass die Teilnehmerinnen und Teilnehmer sich über ihre Erfahrungen im Workshop bei anderer Gelegenheit, z. B. abends, schon ausgetauscht haben. So ist im verbalen Material das Erstaunen eines Mannes ausgedrückt, in dem Bewegungsablauf körperlich einer Frau so nahe gekommen zu sein, ohne dass man darüber hätte nachdenken müssen. Der Kontakt ist als ungekünstelt und nicht fremdbestimmt empfunden worden, als ein Ereignis im Prozess unter einander nicht Vertrauten. Im vorliegenden Protokoll ist allerdings zunächst wenig ersichtlich, worum es in dem Workshop ging. Allgemein wird von Bewegung gesprochen und auch darüber, dass ein Zusammengehörigkeitsgefühl entstanden sei (T1, T3, T6, T10). Eventuell hat der Einstieg mit dem Arbeitsblatt, das nicht an Inhalt und Geschehen des Workshops anknüpft, von ästhetischer Erfahrung weggeführt. Im Austausch werden Erwartungen und deren Enttäuschung, Wahrnehmungen, aber auch Befindlichkeiten und Gefühle angesprochen. Einige sprechen auch an, was sie gelernt haben (T6, T9). Dies führt allerdings nicht in die Thematisierung der emotional behafteten Eindrücke oder zu weiterführenden Nachfragen seitens der Moderatorin; jeder Beitrag bleibt als persönlicher individueller Eindruck stehen.

Reflexionsimpuls-Beispiel 2: Fachdidaktiker (in der Schlussphase eines Tag X im Plenum, 2017)
Die Sequenz ereignet sich zum Abschluss einer eintägigen Veranstaltung in einer Kultureinrichtung, wobei es um eine Verbindung von mathematischen Fragestellungen und der Technik des (geometrischen) Faltens von Papier ging. Nach praktischen Arbeitsphasen und einer Führung durch die Ausstellung übernimmt der Leiter der Einrichtung, ein universitärer Fachdidaktiker, die abschließende Moderation zwischen 15,40 und 16,00 Uhr. Die Referentin, die die mehrstündige praktische Arbeit angeleitet hat, beteiligt sich an der Diskussion.

Fachdidaktiker:	„Könnte man das Falten in der Schule einsetzen? Für welche Altersstufen wäre dies denkbar?"
Teilnehmerin 1:	Sie bedankt sich für den Impuls, wie man den Tangens noch anwenden könne, „nicht in Mathe, sondern irgendwann anders, um Schüler glücklich zu machen."
Teilnehmerin 2:	Der Workshop sei gut gewesen, lebensnah und praktisch.
Teilnehmerin 3:	Die Referentin habe anschaulich anleiten können, sodass die Teilnehmenden eigentätig arbeiten konnten.
Fachdidaktiker:	Der Moderator erkundigt sich, ob die kennengelernte Praxis des Faltens „auch für andere Zusammenhänge als nur mathematische" anwendbar sei.
Teilnehmerin 4:	Im Fremdsprachenunterricht sei es vielleicht möglich, eine Anleitung in anderer Sprache zu benutzen, auch wenn in einem solchen Textformat keine alltagspraktischen Begriffe verwendet werden.
Teilnehmerin 5:	Im Deutschunterricht könne man eine Vorgangsbeschreibung üben und die Schüler zu freiem Sprechen anleiten.

Teilnehmerin 6:	In der Biologie könne man die Stabilität von Waben und anderen Mustern in der Natur verdeutlichen. Im Chemieunterricht könne man Molekülmodelle mit bestimmten Winkeln und Formen darstellen.
Teilnehmerin 7:	Im Kunstunterricht ließen sich auf die Art und Weise räumliche Phänomene besser begreifen.
Referentin:	Origami besitze eine gute Lernphilosophie: Man könne mit und an seinen Fehlern lernen. Und es sei möglich, nicht zuerst eine Struktur zu erklären, sondern sie erfahren zu lassen.
Fachdidaktiker:	Er formuliert abschließend, dass die kennengelernten Techniken das Potenzial haben, Lust an Mathematik und an einer persönlichen Erfahrung zu wecken.

Bei diesem Abschluss des Veranstaltungsstages steht die Verwertbarkeit des Fortbildungsinhalts in der Schule im Mittelpunkt. In erster Linie wird nach der innovativen Anwendbarkeit des kennengelernten Zugangs zu einer vielseitig angewendeten Falttechnik, in zweiter für den Fachunterricht und andere Fachdomänen gefragt. Die Möglichkeiten für Ideen der Teilnehmerinnen sind recht offen und weit. Die Reflexion von Erfahrungskomponenten sind der Abschlussrunde nicht vorgeschaltet, sodass individuelle Eindrücke über diese Ästhetisierung dieser variantenreichen Falttechnik ausgeklammert bleiben.

Da die Teilnehmerinnen aufgefordert werden, sich über die Anwendbarkeit der Origami-Technik in ihrer Schule und auch in ihren Fächern Gedanken zu machen, lenkt dies den Blick gezielt auf ihr Handlungsfeld. Durch das eigentätige Falten von Papier sind sie praktisch mit einer weit verbreiteten kulturellen Praktik bekannt gemacht worden und sie nehmen auch manifeste Beispiele in Papier mit. Sie haben selbst etwas gelernt. Das neue Wissen, das sich in dieser Repräsentation nicht als Schulstoff offenbart, können sie als ‚Exotikum' in die Schule einbringen. Jedes Mobile im Flur oder eine Ausstellung könnte begleitet sein von zu lösenden Rätseln aus verschiedenen Schulfachdisziplinen. Mit Hinsicht auf ihre Fächer steuern die Teilnehmerinnen mögliche Ansatzpunkte eines Aufgreifens der Fortbildung in ihrer Abschlussbesprechung bei, ohne dass eine Überzeugung offenkundig wird, demnächst Origami in die Schule einzubringen.

Damit sind zwei Beispiele aus zwei unterschiedlichen Fortbildungsformaten vorgestellt. In den Workshops der «Fachforen» steht explizit keine direkte Verwertbarkeit einer neuen Erfahrung im Vordergrund, gleichwohl eine Inkubationszeit für eigene Ideen; im anderen Fall eines «Tag X» erfolgt am Beispiel einer Kulturtechnik aus einem anderen Kulturkreis für mathematisches und fachlich transferiertes Lernen. Unterbelichtet bleiben gemäß der Beobachtung in den jeweiligen Reflexionsphasen die Eindrücke und Erlebnisse, die sich auf die ästhetische Erfahrung beziehen. Das Ästhetische als Phänomen und die Reflexion seiner Relevanz, wie es die eigene Wahrnehmung affiziert, wird nicht publik. Die Nachbetrachtung konkreter Lernprozesse kommt nicht in einen öffentlichen Austausch der Teilnehmenden. Zwar kann vermutet werden, dass auf informeller Ebene, in der Kaffeepause oder bei den Fachforen am Abend, ein Austausch stattfindet. Dennoch ist zu bedenken, dass es nicht genügt, „eine Erfahrung zu machen oder eine Handlung auszuführen, sondern sie muss reflektiert werden, um lernhaltig sein zu können" (Koerber, 2019, S. 193). Da es eine Eigenart schulischen Lernens ist, die Besonderheit sinnlicher Wahrnehmung auszugrenzen, sollte dies in der Fortbildung, die diese im Lernen in der Schule stärken will, vermieden werden.

Alternativ besteht die Möglichkeit, das Ästhetische als etwas, was das Individuum berührt, nachzufragen. Zugleich stellt dies den erlernten Habitus des Lehrerseins, hauptsächlich die Sachebene zu thematisieren (Post, 2010) infrage. Diese Gewohnheit illustriert ein weiteres beobachtetes Beispiel an einem Tag X, bei dem Zusammenhänge zwischen Mathematik und Musik thematisiert und in praktischen Beispielen erprobt werden. In den Übungsphasen wiederholen und experimentieren die Lehrkräfte, wie sich mit Klängen Länge und Dimensionen von geometrischen Figuren darstellen lassen. Die Möglichkeit der akustischen Darstellung finden sie erstaunlich. Die verbalisierte Faszination und das Erproben, Nachhören und Bestimmen wird nach kurzer Zeit durch einen Hinweis aus der Gruppe unterbrochen, man müsse für die anstehende Präsentation im Plenum Ergebnisse mitbringen. Sogleich richtet sich das Bestreben aller diszipliniert darauf, was sie präsentieren können. Ihren Lernprozess illustrieren sie nicht im Plenum; das, was die Lehrkräfte in ihrer Arbeitsgruppe selbst erstaunte und beschäftigte, war ihnen offenbar nicht zeigewürdig genug, um das Plenum sich mit eben diesem Prozess zu beschäftigen. Es scheint, dass nicht das Rätselhafte und Erstaunliche in den Vordergrund kommen sollte, sondern etwas, was am Phänomen als markant erscheint und in einer wissenden Haltung vertreten werden kann.

Reflexionsimpuls-Beispiel 3: Künstler (in der Schlussphase eines Workshops beim Fachforum, 2017)
Die Sequenz ereignet sich am Abschlusstag eines zweieinhalbtägigen Workshops der Bildenden Kunst um 10,30 Uhr, nach einer 75-minütigen Aktivitätsphase, in der noch praktisch gearbeitet wurde, und (was unüblich ist) bereits vor den Werkstatteinblicken, um den Abbau früher beginnen zu können. Ort: Burghalle auf der Burg Fürsteneck. Dauer: 30 min.

Der Kursleiter, ein Künstler, bittet die Teilnehmenden, sich in einem Stuhl-
kreis zusammenzusetzen. Er rekapituliert zunächst mit den Teilnehmenden den
Ablauf des zweieinhalbtägigen Workshops. Anschließend leitet er zu einer
Feedback-Runde über. Der Workshop-Leiter fragt danach, wie sein Einstieg in
den Workshop bei den Teilnehmern angekommen ist:

Workshop-Leiter:	„War alles verständlich? Was war am Anfang unklar?"
Teilnehmerin 1:	Die Arbeit sei „faszinierend" gewesen, insbesondere die „Vielfalt an Flächen und Linien."
Teilnehmerin 2:	Dass jeder seine Bilder 15mal angefertigt habe, um sie jedem Teilnehmer mitzugeben, sei ein langwieriger Prozess gewesen.
Teilnehmerin 3:	Der Prozess sei „vielleicht ein bisschen chaotisch gewesen, aber dafür sind wir ja auch Künstler, zwei Tage lang."
Teilnehmerin 4:	Sie habe keine Lust mehr gehabt, 15mal das Gleiche zu zeichnen. Aber „geht es unseren Schülern nicht auch manch-mal so?"
Teilnehmerin 5:	Die „serielle Produktion" sei bereichernd gewesen.
Teilnehmerin 6:	Es wäre „interessant zu sehen", wie die Teilnehmer ihre Bilder unterschiedlich gestaltet hätten.

Die Teilnehmenden diskutieren durcheinander über die Anstrengungen, die das
15-malige Anfertigen desselben Bildes bedeutet hat. Der Kursleiter hört einige
Minuten zu und übernimmt die Moderation mit einem Lachen mit der Frage,
was im Workshop gescheitert sei.

Teilnehmer 7:	Man bräuchte bei der Arbeitsweise der seriellen Produktion sogar mehr als 15 Zeichnungen, um entscheiden zu kön-nen, welches am besten gelungen sei und woran weiter zu arbeiten wäre.
Workshop-Leiter:	Die Arbeitsweise sei eine Möglichkeit, „an seine eigenen Grenzen zu gehen, bis man keinen Bock mehr hat." Ihm sei es darum gegangen, die individuelle Verantwortung in einem sozialen Kontext zu verdeutlichen und „eine Labor-situation zum Ausprobieren" zu schaffen. Ein partielles „organisatorisches Chaos" bitte er zu entschuldigen.

Anschließend gibt der Workshop-Leiter ein Feedback an die Teilnehmenden. Was entstanden ist, sei „super." Sein Konzept sei gewesen, „wir legen eine Spur, einen Weg, den jeder gehen kann". Er erläutert, dass ihm wichtig gewesen sei, „Begegnungen zu schaffen", Handlungen zu vollziehen und zu reflektieren, ein individuelles inneres Bild zu entwickeln, „das so gar nicht in Worte gefasst" werden könne und ein Erlebnis zu erzeugen. Um 11 Uhr betreten dann die Teilnehmenden der parallelen Workshops die Halle und die Werkstatteinblicke beginnen.

Bei dieser Variante des Workshop-Abschlusses steht die künstlerische Arbeit am Beispiel „serielle Produktion" im Vordergrund. In der Feedbackrunde sprechen die Teilnehmer ihre Eindrücke, Befindlichkeit und Wahrnehmungen an. Ein explizites Gemeinschaftsgefühl, das während des Workshops entstanden sei, wird nicht thematisiert; jeder hat für sich gearbeitet und „produziert". Insgesamt berührt dieser Workshop die Gefühlsebene weniger emotional positiv wie beim Tanzworkshop, gleichfalls wird eine besondere Erfahrung gemacht. Da die Teilnehmenden vorwiegend Kunst unterrichten, ist eine Verwertbarkeit naheliegend und möglich. Im Unterschied zu den vorangehenden ist dieser Workshop durchaus als fachliche Fortbildung einzuordnen, auch wenn er für andere Interessenten geöffnet war.

Die Person des Dozenten bedingt am Beispiel dieser drei Reflexionsphasen nicht nur unterschiedliche Herangehensweisen, auch dessen Provenienz charakterisiert die Akzentuierung. Der Wissenschaftler und Fachdidaktiker rückt deutlich die unterrichtliche Anwendungsperspektive in den Horizont der Teilnehmerinnen; der Künstler richtet die Aufmerksamkeit auf den Schaffensprozess in dessen reproduzierender Gleichförmigkeit, was (s)eine kritische Botschaft über die gesellschaftlichen Verhältnisse beinhaltet. Die Workshopleitende der Tanzwerkstatt fokussiert hingegen auf die Besinnung kreativer Kräfte in jedem Einzelnen.

Die Teilnehmerinnen und Teilnehmer an den «Fachforen» zeigen sich im Vergleich zu «Tag X» möglicherweise in stärkerem Ausmaß emotional involviert. Die Zeitdauer der in einem längeren kreativen Arbeitsprozess entstandenen Erfahrungen trägt zu dieser Intensitätsqualität bei. In dem Beispiel «Tag X» werden die Fortgebildeten explizit nach ihren eigenen Ideen gefragt. In allen beobachteten Fortbildungen beschreiben die Teilnehmer die Atmosphäre als lernförderlich. In allen Abschlussrunden begrenzt das einzuhaltende Zeitkontingent die Austauschmöglichkeiten. Insgesamt scheint das Reflexionspotenzial noch ausschöpfbar. Einen positiven Abschluss zu setzen und einen kleinen ‚Proviant' für den Schulalltag mitzugeben, ist die eine Kunst; die andere, in der Reflexion Transferüberlegungen zu stärken.

2.2   Transferunterstützung in den Fortbildungen und in der Schule

Auf welche Art und Weise in den Fortbildungsformaten eine Transferunterstützung geleistet werden kann, ist nicht abstrakt beantwortbar, sondern an das Ziel der Konzeption und die Struktur des Formats und ebenso an den Inhalt gebunden. So ist die «SLT-Reihe» ein Beispiel für einen direkten Wechsel von Theorie-Input und Praxis-Bezug, was zahlreiche Gelegenheiten für Reflexion und Überlegungen zum Transfer bietet: Denn anschließend an den Theorie-Input haben die Schulleitungsteams die Aufgabe, in Arbeitsphasen das Gelernte auf die Strukturen ihrer Organisation und die Verhältnisse zu beziehen. Durch geeignete Strukturen und andere Gestaltungsmaßnahmen in der Schule soll Kulturelle Bildung eine nachhaltige Festigung erfahren. Dies berührt z. B. Fragen der Rhythmisierung und die inhaltliche Verknüpfung von Lernzeiten am Vor- und am Nachmittag. Außerdem betrifft dies die strategische Unterstützung von intraprofessioneller Teamarbeit und Kooperativität. Die «SLT-Reihe» schafft zuvorderst einen Blick auf die eigene Organisation, ihre Strukturen und weitere Anforderungen wie Kenntnisse im Projektmanagement. Durch den Austausch der Seminarteilnehmer, die aus verschiedenen Schulen kommen, entstehen vielseitige Reflexionsmomente, welche konkreten Erfahrungen mit Veränderungen gemacht worden sind. Im Zeitraum von zwei Jahren bietet jedes terminlich anstehende Blockseminar den Schulteams Gelegenheit, von aktuellen Fragestellungen und aufgetretenen Problemen zu berichten und eine diesbezügliche Kommentierung herauszufordern. Inwiefern dieses organisationale Lernen auch den Blick auf die eigenen Lernprozesse stärkt und zu Korrekturen an den Werten führt, ist unbekannt.[16]

Die «Workshops Kreative Unterrichtspraxis», die «Fachforen» und «Tag X» sind hingegen wichtige Erfahrungsquellen hinsichtlich der zahlreichen Facetten, die Kultureller Bildung aufweist und wie sie methodisch umgesetzt werden kann. Diese Formate setzen weitgehend auf ästhetische Erfahrung, neue Zugänge durch künstlerische Praktiken oder auch ein Kennenlernen von Kulturinstitutionen. Hier gilt offenbar unterschiedlich, ob eine Transferorientierung durch die Anwendungsnähe wie in der «Kreativen Unterrichtspraxis» angenommen wird oder ob ein Impuls, der Zeit zum Reifen bekommt, gesetzt wird, oder ob «good practise» zur Übernahme anregen soll. Von Letzterer ist bekannt, dass stets besondere

---

[16] „Sollen Organisationen in einem partizipativen und nachhaltigen Sinne lernen können, müssen die Individuen bereit und in der Lage sein, ihre mind maps und master programs zu revidieren. Insofern leistet der Ansatz [von Argyris/Schön, H.A.] auch einen Beitrag zur Überwindung einer ausschließlich strategisch-utilitaristischen Analyse organisationaler Dynamiken" (Brentel in Türk, 2000, S. 18).

Bedingungen vorliegen, die das Modell konterkarieren. So heißt es oftmals, „bei uns funktioniert das nicht". Eine Initiationslust der Lehrkräfte, ihre neuen Erfahrungen ins Feld einzubringen ist, wie das Teilnehmerfeedback zeigt, vorhanden. Die Bedingungen, auf die sie in ihrer Schule treffen, sind dann jeweils spezifische, was das Klima unter den Kollegen betrifft oder die praktische Unterstützung der Schulleitung.

Bedeutsam ist die auf dem Evaluationsmaterial gründende Vermutung, dass die Teilnahme von mehreren Lehrkräften einer Schule an den Fachforen in der Regel nicht zu einer gemeinsam geplanten fachüberschreitenden Umsetzung führt.[17] Der Schulalltag bietet offenbar zu wenig dafür reservierten Raum, kreative Ideen nachsinnend weiterzuentwickeln und strategisch denkend umzusetzen (wenn nicht das schulische Feld dafür bereitet ist). Die Reflexionsphase einer Fortbildung könnte ein solches Nachdenken anregen und nach möglichen Ideen und Konzepten fragen und diese spontan generierte, unverbindliche Sammlung durch die Teilnehmer als ‚kreatives Kapital' wachsen lassen. Allerdings sind die Verhältnisse an den Schulen je besonders, was die Kommunikation und den Austausch betrifft und nochmals anders, was eine kollegiale oder interprofessionelle Zusammenarbeit angeht. Das heißt die einzelne Schule stellt ein spezifisches und sozial geprägtes Feld von Beziehungen dar, auf dem die Einschätzung von persönlichen Einflussmöglichkeiten und Selbstwirksamkeit etc. gründen. Eine Lehrperson betont im Interview, dass die Fortbildungssituation im Verhältnis zur Schule unvergleichbar sei.

„Ich meine, das ist ja hier eine besondere Situation. Weil du bist den Menschen, denen du hier begegnest, [gegenüber] erst mal total offen. Die sind ja nicht irgendwie mit irgendwas besetzt, mit irgendwelchen Vorurteilen, mit irgendwelchen Erfahrungen. Sondern du nimmst die Leute erst mal so wahr, wie sie jetzt da sind. Und was die für eine Geschichte hinter sich haben, weißt du nicht, interessiert dich auch nicht so, sondern du nimmst den Moment wahr. In der Schule ist das, finde ich, wiederum ganz schön schwierig, weil da so eine Geschichte eine Rolle spielt, deine Position, deine Rolle, die du im Kollegium besetzt, ob das eine Führungsposition ist, oder ob das die Art ist, wie du unterrichtest, die Art ist, wie du einfach bist als Mensch, als Wesen. Und da, glaube ich, manchmal ist es relativ schwierig. Und deine Frage war ja, wie nehme ich Kulturschule oder die Einstellung gegenüber Kulturschule in meinem Kollegium wahr. Das ist eben genau das, dass ich da Kollegen habe, die so eingefahren sind in ihren Formen, dass es denen unglaublich schwerfällt, aus diesen Formen auszubrechen, weil diese Formen ihnen Halt geben, Sicherheit geben, und weil sie das,

---

[17] In den Evaluationsunterlagen findet sich nur ein Beispiel für die Adaption des Fachforums Metamorphosen als Projekttag für die Schülerinnen und Schüler an der Richtsbergschule Marburg.

was sie kennen, nicht aufgeben wollen. Und da ist so diese eine, diese starre Kontrafraktion. Und dann gibt es einen etwa größeren Teil, das sind so diese Neutralen. Das
sind die, die es gilt zu motivieren. Die es gilt mitzunehmen, die es gilt, irgendwie ja so
ein bisschen in Bewegung zu bringen, wegzuziehen von der negativen Fraktion. Und
dann gibt es die Fraktion, die total offen ist. Das ist der größte Teil. Und im Moment
ist es so, dass manchmal der größte Teil so frustriert ist, dass es so einen großen negativen Teil gibt. Und statt dass der große Teil sich mit denen beschäftigt, die noch so
zwischendrin stehen, und versuchen, einfach das zu leben, was von dieser Freude,
von dieser Begeisterung weiterzugeben und damit einfach den Anderen zu begeistern,
anzustecken" (FFT13, 08).

Der Interviewpartner wünscht sich, dass Freude und Begeisterung, die aus der
Fortbildung erwachsen, der Kulturellen Bildung in der Schule den Weg bahnen.
Dementgegen, so meint er, stünden die Routinen der Anderen. Die vorfindli-
chen Gruppierungen und das anzutreffende Klima empfindet er als Barriere. Die
Bedeutung des Klimas und des Umgangs untereinander für die Implementation
Kultureller Bildung hebt auch eine andere Lehrperson hervor:

„Mit wem willst du darüber sprechen? Es fängt ja schon vorher an, dass mein Name
bei der Tanzaufführung im Lehrerzimmer aushängt und jeder zweite Kollege mich
anhaut und sich schlapplacht und sagt, hier [Name], du gehst auf Tanzfortbildung,
das wollen wir alle gern mal sehen, hahaha. Okay, jetzt könnte ich diesen Kollegen in
einem kleinen Gespräch erzählen, wie toll das war. Das wird irgendwo hängen bleiben, vielleicht, aber es wird nicht dazu führen, dass sie ihren Unterricht verändern
oder dass sie irgendwie so einen Impuls mitnehmen" (FFT1).

Diese Lehrperson sieht wenig Gelegenheiten oder konkrete Adressaten für
Gespräche oder gar Umgestaltungsprozesse. Es scheint, dass die Tanzthematik
keine Anerkennung als ein relevantes Lerngebiet im unterrichtlichen Zusammenhang genießt.

Während einige Lehrkräfte anführen, dass ihnen in der Schule zusätzliche
Kommunikationsgelegenheiten und ein Erprobungsformat fehlen, reicht wiederum anderen der vorhandene Austausch in der Fortbildung und in der Schule
aus. Die Grundhaltung zum Ästhetischen im Kollegium ist eine andere als
im vorigen Fall. Zugleich scheint in diesem positiven Klima die mitgebrachte
Erfahrung aus der Fortbildung ausreichend aufgehoben.

„Eigentlich fängt das bei mir im Team an. Das geht über, eigentlich im Gesamtkollegium, weil bei uns das eine große Akzeptanz hat, wunderbarerweise. Und klar, einige
sind da weniger involviert, andere mehr. Und ein Großteil ist aber eben auch sehr
involviert oder macht einfach mit und findet das auch gut in dieser Form. Und deswegen gibt es da einen Austausch. Und dadurch, dass wir eben auch mit Kollegen oder

dass ich mit Kolleginnen hier bin und auch aus unterschiedlichen Bereichen, Fachbereichen, haben wir hier schon einfach den Austausch. In der Schule wird das dann
auch weitergetragen, weil die Stimmung bei uns einfach auch entsprechend an der
Schule ist" (FFT16, 05).

Anderen fehlt eine Würdigung von Inhalten und Methoden der Fortbildung
in der Schule, weshalb sich innerschulisch nur wenig an der Relation von
Fortbildungswilligen und dem Stamm der Reservierten ändere.

„Das sind tatsächlich eher diese situativen Austauschmomente. Also ich weiß jetzt
schon, welchen Kollegen ich erzählen werde, hey, das war cool, kommt mit, ich habe
das und das gelernt. Oder dass ich mich mit meinem DS-Kollegen austausche oder
auch mit dem Kulturschulbeauftragten von unserer Schule. Aber so richtige Foren
oder so eine Art Konferenz, ist, glaube ich, nicht angedacht, nein. Und das ist ein
bisschen schade, weil es dann nämlich weiterhin so bleiben wird, dass immer die gleichen zehn Kollegen von 90 auf diese Fortbildung fahren und die anderen sagen, was
machen die denn da schon wieder. Ja. Das ist eigentlich noch verbesserungswürdig an
unserer Schule, würde ich sagen, dass man eher so als Multiplikator, aber halt nicht
so situativ, sondern halt wirklich Multiplikator ist und das einfach mal vorstellt, was
man da gemacht hat" (FFT11, 05).

Gremien wie Gesamtkonferenz werden als nicht geeignet angesehen, sich mit
dem KulturSchul-Profil zu befassen. In geringem Umfang werden neue Kommu-
nikationsformate für Informationsweitergabe, Klärungen oder einen Austausch
entwickelt.[18] Schulleitungen können anscheinend noch Potenzial entfalten, Gelegenheiten zu nutzen, um den pädagogischen Gehalt des Profils KulturSchule zu
erläutern.

„Der andere Ort ist [die] Gesamtkonferenz, und diese Besprechungen sind ja immer
davon geprägt, dass es irgendwie schnell fertig sein soll. Und wir haben auf dem Weg
als Kulturschule an solchen Kulturschultagen, wo auch Leute von außerhalb kamen,
Musik zusammen gemacht mit so einem Drum-Circle, alle Kollegen zusammen, das
war supercool. Und das klang ja dann so, nein, das kann man auch mal in der Gesamtkonferenz machen. Aber am Ende des Tages bin ich als Kollege nicht da[zu da], die
Gesamtkonferenz zu gestalten, sondern es ist die Konferenzleitung, was bei uns die
Schulleitung ist, und die macht es nicht. Und da ist halt die Frage, stelle ich mich als
Kollege da hin und mache das jetzt und habe sowieso schon so ein Spaßvogel-Image

---

[18] Das Kollegium einer Förderschule liest und diskutiert miteinander vereinbarte Texte zur
Kulturellen Bildung. Außerdem wurde ein Projekttag eingeführt. Eine Gesamtschule zeigt
mit einer Kultursafari, allen Schülern und Lehrkräften, Eltern und Interessierten, welche
aktuellen Entwicklungen es in in Unterricht und Schule gibt.

und vielleicht finden es alle cool. Oder klappt es noch, wenn halt jemand von außerhalb kommt und einfach sagt, ihr müsst das jetzt machen. Und habe ich die Zeit in diesem stressigen Schulalltag, und das ist ja auch mit ein Problem von Musik, einfach erst mal diese 80 Musikinstrumente zu organisieren, dahin zu stellen, es aufzuräumen, hinterher wieder zu gucken, das ist einfach eine Menge Arbeit, die dahintersteckt, um so was möglich zu machen. Ja, also ich finde da wenig, also es gibt dieses persönliche Gespräch, man versteht sich mit einigen Kollegen besser und sagt, okay, das war cool. Aber es haben mir auch Leute gesagt, okay, interessant, aber ich kann das nicht nachmachen, was die jetzt da erlebt haben, was auch immer, Videos. Der eine war total begeistert von seinem Video-Workshop und hat ganz tolle Videos gedreht. Ich kenne mich auch ein bisschen aus mit Videos, ich könnte das auch machen, aber ich habe jetzt nicht den Punkt, wo ich sage, okay, sein Beitrag hat mich jetzt dazu geführt, dass ich mehr Videos drehe mit den Kindern. Ja, und so ist es halt eben mit den anderen Sachen auch" (FFT1, 31).

Dieser Fortbildungsteilnehmer registriert die feststehende Verantwortlichkeit für die Sitzungsleitung, was die Festlegung von Tagesordnung und Berichtspunkte miteinschließt. Er sieht es als Wagnis an, einen Bericht zu dem gelungenen Drum-Circle mit externen Kollegen zu geben. Offenkundig gehört eine Berichterstattung darüber nicht mit zu seinem Auftrag, jedenfalls versteht er es so. Nähme er sich die Freiheit, würde dies den stillen Konsens über den Ablauf von Gesamtkonferenzen verletzen. Noch im Verlauf des von ihm verfolgten Gedankens, welche Möglichkeiten bestünden, um das Fortbildungsgeschehen im Kollegium anzusprechen, sieht er für sich wie für andere zeitlich eine Grenze, weitere ansprechende Ideen aus der Fortbildung umzusetzen. Ihm ist daran gelegen, dass der schulexterne Fragesteller von der Universität versteht, dass es eine Grenze zwischen dem Möglichen und dem Machbaren gibt. Das, so gibt er zu verstehen, liegt nicht an der Güte der konzeptionellen Idee aus der Fortbildung, sondern an den Alltagspflichten und der zeitlichen Dichte der Schularbeit.

Insgesamt ist aus den Stellungnahmen erschließbar, dass die KulturSchul-Fortbildung in ihrer Adressierung des Teilnehmers nicht die Schule als Ganze und nicht die Organisation, die den Interaktionsrahmen strukturiert, anspricht. Es besteht die Auffassung, dass Kulturelle Bildung durch die Fortgebildeten in die Schule getragen wird; der vom Kollegium getroffene Beschluss KulturSchule zu werden, führt nicht dazu, die Implementation als Auftrag an die Organisation und alle Organisationsmitglieder anzusehen. Insofern sieht es auch das Kollegium als Aufgabe Einzelner an, Kulturelle Bildung im Unterricht oder in Projekten umzusetzen, nicht aber als Gesamtanliegen, über dessen Stand und Weitergang sich verständigt wird. Dementsprechend wird es als Aufgabe der Fachforen gesehen, jedes Kollegiumsmitglied ganz praktisch eigene Erfahrungen machen zu lassen, damit in der Breite bekannt ist, welch ernst zu nehmendes Angebot Kulturelle

Bildung bietet. Fände jede Lehrperson etwas für ihr Faible, würde niemand den Sinn Kultureller Bildung infrage stellen, so die Annahme:

> „Aber da setzt es aber ja an: dass möglichst viele Fachforen stattfinden und dass möglichst viele Kollegen dahin fahren. Und das ist ja das Ding, dass man einfach weiß, wovon man spricht, dass man nicht sagt, [...] was ist das denn albernes. Sondern dass jeder da so seine Sache macht und sein Ding findet" (FFT1, 32).

In dieser Sichtweise ist die Fortbildung, der ein ansteckendes Potenzial zugesprochen wird, zugleich die Transferinstanz. Der Innovationsimpuls liegt beim Fortbildungsfeld, die Umsetzung beim Fortgebildeten. Die Erwartung ist, dass sich der Unterricht sukzessive verändert, je mehr Lehrkräfte an den Fachforen teilgenommen haben. Derselbe Teilnehmer sieht seine Beobachtung in der Auffassung bestätigt, sie zeige, dass die Fortbildung bei den Kollegen auf fruchtbaren Boden gefallen sei.

> „Wo ich gemerkt habe, dass andere Kollegen, die auf diesen Fortbildungen waren, dass meine Musikkollegen auf einmal sehr coole Performances auf die Bühne gebracht haben mit Schülern, wo ich gemerkt habe, halt, ein Stück singen oder ein Theaterstück spielen, ist nicht alles. Sondern ich kann mit Bewegungsperformances total tolle Sachen machen, die auch andere Menschen begeistern. Dadurch vielleicht, dass dann 20 Kollegen noch, die dann irgendwie, sagen wir mal, Vorlesewettbewerb in der sechsten Klasse [haben]. Ich hatte das organisiert, mein Kollege war für die Performance zuständig und macht da so eine Sache, wo aber dann so zehn Kollegen sehen, okay, das war irgendwie ganz cool. Das Problem ist aber, dass die sich wahrscheinlich erst mal nicht trauen würden, wenn sie nicht doch dann selber so was erst mal machen. Also da gehört ja viel dazu" (FFT1, 31).

Es reiche nicht aus, sich etwas abzuschauen, so die Ansicht des Teilnehmers. Fortbildung führt zu eigenen Erfahrungen, und das Erproben gehört zum Sicherwerden mit dazu, um sich mit einem ästhetischen Zugang vor die Schülerinnen und Schüler zu begeben. Hinsichtlich der Verbreitung der Ideen im Kollegium der KulturSchule ist der Interviewpartner davon überzeugt, dass allererst die Fortbildung zu einer Verallgemeinerung der Kompetenz und der Angebote Kultureller Bildung führt. Auch bezüglich der Unterrichtsentwicklung wird Fortbildung als zuständiger Ort angesehen. Denn selbst ein Gestaltungs- und Einflussbereich als Vorsitzender eines Fachbereichsgremiums erscheint ihm als wenig geeignet, um zum Weitertragen von konzeptionellen Ideen aus der Fortbildung anzuregen. Eine Initiative seinerseits ginge an den Erwartungen der Kolleginnen und Kollegen vorbei, so die Ansicht. Es scheint ihm nicht opportun zu sein, als Kollege den anderen Lehrkräften einen Vorschlag zu machen.

„Die Gremien, die es gibt an der Schule, sind nicht dafür da, um irgendwie über Unterricht oder über Inhalte zu sprechen. Ich erlebe das als Fachbereichsleiter [im Fach X], dass halt solche Sitzungen einfach schnell vorbei sein sollen, dass man vielleicht bereit ist, das Kern-Curriculum umzuschreiben, aber jetzt den Schritt zu machen und zu sagen, ich mache jetzt eine Tanzperformance mit meinen Kollegen, so weit bin ich nicht" (FFT1, 30).

Das selbst Erlebte in der Fortbildung mit einer Tanzperformance wirkt fort, der Teilnehmer denkt sich in die Situation hinein, mit Kolleginnen und Kollegen dies auszuprobieren, aber das innere Bild lässt ihn das Vorhaben infrage stellen, weil er sich zum einen dafür nicht sicher genug fühlt, zum anderen eine kritische Haltung der Kollegen zu diesem Vorschlag vorwegnimmt.

Ein Fortbildungsteilnehmer nimmt, denkt er an den Transfer, das soziale Kollektiv, die anderen Lehrkräfte in der eigenen Schule in den Blick. Überwiegend gilt ein großer Teil als offen eingestellt, allerdings regulieren die in der jeweiligen KulturSchule vorherrschenden Gewohnheiten, Umgangsweisen und der Konferenzhabitus, wie die Disseminationsidee einer fortgebildeten Lehrperson aussieht. Auch das ist eben „Schulkultur". Als Normalität sind heterogene Ansichten, ein unterschiedliches Engagement und unterschiedliche Grade von schulischer Involviertheit feststellbar. Die im Unterrichtsalltag ausgeprägten Gewohnheiten geben Sicherheit; warum also, so die Frage der nicht Fortgebildeten, sollten Routinen verändert und aufgegeben werden?

Auf die Umsetzungsmöglichkeiten des in der Fortbildung Durchgeführten angesprochen, geraten die vorfindlichen Konstellationen von Mitziehenden, anderweitig Engagierten, eher Abwartenden oder Reservierten im Kollegium in den Blick der Interviewpartner; deren Interesse an Weiterentwicklung wird von den Fortgebildeten eingeschätzt. Dass die Schule mit ihrer Aufnahme in das Landesprogramm KulturSchule einen gemeinsamen Willen artikuliert hat, Kulturelle Bildung zu fördern und in der Lernkultur zu implementieren, wird nicht so vergegenwärtigt, dass dieser Beschluss die gesamte Schule als Organisation betrifft und somit die eigene Bereitschaft übersteigt. Mit ihrer symbolischen Schulkultur signalisiert sie den Lehrkräften (vgl. Helsper, 2008, S. 116), welchen Part sie in der Entwicklung der Schule und Lernkultur einnehmen. Es ist also auch eine Frage, inwieweit die Fortbildung diese über Jahre gewachsene Schulkultur modifizieren kann.

2.3 Transferunterstützung durch die Schulleitung

Für einen Fortbildungsrückkehrer spielt die Einschätzung, inwieweit es in der eigenen Schule erwünscht ist, das in der Fortbildung Erlernte in den Gesamtkontext einzubringen eine große Rolle. Anschaulich beschreibt ein Fortbildungsteilnehmer das soziale Feld in seinem Kollegium, in dem unterschiedliche Rollenzuweisungen herrschen. Fortbildungsinhalte in den Unterricht einzubringen erscheint als ‚private' Angelegenheit, über die meist nicht gesprochen wird. Wenn Neues in den eigenen Unterrichtsstil integriert wird, merken vor allem die Schülerinnen und Schüler, was für sie anders ist und ob es eine Lernhilfe darstellt.

Projekte mit Kollegen haben gemäß diesen Evaluationsunterlagen Seltenheitscharakter. Es kommt vor, dass bei Tagen der offenen Tür gemeinsam etwas vorbereitet und vorgestellt wird, ansonsten sei das Zeitbudget zu klein. Das bedeutet, dass die Schulkultur, das Klima unter den Kollegen und eine offene und fortbildungsfreundliche Atmosphäre, ein Interesse aller an dem, was die Fortbildung bietet, entscheidend dafür ist, ob über Fortbildung und den konstruktiven Ertrag für das Unterrichten und die pädagogische Beziehungsgestaltung gesprochen wird. In der Regel fehlt Lehrkräften ein Kommunikationsformat, in dessen Rahmen von den Lehrkräften ausgehend Lernerfahrungen weitergegeben werden und umgekehrt in dem sich KulturSchule als «lernende Organisation» zeigt.[19]

Vorwiegend werden die KulturSchulbeauftragten als Anlaufstellen für Informationen über die Fortbildungserfahrungen ihrer Kolleginnen und Kollegen gesehen, darüberhinaus geben sie auch Anregungen für Themen, die an Pädagogischen Tagen bearbeitet werden sollen, gleichwohl stellen sie kein auratisches Gestaltungs- oder Expertisezentrum der Schule dar. Insofern bleibt es meist bei einem Tür- und Angel-Austausch mit den Fortbildungsrückkehrern und aufgrund der Funktionszuweisung auch ohne weiterreichendere Konsequenz für die Lernkultur.

---

[19] Über die lernende Organisation herrscht in der Sozialwissenschaft Uneinigkeit, die auf die Ebene des Erkenntnisobjekts transponiert wird. Schulen gelten als „nicht in der Lage (…), um im Blick nach innen aus ihren eigenen Aktivitäten zu lernen und die an der operativen Basis (d. h. im Schulzimmer) akkumulierten Erfahrungen mittels Aufwärtskommunikation für die Schulorganisation nutzbar zu machen" (Geser, 2004, S. 26), zugleich orientierten sie sich „umso stärker" am äusseren Umfeld. Dass sich das Gestaltungsbewusstsein des Einzelnen vornehmlich auf den eigenen Unterricht richtet, nicht auf die Schule als Ganze, ist ein Effekt der Arbeitsstruktur. In der Ausbildung der Lehrkräfte in der ersten und zweiten Phase der Lehrerbildung wird dies kaum beleuchtet: Themen wie Schulautonomie, Organisationsentwicklung und Projektmanagement sowie multiprofessionelle Kooperation sind selten vertreten. In diesem Komplex liegt also noch ein Reservoir für die Fort- und Weiterbildung.

Nicht nur in der Theorie des Change-Managements nimmt die Schulleitung eine Schlüsselrolle für Schulentwicklung und Transfer ein. Auch in der Schulwirklichkeit beeinflusst sie grundsätzlich das Transferklima im Anwendungsfeld. Bezüglich der Umsetzungsphase von Fortbildung merkt Frank Lipowsky jedoch an, dass „eher selten [...] darüber nachgedacht [wird], wie extern stattfindende Fortbildungsaktivitäten einzelner Lehrer/innen oder Lehrerteams sinnvoll in schulische Prozesse eingebunden und von der Schulleitung wirkungsvoll unterstützt werden können" (Lipowsky, 2010, S. 65). Die Forschungsdokumente zur KulturSchul-Entwicklung sehen diesbezüglich ebenfalls Potenzial.

Interesse und Unterstützung der Schulleitung zeigen sich darin, wenn sie sich über die aktuellen Ansätze der Fortbildung auf dem Laufenden hält, Umsetzungsgelegenheiten im Kollegium und bei Fortbildungsrückkehrern direkt anspricht oder die Fortbildungsinhalte in übergreifende Zielsetzungen der Organisation wie das Schulprogramm einbindet.[20] Für die Transfermotivation der Lehrkräfte muss deutlich sein, dass Fortbildungsmaßnahmen in der Kompetenzerweiterung auch das Schulprogramm unterstützen und geschätzt werden. Eine Schulleiterin, die diverse Male in den Fortbildungen anzutreffen war, thematisiert in ihrem Kollegium entsprechend, was sie ‚mitgenommen' hat und erklärt damit zugleich auch die Fortbildung als wertvoll.

Was verrät das verbale Material dieser Evaluationsstudie zu der Bedeutung, die Schulleitungen den Fortbildungen für Kulturelle Bildung beimessen? Welchen Widerhall finden die Fortbildungsimpulse vor Ort in den Schulen?[21]

Alle Schulverantwortlichen nehmen in ihren Antworten einen Gesamtblick auf ihre Schule vor, auf ihre Schülerklientel und auf die mit dem KulturSchul-Profil verbundene Zielstellung. Als Entwicklungsstand zum Interviewzeitpunkt nennen alle fünf Schulleitungen ein erfolgreiches Herausarbeiten der Schule aus einer ehemals eher ungünstigen Situation. Ein großes Reservoir für Veränderung sieht ein Schulleiter im Potenzial des Kollegiums: Es „sind Pädagogen im besten Sinne", die sich „in der Gänze" „als eine Kümmerer-Schule" (ISL2, 0050) verstünden. Nach fünf Jahren habe die Schule jetzt „mehr Anmeldungen als wir aufnehmen können" (ebd.). Lehrkräfte wurden neu angeworben, zum Teil sind sie vom Schulleiter direkt persönlich angesprochen worden. „Menschen, die ich

---

[20] Die Richtsbergschule Marburg hat im Kontext des PerLenwerks (**Per**sonalisierte **Lern**umgebung mit **Werk**stätten) eine Fortbildung der Lehrkräfte in systemischer Beratung begonnen, um neue Aufgaben wie Lernbegleitung und Coaching zu ermöglichen.

[21] Als Grundlage für eine erste Einschätzung liegen fünf Interviews mit Schulleitungen vor, außerdem von fünf KulturSchulbeauftragten. Die Schulleitungen repräsentieren KulturSchulen von der ersten bis dritten Staffel. Sie leiten mit Ausnahme einer Förderschule Gesamtschulen, eine davon mit Oberstufe.

eingestellt habe, (sind) „von vornherein auch mit der Grundidee [KulturSchule] konfrontiert" worden. Das habe zu einer Dynamisierung geführt, die begleitet worden sei von neuen Themen, die die Schulleitung „in die Schule reingebracht" habe. Kultur sei übersetzbar mit der Höchstform von Individualisierung, die bei entsprechenden Rahmenbedingungen „tatsächlich jedem Kind es ermöglichen, seine Potenziale zu entfalten" (ebd., 04). Dem Schulleiter gehe es darum, ein Klima zu schaffen, in dem sich alle Schüler, aber auch die Lehrkräfte entwickeln könnten (ebd., 06).

In den Fortbildungen erkennen die Schulleitungen einen strategischen Nutzen für die KulturSchul-Entwicklung: „[D]ie Identifikation […] als KulturSchule steigt, wenn man an so einem Fachforum teilgenommen hat" (ISL1, 21; 14). Dem KulturSchul-Programm wird Innovationskraft zuerkannt: „[E]ine Schule, die sich nicht entwickelt, entwickelt sich zurück" (ISL5). Sie unterstützen die Kontinuität der Entwicklung: „Wir müssen in diesem Fluss bleiben" (ISL3, 62). Die Fortbildungen wirken anregend auf die Lehrkräfte. Sie kommen „aufgeheizt mit vielen Ideen, mit viel Elan [die] auch wieder in die Schule zurückwirken" (ISL2, 11) von der Fortbildung. Allerdings kenne der Schulleiter die Fachforen nicht und suche noch nach einem Format, wie wir „eine Idee schaffen für ästhetische Zugangsweisen" (ebd., 21). Eine andere Schule ‚buchte' Fachforen zu einer schulinternen Fortbildung, um so die Entwicklung zur KulturSchule zu fördern (ISL1). Zu einem späteren Zeitpunkt nahm die Schulleitung mit einer Gruppe von Lehrkräften an einem anderen Fachforum teil. Dies hat das Verständnis des Fortbildungsanliegens nach eigenem Bekunden stark gefördert.

Die Fortbildungen verstehen die Schulleitungen als „Schulentwicklungsmaßnahme" (ISL1, 1,43), sie förderten die „‚Corporate Identity' […] im Sinne von KulturSchule", sagt eine Schulleiterin, um anzufügen, dass jede Teilnehmerin „[s]ich selber mit ihrem Begriff von Kunst und Kultur" beschäftigen könne, was „sich auch im Alltag ausgewirkt [hat]".

> „[J]a, der konkrete Nutzen ist, dass die Lehrer, die auf den Fachforen waren, dass die mal nicht so arg didaktisch gedacht haben erst mal, sondern einfach sich selber mit ihrem Begriff von Kunst und Kultur beschäftigt haben und das dann mit zurückgebracht haben in die Schule" (ISL1, 04).

Wenn Schulleitungen Fachforen besuchen, um so die Besonderheit der ästhetischen Zugänge kennenzulernen, können sich ganz neue Blicke auf das eigene Personal ergeben:

„Ich sehe die Kollegin, mit der ich so am engsten da (beim Fachforum, H.A.) zusammen war, ganz anders jetzt und kann viel besser einschätzen, dass da noch ganz viele Möglichkeiten sind. Das hätte ich vorher nicht so gedacht, dass wir darüber in der Arbeit weiterkommen [können]" (ISL1, 05).

Somit scheinen in der Interaktion im Rahmen eines kunstbezogenen Workshops noch unbekannte Seiten in der Persönlichkeit auf, und dies bietet einen zusätzlichen Ansatzpunkt für die gemeinsame Arbeit an der Schulentwicklung. Außerdem wird von der Schulleiterin die Hoffnung geäußert, dass die Teilnahme an den Fachforen auch die Haltung der Lehrkräfte ändere und es in der Folge zu einer stärkeren Beteiligung an der Schulentwicklung komme. In ihrem Unterricht sollen die Lehrkräfte „sich auch ein bisschen freier fühlen, in dem was sie tun" (ISL1, 13).

Die Schulleitungen sehen einen Vorteil im Gruppenbesuch der Lehrkräfte, weil er die „Nachhaltigkeit" und die „Verbreitung in der Schule" (ISL2, 08) fördere. Das soziale Miteinander werde dadurch gestärkt:

„Und auch Lehrerinnen und Lehrer zu haben, die dann eine gute Ausbildung in den Fachforen haben, das ist da definitiv ein wesentlicher Beitrag dazu gewesen, dass so was gelingt. Und dass es sozusagen in dem spürbaren sozialen Frieden, sozialen Miteinander gut funktioniert" (ISL5, 19).

Befragt nach Wahrnehmungen von möglichen Veränderungen hat sich für einen Schulleiter „vor allem [bei der] Unterrichtspraxis" was getan. An dieser „entscheidet sich nicht nur KulturSchule, da entscheidet sich auch gute Schule" (ISL2, 10).

„Und das nehme ich wahr, dass diese Impulse im Unterricht ankommen. Das kann ich gut sehen, weil ich regelmäßig im Unterricht bin bei den Kolleginnen und Kollegen" und „auch einmal im Jahr im Anschluss an diesen Unterrichtsbesuch mit ihm oder ihr ins Gespräch komme darüber, wie wollen wir an dieser Schule Unterricht gestalten" (ISL2, 10,04).

Auch Skeptiker würden sich durch die Fortbildung überzeugen lassen:

„Also ich habe da so einen Kollegen vor Augen, der immer wieder gesagt hat, was soll das denn. Und der ist zum Glück auch auf einem dieser Foren gewesen. Er kam zurück und war total begeistert und hat in seinem Chemieunterricht ästhetische Zugänge eröffnet, die er, glaube ich, vorher selbst nicht für möglich gehalten hat" (ISL2, 08).

Es sei günstig und hilfreich, dass die Fortbildung alle Fachlehrkräfte anspreche. Die besondere Möglichkeit, dass Lehrkräfte bei den Fachforen sich zweieinhalb Tage auf eine Sache konzentrieren können, wird außerdem gewürdigt. Diese Aussage besagt viel über den im Lehrberuf vorherrschenden Zwang zum kurzatmigen Multitasking.

Indes sind auch Lehrkräfte von einem Fachforum zurückgekommen, die der Schulleiterin mitteilen, es habe „jetzt für unsere Sache wenig gebracht. Wir haben uns da nicht wiedergefunden. … das muss ich ja auch ernst nehmen" (ISL3, 05). Sie schildert, wie sie darauf eingeht und diese Gruppe von Fremdsprachenlehrkräften sich eine andere Fortbildungsmaßnahme aussuchen lässt, die diesen besser zur Intention der Veränderung des Sprachunterrichts passt.

Aber auch für die eigenen Bedürfnisse als Persönlichkeit in der Schulleitungsaufgabe bietet die KulturSchul-Entwicklung eine Perspektive:

„Und KulturSchule wäre ja jetzt so eine Möglichkeit auch für mein Leitungshandeln, etwas kreativer zu werden oder ein bisschen mehr Freiheit mir zu nehmen. Und, ja, da bin ich dran. Das gelingt mir natürlich nicht, weil ich in bestimmten, man ist ja in so einem, wie soll ich sagen, das ist ja so eine Mühle. Man funktioniert und funktioniert und funktioniert. Und da so auszubrechen und einfach auch mal Dinge zu machen, die ungewöhnlich sind, bei denen ich mich wohlfühle, ja, so. Da suche ich im Moment so nach, ja, versuche, das zu tun" (ISL1, 00,11).

Was für das eigene Leitungshandeln noch in einer Erprobung ist, hat sich in einigen Schulen dahingehend konkretisiert, die Konferenzgestaltung zu verändern. Darin soll sich ebenfalls die Besonderheit des Schulprogramms ausdrücken.

Hinsichtlich der Auswirkungen auf Schülerinnen und Schüler wird von einer Schulleiterin die Hoffnung artikuliert, dass Lehrkräften bewusst wird,

„dass es wirklich darum geht, sich mit einem Aspekt der Persönlichkeitsbildung zu beschäftigen, so, dass was Neues entstehen kann, was wir gestern auch da besprochen haben. Einfach, dass neue Dinge möglich sind, dass man keine Angst hat, mal was Neues zu tun oder was zuzulassen" (ISL1, 14).

Es lässt sich konstatieren, dass die Schulleitungen die Fortbildungen schätzen und würdigen. Verschiedentlich werden neue Lernräume geschaffen wie Kulturwerkstätten in der Förderschule[22] oder Arrangements zur Individualisierung des Lernens oder internationale Austauschprogramme an einer anderen KulturSchule.

---

[22] „[D]a kann jeder machen, was er will mit den Kindern und mal ausprobieren. Und da ist schon einiges passiert an Veränderungen, also weg vom Basteln hin zum Wir-gehen-mal-in-die-Natur und machen was mit dem, was wir da finden …" (ISL1, 16).

All diese Innovationen sind herausfordernd, benötigen Kooperationspartner, die eingebunden werden müssen, und außerdem eine neue angemessene Ausstattung. Eine solche Baustelle darf jedoch nicht den Blick der Schulleitung von der schulischen Gesamtentwicklung ablenken. Auch wegen solcher die Aufmerksamkeit der Schulleitung bindenden Konzentrationspunkte auf das aktuelle Geschehen stellen die regelmäßigen Fortbildungs- und Vernetzungsangebote eine verlässliche Struktur für die KulturSchul-Entwicklung dar und gewährleisten das ‚Im-Fluss-Bleiben'.

3 Die Schule als Ort des Transfers

Die Metapher „Im-Fluss-Bleiben" steht für die Gewährleistung von Kommunikation und Transparenz über das Geschehen im Kontext des KulturSchul-Profils. Auf Schulebene ist weitgehend eine Berichterstattung von den Fachforen eingeführt worden. Die 2017 durchgeführte Befragung an fünf KulturSchulen zeigt, dass über die Hälfte derjenigen, die an Fortbildungen teilgenommen haben (52 %), angeben, dass die KulturSchul-Fortbildungen in größeren Sitzungen wie in einer Gesamtkonferenz thematisiert werden. „Auf den Gesamtkonferenzen habe ich immer einen festen Punkt, seitdem wir in der Entwicklung KulturSchule sind. Das kann dann ein organisatorischer Punkt sein, das kann aber auch ein inhaltlicher Punkt sein. Dann haben wir eigene pädagogische Konferenzen zum Thema KulturSchul-Entwicklung" (ISL1, 22). Schulische Gremien, in denen die Interviewpartner eine Berichterstattung verorten, sind etwa Fach- und Gesamtkonferenzen, auch Treffen der KulturSchul-Teams oder schulinterne Arbeitsgruppen zu bestimmten Fragestellungen oder ein Austausch in Jahrgangsteams und bei Pädagogischen Konferenzen bzw. Pädagogischen Tagen.

Die Berichte von der Fortbildung sollen die Kolleginnen und Kollegen in Form einer Gegenleistung für ihre Vertretung im Unterricht informieren („du durftest drei Tage weggehen, jetzt bedankst du dich" (ISL3, 82)); implizit teilt dies auch mit, dass die Fortbildungszeit wertgeschätzt wird, weil sie das Schulanliegen unterstützt. In schulischen Gremien stellt das Berichten ein Signal dar, dass die Fortbildung der Lehrkräfte im offiziellen Interesse der KulturSchul-Profilierung geschieht. Allerdings treten dabei nicht immer die erwünschten Effekte ein. So wurde wiedergegeben, dass nach einer längeren Notenkonferenz verabredungsgemäß eine Rückkehrergruppe über das besuchte Fachforum informierte, was in der Art und Weise, in der dies erfolgte, die Geduld der Zuhörerschaft strapazierte. Es hieß sodann, die Gruppe jüngerer Lehrkräfte hätte ihren Auftrag nicht gut vorbereitet gehabt. Befürchtet wird, dass das Misslingen des Berichts auch den Anlass, die Fortbildung, beschädigt.

Der innerschulische Austausch über die von den Fortbildungsteilnehmenden gesammelten Erfahrungen wird als wichtig betrachtet; in manchen Kollegien seien einige „auch schon gespannt, was wir alles mitbringen", sagt eine Fortgebildete (IFFT8, 07), jedoch wird auch die Problematik angesprochen, dass sich die Besonderheit der ästhetischen Prozesse und ihre Wirkungen mündlich nur schwer mitteilen lassen, so eine KulturSchul-Beauftragte:

> „Man muss schon gucken, wie transportiert man das, was man erlebt hat, ins Kollegium. Am besten fahren alle mal hin, dann sieht man das mit ganz anderen Augen als wenn ich nur so als Außenstehender denke, warum haben die jetzt zweieinhalb Tage da das gemacht. Und das sind ja dann auch nur kurze Ausschnitte. Mal ein Video von irgendwas zu sehen und denken, das war jetzt der Inhalt der zweieinhalb Tage, ist ja auch sicherlich nicht der richtige Schluss. Aber das wird dann schon vereinfacht gesehen. Und da muss man aufpassen. Am besten [ist], Leute selber hinschicken" (IKSKL2, 45).

Die Fortbildungserfahrungen sind ein Anlass für einen informellen Austausch der Lehrkräfte in der Schule. Der Teilauswertung einer Studie, die im nächsten Kapitel ausführlich beschrieben wird, ist zu entnehmen, dass nahezu 85 % der Fortgebildeten angeben, mit ihren Kolleginnen und Kollegen über Ideen aus der Fortbildung zu sprechen. Abb. 2 zeigt Einschätzungen über Austausch und Transfer seitens der Fortgebildeten. (S. 192). Die Itemformulierungen ermitteln, ob dies während der Fortbildung oder in der Schule geschehen ist.

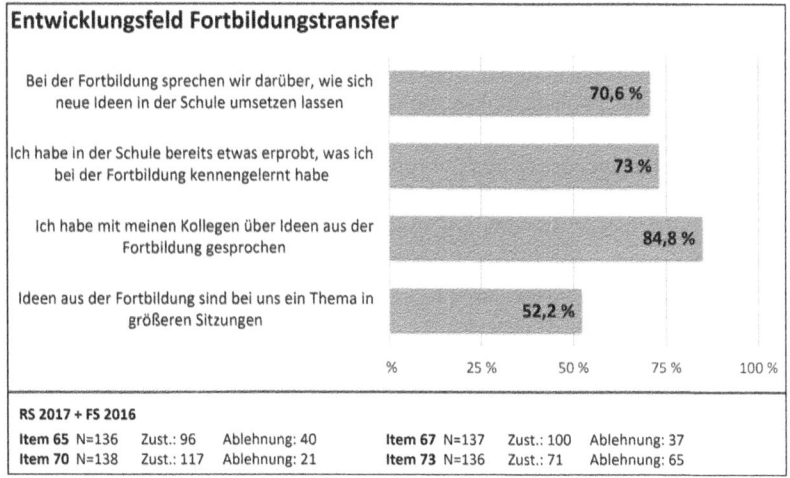

Abb. 2 Lehrkräfte zum Transfer

Der Aussage während der Fortbildung darüber gesprochen zu haben, wie Ideen in der Schule umgesetzt werden können (Item 65) stimmen 70,6 % der Fortgebildeten zu. Dies ist eine wichtige Transferbedingung, wie im Reflexionsabschnitt erläutert worden ist. Eine Idee aus der Fortbildung in der Schule umgesetzt zu haben (Item 67), bestätigt nahezu drei Viertel der Fortbildungsteilnehmenden (73 %). Hingegen zeigt sich auch hier, dass die offiziellen Treffen der Lehrkräfte eher anderen Themen gewidmet sind: So stimmt etwas mehr als die Häfte der Fortgebildeten der Aussage zu, dass Ideen aus der Fortbildung Thema in größeren Sitzungen sind (Item 73), was innerhalb der Fragestellungen zur Kommunikation den, relativ gesehen, geringsten Wert darstellt.

Inwiefern Anregungen, die aus einem Fachforum hervorgehen, als schulischer Projekttag oder inwieweit gelungene ästhetische Zugänge in den Fachdisziplinen darüberhinaus auch im Schulcurriculum verankert werden, müsste über das schulinterne Curriculum und die KulturSchul-Zertifizierungsunterlagen herausgefunden werden.

Ein systematisches Aufgreifen von Fortbildungsimpulsen in den Schulen erfordert eine ausgeprägte Management- und Kommunikationskompetenz von der Schulleitung (vgl. Krainz-Dürr, 1999). Denn im Kontext Schule treffen vielerlei Anliegen und dringliche Probleme aufeinander, auch widersprüchliche oder gar gegensätzliche. Einige müssen ad hoc bearbeitet werden, andere haben Priorität, sodass in der Geballtheit aktueller Tagesfragen die Gefahr besteht, das notwendige Innovationsmanagement für eine konzise KulturSchul-Konzeption in den Hintergrund zu drängen. Zudem erzeugen Änderungsprozesse an sich zunächst Widerstände. Auch die in einer eigenverantwortlichen Schule vorhandene funktionelle Differenzierung in Steuergruppen und thematisch spezifizierte Projektgruppen kann im Kollegium kritisch bewertet werden, wie Studien zeigen. Grundsätzlich ist es somit nicht außerwöhnlich, dass mit der Schulprogrammarbeit einhergehende Veränderungen im Unterricht auch zu Abwehr bei einem Teil der Lehrkräfte führt. Schulleitungen oder Lehrkräfte haben, ohne dass es einen darauf zielenden Nachfrageimpuls in den für die Evaluation geführten Interviews gab, Konflikte angedeutet. Sie haben von sich aus Einwände angesprochen, die von „Kontrafraktionen" stammen und die sie somit als bemerkenswert erachtet und markiert haben. Um welche Bedenken handelt es sich? Welche Auswirkungen haben diese möglicherweise auf das Transferklima?

4   KulturSchule als Arena

Konflikte oder Auseinandersetzungen im Schulfeld werden mit dem Arenabegriff aufgenommen. In der Evaluationsforschung ist dieser gebräuchlicher als im Schulkontext, vor dem Hintergrund, dass eine Evaluation, die beauftragt wird, bereits von unterschiedlichen Interessen und Betroffenheiten einer Evaluation in einem Handlungsfeld ausgehen muss.

Grundlage ist, dass auch das Kulturelle und die Ästhetische Bildung zu Abwehr führen (Zirfas, 2015). Kunstwerke und Kunststile sind hinlänglich deshalb bekannt geworden, weil sie Auseinandersetzungen hervorrufen. Solche stehen immer auch in Beziehung zu anderen Arenen wie dem politischen, sozialen und ökonomischen Feld (ebd., S. 10). Mit dem Programm KulturSchule, deren Eckpunkte Kultur und dem Ästhetischen einen Rang auf Augenhöhe mit anderen Fachdisziplinen einräumen, wird implizit auch eine Debatte über die Identität und Wiedererkennbarkeit von Fachkulturen angestoßen.

Im Folgenden werden drei Kontroversen referiert, die Schulleitungen berichtet haben und die Zuschreibungen beinhalten, die auf die Implementation und das Praxisfeld wirken.

Ästhetische Zugänge mindern die Unterrichtsqualität
Eine Fortbildungsakteurin berichtet: „Von außen kommt dann (gegenüber ästhetischen Zugängen, H.A.), was ist überhaupt die Qualität, was ist die Berechtigung? Lernen die Schüler genug, können wir die so noch aufs Abitur vorbereiten, sind die konkurrenzfähig und so weiter und so fort" (IS4, 42). Es werden gleich mehrere Fragen aufgeführt, die in ihrem Kern die Frage nach der Qualifizierung der Schülerinnen und Schüler zum Bestehen des Abiturs zum Inhalt haben. Der Verweis, dass diese Fragen „von außen" an die Schule herangetragen werden, will besagen, dass es intern in der Schule keine Relativierung der Zustimmung der Schule zum KulturSchul-Programm gibt[23]; aber die Aufgabe der Schulleitung steht im Fokus, auch dann ‚die' Unterrichtsqualität zu garantieren, wenn ästhetische Zugänge praktiziert werden.

Diese Referierung gibt keine Begründung an, warum ästhetische Zugänge dem Lernen abträglich sein sollen. Möglicherweise erkennt der oder die Kritiker in den ästhetischen Methoden das von Schule herrschende Bild als Ort des reproduzierenden Lernens nicht wieder. Theatralische, musikalische, diverse performative

---

[23] Die Formulierung „können wir" macht Sinn, wenn es hier um die Schule und Lehrpersonen geht. Dies lässt vermuten, dass es sich doch nicht nur um Stimmen „von außen" handelt.

Elemente in manchen Fächern mögen ungewöhnlich sein. Allerdings verrät der Fingerzeig auf das Bestehen des Abiturs, dass hier schulische Anforderungen, wie sie üblich sind, eingefordert werden. Es spielt für diese Kritik keine Rolle, ob ästhetisches Lernen zur Vielseitigkeit in der Persönlichkeitsentwicklung beiträgt, Anstrengung erfordert und zu Kompetenzen führt; für kritische Eltern stellt sich einzig die Frage, ob Kompetenzen vermittelt werden, die für die Abiturprüfung relevant sind. Die Befürchtung scheint, dass eine Zulassung neuer Ausdrucksmöglichkeiten die in der Konkurrenz der Schüler offenbar bereits verbuchten Erfolge ihres Sprößlings ‚verwässern' könnten. Kommen nunmehr Handlungsorientierung im Unterricht und spielerische und erprobende Elemente im Unterricht vor, sind ihnen die neuen Maßstäbe ein Indiz für die Möglichkeit eines Zurückfallens ihres Kindes in der Rangreihe der Schülerkonkurrenz.

‚Moleküle tanzen' – ist das noch Chemie?

Es mag vielleicht seltsam anmuten, wenn ein Kind mit ausgebreiteten Armen den Flur entlang tänzelt und fröhlich erklärend dazu sagt, ‚ich bin ein Blutplättchen'. So berichtet dies eine Schulleiterin, die damit mitteilten will, wie sonderbar auf einen Besucher eine Bewegungs- und Sinnesorientierung im Unterricht wirken kann. Aber muss man darüber erstaunt sein? Dieses Schulkind sitzt nicht über einem Schaubild im Biologielehrbuch oder schaut sich einen Film dazu an. Die Begegnung im Flur bringt zum Ausdruck, dass Lehrkräfte naturwissenschaftliche Sachverhalte unter Einbezug innengerichteter körperbezogener Sinne verständnisintensiver gestalten und bei diesem Kind sich ein leibhaftiges Bei-der-Sache-Sein eingestellt hat (Fauser, 2018). Diese Umstellung auf ein Lernen mit allen Sinnen mag mit den herkömmlichen Methoden, die in ihrem Lerneffekt weitgehend nicht überprüft sind, konfligieren. Wenn nunmehr andere eingesetzt werden, wäre zu untersuchen, wie sie das Lernverständnis anregen und ob es sich verbessert oder nicht. Die Lehrkräfte in Naturwissenschaften an dieser Schule sind eher davon überzeugt, mehr Aufmerksamkeit ihrer Schüler, die aus bildungsarmen Elternhäusern stammen, zu bekommen. Die Naturwissenschaftslehrkräfte gelten, was Unterrichtsinnovationen betrifft, eher als zurückhaltend: Wenn „einer 20 Jahre lang das [seine Unterrichtsroutine, H.A.] gemacht hat und plötzlich soll er ‚Moleküle tanzen', dann hat er vielleicht Angst, ich kriege das nicht hin, ich mache mich lächerlich". Mit dieser Aussage wird auf Unsicherheit verwiesen bis hin zur Befürchtung, nicht als Autorität im Fach anerkannt zu werden. Um ein Verständnis für eine zögerliche Umsetzung der ästhetischen Zugänge deutlich zu machen, wird auf eine gegenüber der Waldorfpädagogik geäußerte Abwertungsmetapher zurückgegriffen. Sie besagt zugleich, dass bei ihrer Verwenderin ein Fachbild ins Rutschen gekommen ist. Dies ist ein erneuter Verweis darauf, dass es tradierte

Bilder von Unterricht und Schule gibt. Werden diese angetastet, geht eventuell auch der Glaube an das Lernen in der Institution verloren. Die Äußerungen der Lehrkräfte nach der Fortbildung besagen hingegen, dass sie erst dann etwas ausprobieren, wenn für sie wahrscheinlich ist, die Schüler damit zu gewinnen, etwas Neues auszuprobieren.

Von wegen KulturSchule: Unterrichtsausfall!

„Wir kommen [von einer Fortbildung] zurück und werden von den anderen angemacht und auch von den Eltern; und ich kriege nach dem Schulelternbeiratsabend die Mitteilung, ja, was heißt denn hier KulturSchule, bei Ihnen fällt ja nur Unterricht aus – was nicht stimmt" (IXT2, 21). Dieses Beispiel illustriert ebenso wie die kritische Anfrage zur Unterrichtsqualität das konflikthafte Verhältnis zwischen Eltern und der Schule als Institution. Obwohl die Schulleitung bereits im Vorfeld der Fortbildungen dafür sorgt, dass die zur Fortbildung gereisten Lehrkräfte vertreten werden, ist es zu diesen Anwürfen gekommen.

Geht es dem Elternvertreter darum, darauf aufmerksam machen zu wollen, wie sehr Schüler auf eine gute Sachkenntnis angewiesen sind und damit auf Unterricht, der eben diese vermitteln soll? Wäre dem so, käme es gar nicht erst zu einem Dissenz mit der Schulleitung, da der Unterricht nicht ausgefallen ist. Offenbar bringt der Umstand, dass die Lehrkräfte der Schule sich in der Pädagogik auf dem Laufenden halten und in neuen Methoden fortbilden, der Schule keine Anerkennung ein. Ihr wird sogar abgesprochen Kulturschule zu sein, was an wenigen abwesenden Lehrpersonen festgemacht wird. Da deren Unterricht vertreten wird, gilt dies den Kritikführenden offenkundig nicht als gleichwertig und anerkennungswürdig, sodass für sie ein Verstoß gegen professionelle Usancen vorliegt. Das lässt darauf schließen, dass hier eine inoffizielle Berufsdefinition vorgelegt wird, nach der eine Lehrperson schlicht die Pflicht hat, Unterricht zu erteilen wie Lehrer Lämpel. Dieser ließ Diktate schreiben, fragte ‚Stoff' ab und kontrollierte den Abschrieb von der Tafel. Mit diesem überkommenen Unterrichtsbild erscheint ein ‚Sich fortbilden' wie Pflichtvergessenheit.

Dieses Räsonnement macht deutlich, dass ein Lernkulturwandel vom Lehren zum Lernen Widerstand und Abwehr hervorrufen kann. Eine Vorsorge zu treffen, indem Einblicke in diese noch ungewohnten Unterrichtsansätze ermöglicht werden, ist nicht nur hinsichtlich der Eltern wichtig, sie nimmt auch die noch skeptischen Lehrkräfte mit. Und eine Diskussion in der Schule über Kriterien, wann Lernen gelingt, welche zahlreichen Dimensionen es annimmt, und wie es festgestellt werden kann, bietet eine Grundlage, auf die bei solchen Auseinandersetzungen zurückgegriffen werden kann. Zudem können Freiräume in der

Notenvergabe genutzt werden, die der Gesetzgeber in Hessen 2019 beschlossen hat.[24]

Abschließend lässt sich sagen, dass Transfer die „Entwicklung einer gemeinsamen Perspektive" (Kauer, 2018, S. 143) benötigt, da die „Transfersituation [...] vom Kontext Funktionsfeld direkt beeinflusst [wird]" (Gessler, 2012, S. 386).

5　　Fazit und Ausblick

Kommt Kulturelle Bildung qua Fortbildung in die Schule? Infolge der Auswertung der Interviewdaten zeigt sich, dass die Beantwortung dieser Frage sich nicht allein am Vorhandensein von Fortbildungsgelegenheiten, deren Qualität und deren Nutzung, entscheidet, sie entscheidet sich ebenso am Transfer und der Transfersituation. Denn eine Lehrkräftefortbildung kann „zwar wirksam sein und dennoch findet keine Anwendung der vermittelten Inhalte im System Schule statt. Die Wirksamkeitsevaluation[25] [von Fortbildungsveranstaltungen, H.A.] lässt somit keine Rückschlüsse auf die Anwendung von Fortbildungsinhalten im System Schule zu" (Vigerske, 2017, S. 25).

Das für die Stabilisierung und Erweiterung der Kompetenzen von Lehrkräften fundamentale Lernfeld Fortbildung zielt auf die ,Wirkung' auf den Adressaten, die Persönlichkeitsstärkung der Lehrperson, und zum anderen die Entfaltung der erworbenen Kompetenzen im Handlungsfeld Schule. Für die Forschung wie auch der Fortbildungspraxis stellt sich also die Frage, wie die in der Fortbildung aufgebaute Transferbereitschaft, unter der Bedingung pädagogisch selbstverantwortliche Schule stärker unterstützt werden kann. Noch ist allerdings die Interdependenz zwischen Fortbildungsmaßnahme und Schule als zwei aufeinander verwiesene Orte kaum in der Optik der Forschung zur Lehrkräftefortbildung.

Die Transfermotivation einer Lehrperson wiederum hängt von verschiedenen Einflussfaktoren ab, wie der Transferstudie von Stefanie Vigerske (2017) zu entnehmen ist. Das Untersuchungsergebnis ihrer Studie hebt die Bedeutsamkeit der Zufriedenheit des Teilnehmers mit der Fortbildung hervor[26] und nennt darüberhinaus zwei weitere „wesentliche Faktoren", die die Transferentscheidungen der

---

[24] Aufbruch im Wandel. Koalitionsvertrag zwischen der CDU Hessen und BÜNDNIS 90/ DIE GRÜNEN Hessen für die 20. Legislaturperiode. Stand 01.02.2019.

[25] Vigerske meint hier die Feedback-Befragung der Teilnehmenden im Anschluss an eine Fortbildung, die im Fachjargon als „happy sheets" bezeichnet werden.

[26] Wie bereits an anderer Stelle dieser Publikation vermerkt, ist die Teilnehmerzufriedenheit vom Lernerfolg zu unterscheiden.

Lehrkräfte beeinflussen. Diese sind das Vertrauen in die eigene Fähigkeit, das in der Fortbildung Gelernte in der Schule anzuwenden, sowie die Möglichkeiten, das Gelernte einzubringen, sei es, dass dies durch die verfügbare Zeit reguliert wird oder durch Voraussetzungen im Lehrplan oder die unterrichtete Jahrgangsstufe. Dies hier vorgelegte Evaluation der Fortbildungen im KulturSchul-Kontext verweist darauf, dass diese in Vigerskes Studie herausgearbeiteten Bedingungen sogar noch zu erweitern sind.

Ausgehend von ihren Ergebnissen gibt Vigerskes Transferstudie Hinweise für an Einzelfaktoren ansetzende weitere Studien als auch Handlungsempfehlungen für die Fortbildungspraxis. Da ihre Untersuchung den Nukleus des Transfers in der positiven Rezeption der Fortbildung beim Fortbildungsteilnehmer sieht, ist die weitergehende Frage konsequent und nachvollziehbar, nach Ansatzpunkten zu suchen, wie die Motivation weiter gestärkt werden kann, das Erlernte auch anzuwenden. Hierfür spielt neben den zwei bereits genannten Faktoren die Situation in der Schule eine Rolle. Diese wird dahingehend pointiert, dass Lehrkräfte sich als Einzelkämpfer sehen und „oft nicht gemeinsam mit Kollegen an der Umsetzung von Lehrerfortbildungsinhalten arbeiten können" (Vigerske, 2017, S. 259); außerdem werden sie kaum ermuntert und sie erhalten kein Feedback zu ihren unterrichtlichen Umsetzungen. Zu Letzterem besteht auch kein Austausch mit anderen Lehrkräften (ebd.).

Eine Transferstützung, die Vigerskes Studie in ihrer Auswirkung als statistisch signifikant nachweist, gelingt dann, wenn Dozenten nach der Fortbildung für weitere Rückfragen zu Verfügung stehen oder weitere Treffen der Fortbildungsteilnehmer zu Umsetzungsperspektiven stattfinden. Spätere virtuelle Treffen im Internet werden von Fortbildungsteilnehmern hingegen eher weniger genutzt. Es wäre wichtig, dieses Ergebnis bei einer künftigen Planung von Lehrkräftefortbildungen zu reflektieren, da darin erneut die Bedeutung personaler Beziehung aufscheint.

Auch die hier in dieser Publikation vorgestellte Evaluation der Fortbildung für KulturSchule kommt aufgrund der verbalen Daten von Teilnehmern an den Workshops der Fachforen zu einem ähnliche Befund, zumindest was die Transfersituation in der Schule betrifft. Dies ist bemerkenswert, weil diese Evaluation sich mit einem kleinen Spektrum von Fortbildungsformaten befasst, die auf die Schulentwicklung von seinerzeit 20 Programm-Schulen hinsichtlich der Etablierung eines kulturellen und ästhetischen Profilschwerpunkts im Rahmen schulischer Allgemeinbildung zielen. Formatübergreifend geht es also um eine curriculare und eine didaktische fachübergreifende und fächerverbindende Fortentwicklung des Unterrichts durch Konzepte und Herangehensweisen, die auf einem breiten

Allgemeinbildungsverständnis beruhen (Klafki, 1991), um dezent ein Gegenwicht zum klassischen Kernfachkonzept zu setzen.

Die Untersuchung von Vigerske (2017) in Baden-Württemberg ist allerdings im Unterschied zu dieser Evaluation inhalts- und fachunspezifisch[27] angelegt; auf der Basis von vorhandenen Transfermodellen und in deren „synoptischer Verschränkung" (ebd., S. 75) wird ein standardisiertes Erhebungsinstrument konzipiert, das die Begrenzung auf „bestimmte Themen, Fächer oder Fachbereiche von Lehrerfortbildungen" (ebd., S. 74) überschreitet. Damit verliert leider diese Studie für den curricularen Diskurs das Essentielle, nämlich die Inhaltlichkeit. Dennoch ist es informativ und aufschlussreich, die im Kontext dieser Evaluationsstudie zur KulturSchul-Fortbildung stehenden Beobachtungen mit diesem, von den Fortbildungsinhalten abstrahierenden Ansatz abzugleichen.

In der vorliegenden Evaluationsstudie werden aber nicht nur Transfereinschränkungen, wie sie die Transfersituation vor Ort beinhalten können, thematisiert. Qua Programmatik des Landesprogramms KulturSchule sind in der Schulentwicklung alle Unterrichtsfächer inklusive Naturwissenschaften adressiert, ästhetisch kulturelle Zugänge einzusetzen (vgl. Rittelmeyer, 2018). Dies fordert eine allgemeine Unterrichtsentwicklung und Transformation der Lernkultur an den Schulen heraus. Die Fortbildungen für KulturSchule sind bestrebt, eine Umstellung bei den Lehrkräften zu initiieren, ihr pädagogisches Handeln zu verändern. Dabei geht es nicht, um eine Formulierung von Ewald Terhart zu verwenden, um „Äußerlichkeiten" (Terhart, 2013, S. 77), sondern das Verändern von Routinen, die bisher Sicherheit gestiftet haben. Dies betrifft die Haltung und ebenso das Methodenrepertoire, wobei das Prozessgeschehen einer in der Schule praktizierten Bewegungs- und Handlungsorientierung in der Sicht einiger Lehrkräfte das Risiko implizieree, dass dadurch zum Beispiel die Förderung ebenso wichtiger Kompetenzen der Schüler wie das Üben der Rechtschreibung vernachlässigt würde. Diese Sorge argumentiert mit insgesamt fehlender Unterrichtszeit. Daneben gesellt sich Kritik wie die einiger Eltern, die in einer Aufführungskultur keine in Prüfungen verwertbare Kompetenzen erkennen, und in Unterrichtsvertretungen die Absenz der Benotungspraxis durch den dazu autorisierten Fachlehrer sehen wollen. Schulleitungen haben von solchen Anwürfen berichtet, denen hier nachgegangen worden ist.

Von der Fortbildungsforschung sind solch subtile Abwehrversuche eines anderen Unterrichtsansatzes und von Fortbildungen, die „Mannigfaltigkeit unserer

---

[27] Die Autorin erläutert als Kontext, das Land Baden-Württembeg habe die Bedeutung der Lehrerfortbildung im Rahmen der Stärkung der Eigenverantwortung der einzelnen Schulen erkannt und die „Evaluation der Wirksamkeit und Nachhaltigkeit von Lehrerfortbildungen im Land Baden-Württemberg " (EvaluNa LfBW) veranlasst.

Wahrnehmungen" (Meyer-Drawe, 1999, S. 329) der Dinge um uns erkennbar machen und unterschiedliche Perspektiven auf Wirklichkeit durch künstlerische Ausdrucksweisen aufgreifen wollen, noch nicht aufgegriffen worden.

Provokant könnte man auch noch fragen: Endet die Reichweite der Fortbildung vor der Schultür? Hinsichtlich ihrer empirischen Grenze in der institutionalisierten Lehrkräftefortbildung ist dies zu bejahen, insofern die empirische Grenze der Schule durch Handlungen der Lehrkräfte mit den Schülerinnen und Schülern bestimmt ist (Nerowski, 2015). Sie ist zu verneinen, weil die Lehrkräfte das Erlernte in Interaktionen transformieren können, die im Unterricht in der Schule konkret werden. Ob und wann dies geschieht, liegt in ihrer Entscheidung sowie an den jeweiligen Bedingungen der Transfersituation.

Diese „Inkubationszeit" von Fortbildung und Anwendung in der Schule wollen spezifische Fortbildungsangebote wie der «Fachaustauschtag» zur Reife bringen. Die Fortbildungsverantwortlichen sehen die Chance im Peer-Learning und streben die gemeinsame ko-konstruktive Planung von Unterrichtseinheiten an[28]. In eben diesem Sinne ist ein Austausch der Lehrkräfte[29] das Ziel des vernetzenden KulturSchul-Tags, bei dem ein Markt der Möglichkeiten erprobte und verstetigte Elemente von Lernarrangements präsentiert, auch unter Beteiligung von Schülerinnen und Schülern. Durch all dies verdichtet sich für die Lehrkräfte in KulturSchulen ein Bild dessen, was andernorts geschieht und möglich ist. Aber es fehlt an Wissen, wie Lehrkräfte diese Angebote wahrnehmen und für ihren Unterricht nutzen.

Die Vernetzung der KulturSchulen und die Stärkung von Selbstlernprozessen der Lehrkräfte kann die aus den Interviewdaten hervorgehende Feststellung nicht überspielen, dass auch in KulturSchulen die verbalisierte Wertschätzung der KulturSchul-Fortbildung noch keinen Ausdruck in einem kompetenzfördernden Management der Schule gefunden hat; eine Einführung von Experimentierräumen zur Erprobung von Ideen (Kauer, 2018, S. 145) ist bisher noch ohne Beispiel geblieben. Jedoch würde dieses Labor des Lehrerlernens ohne ein hierfür einzupreisendes Zeitbudget nur wenig Aussicht auf Etablierung haben. In Zeiten des

---

[28] Der Fachaustauschtag für alle KulturSchulen, der „einen curricularen Austausch über ästhetische Zugänge in allen Fächern (ermöglicht)" (HKM, 2018), ist Bestandteil einer Fördervereinbarung des HKM mit der Mercator Stiftung. Die vom Fachaustauschtag Rückkehrenden treffen in ihrer Schule mit den entstandenen domänengebundenen Arbeitsprodukten nicht das Gesamtinteresse ihrer Kollegenschaft. Hier stellt sich offenbar eine ähnlich gelagerte Transferfrage, wie sie sich auch im Verhältnis der Fachkonferenzen zu fachübergreifenden ästhetischen Ansätzen stellt.

[29] Die Transferstudie von Vigerske (2017) hat für den Austauch im Rahmen von Fortbildungen keinen transferunterstützenden statistischen Effekt feststellen können.

zunehmenden Quereinstiegs in den Lehrberuf und immer heterogener werdender Qualifikationsvoraussetzungen der Lehrkräfte könnten aus einer solchen Werkstatt wichtige Impulse für die Kompetenzförderung hervorgehen.

In KulturSchulen ist hingegen die Praxis anzutreffen, über die Fortbildung in den Fachforen in schulischen Gremien oder in kleineren Teams zu berichten. Manchenorts wird mit dem Gefühl einer unbefriedigenden Situation nach einem Kommunikationsformat gesucht, das zur kollegialen Zusammenarbeit anzustiften vermag. Seit Langem wird diese als ein grundlegendes Problem gesehen, das in der Schule besteht. In der wissenschaftlichen Literatur schlägt sich dieses Mangelempfinden als normative Forderung nieder, die die Professions- und die Schulentwicklungsforschung durchzieht: Es bedürfe zur Reform von Schule und Unterricht einer nachhaltigen innerschulischen Kooperation der Lehrkräfte und Entwicklung professioneller Lerngemeinschaften (PLG).[30] Ihre Erwünschtheit ist an der Vielzahl der Publikationen abzulesen, die insbesondere der professionellen Lerngemeinschaft die Kraft zubilligen, die lose Kopplung als Strukturprinzip der Schule zu verpflastern. Skeptisch ist allerdings die Organisationssoziologin Veronia Tacke, da in ihrer Sicht es nicht pauschal beantwortbar sei, wo in Organisationen Strukturprobleme liegen (Tacke, 2004, S. 31). Es könnte sich auch um unklar formulierte Entscheidungsprogramme handeln oder die Gestaltung von Kommunikationswegen oder eine mangelnde Personalentwicklung. Tacke verweist außerdem auf die rückwirkenden Effekte von Veränderungen, die einen systemischen Zusammenhang belegten.

Was sich auf einer sachlich unstrittigen Ebene feststellen lässt, ist das Fehlen von Ausbildungsinhalten in der ersten Phase der Lehrerbildung, die sich mit der relativen Autonomie der Schule, Schulprogramm, Unterrichtsentwicklung, Evaluation und ähnlichen Themen befassen und die einen Organisationsblick auf Schule initiieren könnten. Eine Selbstbeobachtung der Organisation durch die ihr Angehörenden muss erst angeregt werden, auch wenn dies den blinden Fleck in der Selbstbeobachtung nicht auszuschließen vermag (Tacke, 2004). Eine Studie von Sabine Reh zu Teamsitzungen von Lehrkräften belegt, dass diese Verantwortung auf einer Ebene übernehmen, die die nächst höhere entlastet, indem für auftretende Probleme praktische Lösungen gefunden werden. Das kann bedeuten, dass Teamsitzungen dazu führen, dass der Blick der Lehrkräfte auf die eigene Organisation oder auch von der Adminstration getroffene Entscheidungen und (nicht) beabsichtigte Wirkungen geschärft wird. Eine Vielfalt von Perspektiven,

---

[30] Hierunter werden längerfristige Modalitäten einer Zusammenarbeit von Lehrkräften in schulischen Arbeitsgemeinschaften oder Fachkonferenzen mit Blick auf das „Globalziel der ‚Förderung des Schülerlernens'" (Warwas et al., 2019, S. 42) verstanden.

die in den gemeinsamen Sitzungen geäußert werden, konnte Reh hingegen nicht identifizieren. Dennoch spricht sie im Ergebnis von einem „höhere[n] Maß an Reflexivität des Unterrichts" (Reh, 2008, S. 181), was sich allerdings nicht in der Verwendung eines didaktischen Vokabulars zeige. Veronika Tacke setzt diese Arbeit der Lehrkräfte einer De-Professionalisierung gleich, weil das problemlösende Bemühen nicht auf den Unterricht als Kerngeschäft gerichtet sei. Dabei übersieht sie, dass Störungen diesen in vielfältiger Hinsicht beeinträchtigen können. Im Rahmen der an die Lehrkräfte gestellten Anforderungen ‚müssen' sie sich auch mit den Bedingungen ihres pädagogischen Handelns und dem Erreichen ihrer Zielsetzungen auseinandersetzen (Heid, 2005). Aber die eigentliche Frage ist, inwieweit Pädagogen in ihrem Berufskontext eine gemeinsame Zieleinigkeit ausbilden können. Dies wäre eine Voraussetzung, um in einer konzertierten Aktion ein „individuelles und freudvolles Lernen" (Kauer, 2018, S. 145) der Schülerinnen und Schüler zu gestalten. Und nicht zuletzt, verträgt sich ein solcher Lernkulturwandel mit der Selektionsfunktion der Schule?

In diese Tiefe eines Schulkulturwandels dringen die Überlegungen ästhetisch kultureller Bildung nicht vor. Gleichwohl impliziert die Fortbildung seit ihren Anfangsjahren eine Schulentwicklung, um eine nachhaltige Veränderung zu implementieren. Das Thema Transferbedingungen und die für den Transfer benötigten Freiräume zur Anwendung des Gelernten im Unterricht und Schulleben gehörten in den Rahmen der SLT-Reihe. Es geht um das Entdecken von Ansatzpunkten und Entwicklungskapazitäten, die in der eigenen Organisation liegen. Eine Schulleitung, die die Ziele der eigenen Schule im Rahmen des KulturSchul-Programms bei den zahlreichen Begegnungsgelegenheiten und Gremien der Schule kommuniziert, hat eine nicht zu unterschätzende Rolle, der Fortbildung für Kulturelle Bildung Gewicht zu verleihen. Dafür ist der Rückhalt des Kollegiums essentiell und immer wieder durch Überzeugungsarbeit insbesondere auch für die Schulentwicklung zu gewinnen.

Literatur

Ahlheim, K., & Bender, W. (1996). *Lernziel Konkurrenz? Erwachsenenbildung im „Standort Deutschland". Eine Streitschrift.* Leske + Budrich.

Ahlheit, P., & von Felden, H. (2009). *Lebenslanges Lernen und erziehungswissenschaftliche Biographieforschung: Konzepte und Forschung im europäischen Diskurs.* VS.

Aufbruch im Wandel. Koalitionsvertrag zwischen der CDU Hessen und BÜNDNIS 90/DIE GRÜNEN Hessen für die 20. Legislaturperiode. Stand 01.02.2019 https://www.cduhessen.de/koalitionsvertrag. Zugegriffen: 20. Feb. 2022.

Baumert, J., Klieme, E., Neubrand, M., Prenzel, M., Schiefele, U., Schneider, W., Stanat, P., Tillmann, K.-J., & Weiß, M. (2001). *PISA 2000. Basiskompetenzen von Schülerinnen und Schülernim internationalen Vergleich.* Leske + Budrich.

Berger, P. L. & Luckmann, T. (1969). *Die gesellschaftliche Konstruktion der Wirklichkeit. Eine Theorie der Wissenssoziologie.* Fischer.

Berkemeyer, N. (2017). Anthropologie „neuer Steuerung". Ein Essay über implizite und explizite Menschenbilder und deren Potenziale für die Steuerungsforschung im Schulsystem. In J. Standop, E. D. Röhrig & R. Winkels (Hrsg.), *Menschenbilder in Schule und Unterricht* (S. 181–194). BeltzJuventa.

Bosse, D. (2012). Zur Situation der Lehrerbildung in Deutschland. Teil, 1. In D. Bosse, L. Criblez & T. Hascher (Hrsg.), *Reform der Lehrerbildung in Deutschland, Österreich und der Schweiz I: Analysen, Perspektiven und Forschung* (S. 11–28). Verlag Barbara Budrich.

Breitschwerdt, L. (2022). *Professionalitätsentwicklung in der Erwachsenenbildung & Weiterbildung als Mehrebenen-Phänomen. Eine qualitative Einzelfallanalyse am Beispiel einer Organisation der beruflichen Weiterbildung.* Springer VS. https://doi.org/10.1007/978-3-658-38076-2

Brentel, H. (2000). Argyris/Schön Organizational Learning I & II. In K. Türk (Hrsg.), Hauptwerke der Organisationstheorie (S. 15–18). Westdeutscher Verlag.

Cendon, E. (2016). Die Rolle der Reflexion in der Weiterbildung. In Schönebeck, M. & Pellert, A. (Hrsg.), *Von der Kutsche zur Cloud – globale Bildung sucht neue Wege* (S. 251–264). Springer VS. https://doi.org/10.1007/978-3-658-11691-0_14.

Cramer, C. (2020). Professionstheorien. Überblick, Entwicklung und Kritik. In M. Harant, P. Thomas, & U. Küchler (Hrsg.), *Theorien! Horizonte für die Lehrerinnen- und Lehrerbildung* (S. 111–128). University Press.

Fauser, P. (2018). Lernen – Verstehen – Bildung. Verständnisintensives Lernen. In M. Fuchs & T. Braun (Hrsg.), *Kulturelle Unterrichtsentwicklung. Grundlagen, Konzeptionen, Beispiele* (S. 78–87). Beltz.

Fussangel, K., Rürup, M. & Gräsel, C. (2016). Lehrerfortbildung als Unterstützungssystem. In H. Altrichter & K. Maag Merki (Hrsg.), *Handbuch Neue Steuerung im Schulsystem* (S. 361–384). VS Verlag.

Geser, H. (2004). *Die Schule als lernende Organisation* (working Paper). Universität Zürich, Philosophische Fakultät, Soziologisches Institut. https://nbn-resolving.org/urn:nbn:de:0168-ssoar-33366.

Gessler, M. & Sebe-Opfermann, A. (2011). Der Mythos „Wirkungskette" in der Weiterbildung – empirische Prüfung der Wirkungsannahmen im „Four Levels Evaluation Model" von Donald Kirkpatrick. *Zeitschrift für Berufs-und Wirtschaftspädagogik, 107*(2), 270–279.

Gessler, M. (2012). Lerntransfer in der beruflichen Weiterbildung – empirische Prüfung eines integrierten Rahmenmodells mittels Strukturgleichungsmodellierung. *Zeitschrift für Berufs-und Wirtschaftspädagogik, 108*(3), 362–393.

Gutte, R. (1994). *Lehrer – Ein Beruf auf dem Prüfstand.* Rowohlt.

Hartig, C. (2006). Berufliche Selbstbeschreibungen als berufskulturelle Selbstaufklärung in der Erwachsenenbildung. *Der pädagogische Blick, 14*(3), 158–169.

Heid, H. (2005). Ist die Verwendbarkeit des Gelernten ein Qualitätskriterium der Bildung? In H. Heid & C. Harteis (Hrsg.), *Verwertbarkeit. Ein Qualitätskriterium (erziehungs-) wissenschaftlichen Wissens?* (S. 95–116). VS Verlag.

Heinemann, U. (2023). Lose-Kopplung und Vetomacht – Finanzierbarkeit und Krisenhilfe: Worauf bei der Beurteilung von Steuerungsansätzen für die Lehrkräftefortbildung ebenfalls zu achten ist. In B. Priebe, I. Plattner & U. Heinemann (Hrsg.), *Lehrkräftefortbildung: Zur Qualität von bildungspolitischer Steuerung* (S. 27–32). Beltz.

Heinrich-Dönges, A. (2021). *Lehrkräftefortbildung und ihre Wirksamkeit. Integrierendes Rahmenmodell und empirische Befunde zur berufsbezogenen Interessenentwicklung.* Springer VS (Diss.).

Hessisches Kultusministerium. (2018). [HKM 2018]. *Programmbeschreibung der Erweiterung des KulturSchulprogrammes im Rahmen der fortgesetzten Förderung durch das Hessische Kultusministerium und die Stiftung Mercator.* HKM.

Helsper, W. (2008). Schulkulturen als symbolische Sinnordnungen und ihre Bedeutung für die pädagogische Professionalität. In W. Helsper, S. Busse, M. Hummrich, & R.-T. Kramer (Hrsg.), *Pädagogische Professionalität in Organisationen: Neue Verhältnisbestimmungen am Beispiel der Schule* (S. 115–145). VS.

Holzkamp, K. (1993). *Lernen. Subjektwissenschaftliche Grundlegung.* Campus Verlag.

Huisken, F. (2005). *Der «Pisa-Schock» und seine Bewältigung. Wieviel Dummheit braucht/verträgt die Republik.* VSA.

Kauer, M. (2018). Kulturelle Unterrichtsentwicklung als Teil kultureller Schulentwicklung. Erfahrungen aus dem Programm der „KulturSchule" Hessen. In M. Fuchs & T. Braun (Hrsg.), *Kulturelle Unterrichtsentwicklung. Grundlagen, Konzeptionen, Beispiele* (S. 142–153). Beltz.

Klafki, W. (1991). *Neue Studien zur Bildungstheorie und Didaktik. Zeitgemäße Allgemeinbildung und kritisch-konstruktive Didaktik* (2. erw.). Beltz.

Kirkpatrick, D. L. (1960). Techniques for evaluating training programs. *Journal of the American Society of Training Directors, 4,* 13–32.

Koerber, R. (2019). Handlungsorientierte Unterrichtsmethoden erfahrungsbasiert vermitteln. In B. Groot-Wilken & R. Koerber (Hrsg.), *Nachhaltige Professionalisierung für Lehrerinnen und Lehrer. Ideen, Entwicklungen, Konzepte* (S. 191–219). Wbv.

Konrad, K. (2005). Vom Wissen zum Handeln – Kognitionspychologische Betrachtungen. In A. Huber (Hrsg.), *Vom Wissen zum Handeln — Ansätze zur Überwindung der Theorie-Praxis-Kluft in Schule und Erwachsenenbildung* (S. 39–57). Ingeborg Huber Verlag.

Krainz-Dürr, M. (1999). *Wie kommt Lernen in die Schule. Zur Lernfähigkeit der Schule als Organisation.* Studienverlag.

Kuschel, J., Richter, D., & Lazarides, R. (2020). Wie relevant ist die gesetzliche Fortbildungsverpflichtung für Lehrkräfte? Eine empirische Untersuchung zur Fortbildungsteilnahme in verschiedenen deutschen Bundesländern. *Zeitschrift für Bildungsforschung, 10,* 211–229. https://doi.org/10.1007/s35834-020-00274-3

Lind, G. (2012). Effektstärken: Statistische, praktische und theoretische Bedeutsamkeit empirischer Studien. http://nbn-resolving.de/ urn:nbn:de:bsz:352-217760. Zugegriffen: 6. Feb. 2023.

Lipowsky, F. (2010). Lernen im Beruf. Empirische Befunde zur Wirksamkeit von Lehrerfortbildung. In F. H. Müller, A. Eichenberger, M. Lüders & J. Mayr (Hrsg.), *Lehrerinnen und Lehrer lernen. Konzepte und Befunde zur Lehrerfortbildung* (S. 51–70). Waxmann.

Lipowsky, F. (2011). Theoretische Perspektiven und empirische Befunde zur Wirksamkeit von Lehrerfort- und -weiterbildung. In E. Terhart, H. Bennewitz & M. Rothland (Hrsg.), *Handbuch der Forschung zum Lehrerberuf* (S. 398–417). Waxmann.

Lipowsky, F., & Rzejak, D. (2019). Was macht Fortbildungen für Lehrkräfte erfolgreich?– Ein Update. In Groot-Wilken, B. & Koerber, R. (Hrsg.), *Nachhaltige Professionalisierung für Lehrerinnen und Lehrer. Ideen, Entwicklungen, Konzepte*, (S. 15-56). wbv

Lipowsky, F., & Rzejak, D. (2021). *Fortbildungen für Lehrpersonen wirksam gestalten. Ein praxisorientierter und forschungsgestützter Leitfaden*. Bertelsmann Stiftung. https://doi. org/10.11586/2020080.

Mähler, C., & Stern, E. (2006). Transfer. In D. H. Rost (Hrsg.), *Handwörterbuch: Pädagogische Psychologie* (3. überarbeitete und erweiterte Aufl., S. 782–793). Beltz.

Meyer-Drawe, K. (1999). Herausforderung durch die Dinge. Das Andere im Bildungsprozeß. *Zeitschrift für Pädagogik 45*(3), 329–336. urn:nbn:de:0111-opus-59537. https://doi.org/ 10.25656/01:5953.

Mutzeck, W. (1988). *Von der Absicht zum Handeln. Rekonstruktion und Analyse Subjektiver Theorien zum Transfer von Fortbildungsinhalten in den Berufsalltag*. Deutscher Studienverlag.

Nerowski, C. (2015). *Die Grenze der Schule. Eine handlungstheoretische Präzisierung*. Beltz Juventa. (Diss.)

Neuweg, G. H. (2001). *Könnerschaft und implizites Wissen. Zur lehr-lerntheoretischen Bedeutung der Erkenntnis- und Wissenstheorie Michael Polanyis*. Waxmann (Habil.).

Neuweg, G. H. (2010). Fortbildung im Kontext eines phasenübergreifenden Gesamtkonzepts der Lehrerbildung. In F. H. Müller, A. Eichenberger, M. Lüders & J. Mayr (Hrsg.), *Lehrerinnen und Lehrer lernen – Konzepte und Befunde zur Lehrerfortbildung* (S. 35–49). Waxmann.

Neuweg, G. H. (2011). Das Wissen der Wissensvermittler. Problemstellungen, Befunde und Perspektiven der Forschung zum Lehrerwissen. In E. Terhart, H. Bennewitz & M. Rothland, M. (Hrsg.), *Handbuch der Forschung zum Lehrerberuf* (S. 451–477). Waxmann.

Neuweg, G. H. (2021). Reflexivität. *Zeitschrift für Bildungsforschung, 11*, 459–474. https:// doi.org/10.1007/s35834-021-00320-8

Post, E-M. (2010). *Der Einsatz von handlungs-, erfahrungs- und erlebnisorientierten Methoden in der Lehrerinnen- und Lehrerfortbildung von pädagogischen Führungskräften zur Initiierung von Lernen. Studien zur Verknüpfung von Erfahrung, Reflexion und Transfer*. Universität Leipzig. Diss. https://ul.qucosa.de/api/qucosa%3A11038/attachment/ATT-0/. Zugegriffen: 1. März. 2023.

Reh, S. (2008). "Reflexivität der Organisation" und Bekenntnis. Perspektiven der Lehrerkooperation. In W. Helsper, S. Busse, M. Hummrich & R.-T. Kramer (Hrsg.), *Pädagogische Professionalität in Organisationen: Neue Verhältnisbestimmungen am Beispiel der Schule* (S. 163–183). VS Verlag.

Renkl, A. (1994). *Träges Wissen: Die „unerklärliche" Kluft zwischen Wissen und Handeln (Forschungsbericht Nr. 41)*. Ludwig-Maximilians-Universität, Lehrstuhl für Empirische Pädagogik und Pädagogische Psychologie.

Rittelmeyer, C. (2018). Die Inspiration aller Unterrichtsfächer durch künstlerische Gestaltungselemente. In M. Fuchs & T. Braun (Hrsg.), *Kulturelle Unterrichtsentwicklung. Grundlagen – Konzeptionen – Beispiele* (S. 334–346). Beltz.

Sandmeier, A., Hanke, U. & Gubler, M. (2021). Entwicklung und Validierung eines praxistauglichen Evaluationsinstruments zur Messung und Optimierung von Lerntransfer. *Zeitschrift für Evaluation, 20*(1), 11–36. https://doi.org/10.31244/zfe.2021.01.02.

Schäfer, E. (2017). *Welche Mythen existieren über das Lernen im Erwachsenenalter? Lebenslanges Lernen. Kritisch hinterfragt.* Springer. https://doi.org/10.1007/978-3-662-50422-2_1. Zugegriffen: 17. Jan. 2023.

Schüßler, I. (2012). Zur (Un-) Möglichkeit einer Wirkungsforschung in der Erwachsenenbildung: Kritische Analysen und empirische Befunde. *REPORT-Zeitschrift für Weiterbildungsforschung, 35*(3), 53–65.

Seel, N. M. (2000). *Psychologie des Lernens. Lehrbuch für Pädagogen und Psychologen.* Ernst Reinhardt Verlag.

Strunk, G. (2005). Verwertbarkeit wissenschaftlichen Wissens als Qualitätskriterium? Rückfragen an die aktuelle Hochschul- und Forschungspolitik. In H. Heid & C. Harteis (Hrsg.), *Verwertbarkeit. Ein Qualitätskriterium (erziehungs-)wissenschaftlichen Wissens?* (S. 35–54). VS Verlag.

Tacke, V. (2004). Organisation im Kontext der Erziehung. In W. Böttcher & E. Terhart (Hrsg.), *Organisationstheorie in pädagogischen Feldern. Analyse und Gestaltung* (S. 19–42). VS.

Terhart, E. (2013). Widerstand von Lehrkräften in Schulreformprozesssen: Zwischen Kooperation und Obstruktion. In N. McElvany & H. G. Holtappels (Hrsg.), *Empirische Bildungsforschung. Theorien, Methoden, Befunde und Perspektiven* (S. 75–92). Waxmann.

Törner, G. (2015). Verborgene Bedingungs- und Gelingensfaktoren bei Fortbildungsmaßnahmen in der Lehrerbildung Mathematik – Subjektive Erfahrungen aus einer deutschen Perspektive. *Journal für Mathematikdidaktik, 36,* 195–232. https://doi.org/10.1007/s13138-015-0078-9. Zugegriffen: 11. Feb. 2022.

Vigerske, S. (2017). *Transfer von Lehrerfortbildungsinhalten in die Praxis. Eine empirische Untersuchung zur Transferqualität und zu Einflussfaktoren.* Springer VS. Diss. https://doi.org/10.1007/978-3-658-17685-3

von Aufschnaiter, C., Fraij, A. & Kost, D., (2019). Reflexion und Reflexivität in der Lehrerbildung. *Herausforderung Lehrer_innenbildung, 2*(1), 144–159. https://doi.org/10.4119/UNIBI/hlz.

Wagner, H. (1973). Reflexion. In H. Krings, H. M. Baumgartner & C. Wild (Hrsg.), *Handbuch philosophischer Grundbegriffe Bd. 4 Studienausgabe* (S. 1203–1211). Kösel-Verlag.

Warwas, J., Helm, C., & Schadt, C. (2019). Unterstützendes Führungsverhalten schulischer Leitungskräfte für die Arbeit professioneller Lerngemeinschaften im Kollegium. *Zeitschrift für Bildungsforschung, 9,* 37–70. https://doi.org/10.1007/s35834-019-00230-w.

Zirfas, J. (2015). Arena als methodischer Begriff. Mit einem Blick auf Ästhetische Bildung. In J. Zirfas (Hrsg.), *Arenen der Ästhetischen Bildung: Zeiten und Räume kultureller Kämpfe* (S. 9–27). Transcript.

KulturSchule und Fortbildung im Urteil der Fortgebildeten

Mit Beginn ihrer Beteiligung am Landesprogramm KulturSchule erklären die Programmschulen ihre Bereitschaft, regelmäßig Lehrkräfte zu den zweieinhalbtägigen «Fachforen» zu entsenden und ebenso eine Teilnahme an «Tag X» oder «Workshops der Kreativen Unterrichtspraxis» zu unterstützen. Diese Fortbildungsformate vermitteln Lehrkräften vielfältige Anregungen sowie die Kompetenz, ästhetische Zugänge in ihren Unterricht zu integrieren; anhand der Selbsterfahrung wird ihnen deutlich, welches Potenzial ästhetische Erfahrung hat. «Workshops der Kreativen Unterrichtspraxis» befähigen die Lehrkräfte zu fächerverbindendem und fächerübergreifendem Unterricht. In der Evaluation hat sich angedeutet, dass Lehrkräfte sensibler für das Wohlbefinden ihrer Lerngruppen werden.

Die Schulleitungen versprechen sich ihrerseits von der Fortbildung, dass der Erfahrungsbezug die Lehrkräfte für die kreative und prozessorientierte Arbeit mit den Schülern qualifiziert und dass sich auch ihre Bereitschaft erhöht, an der Schulentwicklung mitzuwirken.

Die Fortbildenden rechnen mit einem Transfereffekt der Fortbildung nach einer Inkubationszeit, in der Ideen reifen und mit dem persönlichen Lehrstil harmonisiert werden. In welche Richtung die Konzeptbildung der einzelnen Lehrkraft geht, ist dabei offen. Das Erwartungsspektrum unterstellt, dass sich die Fortbildungsteilnahme auf die Einstellungen und Haltung der Fortgebildeten auswirkt. Vor diesem Hintergrund haben wir in zwei Förderschulen und an drei Gesamtschulen eine Befragungsstudie durchgeführt und dahingehend ausgewertet, ob sich fortgebildete Lehrkräfte von den nicht Fortgebildeten in ihren Antworten unterscheiden.

H. Ackermann, *Fortbildungen für KulturSchule*,
https://doi.org/10.1007/978-3-658-42221-9_10

1   Methodische Bemerkungen

Die Schulentwicklungsprozesse von KulturSchulen sind seit einer Evaluation 2012/2013 beobachtet worden. Hierfür sind in einem selektiven Sampling drei Gesamtschulen einzeln portraitiert worden. Für eine Kollegiumsbefragung dieser drei Schulen ist ergänzend 2013/2014 ein Fragebogen entwickelt worden (vgl. Ackermann et al., 2015). Aufgrund der Einbeziehung von zwei Förderschulen in das KulturSchul-Programm ist dieser Fragebogen 2016/2017 überarbeitet worden. Dieser ist sodann 2017 für eine Replikationsstudie auch an den drei Gesamtschulen verwendet worden. Ein Teil dieser Daten zur Schulentwicklung in KulturSchulen wird nun für diese Publikation zur Klärung der Frage, ob sich die Fortbildung auf die Schulentwicklung auswirkt, herangezogen. Dies ist möglich, weil der Fragebogen Items zur Fortbildungsteilnahme und zur Teilnahmefrequenz enthält. In einer Sonderauswertung werden Gruppenunterschiede von Fortgebildeten und nicht Fortgebildeten im Antwortverhalten hinsichtlich der Akzeptanz der Programmarbeit an den KulturSchulen, der schulinternen Zielsetzungen, der Ressourceneinschätzung, der persönlichen Wahrnehmung der Entwicklung der Schüler in der KulturSchule und der persönlichen Zielsetzungen, die die Lehrkräfte im Unterricht verfolgen, untersucht.

Die Befragungen können als Vollerhebung im Sample der fünf Schulen gelten. Diese Datenerhebung ist ebenso wie die Primärstudie im Rahmen von Gesamtkonferenzen durchgeführt worden. Dies gewährleistet eine sehr hohe Beteiligungsquote der Lehrkräfte. Das Sample umfasst eine Schule aus der ersten KulturSchul-Staffel (seit 2008 im Programm), zwei Schulen aus der zweiten Staffel (seit 2012) und zwei Schulen aus der dritten Staffel (seit 2015). Diese Schulen[1] haben wir seit 2013 (sofern schon im Programm) häufiger besucht, in die Lern- und Forschungswerkstatt des Instituts für Schulpädagogik eingeladen und sie bei KulturSchul-Tagen begleitet.

Unsere Fragebogenerhebung erfasst die Teilnahmequoten der Kollegien an der Fortbildung. Die zwei Förderschulen des Samples wurden im Jahr 2016 befragt, die drei Regelschulen zuletzt im Jahr 2017. Zum Befragungszeitpunkt lag die Fortbildungsquote insgesamt bei 65,3 % (n = 240). Davon nahmen fast ein Viertel (24,9 %) der Befragten einmal an einer Fortbildung teil, weitere 40,4 % mehrfach. Ein Drittel der Lehrkräfte (34,7 %) hatte zu jenem Zeitpunkt noch keine KulturSchul-Fortbildung besucht. Lehrkräfte, die ein ästhetisches Fach (Kunst,

---

[1] Die Befragung umfasst 378 Lehrkräfte, eine Förderschule weist durch Personalabzug eine geringe Personalausstattung auf.

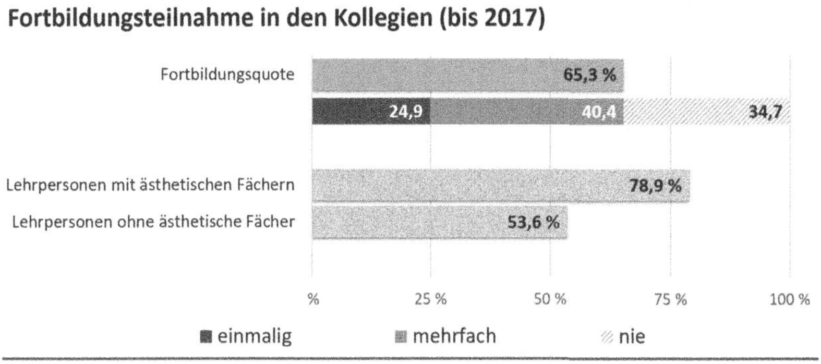

Fortbildungsteilnahme in den Kollegien (bis 2017)

Abb. 1 Fortbildungsteilnahme in den KulturSchul-Kollegien 2016/17

Musik, Darstellendes Spiel und Sport) unterrichten, sind zu 78,9 % Fortbildungsteilnehmer. Lehrkräfte ohne ein ästhetisches Unterrichtsfach zu 53,6 %. Abb. 1
zeigt die Fortbildungsquote von 5 KulturSchulen 2016/17.

Aufgrund der durchschnittlichen Beteiligung an den Qualifizierungsformaten[2]
von 65 % können die Befragungsdaten aussagekräftige Anhaltspunkte dafür liefern, ob Unterschiede mit dem Fortbildungsbesuch einhergehen. Die Frage ist,
inwieweit sich Wahrnehmungen und Ansichten von Fortbildungsteilnehmern von
den Ansichten der (noch) nicht Fortgebildeten abheben. Hierzu werden einerseits
Prozentwertunterschiede beziehungsweise Mittelwerte zur Analyse des Antwortverhaltens der beiden Gruppen herangezogen. Darüber hinaus wird anhand
von Signifikanztests ermittelt, ob die Bewertung der Items mit einer Fortbildungsteilnahme beziehungsweise Nichtteilnahme verknüpft ist. Mithilfe des
Mann–Whitney-Tests (auch U-Test genannt) lässt sich bestimmen, ob die beiden
Gruppen sich in ihrem Antwortverhalten unterscheiden. Dieser Test wird verwendet, wenn die Voraussetzungen für ein parametrisches Verfahren nicht erfüllt
sind, das heißt, die Daten sind nicht normalverteilt und die Variablen sind lediglich ordinalskaliert. Das Verfahren kann auch bei kleinen Stichproben verwendet
werden. Einschränkend anzumerken ist hinsichtlich der Interpretation, Unterschiede im Antwortverhalten auf die Fortbildungsteilnahme zurückzuführen, dass

---

[2] Wir haben die Fortbildung nicht nach Formaten differenziert.

vor dem Fortbildungsbesuch keine Einstellungsmessungen vorgenommen worden sind. Letztlich können feststellbare Differenzen, so die Einschränkung, auch von Persönlichkeitsunterschieden beeinflusst sein.

Mithilfe des zusätzlichen Jonckheere-Terpstra-Tests (auch J-Test genannt) wird darüber hinaus untersucht, ob sich das Antwortverhalten danach unterscheidet, ob sich ein Trend abzeichnet, wenn mehrfach an den Fortbildungen teilgenommen wurde; der J-Test ist also ein Trendtest, der bei ordinal skalierten Stichproben angewendet werden kann. Für beide Tests gilt, dass Ergebnisse dann als signifikant gewertet werden, wenn die Fehlerwahrscheinlichkeit p kleiner als 5 % ist (p < ,05). In dem Fall gilt ein statistischer Wert nicht als rein zufällig. In den nachfolgenden Visualisierungen sind diese Werte in den Datenlegenden mit normal schwarzer Farbgebung abgelegt. Annähernd signifikante Ergebnisse mit einer Fehlerwahrscheinlichkeit von 5 bis 10 % (,05 <p < ,1) werden ergänzend aufgeführt, weil sie möglicherweise Ausgangspunkte für genauere Nachforschungen darstellen können; die annähernd signifikanten Werte werden durch eine Darstellung in Graustufen besonders gekennzeichnet. Die Effektstärke (r-Wert) ist ebenfalls angegeben. Bei einem r-Wert zwischen 0 und 0,1 wird üblicherweise nicht von einem Effekt gesprochen; bei einem Wert im Bereich von 0,1 und 0,3 spricht man von einem geringen Effekt; bei Werten zwischen 0,3 und 0,7 geht man von einem mittleren Effekt aus; bei einem Wert von r > 0,7 spricht man von einem starken Effekt.

2　　Zur Akzeptanz des KulturSchul-Profils

Zur Einführung in diese Studie zum Antwortverhalten in den beiden Gruppen Fortgebildete und nicht Fortgebildete bietet sich an, in der Graphik zunächst den globalen Wert zur allgemeinen Berufszufriedenheit (Item 81_1 Abb. 2) zu betrachten. In seinen Determinanten ist das Item nicht weiter operationalisiert und auch nicht in Stufen unterteilt. Aus diesem Wert geht somit nicht hervor, wie zufrieden eine Lehrperson ist und durch welche Indikatoren sich Berufszufriedenheit auszeichnet. Insofern wird hier durch die Zustimmung nicht mehr ausgedrückt als sich im gewählten Beruf richtig zu fühlen. In größeren Studien ist abgelegt, dass mit dem Lehrberuf die pädagogische Situiertheit zugrundegelegt wird. Deshalb lässt sich aus einer Zustimmung nur ein Rückschluss auf das Schulklima vornehmen: Sind Lehrkräfte an KulturSchulen mit ihrem Beruf zufrieden, gibt es offenbar in dem konkreten Umfeld keine unmittelbaren Anlässe, die Berufswahl in Zweifel zu ziehen. Abb. 2 zeigt die Zustimmung zu KulturSchule bei Fortgebildeten und nicht Fortgebildeten.

Fortbildungsteilnahme & Zustimmung zur KulturSchule

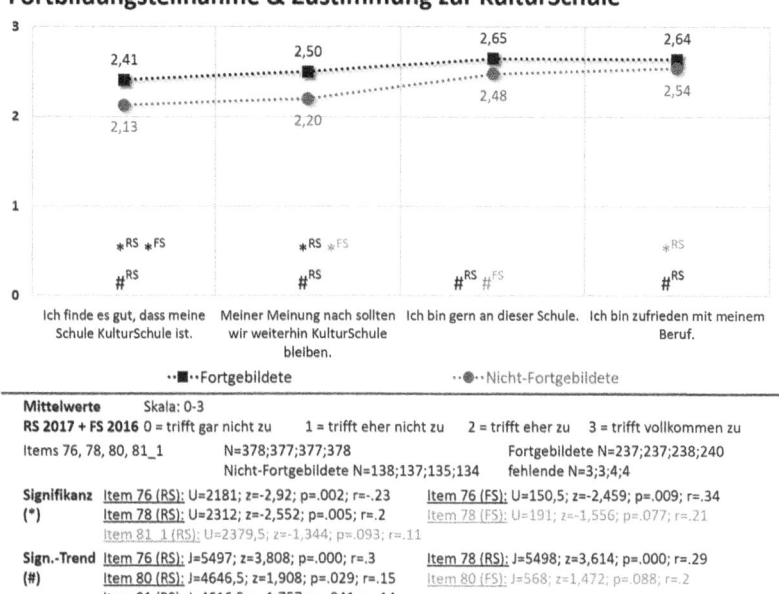

Abb. 2   Fortbildungsteilnahme und KulturSchul-Zustimmung

Über alle Items in Graphik 10.2[3] hinweg unterscheidet sich das Antwortverhalten von Fortgebildeten und nicht Fortgebildeten. Der geringste Antwortunterschied zwischen ihnen besteht im Zufriedenheitswert hinsichtlich des Berufs (Item 81_ 1). Diesbezüglich unterscheiden sich Fortgebildete von den noch nicht Fortgebildeten um 0,1 Punkt. Prozentual gesehen haben dieser Frage Lehrkräfte in Regelschulen wie auch in den Förderschulen zu 98,1 % zugestimmt. Nur im Trendtest ergibt sich eine Signifikanz für die Regelschullehrkräfte (#^{RS}). Bei den Förderschulen haben zum Befragungszeitpunkt die Förderschullehrkräfte an durchschnittlich 2,03 Fortbildungen je Lehrperson teilgenommen; an den Regelschulen waren es durchschnittlich 3,67 besuchte Fortbildungen pro Person.

---

[3] Die Abbildungen weisen aufgrund der höheren Genauigkeit Mittelwerte bei den Fortgebildeten (schwarz) und nicht Fortgebildeten (grau) aus. Die Ordinalskala der Abbildungen hat eine Reichweite von 0 („trifft gar nicht zu") bis 3 („trifft vollkommen zu"). Mit den gepunkteten Verbindungslinien zwischen den Werten sind keine inhaltlichen Aussagen verbunden – sie dienen lediglich einer schnellen grafischen Erfassbarkeit der Mittelwertniveaus.

Dies ist dem späteren Einstieg der Förderschulen in das KulturSchul-Programm geschuldet, weshalb zwischen den Schulformen eine gewisse Unvergleichbarkeit vorliegt, die zu berücksichtigen ist.

Aufgrund des hohen Zufriedenheitswerts bei allen Lehrkräften spricht viel dafür, dass in den Schulen dieses Untersuchungssamples ein gutes Betriebsklima und eine allgemeine Wertschätzung im Kollegium herrscht. Es könnte sein, dass eine positive Grundstimmung sich auch günstig auf das Innovationsklima auswirken kann. Wenn unterschiedliche Ansichten im Kollegium nicht auf das Betriebsklima ‚durchschlagen', könnte auch eine gewisse Übereinstimmung in den Ansichten der Lehrkräfte gegeben sein.

Item 80 („Ich bin gern an dieser Schule"), das sich auf die Lokalität der Arbeit richtet, zeigt einen immer noch hohen Mittelwert bei allen Antwortenden, aber hier differiert der Zufriedenheitswert zwischen Fortgebildeten und nicht Fortgebildeten leicht stärker um 0,17 Punkte. Dieser Wert ist für die Regelschullehrkräfte signifikant; für die Förderschullehrkräfte zeichnet sich im Trendtest eine Signifikanz ab. Die Lehrkräfte aus den drei Regelschulen fühlen sich in leicht stärkerem Maß wohl an ihrer konkreten Schule als die Förderschullehrkräfte, was durch die seinerzeit stattfindende Umstrukturierung an den Förderschulen eine plausible Erklärung findet. Auch dieser Wert bekräftigt die Vermutung, dass die Studie Schulen vorfindet, deren Kollegien und Schulleitungen nicht zerstritten sind.

Die Frage, „Ich finde es gut, dass meine Schule KulturSchule ist" (Item 76), fokussiert die Einigkeit hinsichtlich der Programmatik KulturSchule. Generell, so lässt sich sagen, ist die Zustimmung auch hier bei Fortgebildeten wie nicht Fortgebildeten hoch. Bei den Fortgebildeten ist sie höher: Ausgedrückt in Prozent haben 89,9 % aller fortgebildeten Lehrkräfte der Aussage zugestimmt, die noch einmal die Entscheidung zum KulturSchul-Programm bekräftigt. Im Vergleich der hier abgebildeten Werte unterscheidet sich dieser Wert nun etwas deutlicher im Vergleich zu den nicht Fortgebildeten. Bei den nicht Fortgebildeten liegt dieser Wert mit einem um 5,8 % geringeren Zustimmungsanteil bei 84,1 %.

Die auf die Zukunft gerichtete Aussage „Meiner Meinung nach sollten wir weiterhin KulturSchule bleiben" (Item 78) erreicht bei den Fortgebildeten einen Mittelwert von 2,50 (90,7 % der Lehrkräfte stimmen zu), nicht fortgebildete Lehrpersonen erreichen den Mittelwert 2,20 (Zustimmung von 83,9 %). Diese Gruppe würde ebenso wie die Fortgebildeten weiterhin am Landesprogramm teilnehmen wollen. Die Differenz der Gruppen ist mit 0,3 Punkten in diesem Item am größten und fällt in beiden Gruppen leicht höher als in Item 76 aus. Der Wert der Fortgebildeten ist für Regelschullehrkräfte signifikant, auch im Trendtest. Dies bedeutet, dass die Lehrpersonen aus diesen Schulen, die über mehr Fortbildungserfahrung verfügen, stärker der Meinung sind, ihre Schule solle das Profil KulturSchule beibehalten; wer mehrere Fortbildungen besucht hat, ist tendenziell noch stärker dieser Auffassung.

Zusammenfassend lässt sich sagen, dass die Einigkeit der Fortgebildeten wie auch nicht Fortgebildeten in der Zustimmung zum KulturSchul-Programm sehr hoch scheint. Bei beiden Gruppen bewegt sich die Zustimmung zum KulturSchul-Profil auf hohem Niveau. Die Auffassung, das KulturSchul-Programm weiter fortzusetzen, wird mit 6,8 Prozentpunkten stärker von Fortgebildeten geteilt. Damit ist die Zustimmung bei den Fortgebildeten etwas deutlicher ausgeprägt als bei nicht Fortgebildeten. Aufgrund der Signifikanz der Werte für Regelschullehrkräfte, die mehr Fortbildungsgelegenheiten wahrnehmen konnten, könnte man fragen, ob der Fortbildungsbesuch sich hier in einer stärkeren Befürwortung des kulturbezogenen Schulprofils auswirkt.

3 Zur Wahrnehmung der Zielsetzungen in KulturSchulen

Die soziale Kohäsion und schulinterne Zusammenarbeit der Lehrkräfte ist eine wichtige Bedingung einer zielorientierten Schulentwicklung. Die Befragungsstudie ermöglicht einen Blick darauf, welche Wahrnehmung der Zielsetzungen in der KulturSchule die Lehrkräfte der befragten Schulen haben (Abb. 3).

Die Aussage, „Für die KulturSchule setzen wir uns längerfristige Ziele" (Item 24) spricht eine für alle Lehrkräfte transparente Entwicklungsarbeit an, an der sie beteiligt sind und auf die sie Einfluss haben. Für beide Gruppen, Teilnehmer an Fortbildungen und noch nicht Fortgebildete, sind die Zustimmungswerte hoch; für die nicht Fortgebildeten ist er um 0,25 Punkte geringer. Insofern ist zu vermuten, dass die Zieldiskussion in der Schule von den Fortgebildeten stärker wahrgenommen wird.

Präzisierend auf die Kenntnis der konkreten Entwicklungsziele der spezifisch kulturellen Ausrichtung der Schule hin fragt Item 32 „Ich kenne die konkreten Entwicklungsziele der kulturellen Ausrichtung unserer Schule". Diesbezüglich fallen die Zustimmungswerte bei Fortgebildeten wie nicht Fortgebildeten im erreichten Wert deutlich ab, es gibt auch eine Differenz von fast einem halben Punkt im Mittelwert zwischen den Gruppen. Ein zwei Drittel-Anteil der Fortgebildeten (75,4 %) gibt an, die konkreten Entwicklungsziele der eigenen Schule zu kennen. Von den nicht Fortgebildeten geben dies weniger als die Hälfte an (48,5 %). Dies kann die Annahme einer Sensibilisierung für die Kenntnisnahme der Zielsetzungen durch eine Fortbildungsteilnahme bekräftigen und zeigt

Einschätzung der Zusammenarbeit in den Kollegien

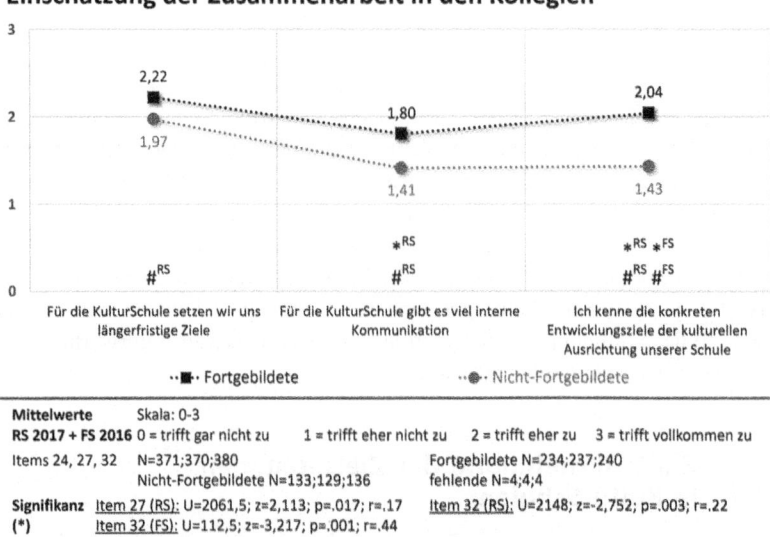

··■·· Fortgebildete   ··●·· Nicht-Fortgebildete

Mittelwerte	Skala: 0-3		
RS 2017 + FS 2016	0 = trifft gar nicht zu 1 = trifft eher nicht zu 2 = trifft eher zu 3 = trifft vollkommen zu		
Items 24, 27, 32	N=371;370;380	Fortgebildete N=234;237;240	
	Nicht-Fortgebildete N=133;129;136	fehlende N=4;4;4	
Signifikanz	Item 27 (RS): U=2061,5; z=2,113; p=.017; r=.17	Item 32 (RS): U=2148; z=-2,752; p=.003; r=.22	
(*)	Item 32 (FS): U=112,5; z=-3,217; p=.001; r=.44		
Sign.-Trend	Item 24 (RS): J=4754,5; z=2,33; p=.009; r=.19	Item 27 (RS): J=4821,5; z=2,655; p=.005; r=.22	
(#)	Item 32 (RS): J=5597; z=4,191; p=.000; r=.33	Item 32 (FS): J=685,5; z=3,045; p=.001; r=.42	

Abb. 3 Wahrnehmung der Zielentwicklung an KulturSchulen

zugleich, dass, verglichen mit den längerfristigen Zielen, die die Befragten besser zu erinnern glauben, eine spezifischere und detaillierte Kenntnis zurückfällt. Die Werte sind hier signifikant für die Regelschul- und die Förderschullehrkräfte. Abb. 3 zeigt die Wahrnehmung der Zielentwicklung an KulturSchulen bei Fortgebildeten und nicht Fortgebildeten.

Die interne Kommunikation zur KulturSchule (Item 27) ist in der Wahrnehmung der Befragten vergleichsweise nicht so markant repräsentiert. Die Lehrkräfte wurden gefragt, ob sie der Auffassung sind, es gebe in ihrer Schule „viel interne Kommunikation über die künstlerischen und kulturellen Aktivitäten". Die Fortgebildeten bestätigen zu 67,1 %, dass es darüber viel Austausch gebe. Lehrkräfte an den Regelschulen, die also mehr Fortbildungen wahrgenommen haben, erreichen hier einen signifikanten Zustimmungswert. Demgegenüber registrieren weniger als die Hälfte der nicht fortgebildeten Personen (46,5 %) eine Kommunikation unter den Lehrkräften. Diese Ausprägung stützt die These, dass nach einem Besuch von KulturSchul-Fortbildungen die Fortgebildeten dem kommunikativen Austausch stärker Beachtung schenken – sie sind direkt daran beteiligt –, und aufgrund ihres Erfahrungshintergrunds ist dieser für sie wohl von höherer Relevanz ist als für die nicht Fortgebildeten. Für die Lehrkräfte an Regelschulen ist der Wert signifikant, auch im Trendtest. Der Trendtest lässt die Aussage zu, dass bei einem mehrfachen Fortbildungsbesuch (Regelschul-) Lehrkräfte die Aussage durchschnittlich höher bewerten, dass die Schule sich längerfristige Ziele setze (Item 24). Dies trifft auch für das Item (32) zu „Ich kenne die konkreten Entwicklungsziele der kulturellen und künstlerischen Ausrichtung unserer Schule" und auch bei Item 27 „Für die KulturSchule gibt es viel interne Kommunikation".

Abb. 4 zeigt die Einschätzung von Ressourcen von Fortgebildeten und nicht Fortgebildeten. Die Grafik veranschaulicht, wie die konkreten schulischen Rahmenbedingungen für die Zwecke der KulturSchule von Fortgebildeten und nicht Fortgebildeten wahrgenommen werden. Es wird untersucht, ob eine Fortbildungsteilnahme die Ressourceneinschätzung an Schulen moderiert. Und in der Tat zeigt

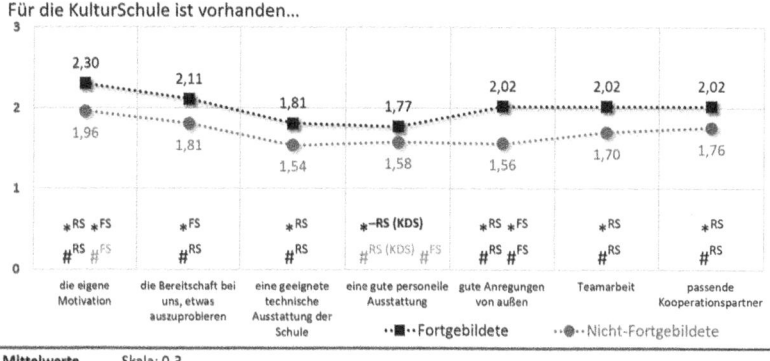

Fortbildungsteilnahme & Einschätzung von Ressourcen
Für die KulturSchule ist vorhanden...

Mittelwerte   Skala: 0–3
RS 2017 + FS 2016 0 = gar nicht vorhanden   1 = eher nicht vorhanden   2 = eher vorhanden   3 = stark vorhanden
Items 34_2, 38_2, 44_2, 48_2, 49_2, 51_2, 52_2   N=367;369;364;359;353;364;193   fehlende N=4;4;5;4;3;3
Fortgebildete N=233;235;237;231;232;234;127   Nicht-Fortgebildete N=130;130;123;124;117;63

Signifikanz	Item 34 2 (RS): p=.021; r=.17	Item 34 2 (FS): p=.018; r=.31	Item 38 2 (FS): p=.043; r=.25
(*)	Item 44 2 (RS): p=.025; r=.16	**Item 48 2 (KDS): p=.019; r=.35**	Item 49 2 (RS): p=.000; r=.3
	Item 49 2 (FS): p=.042; r=.22	Item 51 2 (RS): p=.026; r=.16	Item 52 2 (RS): p=.001; r=.26
Sign.-Trend	Item 34 2 (RS): p=.008; r=.19	Item 48 2 (KDS): p=.08; r=.22	Item 38 2 (RS): p=.043; r=.14
(#)	Item 44 2 (RS): p=.001; r=.26	Item 48 2 (FS): p=.092; r=.18	
	Item 49 2 (RS): p=.000; r=.4	Item 49 2 (FS): p=.035; r=.25	Item 51 2 (RS): p=.003; r=.22
	Item 52 2 (RS): p=.000; r=.36		

Abb. 4 Fortbildungsteilnahme und veränderte Ressourcenwahrnehmung

sich durchgehend das Muster, dass Fortgebildete die schulische Ausstattung und andere Rahmenbedingungen für die KulturSchul-Arbeit positiver bewerten.

Dies erstreckt sich zum einen auf die ‚Hardware' wie „eine geeignete technische Ausstattung der Schule" (Item 44_2) bis hin zu den Faktoren wie die Einschätzung der kollektiven Bereitschaft (Item 38_2), „bei uns etwas auszuprobieren". Sowohl Fortgebildete wie nicht Fortgebildete sehen bei sich eine eigene hohe Motivation (Item 34_2), sich aktiv an der KulturSchul-Entwicklung zu beteiligen. Dieser Wert ist signifikant sowohl für Regelschul- als auch Förderschullehrkräfte. Für Regelschullehrkräfte, die sich öfter fortbilden konnten, ist der Wert auch im Trendtest signifikant. Der Mittelwert von 2,30 nimmt bei Fortgebildeten den höchsten Wert in der gesamten Itemreihe ein, ebenso ist dies bei den nicht Fortgebildeten mit dem Mittelwert 1,96 der Fall. Dies bekräftigt erneut die Annahme, dass das Innovationsklima dieser im Sample befindlichen KulturSchulen als günstig eingeschätzt werden kann.

Einen Blick auf das Kollegium beinhaltet Item (38_2) „die Bereitschaft bei uns etwas auzuprobieren". Bei diesem Blick auf „uns" als Kollektiv gehen die Zustimmungswerte in beiden Gruppen zurück, er liegt aber bei beiden deutlich über dem rechnerischen Mittelwert. Bei den Fortgebildeten ist die Reduktion deutlicher als in der Gruppe der nicht Fortgebildeten. Zwischen den Gruppen liegt ein Abstand von 0,30 Punkten. Für die Förderschullehrkräfte, die weniger Gelegenheiten zur Fortbildung hatten, ist dieser Wert signifikant, für die Lehrkräfte an Regelschulen nur im Trendtest. Es scheint, dass Förderschullehrkräfte ihr Kollegium grundsätzlich als innovativ ansehen.

In der Graphik zur Ressourceneinschätzung bleibt der Abstand zwischen den beiden Gruppen mit sehr kleinen Abstrichen fast konstant zwischen den Gruppen, nur in der Einschätzung „gute Anregungen von außen" (Item 49_2) wird dieser Abstand um fast einen halben Punkt im Mittelwert größer (81 % bzw. MW 2,02 gegenüber 57,3 % bzw. MW 1,56). Gute Anregungen von außen werden von denjenigen wahrgenommen, die sich durch Besuche(r], Austausch und Kontakte adressiert fühlen. Auch die Ideen aus der Fortbildung könnten von den Fortgebildeten unter „gute Anregungen von außen" gezählt werden, allerdings ist dies interpretativ nicht eindeutig. Es läge dann in der Logik, dass diese Anregungen den nicht Fortgebildeten nicht bekannt sein können. Für Lehrkräfte der Regelschulen und Förderschulen sind die Werte signifikant und stehen für eine allgemeine Aufgeschlossenheit, die bei den Fortgebildeten einen hohen Zustimmungswert erreicht und den größten Abstand zu den nicht Fortgebildeten aufweist. Auch hier könnte man von einer höheren Sensibilität bezüglich der Anregungen von außen sprechen.

Teamarbeit als eine wichtige Bedingung für Schulentwicklung (Item 51_2) wird gleichfalls von 81 % der Fortgebildeten (MW von 2,02) als vorhanden angesehen. Dieser Wert ist signifikant für Regelschulen. Ebenso trifft dies hinsichtlich der Frage nach passenden Kooperationspartner zu (Item 52_2): Beides wird von Lehrkräften mit Fortbildungsbesuch als höher vorhanden bewertet als von nicht Fortgebildeten. Allerdings muss auch hier mit statistischer Vorsicht argumentiert werden: Diese (und die anderen vorgestellten) Korrelationen sind nicht kausal auf die Fortbildungsteilnahme zurückzuführen. Es ist ebenso denkbar, dass Personen mit bestimmten Einstellungsmustern eher KulturSchul-Fortbildungen anwählen bzw. diesen fernbleiben. Um Zusammenhänge zu begründen und abzusichern, müssen zusätzliche Auswertungsverfahren genutzt werden. Gleichwohl ergeben die für die Evaluation der Fortbildung durchgeführten Interviewauswertungen Hinweise darauf, dass die Fortbildungserfahrungen im KulturSchul-Kontext auf Lehrpersonen motivierend und persönlich bestärkend wirken. Welche Merkmale die Gruppe der Fortgebildeten aufweist, könnte in einer weiteren Untersuchung nachgegangen werden.

4 Aktivitäten in der Unterrichtsentwicklung

Wie sieht in beiden Gruppen die Perzeption von Aktivitäten in der Unterrichtsentwicklung aus? Item 84 fragt nach Tendenzen: Haben die Aktivitäten zur Unterrichtsentwicklung im Zeitraum der Teilnahme am KulturSchul-Programm abgenommen, sind sie gleichgeblieben oder haben sie zugenommen? Die mehrheitliche Zustimmung in den beiden Gruppen verteilt sich unterschiedlich. Bei den Fortgebildeten (n = 125), die geantwortet haben, wird mehrheitlich eine Veränderungsaktivität gesehen: 64,8 % von ihnen sehen eine Zunahme in der Unterrichtsentwicklung. Nahezu ein Drittel, 29,6 %, der Fortbildungsteilnehmer sehen keine Änderung und 5,6 % sehen eine Abnahme.

Bei den nicht Fortgebildeten überwiegt die Wahrnehmung von Konstanz. 58,2 % von ihnen sehen keine Veränderung. 40 % der nicht Fortgebildeten sehen hingegen an ihren Schulen eine Zunahme von Aktivitäten zur Unterrichtsentwicklung. Eine Person (1,8 %) der nicht Fortgebildeten sieht eine Abnahme von Unterrichtsentwicklungsarbeit.

Insofern kann nicht von einem einheitlichen Bild über die Schulen hinweg gesprochen werden; in den Augen einer Mehrheit fortgebildeter Lehrkräfte zeichnet sich ab, dass in die Unterrichtsentwicklung an der Schule Bewegung gekommen ist. Stellt sich die Frage, ob Fortgebildete optimistischer sind

Die Aktivitäten zur Unterrichtsentwicklung...

▨ ... haben abgenommen, seitdem wir KulturSchule sind
░ ... sind unverändert, seitdem wir KulturSchule sind
■ ... haben zugenommen, seitdem wir KulturSchule sind

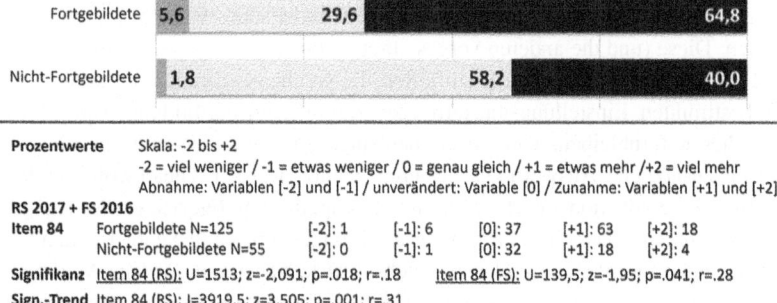

Fortgebildete	5,6	29,6	64,8
Nicht-Fortgebildete	1,8	58,2	40,0

Prozentwerte Skala: -2 bis +2
-2 = viel weniger / -1 = etwas weniger / 0 = genau gleich / +1 = etwas mehr /+2 = viel mehr
Abnahme: Variablen [-2] und [-1] / unverändert: Variable [0] / Zunahme: Variablen [+1] und [+2]
RS 2017 + FS 2016

Item 84		[-2]	[-1]	[0]	[+1]	[+2]
	Fortgebildete N=125	1	6	37	63	18
	Nicht-Fortgebildete N=55	0	1	32	18	4

Signifikanz Item 84 (RS): U=1513; z=-2,091; p=.018; r=.18   Item 84 (FS): U=139,5; z=-1,95; p=.041; r=.28
Sign.-Trend Item 84 (RS): J=3919,5; z=3,505; p=.001; r=.31

Abb. 5 Einschätzung der Unterrichtsentwicklung

oder entdecken sie vielleicht aufgrund ihrer Erfahrung mit ästhetischen Zugängen und durch mehr Austausch mit ihren Kollegen auch mehr Ansätze zur Unterrichtsentwicklung?

Abb. 5 zeigt die Einschätzung der stattfindenden Unterrichtsentwicklung bei Fortgebildeten und nicht Fortgebildeten.

5 Pädagogische Zielsetzungen der Lehrkräfte

Unterscheiden sich fortgebildete und nicht fortgebildete Lehrkräfte in ihren persönlichen Zielsetzungen, die sie im Unterricht verfolgen? Es ist zu vermuten, dass beide Gruppen, die dem Lehrberuf angehören, allenfalls geringe Differenzen aufweisen werden. Drei Items fragen nach Wissensvermittlung, Schlüsselkompetenzen und fachbezogenen Zielsetzungen (vgl. Abb. 15). Als wollte man bekräftigen, sich hinsichtlich der eigenen Arbeit nicht als purer Wissensvermittler zu verstehen, stimmen Forgebildete und nicht Fortgebildete der Aussage zu, persönlich „nicht ausschließlich Wissen vermitteln" (Item 14) zu wollen. Die Differenz beträgt 0,07 Punkte. Dieser Aussage stimmen 96,2 % der Fortgebildeten zu und findet von 92,6 % der nicht Fortgebildeten Zustimmung. Lehrkräfte einer Regelschule, die zu den seinerzeitigen Pilotschulen gehört, also am längsten

Ambitionen von Fortgebildeten (I): Kompetenzen

Im Rahmen meiner Arbeit will ich persönlich...

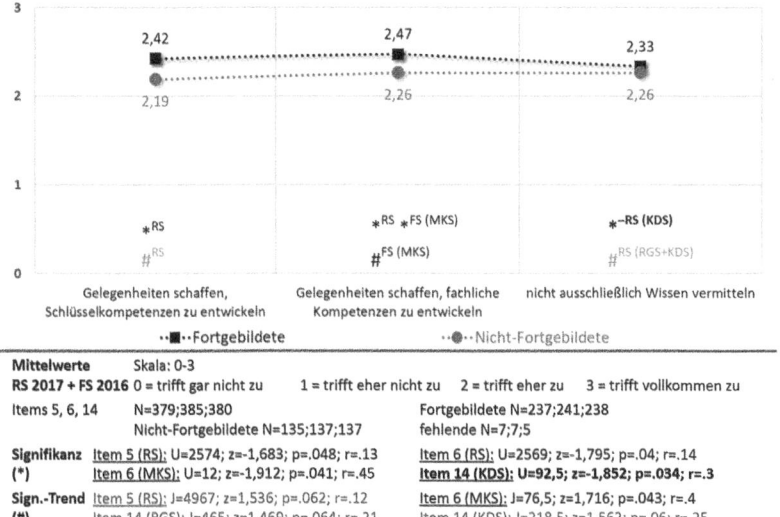

Abb. 6 Fortbildungsteilnahme und Zielsetzungen im Unterricht

im KulturSchul-Programm ist, erreichen in der Zustimmung einen signifikanten Wert. Bei den Lehrerinnen und Lehrern ist eine Selbstbeschreibung feststellbar, sich nicht als ausschließliche Wissensvermittler zu verstehen. Abb. 6 zeigt die Zustimmung zu Zielen im Unterricht bei Fortgebildeten und nicht Fortgebildeten.

Item 6 „Im Rahmen meiner Arbeit will ich persönlich Gelegenheiten schaffen, fachliche Kompetenzen zu entwickeln" zeigt dreifach stärker im Mittelwert (0,21 Differenzpunkte) eine Zustimmung der Fortgebildeten (97,6 %) und eine Zustimmung bei nicht Fortgebildeten (90,6 %). Die Unterschiede zwischen Fortbildungsteilnehmern und nicht Teilnehmern sind hier in allen Regelschulen und in einer der beiden Förderschulen signifikant. Lediglich an der Förderschule für körperlich-motorische Entwicklung gibt es keinen signifikanten Unterschied, auch nicht im Trendtest. Das lässt sich plausibel mit der Spezifik des Förderbereichs erklären, der mit dem Schwerpunkt körperlich-motorischen Entwicklung viel breiter aufgestellt sein muss, sodass die Lehrkräfte ihre Förderungsaktivitäten nicht in der Itemformulierung eines Anschließens an fachliche Kompetenzen wiederfinden.

Item 5 „Schlüsselkompetenzen zu entwickeln" betrifft überfachliche Kompetenzen. Diese wollen Fortgebildete in ihrer Arbeit stärker, mit 0,23 Differenzpunkten, vermitteln als nicht Fortgebildete. Für Regelschullehrkräfte, die mehr Gelegenheiten zur Fortbildung wahrnehmen konnten, ist dieser Wert signifikant. Die Zustimmungswerte dieser Reihe rangieren alle hoch; dass hier die Fortgebildeten einen größeren Abstand zu den nicht Fortgebildeten aufweisen, könnte, vorsichtig interpretiert, mit einer gewissens Loslösung von einem engen fachlichen Anspruch zusammenhängen.

Betrachtet man die Antwortmuster zu diesen drei Items, lässt sich festhalten, dass der Anspruch, Kompetenzen zu vermitteln stark geteilt wird. Die Werte der Fortbildungsteilnehmer bewegen sich abgesetzt auf höherem Niveau mit einer nur geringen Differenz in der Abweisung einer ausschließlichen Wissensvermittlung. Verändern sich die persönlichen Ziele, wenn stärker nach Ambitionen in der Kulturellen Bildung gefragt wird? Abb. 7 zeigt die Zustimmung zu Zielen im Unterricht hinsichtlich kultureller Praxis bei Fortgebildeten und nicht Fortgebildeten.

Abb. 7 rückt die Thematik in den Vordergrund, Schülern ästhetische Erfahrungen im Schulalltag zu ermöglichen, aber auch in der Kulturellen Bildung Kenntnisse zu vermitteln. Gefragt wird in den Items 7, 11, 12 nach persönlichen Zielsetzungen im Unterricht, die an die Überfachlichkeit der Fortbildungen anschließen und das Zugänglichmachen von ästhetischen Erfahrungen betreffen. Es wird augenfällig, dass die Zustimmungswerte der Fortgebildeten deutlich den Mittelwert oberhalb von 2 überschreiten, auch wenn nicht die starken Werte wie in Abb. 5 erreicht werden. Die Differenz zu den Zustimmungswerten der nicht Fortgebildeten macht hier allerdings eine halbe Stufe aus und jeder Itemwert zeigt eine statistische Signifikanz für Lehrkräfte an Regelschulen ebenso wie für die Lehrkräfte an Förderschulen.

In der Auswertung des Antwortverhaltens ist auch ein Blick auf die Fachzugehörigkeit geworfen worden: 85,2 % aller Lehrpersonen mit mindestens einem ästhetischen Unterrichtsfach wollen den Schülern „Gelegenheiten bieten, künstlerische Erfahrungen zu machen" (Item 7). Dies trifft auf 75,6 % der Lehrkräfte ohne ein ästhetisches Unterrichtsfach ebenfalls zu. Die in diesem Item stärker ausgeprägten Mittelwertunterschiede zwischen Fortgebildeten (2,21) und nicht Fortgebildeten (1,74) weisen auf einen statistischen Zusammenhang hin zwischen einem Fortbildungsbesuch und der höheren persönlichen Gewichtung ästhetischer

Ambitionen von Fortgebildeten (II): Ausdrucksfähigkeit

Im Rahmen meiner Arbeit will ich persönlich...

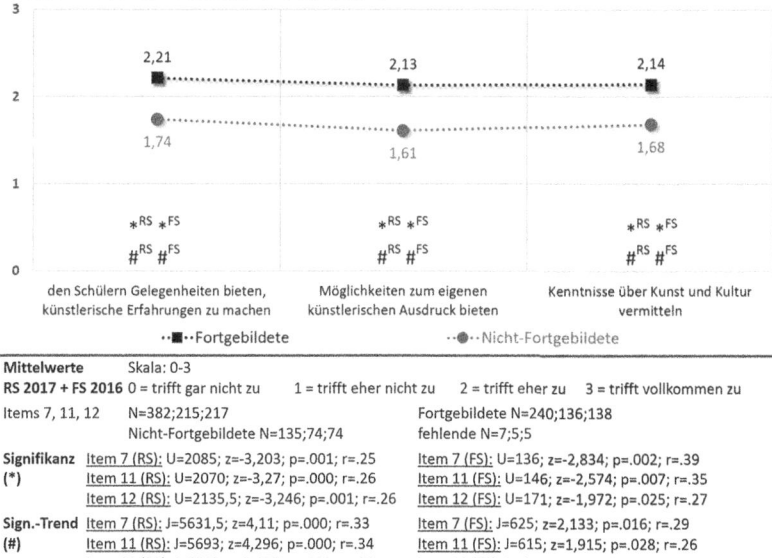

Mittelwerte	Skala: 0-3		
RS 2017 + FS 2016	0 = trifft gar nicht zu 1 = trifft eher nicht zu 2 = trifft eher zu 3 = trifft vollkommen zu		
Items 7, 11, 12	N=382;215;217	Fortgebildete N=240;136;138	
	Nicht-Fortgebildete N=135;74;74	fehlende N=7;5;5	
Signifikanz	Item 7 (RS): U=2085; z=-3,203; p=.001; r=.25	Item 7 (FS): U=136; z=-2,834; p=.002; r=.39	
(*)	Item 11 (RS): U=2070; z=-3,27; p=.000; r=.26	Item 11 (FS): U=146; z=-2,574; p=.007; r=.35	
	Item 12 (RS): U=2135,5; z=-3,246; p=.001; r=.26	Item 12 (FS): U=171; z=-1,972; p=.025; r=.27	
Sign.-Trend	Item 7 (RS): J=5631,5; z=4,11; p=.000; r=.33	Item 7 (FS): J=625; z=2,133; p=.016; r=.29	
(#)	Item 11 (RS): J=5693; z=4,296; p=.000; r=.34	Item 11 (FS): J=615; z=1,915; p=.028; r=.26	
	Item 12 (RS): J=5562; z=3,437; p=.000; r=.27	Item 12 (FS): J= 616; z=1,896; p=.019; r=.26	

Abb. 7 Fortbildungsteilnahme und Zielsetzungen im Unterricht hinsichtlich kultureller Praxis

Erfahrungen in Lernsituationen. Das Vorhaben, mit der eigenen Arbeit für Schülerinnen und Schüler künstlerische Erfahrungen möglich zu machen, liegt bei Fortbildungsbesuchern also durchschnittlich um eine halbe Antwortstufe höher. Diese Unterschiede sind für Regel- und Förderschulen signifikant und auch im Trendtest zeigt sich, dass Teilnehmer mit mehrfachem Fortbildungsbesuch insgesamt stärker bestrebt sind, künstlerische Erfahrungen zu realisieren.

Ein ähnlicher Effekt zeigt sich hinsichtlich der Motivation, den Lernenden „Möglichkeiten zum eigenen künstlerischen Ausdruck zu bieten" (Item 11). Nicht Fortgebildete äußern zu 51,4 %, dass ihnen eine solche Ausdrucksfähigkeit ein Anliegen sei. Unter den Fortgebildeten stimmen hier 75,7 % dieser Frage zu. Auch diese Unterschiede könnten in einem Zusammenhang mit dem Fortbildungsbesuch stehen, für Regel- und Förderschulen ist dieser Wert signifikant, ebenso im Trendtest (Abb. 8). Item 12 „Im Rahmen meiner Arbeit will ich persönlich Kenntnisse über Kunst und Kultur vermitteln" ordnet das Ästhetische als inhaltlichen schulischen Fachgegenstand ein und löst ihn von einem rein performativen und erfahrungsbezogenen Anspruch. Hier sagen 79 % der Fortgebildeten gegenüber 64,9 % der nicht Fortgebildeten, dass sie sich dieses Ziel setzen. Es finden sich in allen drei Fragebereichen Mehrheiten für Ziele der Kulturellen Bildung. Dies geht konform mit den Zustimmungswerten hinsichtlich der Zielsetzungen in der Schulentwicklung. Dennoch lässt sich sagen, dass die Ermöglichung von künstlerischen Erfahrungen und kunstbezogenen Ausdrucksmöglichkeiten Lehrkräften mit einer einschlägigen Fortbildungserfahrung ein messbar größeres Anliegen ist. Allerdings könnte sich dieses Ergebnis auf eine größere Aufgeschlossenheit der Lehrkräfte mit ästhetischem Fachhintergrund zurückführen lassen. Denn diese waren in den Fortbildungen stärker vertreten.

Abb. 8 zeigt die Zustimmung zu Zielen im Unterricht bei Fortgebildeten und nicht Fortgebildeten. Die Abbildung greift in drei Aspekten die Frage auf, ob die sich fortbildenden Lehrkräfte generell offen und experimentierfreudig

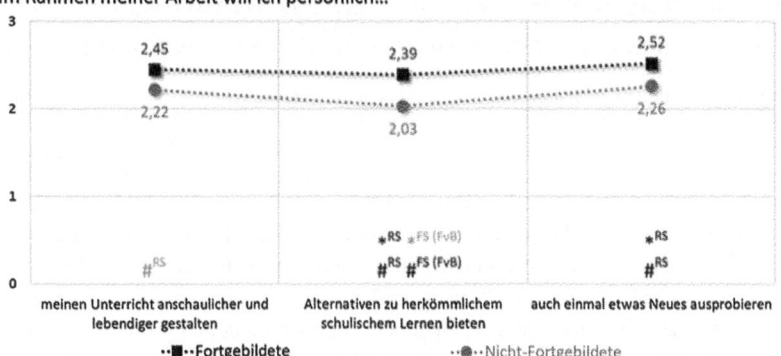

Ambitionen von Fortgebildeten (III): Experimentierfreude
Im Rahmen meiner Arbeit will ich persönlich...

2,45	2,39	2,52
2,22	2,03	2,26

meinen Unterricht anschaulicher und   Alternativen zu herkömmlichem   auch einmal etwas Neues ausprobieren
lebendiger gestalten   schulischem Lernen bieten

··■··Fortgebildete   ··●··Nicht-Fortgebildete

Mittelwerte   Skala: 0-3
RS 2017 + FS 2016 0 = trifft gar nicht zu   1 = trifft eher nicht zu   2 = trifft eher zu   3 = trifft vollkommen zu
Items 10, 8, 13   N=380;377;381   Fortgebildete N=239;236;240
      Nicht-Fortgebildete N=136;136;136   fehlende N=5;5;5
Signifikanz   Item 8 (RS): U=2283,5; z=-2,746; p=.003; r=.22   Item 8 (FvB): U=75,5; z=-1,619; p=.071; r=.28
(*)   Item 13 (RS): U=2500; z=-1,98; p=.027; r=.16
Sign.-Trend   Item 10 (RS): J=4948,5; z=1,471; p=.07; r=.12   Item 8 (RS): J=5621,5; z=3,719; p=.000; r=.29
(#)   Item 8 (FvB): J=247,5; z=1,361; p=.019; r=.23   Item 13 (RS): J=5383; z=3,018; p=.002; r=.24

Abb. 8   Fortbildungsteilnahme und Ambitionen: Abwechslung

sind und die Aufmerksamkeitsspanne ihrer Schüler durch Abwechslung und Anschaulichkeit aufrechterhalten wollen.

Auch diese Abbildung zeigt eine hohe Identität in der Profession, schaut man auf die hohen Zustimmungswerte, die beide Gruppen in den drei Items (10, 8, 13) erreichen. Die Frage, ob man „den Schülerinnen und Schülern Alternativen zu herkömmlichem schulischem Lernen bieten" wolle (Item 8) beantworten Personen mit Fortbildungserfahrung (92,4 %) mit einem Mittelwert von 2,39. Nicht Fortgebildete (80,1 %) erzielen einen Mittelwert von 2,03. Für Lehrkräfte an Regelschulen und im Trendtest ist der Wert signifikant, ebenso an der Förderschule für motorische und körperliche Entwicklung. Dies stützt noch einmal die Vermutung, dass die Gruppe der Fortgebildeten, aber auch der nicht Fortgebildeten eine stabile didaktische Grundhaltung aufweisen, die Neuem gegenüber aufgeschlossen sind. Ohnehin geben 100 % der befragten Förderlehrkräfte an, aus professionellen Gründen die herkömmliche Schulpädagogik nicht zu verfolgen. Die Differenz der Werte von Fortgebildeten und nicht Fortgebildeten liegt bei 0,36 Punkten und scheint in der deutlichen Spreizung darauf zu verweisen, dass in der Fortbildung Anregungen für nicht herkömmliche Methoden geboten werden, die in den Schulen auf Nachhall treffen.

Item 13 zu den persönlichen Zielen im Rahmen der eigenen Arbeit „auch einmal etwas Neues auszuprobieren" erreicht für beide Gruppen den höchsten Wert. Damit verstärkt sich der Eindruck, dass die Fortbildungen für KulturSchule Lehrkräfte attrahieren, die sich gerne anregen lassen, eingefahrene Routinen zu verlassen und tragfähige Ideen umzusetzen. Gleichwohl ist auch bei den nicht Fortgebildeten von einer hohen Bereitschaft, die sie bekunden, auszugehen. Dies lässt wiederum auf eine gewisse Einigkeit in der Haltung im Kollegium schließen.

6 Die Perspektive auf die Schülerinnen und Schüler

Insbesondere vor dem Hintergrund des Erfahrungsbezugs ist interessant, wie Lehrkräfte in KulturSchulen die Entwicklung der Schülerinnen und Schüler wahrnehmen. Im Rahmen des KulturSchul-Programms wird der Zugang zu Kultur(einrichtungen) und den Künsten erweitert und sollen Schülerinnen und Schüler ihre Talente oder neue Interessenfelder herausfinden können. Teilnehmende an den Fachforen äußerten Ideen und Vorhaben dazu, wie sie das konzentrierte Arbeiten und Eintauchen in einen kreativen Prozess auch in ihre Lerngruppen transportieren könnten. Sie sehen in den ästhetischen Zugängen auch eine Verständnisförderung. Sehen sie aber auch generell eine Stärkung der Lernmotivation der Lernenden in KulturSchulen?

Die Lernmotivation der Schülerinnen und Schüler...

▨ ... hat abgenommen, seitdem wir KulturSchule sind
▨ ... ist unverändert, seitdem wir KulturSchule sind
■ ... hat zugenommen, seitdem wir KulturSchule sind

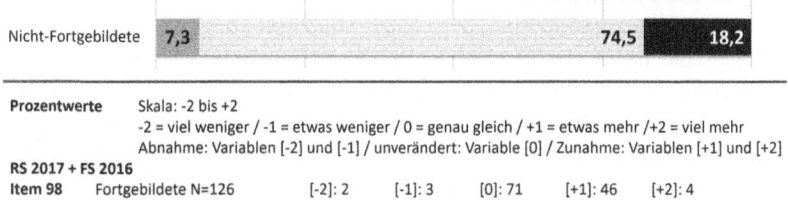

Prozentwerte   Skala: -2 bis +2
                      -2 = viel weniger / -1 = etwas weniger / 0 = genau gleich / +1 = etwas mehr /+2 = viel mehr
                      Abnahme: Variablen [-2] und [-1] / unverändert: Variable [0] / Zunahme: Variablen [+1] und [+2]
RS 2017 + FS 2016
Item 98   Fortgebildete N=126   [-2]: 2   [-1]: 3   [0]: 71   [+1]: 46   [+2]: 4
               Nicht-Fortgebildete N=56   [-2]: 0   [-1]: 4   [0]: 41   [+1]: 9   [+2]: 1
Signifikanz Item 98 (RS): U=1420; z=-2,661; p=.003; r=.23
Sign.-Trend Item 98 (RS): J=3851; z=3,407; p=.000; r=.3   Item 98 (FvB): J=59; z=1,533; p=.08; r=.38

Abb. 9   Lernmotivation der Schüler

Abb. 9 zeigt die Einschätzung der Lernmotivation der Schüler bei Fortgebildeten und nicht Fortgebildeten.

Hiernach fragt Item 98. Es gibt eine große Übereinstimmung in allen Schulen, dass die Lernmotivation sich nicht verändert habe. Fortgebildete stimmen der Aussage, die Lernmotivation sei konstant geblieben zu 56,3 % zu, nicht Fortgebildete zu 74,5 % (Abb. 9).

Der Anteil derer, die eine höhere Lernmotivation bei den Schülerinnen und Schülern zu erkennen glauben, ist unter den fortgebildeten Lehrpersonen doppelt so hoch wie bei nicht Fortgebildeten: 39,7 % gegenüber 18,2 % bei Lehrkräften ohne Fortbildungserfahrung. Die unterschiedliche Wahrnehmung zwischen Fortgebildeten und nicht Fortgebildeten ist signifikant für die Lehrpersonen an den drei Gesamtschulen und annähernd signifikant für das Förderschulpersonal. Der Anteil derjenigen, die eine Verschlechterung sehen ist mit 4 % bei den Fortgebildeten und 7,3 % bei nicht Fortgebildeten gering.

Oftmals wird der Aufführungskultur zugeschrieben, das Selbstbewusstsein der Schülerinnen und Schüler zu stärken. Begründet wird dies damit, dass sie sich trauen, sich vor anderen zu zeigen. Abb. 10 zeigt die Einschätzung des Selbstbewusstseins der Schüler bei Fortgebildeten und nicht Fortgebildeten. Die Abbildung zeigt hier eine differente Bewertung in den Gruppen:

Das Selbstbewusstsein der Schülerinnen und Schüler...

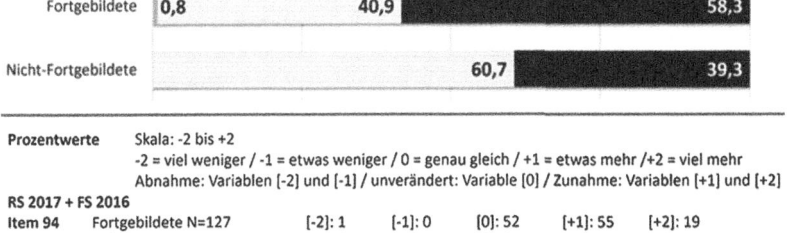

Abb. 10 Einschätzung des Selbstbewusstseins der Schüler

Die Lehrkräfte wurden gefragt (Item 94), inwiefern sie der Auffassung sind, dass das Selbstbewusstsein der Schülerinnen und Schüler seit der Teilnahme am KulturSchul-Programm zugenommen hat, unverändert geblieben ist oder abgenommen hat. Fortgebildete Lehrerinnen und Lehrer sagen mehrheitlich (58,3 %), dass die Schülerinnen und Schüler selbstbewusster geworden seien. Die größte Zustimmung der nicht Fortgebildeten mit 60,7 % entfällt hingegen auf die unverändert-Kategorie, das Selbstbewusstsein der Schüler sei gleich geblieben. Die Fortgebildeten gehen ihrer Einschätzung zufolge von einem positiven Effekt der KulturSchule für einen Aspekt der Persönlichkeitsentwicklung der Kinder und Jugendlichen aus. Dies trifft in signifikanter Weise für das fortgebildete Personal an den Regelschulen zu und ist annähernd signifikant für die Lehrkräfte an den Förderschulen.

Gibt es eine ähnlich positive Einschätzung hinsichtlich der Bindung der Schüler an ihre Schule? Abb. 11 zeigt die Einschätzung der Identifikation der Schüler mit ihrer Schule bei Fortgebildeten und nicht Fortgebildeten.

Die Mehrheit der Fortbildungsteilnehmer (50,8 %) sieht ebenso wie die nicht Fortgebildeten (67,9 %) keinen nennenswerten Einfluss auf die Identifikation der Schüler mit ihrer Schule. Allerdings beobachtet ein bedeutender Anteil von 44,4 % der Fortgebildeten eine größere Identifikation der Schülerschaft mit ihrer

Die Identifikation der Schülerinnen und Schüler mit der Schule...

▨ ... hat abgenommen, seitdem wir KulturSchule sind
▧ ... ist unverändert, seitdem wir KulturSchule sind
■ ... hat zugenommen, seitdem wir KulturSchule sind

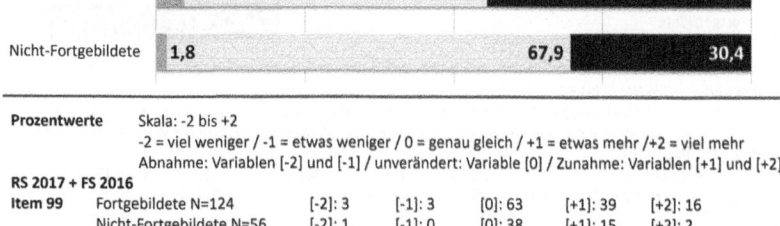

Fortgebildete	4,8	50,8	44,4
Nicht-Fortgebildete	1,8	67,9	30,4

Prozentwerte   Skala: -2 bis +2
-2 = viel weniger / -1 = etwas weniger / 0 = genau gleich / +1 = etwas mehr /+2 = viel mehr
Abnahme: Variablen [-2] und [-1] / unverändert: Variable [0] / Zunahme: Variablen [+1] und [+2]

RS 2017 + FS 2016

Item 99	Fortgebildete N=124	[-2]: 3	[-1]: 3	[0]: 63	[+1]: 39	[+2]: 16
	Nicht-Fortgebildete N=56	[-2]: 1	[-1]: 0	[0]: 38	[+1]: 15	[+2]: 2

Signifikanz Item 99 (FS): U=142; z=-2,036; p=.035; r=.29
Sign.-Trend Item 99 (RS): J=3657; z=2,173; p=.016; r=.19

Abb. 11 Einschätzung der Identifikation der Schülerschaft mit der Schule

Schule; unter den nicht Fortgebildeten teilen nahezu ein Drittel (30,4 %) diesen Eindruck. Die Zustimmungswerte zu der Aussage, die Identifikation habe zugenommen, liegen 14 Prozentpunkte auseinander. Die Mehrheit der Lehrkräfte positioniert sich anders.

Vor dem Hintergrund dieser drei Items (98, 94, 99) ist kein besonders hervorstechender Optimismus bei den fortgebildeten Lehrkräften, ebensowenig ein Pessimismus bei den nicht Fortgebildeten zu erkennen. In jedem Fall handelt es sich um eine Momentaufnahme ohne überdauernden Charakter.

In einer zusammenfassenden Betrachtung des Antwortverhaltens von Fortgebildeten und nicht Fortgebildeten lässt sich festhalten, dass beide Gruppen die Auswirkungen von KulturSchule auf die Schülerinnen und Schüler vergleichsweise zurückhaltend einschätzen. Ihre persönlichen Ziele und ihr Lehrstil werden von ihnen als flexibel und offen für Neues und nicht eng bezogen auf Wissensvermittlung bewertet.

Allerdings ist auffällig, dass diejenigen Lehrkräfte ein positiveres Fazit ziehen, die an den Fortbildungen des KulturSchul-Programms teilgenommen haben. Interessant ist in diesem Kontext ein Querverweis auf die Interviewäußerungen der befragten Fortbildungsteilnehmerinnen und -teilnehmer: Diese erwähnen ihre

Motivation, aufgrund ihrer eigenen ästhetischen Erfahrungen bei den Fachforen ihren Unterricht stellenweise verändern zu wollen.

Blickt man noch einmal zurück auf die Zustimmungswerte zu den Ressourcen, die die Schulentwicklung betreffen, wird die unterschiedliche Bewertung von Fortgebildeten und nicht Fortgebildeten deutlich. Nicht Fortgebildete bewerten die „Ressourcen" relativ zur Fortbildungsgruppe deutlich weniger positiv. Beide Gruppen sehen die technische und personelle Ausstattung als optimierbar an zwischen „eher nicht vorhanden" und „vorhanden". Der Wert der beiden Gruppen ist wenig voneinander entfernt bei der personellen Ausstattung. Die Selbsteinschätzung für eine mit der KulturSchule korrespondierende Motivation liegt bei den Fortgebildeten im Bereich „stark vorhanden", bei den nicht Fortgebildeten liegt sie nahe an „eher vorhanden". Dies lässt den Schluss zu, dass die Fortbildung Lust schafft, sich mit anderen und neuen Themen und Methoden zu beschäftigen. Die Bereitschaft bei uns etwas auszuprobieren, rutscht im Zustimmungswert vergleichsweise ab, wird von Fortgebildeten aber deutlich als in der Schule vorhanden eingeschätzt, während nicht Fortgebildete hier schwanken. Die Ressource „Teamarbeit" werten die Fortgebildeten als „eher vorhanden", nicht Fortgebildete als schwach gegeben. Das heißt, dieselbe Schulrealität kann anders eingeschätzt werden. Fortbildung scheint sich dahingehend auszuwirken, Potenzial aufzubauen und dieses zu erkennen und bringt damit eine dynamische Komponente in die allgemeine Bereitschaft zur Unterrichtsentwicklung und innerschulischen Kooperation.

7   Fazit

Bilanziert man die in diesem Kapitel dargestellten Befunde, so variiert mit dem Fortbildungsbesuch die Wahrnehmung der KulturSchulentwicklung. Alle Lehrkräfte geben als persönliche Ziele an, nicht nur Wissen vermitteln, sondern Unterrichtsthemen veranschaulichen und ästhetische Lernzugänge integrieren zu wollen. Fortgebildete nehmen stärker als nicht Fortgebildete wahr, dass Aktivitäten zur Unterrichtsentwicklung zugenommen haben. Diese Aussage bezieht sich auf die schulische Ebene und besagt wenig bezüglich der tatsächlichen praktischen Unterstützung des kulturbezogenen Entwicklungsprozesses der eigenen Schule durch sie selbst. Dennoch ist zu sehen, dass 73 % der Fortgebildeten der Frage zustimmen, in der Schule bereits etwas erprobt zu haben, was sie in der Fortbildung gelernt haben, sie verstehen sich also als Teil dieser Unterrichtsentwicklung (vgl. Abb. 2, Item 67).

Aus den Antwortdifferenzen zwischen Fortgebildeten und nicht Fortgebildeten ist erschließbar, dass eine höhere Sensibilität für die kulturelle Schulentwicklung ausgeprägt wird. Inwiefern dies letztlich auf Einstellungs- und Persönlichkeitsmerkmalunterschieden beruht, kann hier nicht beantwortet werden. Im Vergleich zu den nicht Fortgebildeten berichten die Fortgebildeten stärker von einem kollegialen Austausch über kulturelle Aktivitäten in der eigenen Schule. Es liegt nahe, dass die Fortgebildeten ihren bereits in einer Fortbildung gewesenen Kolleginnen und Kollegen und den KulturSchul-Beauftragten etwas mitzuteilen haben; Gespräche in kleineren Gruppen zu Fortbildungsinhalten werden in Fachforen, den Workshops kreativer Unterrichtspraxis oder auch beim Tag X initiiert. Ein solcher Austausch in der Schule wird offenbar fortgesetzt mit denjenigen, die sich dafür interessieren oder diese Fortbildungen kennen. Es fällt auf, dass Fortgebildete eine stärkere Überzeugung dahingehend haben, dass sich das Selbstbewusstsein der Schülerinnen und Schüler unter der Programmatik von KulturSchule positiver entwickelt, vergleichsweise etwas schwächer gilt dies auch für die Lernmotivation. Für ihren Unterricht sehen sie im Einbezug ästhetischer Lerngelegenheiten keinen Bruch mit ihrer Aufgabe der Wissensvermittlung.

Inwiefern sich Fortgebildete auch aktive Mitwirkungsmöglichkeiten an der Schulentwicklung suchen, beispielsweise in Arbeitsgruppen oder Teams zur curricularen Ausarbeitung neuer Unterrichtsansätze lässt sich mit dieser Studie nicht klären.

Bemerkenswert erscheint, reflektiert man den zeitlichen Umfang der Fachforen von zweieinhalb Tagen, dass diese Fortbildungen sich in differenten Wahrnehmungen und Bewertungen in einem markanten Gruppenunterschied niederschlagen. Es ist begründet zu vermuten, dass die Fachforen bei den Lehrkräften die Erfahrung von Lernfähigkeit und Selbstwirksamkeit vermittelt haben. Zudem erfahren ihre ‚beliefs' in der Gruppe eine soziale Unterstützung. Ihre Fortbildungsaktivität sehen sie außerdem als unterstützt von ihrem Dienstherrn an; das kann das empfundene Problem der notwendig werdenden Unterrichtsvertretung durch Kollegen während der Fortbildung mindern.

Lehrkräfte mit ästhetischen Fächern besuchen die Fachforen sicherlich mehrmals, wenn sich dazu die Möglichkeit bietet, als Fachgruppe sind sie stärker unter den Fortgebildeten vertreten. Die Fortgebildeten stellen insofern das professionelle Personal dar, mit denen die Schul- und Unterrichtsentwicklung fortgesetzt werden kann. Die Gruppe der nicht Fortgebildeten weiterhin zu verkleinern, ist das genuine Anliegen des KulturSchul-Programms.

Eine zweieinhalbtägige Fortbildung stellt in einer Wirksamkeitsperspektive ein zeitliches Minimum dar (Lipowsky, 2011, S. 402), und im Spiegel der Fortgebildeten wird den Fachforen ein gutes ‚Zeugnis' ausgestellt. Im Verhältnis zu den Berufsjahren und dem Ziel der umfassenden Lernkulturentwickung ist die Zeit zurReflexion der Handlungspraxis und Lernfeldgestaltung allerdings gering. Eine intensive Auseinandersetzungsmöglichkeit mit dem Thema „Kulturelle Bildung an Schulen" findet im berufsbegleitenden Weiterbildungsstudiengang an der Philipps-Universität Marburg statt (vgl. Kammler, 2018). Drei Kohorten hinweg, bis 2018, haben sich auch Lehrkräfte von hessischen KulturSchulen in den zweijährigen Weiterbildungsmaster eingeschrieben.[4] Sie qualifizieren sich z. B. für Koordinationsaufgaben und das Schnittstellenmanagement in der Schulleitung und als KulturSchul-Beauftragte oder in ihrer didaktischen Lehrfunktion. In den Bewerbungsgesprächen artikulieren die Bewerber aus diesen Schulen das Interesse, sich vertiefender wissens- und gestaltungsorientiert mit Kultureller Bildung beschäftigen und im Studiengang zukünftige Partner für eine schulkulturelle Weiterentwicklung kennenlernen zu wollen, um dort die performativen Praktiken zu verbreitern. So wurde von Masterstudierenden eine Lehrkräftefortbildung („memories are made of this") konzipiert, um „grundlegende Fragen und persönliche Zielsetzungen" in der Schulentwicklung unter ihren widersprüchlichen Rahmenbedingungen in künstlerischen Ausdrucksformen deutlich zu machen und anschließend zu reflektieren. Außerdem ist im Rahmen des Praxismoduls zur Projektentwicklung ein an Schüler adressiertes Projekt zu Metamorphosen entstanden, ein Impuls, der auf einen Impuls eines Fachforums zurückgeht und in Teamarbeit von Lehrkräften und einem Künstler und Dozenten in ein Konzept überführt worden ist.

Ebenso entstand eine Kooperation des Weiterbildungsmasters mit der Richtsbergschule Marburg als Laborschule, sodass die Begegnung von Masterstudierenden mit dem Lernareal KulturSchule ein Bestandteil im Weiterbildungsstudiengang ist. Entstanden sind seit 2016 Masterarbeiten mit dem Fokus auf Bedingungen gelingender Schulentwicklung, zu Entwicklungsprozessen der Schülerinnen und Schüler unter dem Einfluss Kultureller Bildung an Schulen, der Erweiterung der Berufsorientierung durch den Einbezug von Kultureinrichtungen, zu Schülerbefragungen über ihre Visionierung einer Schule der Zukunft, ebenso Klärungen von Beobachtungen in Schülergruppen seitens erfahrener Theaterpädagogen. Viele weitere Themen werden hier nicht aufgeführt, insofern die Studierendengruppe neben Lehrkräften Musiker und Kunstschaffende aller Sparten umfasst sowie Beschäftigte in Einrichtungen wie Museen oder Leitende von Jugendkunstschulen. Die Einbindung des Weiterbildungsstudiums als Professionalisierungsmaßnahme für Lehrkräfte an hessischen KulturSchulen ist

---

[4] Der hessische Kultusminister ist Mitglied im Wissenschaftlichen Beirat des Weiterbildungsmasters „Kulturelle Bildung an Schulen".

bedauerlicherweise nach dem Auslaufen einer Förderung von Stipendien durch die Mercator Stiftung abgebrochen. Insofern liegt hier noch eine zusätzliche Möglichkeit, wissenschaftliches Wissen und professionelle Reflexion in der Lehrkräftefortbildung für das Anliegen der Fortbildungskonzeption des Hessischen Kultusministeriums stärker zu nutzen.

Literatur

Ackermann, H., Retzar, M., Mützlitz, S., & Kammler, C. (2015). *KulturSchule. Kulturelle Bildung und Schulentwicklung.* Springer VS.

Kammler, C. (2018). Kooperativität und Interprofessionalität. Der Weiterbildungsmaster „Kulturelle Bildung an Schulen" (WBM KuBiS) an der Philipps-Universität Marburg. In M. Fuchs & T. Braun (Hrsg.), *Kulturelle Unterrichtsentwicklung. Grundlagen – Konzeptionen – Beispiele* (S. 358–367). Beltz.

Lipowsky, F. (2011). Theoretische Perspektiven und empirische Befunde zur Wirksamkeit von Lehrerfort- und -weiterbildung. In E. Terhart, H. Bennewitz, & M. Rothland (Hrsg.), *Handbuch der Forschung zum Lehrerberuf* (S. 398–417). Waxmann.

Fortbildungen für KulturSchule: Die Bedeutung von Schulentwicklung für Kulturelle Bildung

Das Hessische Kultusministerium hat die Professur Schulpädagogik der Universität Marburg damit beauftragt, den Beitrag der unterschiedlichen Fortbildungsformate im Kontext des KulturSchul-Programms zu ermitteln, den diese zur Etablierung Kultureller Bildung und ästhetischer Praxis leisten. Um diese Fragen zu klären, sind in dieser Studie zunächst die

a) didaktische Intention und Konzeption der Fortbildungsformate,
b) die didaktische Gestaltung der Fortbildungsveranstaltungen und die Resonanz bei den Teilnehmenden sowie
c) der individuelle und der institutionelle Transfer rekonstruiert worden, den Teilnehmende, die Fortbildungen in Phasen der Reflexion und die Programmschulen durch Austauschmöglichkeiten erbringen.

Datenquellen für die Evaluation sind neben einer teilnehmenden Beobachtung der «Fachforen» und «Tag X» sowie Vernetzungsformate («Fachaustauschtag», «KulturSchultag») die schriftlichen Einladungsschreiben, fotographisch angereicherte Dokumentationen der Fortbildungen wie sie von der «SLT-Reihe» angefertigt worden sind, Unterlagen aus dem Büro Kulturelle Bildung des HKM und Internet-Informationen sowie die verbalen Daten von Interviews. Die Befragungen sind mit vier Gruppen geführt worden: Programmverantwortliche im Referat Kulturelle Bildung des HKM, Fortbildende des Büros Kulturelle Bildung des HKM, Teilnehmende der Fortbildungen, außerdem mit Schulleitungen und KulturSchulbeauftragten von KulturSchulen. Die Fortbildungen werden zusätzlich durch Austausch- und Vernetzungsformate gestützt, was hinsichtlich einer Bewertung der systemischen Funktion und der Transferunterstützung mitzubedenken ist.

Als übergreifendes zentrales *Ergebnis* der Evaluation zeigt sich, dass die Lehr-kräftefortbildung in den vier unterschiedlichen Zeit- und Inhaltsformaten «Work-shops Kreative Unterrichtspraxis», «Fachforum», «Tag X» und «SLT-Reihe» für Schulleitungen und KulturSchul-Beauftragte ein evolutionär gewachsenes, gleich-wohl funktionales und in den Lernthematiken und -methoden einander ergänzen-des System darstellt. Formatübergreifend dient es der Kompetenzentwicklung der Lehr- und Führungskräfte in KulturSchulen, das in innovativer Zielsetzung vor-wiegend fächerübergreifende Ansätze des Lernens in Form ästhetischer Zugänge von den Lehrkräften erfahrbar macht.

Umzusetzen ist dies in der strukturellen Organisation der gesellschaftlichen Institution Schule, die der Bildungshistoriker Jürgen Oelkers als „konservativ" kennzeichnet. Der Fachunterricht ist als leitendes Prinzip gesetzt (vgl. Oelkers, 2009, S. 310); den Fächern sind aufgrund gesellschaftlicher Interessen unglei-che Rollen zugewiesen. Schülerinnen und Schüler, die ab der Sekundarstufe in Schularten mit unterschiedlichen Lehrplänen selektiert worden sind, werden nach Jahrgängen unterrichtet und nach dem Notenprinzip beurteilt (ebd.). In vergleichen-der Perspektive befindet Oelkers, dass „[j]e mehr fachliche Anforderungen den Unterricht bestimmen, desto geringer wird der Anteil reformpädagogischer Methoden" (ebd., S. 311). Es hat den Anschein, dass diese reformpädagogi-sche Methodenarmut sich verständnishinderlich auswirkt. Fächerübergreifende Lerninhalte und ungewöhnliche Zugänge zu Lerninhalten oder prozessorientierte Arbeitsaufträge hingegen weiten die Grenzen des Fachlichen und ermöglichen, ein Problem „aus der Perspektive mehrerer Schulfächer" (Stübig, 2009, S. 315) zu bearbeiten und neue Blickwinkel einzunehmen. Und von besonderer Relevanz ist, dass die Lernenden im fächerübergreifenden Unterricht die Lerngegenstände besser verstehen (ebd., S. 316). Vor diesem Hintergrund setzen die Fortbildungen somit einen wichtigen Gegenakzent mit ihrer Handlungs- und Prozessorientierung zu diesem traditierten schulorganisatorischen Strukturprinzip.

Die beschriebenen Fortbildungen bieten insgesamt den Lehrkräften ein viel-seitiges Ideenreservoir und das erfahrungsbezogene Kennenlernen von Methoden kultureller, alltags- und kunstbezogener Praxis einschließlich ästhetischen For-schens und ein Know-how zur Zusammenarbeit mit Kultureinrichtungen und Kunstschaffenden. Die Gelegenheiten zum Austausch in den Fortbildungen ermu-tigen die Lehrkräfte, in ihrem Unterrichtshandeln die kennengelernten neuen Ansätze zu adaptieren. Ihre Äußerungen in den Interviews belegen, dass sie Impulse zur Veränderung einer dirigistischen Haltung in der Regieführung der Unterrichtsprozesse erhalten. Vor allem die zweieinhalbtägigen «Fachforen» wer-den seitens der Lehrkräfte als Wiederbelebung ihrer Freude am Vermitteln und am Gestalten von Lernumgebungen, die das schülerseitige aktive Lernen unterstützen, wahrgenommen. Sie sehen sich als offener an, den Schüleraktivitäten einen größeren Freiraum zuzubilligen, sie im selbständigen Arbeiten zu unterstützen und nicht unter strikte Vorgaben zu beugen. Auch die Scheu der Lernenden, sich vor anderen zu exponieren, wird seitens der Lehrkräfte nachvollzogen, weil sie sich in den Fortbildungen selbst in die Rolle von Lernenden begeben. Dieser Rollenwechsel ist eine wichtige Erfahrung im Unterschied zu einem immer noch verbreiteten Professionalitätsverständnisses, das Lehrkräfte stark auf der Seite des Lehrens verortet.

Mit anderen Worten: Den Fortbildungen gelingt es, Lehrkräften den in der Allgemeinbildung vernachlässigten Erkenntnismodus «ästhetische Wahrnehmung» und «ästhetische Erfahrung» zugänglich zu machen und sie für diesen Wahrnehmungsvorgang einer sinnesbezogenen anderen Erkenntnisart von Selbst und den Dingen aufzuschließen. Dies geschieht gänzlich ohne Theoriebezug, allein über ein gekonntes Involvieren der Teilnehmer in kreative Schaffensprozesse und Fragestellungen ästhetischen Forschens. Damit werden sie auch auf ein Handeln in Situationen vorbereitet, die durch Ungewissheit geprägt sind, wofür es keine Handlungsanleitung gibt; sie lernen, mit Unvorhersehbarkeit und Ungewissheit, die konstitutiv für die Profession sind, produktiv umzugehen. Darüber erweitern sich die eigenen Handlungsmöglichkeiten, sodass von einem bildenden Effekt gesprochen werden kann.

In dieser erfahrungsbezogenen und handlungsorientierten Modalität, in der das Individuum neue Seiten von sich kennenlernt, wird in der Fortbildung auch eine einander zugewandte Gemeinschaftlichkeit erfahren, die im gewohnten schulischen Arbeitskontext durch die isolierte Arbeitsweise fehlt. In Differenz zum Arbeitsplatzkontext wird an der Lösung einer Aufgabenstellung gearbeitet und dabei nicht gewertet und verglichen. Mit diesem kontrastiven Erfahrungsbezug kehren Lehrkräfte von den Fachforen an ihre Schulen zurück.

Die Frage, die sich aus Sicht der Evaluation daran anschließt, ist die nach dem nächsten Schritt: der *Umsetzung des Gelernten in den Unterricht*. Die Transfermotivation und auch der kurzfristige Transfererfolg bei den Teilnehmern sind gegeben und den Interviews zu entnehmen. Die umfassende Beantwortung zum Transfergelingen findet allerdings eine Grenze am Untersuchungsradius dieser Studie, der sich auf die Fortbildungen mit Hinblick auf deren Beitrag zur Beförderung einer kulturellen Praxis richtet. Da Schulleitungen und KulturSchul-Beauftragte sich zu den Austauschgelegenheiten der Lehrkräfte in der Schule und zu ihren Wahrnehmungen der Veränderungen in der KulturSchule und zum Entwicklungsstand geäußert haben, basieren auf diesen Wortbeiträgen die in dieser Studie vorgenommene Einschätzung zu den allgemeinen Transferbedingungen an

KulturSchulen. Zudem haben die interviewten Lehrkräfte ihre Wahrnehmung von Austauschmöglichkeiten und der Zusammenarbeit mit Kolleginnen und Kollegen geschildert. Darüberhinaus vermittelt eine Sonderauswertung einer quantitativen Studie, die im vorhergehenden Kapitel dargestellt worden ist, ein Bild vom Stand der Unterrichtsentwicklung an KulturSchulen vor der Pandemie und zu den pädagogischen Zielsetzungen der fortgebildeten und nicht fortgebildeten Lehrkräfte. Gleichwohl besteht nicht der Anspruch, dass die Aussagen dieser Evaluation auf die Transfersituation aller hessischen KulturSchulen zutreffen: allerdings weicht der Befund nicht von dem der Fachliteratur zu Kollegien und sozialer Unterstützung in Schulen ab.

Vor allem die verbalen Daten der Fortbildungsteilnehmer lassen auf das unterschiedliche Transferklima in den Schulen schließen, welches sich auf die Transferbereitschaft der Lehrkräfte auswirkt. Ein Teil der Fortbildungsteilnehmer sieht im Kollegium eine große Offenheit für Neues, andere sehen eine Distanz eines Teils ihrer Kollegen gegenüber den prozesshaften, handlungs- und bewegungsorientierten Ansätzen in der Fortbildung. Sie hoffen auf eine Verbreiterung einer positiven befürwortenden Haltung im Kollegium, sobald sich die Fortbildungserfahrung verallgemeinert hat. Zugleich verstehen sich die Fortgebildeten selbst nicht als Avantgarde in der Unterrichtsentwicklung ihrer Schule. Zum einen lassen ihnen die regulären Aufgaben mit Unterrichten, Vor- und Nachbereitung, mit administrativen Funktionen in der Organisation wie zum Beispiel in einer Fachbereichsleitung keine Zeit zur Umsetzung noch weiterer Anregungen, die andere Fortbildungsrückkehrer mitbringen. Zum anderen entnehmen sie der Organisations- und formalen Regelungsstruktur der Schule, dass sie eine verantwortliche Position nur für ihren Unterricht haben, während ein weiterer ‚Auftrag‘ zur Schulentwicklung darüber hinausginge und im Kollegium als kollektives Anliegen nicht vermittelt ist.

Das Kollegium als Nukleus des Austauschs von pädagogischen Haltungen zu pädagogischen Fragen und des Ringens um Vereinbarungen und Regelungen in der Gestaltung des pädagogischen Alltags und im Miteinander sind ein wichtiger Faktor für das Wohlbefinden der Lehrkräfte und das soziale Commitment. Die quantitative Befragung an fünf KulturSchulen hat gezeigt, dass die Lehrkräfte im Befragungssample mit ihrem Beruf und in der konkreten Schule zufrieden sind. Dies kann als Indikator dafür gelten, dass an diesen KulturSchulen keine gravierenden Konflikte das Miteinander beeinträchtigen. Martin Rothland (2005) sieht hierin und mit Bezug auf die Potsdamer Lehrerstudie einen protektiven gesundheitlichen Faktor.

Die Bedeutung der anderen Lehrkräfte als Faktor der Transferbereitschaft wird daran erkennbar, dass die Interviewten in der gedanklichen Vorwegnahme ihrer

Rückkehr an die Schule entweder einzelne Lehrkräfte in den Blick nehmen, mit denen sie sich öfter austauschen, oder sie sehen im KulturSchul-Beauftragten den Adressaten eines Berichts von der Fortbildung. Einzelne Stimmen unter den befragten Lehrkräften konstatieren eine konfliktbehaftete Konstellation von einerseits weitgehend offen eingestellten Kollegen, einem neutral eingestellten Teil und andererseits eine „Kontrafraktion". Im Detail wird auch deutlich, dass Lehrkräfte im Kollegium ein unterschiedliches Ansehen genießen, und Wertschätzung damit unterschiedlich verteilt ist. Die außerschulisch stattfindende Fortbildung wird hingegen als ein Terrain erfahren, wo einander unbelastet von solch einer Konstellation begegnet werden kann, während im Kollegium ungeschriebene Regeln herrschen, die zu beachten sind und die nicht gebrochen werden sollen. Dazu gehört, dass Konferenzen sich nicht unnötig in die Länge ziehen dürfen, ihre Beendigung nicht durch ausführliche Berichte von Fortbildungen hinausgezögert werden soll. Selbst die Position einer Fachbereichsleitung scheint sich nicht dazu anzubieten, Kollegen anzufragen, ob nicht gemeinsam etwas aus dem Ideenpool der Fortbildung umgesetzt werden könne; dies wird als ein das weiterhin gute Einvernehmen tangierend eingeschätzt. Damit bestätigt sich, dass ein Kollegium ein soziales Feld darstellt, in dem Konkurrenzen ausgetragen werden und Animositäten herrschen, wie dies an anderen Arbeitsorten ebenso anzutreffen ist (Rothland, 2005, S. 159). KulturSchulen sind also Teil der Welt, wie sie jeder kennt und als selbstverständlich hinnimmt, dass auch hier Funktionsprinzipien der Hierarchie und des Bestimmens und Ansagens herrschen (vgl. Dubs, 2010) und nicht ein Einigen auf stichhaltige und kluge Argumente.

Dennoch bedeutet diese Normalität eben nicht, dass Lehrkräfte nur ‚ihren Job machen' und gegenüber neuen Methoden desinteressiert wären. In dieser Studie sind keine sogenannten „Unterrichtsbeamte" repräsentiert, vielmehr wird hohes Interesse daran geäußert, Bestimmtes aus der Fortbildung auszuprobieren oder eine neue prozessorientierte und entspannt konzentrative Arbeitsatmosphäre in den eigenen Lerngruppen zu etablieren. Insofern attestiert die Evaluation den Fachforen einen Transfererfolg bei den Befragten. Nach Sandmeier et al. (2021) ist dieser solange als kurzfristig einzuordnen, bis von einer Verstetigung im Unterrichtshandeln gesprochen werden kann.

Mit der Aufgabe der Umsetzung sieht sich die einzelne Lehrkraft auf sich gestellt. Das liegt zum einen an der Struktur der Lehrerarbeit, in der Teams und eine „Doppelsteckung" im Unterricht eine Ausnahme darstellen. Es ist die Frage, inwiefern von einem Transfermanagement im Ansatz gesprochen werden kann, wenn in einzelnen Schulen in Konferenzen von den Fortbildungen berichtet wird, oder wenn Schulleitungen in der Konferenzleitung Punkte zum

KulturSchulprogramm aufrufen und thematisieren. Ob dies von den Konferenz-
teilnehmern als Pflichtübung angesehen wird oder auf Interesse stößt, wird im
Interviewmaterial nicht wichtig, sprich berichtet. Jedoch gibt es seitens der
KulturSchul-Beauftragten ein Bewusstsein darüber, dass sich mit einem Bericht
von den Fortbildungen die Besonderheit und die Qualität des Geschehens nicht
widergeben lässt; ein inspirierendes Moment wird vermisst und erscheint nur
durch Selbsterfahrung vermittelbar.

Die Unterstützung der Rückkehrenden durch die Schulleitungen, z. B. in der
Akzentuierung der Bedeutung der Fortbildungen, erscheint noch kaum ausgeprägt
und ist deutlich ausbaubar. Die Erkenntnisse in der Forschung zu teilautonomen
Schulen und der Bedeutung des Schulleitungshandelns „für das soziale Klima und
intakte kollegiale Beziehungen" (Rothland, 2007, S. 261) sind offenbar noch nicht
in Konzepte und Instrumente der Führungskräftefortbildung transportiert worden. Es kann aber auch sein, dass Schulleitungshandeln anderen Prämissen folgt,
wie dies Martin Rothland andeutet, als die „Position von Schulleitungen nicht
so unproblematisch (ist), als dass es ihnen ein Leichtes wäre, ihrer aus diesen
Befunden erwachsenen Verantwortung nachzukommen" (ebd., S. 260). In ihrer
Führungsfunktion steht die Schulleitung „ständig im Spannungsfeld zwischen
Kontrollen, Aufsicht, unmittelbaren Entscheidungszwängen auf der einen und
dem Bestreben, das Kollegium in die Entscheidungsfindung einzubeziehen, Kol-
legialität zu praktizieren und den Einzelnen in spezifischen Problemsituationen
zu unterstützen, auf der anderen Seite" (ebd.).

Die Feststellung in dieser Evaluationsstudie, dass auch hier wie an Schulen
mit Modellprojekten die „soziale Einbindung durch die Kooperation mit anderen
Lehrkräften" (Jäger, 2004, S. 287) fehlt, liegt ebenfalls nicht quer zum Erkennt-
nistand in der Literatur. Diese kooperativen Arbeitsformen und den informellen
Austausch der Lehrkräfte sieht Johannes Haeffner (2012) in seiner empitischen
Untersuchung zur Entwicklungsarbeit an evangelischen Schulen als hoch bedeutsam an. Karl-Oswald Bauer verdeutlicht, dass Kooperation „nicht gleichzusetzen
(ist) mit der unmittelbaren Zusammenarbeit in Gruppen und die unmittelbare
Zusammenarbeit in Gruppen ist nicht das Gleiche wie Teamarbeit" (Bauer, 2004,
S. 825). Und zu unterstreichen ist, dass begünstigende Bedingungen von Kooperation nicht gleichzusetzen sind mit Bedingungen einer Verbesserung von Schul-
und Unterrichtsqualität (ebd.).

Auf strukturelle Hemmnisse, die Lehrkräfte von einem Engagement in
kooperative Aktivitäten Abstand nehmen lassen, wird häufiger verwiesen. Eine
ungünstige Voraussetzung sei darin zu sehen, Lehrerarbeit in Deputatsstunden

zu beziffern und damit Zeiten für Funktionen und allgemeine Aufgaben unsichtbar zu machen.[1] Selbst hoch engagierte Lehrkräfte sehen keinen Zusammenhang zwischen Unterrichts- und Schulentwicklung (Schumacher, 2008), das heißt, für die Lehrkräfte ist die Schule in ihrer Organisationsstruktur ein institutionell konstitutives, weitgehend unverstandenes und kein dynamisches und gestaltbares Element.

In den drei Phasen der Lehrerbildung liegen hier noch Aufgaben, die geänderten Anforderungen an den Lehrerberuf zu vermitteln. Was jedoch eine Erkenntnis aus der Arbeitszeitdiskussion um die Transparentmachung des zeitlichen Umfangs der Lehrerarbeit neben dem Faktum einer deutlich höheren Arbeitszeit als im Vergleich mit den bestehenden Verpflichtungen im öffentlichen Dienst ist, dass diese Mehrarbeit zuungunsten der notwendigen Schulentwicklungsarbeit ausfällt.[2] Die EU-Anforderung, Arbeitszeiten zu erfassen, bringt eine zusätzliche Dynamik in die Debatte um das Regelungserfordernis. Priorität hatte bei befragten Lehrkräften einer Freiburger Arbeitszeitstudie die Qualität pädagogischer Arbeit, was die Autoren in Übereinstimmung sehen mit Studien zu den „Motivationsquellen des Lehrerberufs, aus denen hervorgeht, dass die berufliche Zufriedenheit der Lehrkräfte aus der direkten pädagogischen Arbeit mit den Schülern resultiert (Dorsemagen et al., 2007, S. 243). Die Gewissheit, sich mit den Kollegen in einem gemeinsamen Korridor pädagogischer Zielsetzungen zu bewegen sowie bei Bedarf, eine unterrichtsbezogene Unterstützung zu erhalten, erweist sich als ein weiteres Moment der Berufszufriedenheit.

Die Verweise der Lehrkräfte in den Interviews auf zeitliche Grenzen und das Fehlen von Lernformaten, in der sich das aktionale Lernen der Lehrkräfte entwickelt, konvergiert hier mit dem allgemeinen Forschungsstand zur Schulentwicklung. Die subjektive Wahrnehmung der eigenen Handlungsmöglichkeiten der Lehrkräfte legen den Blick frei auf die regulativen Ordnungsprinzipien der

---

[1] Hamburg ist 2003 mit seinem Jahresarbeitszeitmodell einen anderen Weg gegangen und berücksichtigt in einer Verordnung allgemeine Aufgaben in der Schule für Konferenzen, Aufsichten und Fortbildungen und Zeiten für Funktionen wie Klassen- und Fachleitung. Das macht zumindest erkennbar, dass Lehrkräfte über ihren Unterricht hinaus administrative Funktionen und Entwicklungsaufgaben wahrnehmen. Darüberhinaus werden Unterrichtsstunden nach Schulstufen und Korrekturaufwand in den Fächern nach einem Umrechnungsschlüssel als Arbeitszeit „faktorisiert". Man darf dieses Planungsmodell nicht mit einem Abrechnungsmodell verwechseln – die Praxis zeigt, dass in den Schulen der Aufwand für unterschiedliche Aufgaben sehr unterschiedlich sein kann.

[2] Zu den fünf wichtigsten Forderungen an die Arbeitszeit, die zugleich als in hohem Maße abwesend charakterisiert werden, zählen Lehrkräfte pädagogische Qualität (!), Arbeitszeitgerechtigkeit, ein gutes Klima im Kollegium, Kommunikation und Kooperation und die Begrenzung der Arbeitszeit (Dorsemagen et al., 2007, S. 240).

Lehrerarbeit, die sich in Organisations- und Kommunikationsstrukturen niederschlagen. Sie stehen der Verbreiterung einer fächerübergreifenden Umsetzung von
Unterrichtsansätzen durchaus entgegen.

Blickt man auf das KulturSchul-Programm, so leistet dies mit der Qualifizierung der Lehrkräfte zur kulturellen und ästhetischen Praxis einen grundlegenden
und wichtigen Beitrag zur Unterrichtsentwicklung. Die Fortbildung mit der
«SLT-Reihe» für Schulleitungen und KulturSchulbeauftragte rückt in notwendiger Weise, um den individuellen Schulentwicklungsprozess anzustoßen, die
Organisationsstruktur der Schule in den inhaltlichen Fokus. Über zwei Jahre
hinweg wird durch dieses Format eine professionelle Reflexion der Selbst-
steuerungsmöglichkeiten der Schule innerhalb der ihr gesetzten schulrechtlichen
und verwaltungsbestimmten Grenzen unterstützt. Der inhaltliche Schwerpunkt
in dieser Reihe liegt auf Prozesssteuerung und professioneller Kommunikation
(Langenfeld & Twiehaus, 2018, S. 343). Die Fortbildungen treffen auf die
Realität der teilautonomen Schule, gemäß der die Schulleitung die systema-
tische Personalentwicklung obliegt und die Veränderung der Schule auch die
Handlungsanforderungen an die Lehrkräfte erhöht (Herzmann, 2001).[3]

Im Kontext der Profilentwickung als KulturSchule bietet sich für die Schulleitung die bereits in der «SLT-Reihe» praktizierte Zusammenarbeit mit der
KulturSchulbeauftragten nunmehr hinsichtlich einer künftigen Bedarfsplanung
der Fortbildung an. Es liegt im Eigeninteresse einer Schule, die öffentlich erkenn-
bare Merkmale und konzeptionelle Stärken auszuprägen muss, sich durch die
pädagogischen Kompetenzen der Lehrkräfte und mit ihrer Hilfe weiterzuentwickeln (Haeffner, 2012). Da in Schulen aufgrund der Altersstruktur der Lehrkräfte
und dem nicht ausreichenden Nachwuchs an Lehrkräften eine hohe Fluktuation
durch Quereinsteiger ins Lehramt und fachlich nicht ausgebildeten ‚Lehrkräften'
der im Schulgesetz verankerten „verlässlichen Schule" herrscht, wird die Konzi-
pierung einer systematischen Förderung der Lehrkräfte, die im Beruf ankommen
und denjenigen, die in diesem arbeiten, noch dringlicher und wichtiger. Die
Kultusministerien der Länder betonen, dass der Lehrerberuf attraktiv sein muss
und attraktiver werden soll. Für die Personalentwicklung braucht es Instrumente,
die den Bedarf an Fortbildungen mit der Zielrichtung der schulischen Entwicklung in Zusammenhang bringen. Sie müssen auch zwischen Schulaufsicht und
Fortbildungseinrichtungen kommuniziert werden.

Die Schulentwicklung in der KulturSchule bezieht sich auf eine ins Schulprogramm aufgenommene schriftlich beschriebene Grundlage; es ist davon

---

[3] Es fehlt an empirischer Forschung, wie Personalentwicklung im Rahmen einer Schulprofi-
lierung betrieben wird (Brauckmann, 2016).

auszugehen, dass diese in der Schule intensiv diskutiert worden ist, um daraufhin einen kontinuierlichen und zielgerichteten Veränderungsprozess, der kontrolliert zu steuern ist, in Gang zu setzen. Letztlich, legt man das KulturSchulprogramm im Licht der Interpretation der Akteure zugrunde, ist es darauf gerichtet, die Lernbedingungen und Lerngelegenheiten der Schüler zu verbessern – dieses wäre ein wesentliches Kriterium der formativen Evaluation an den Schulen.

Wenn KulturSchule die Entfaltung von mehr selbständigem, eigenaktivem und prozesshaftem Lernen der Schülerinnen und Schüler meint, sodass sie sich als selbstwirksam erleben können, bedarf es hierzu klar formulierter Zielsetzungen in den jeweiligen Schul- und Handlungsprogrammen, die das Schülerlernen in den Mittelpunkt stellen. Kulturelle Bildung entfaltet sich in einem nicht standardisierten und kreatives Arbeiten zulassendem Lernraum, ohne Ausweich-, aber mit Wahlmöglichkeiten und Vielfältigkeit. Kulturelle Bildung soll sozialisatorische Wirkung entfalten können, wozu sie sich über alle Jahrgangsstufen hinweg durchziehen müsste, damit sich Interessen ausbilden können.

Das KulturSchul-Programm, das sich als Anreiz und Unterstützung von Schulentwicklung der Einzelschule versteht, gibt einen interpretierbaren Rahmen vor; die regionalen und lokalen Bedingungen der Schule stimulieren ihrerseits die Konzepte der Schulleitungsteams einer Schule. Gleichwohl ist es selbst unter günstigen Bedingungen unwahrscheinlich, dass die fortgebildeten Lehrkräfte ihren Unterricht „mal eben so" verändern. Dies bedarf einer Unterstützung in der Einzelschule. In der wissenschaftlichen Community ist Konsens, „dass der Organisation von Schule als unterstützende und zu gestaltende Größe vermehrt Bedeutung zukommt" (Haeffner, 2012, S. 413). Strukturen – dies erläutert Johannes Haeffner mit der Sozialtheorie Giddens – werden durch die Handlungen von Individuen immer wieder reproduziert. Insofern muss in einer Schule für die Beteiligten deutlich sein, dass Veränderungen durch sie willkommen sind und dass nach gewisser Zeit zu überprüfen ist, wie die möglichen Wirkungen ausfallen.

Die Schulleitungen haben als ihre Erwartung an die Fortbildung formuliert, diese möge sich positiv auf die Bereitschaft der Lehrkräfte auswirken, sich an Schulentwicklung zu beteiligen. Sie sprechen damit aus, wie schwer es im Schulalltag ist, die mit ihren Pflichten ausgelasteten Lehrkräfte zur Veränderungsarbeit zu bewegen. Das erspart den Schulleitungen nicht, die „reflexive Auseinandersetzung [der Lehrkräfte, H.A.] auch mit organisationalen Begebenheiten" (Haeffner, 2012, S. 415) zu fördern. In Haeffners empirischer Studie haben sich, „[n]eben den Trägerressourcen als Querschnittsthema" „drei weitere förderliche

Unterstützungsstrukturen für das Lernen der Lehrkräfte heraus(gestellt): 1) Schulentwicklung als Experimentierfeld, 2) Möglichkeiten zum Erfahrungsaustausch und 3) kontinuierliche Gelegenheiten zur Fort- und Weiterbildung" (ebd., S. 416). Das bedeutet, dass der Fortbildungspraxis entsprechend das Selbstlernen der Lehrkräfte anzuregen und im Arbeitsfeld zu unterstützen. Lehrkräfte, die sich in der Schulentwicklung engagiert haben, berichten, dass sie dadurch neue Perspektiven, Erkenntnisse und Einsichten zur Organisationsebene gewonnen und sich ihre Handlungsmöglichkeiten erweitert haben. Von ihrer Befassung mit der Organisation und den Gremien und Arbeitskreisen haben sie einen Gewinn. Somit richtet sich an die Schulebene die Frage, welche Impulse und Strukturen es für das Lehrerlernen gibt und wie sich insgesamt die Arbeitsmöglichkeiten verbessern lassen.

Versucht man abschließend die Frage zu beantworten, wie Kulturelle Bildung in die Schule kommt, zeigt diese Studie, dass ihr Einzug in die Schule nicht, wie tradiert, über den Lehrplan entschieden wird. Kulturelle Bildung betrifft ein sowohl intracurriculares als auch fächerverbindendes und fächerübergreifendes Themen- und Handlungsfeld, das den Unterricht bereichern und im Schulleben von den Schülern mit den Sinnen erfahren werden soll. Im Rahmen des Ganztagsangebots haben sich hier neue Möglichkeiten ergeben, die aus bildungspolitischer, kulturpolitischer und schulischer Sicht begrüßt werden und vermögen, das Ansehen der Schule zu heben.

Aber: Das wesentliche Kriterium des KulturSchul-Programms, gemäß der hier rekonstruierten Zielsetzungen, ist die grundsätzliche Änderung der Lernkultur. Diese ist, wird das verbale Material dieser Studie zugrundelegt, näher definiert durch Freude am Lernen, am Ausprobieren und Entwerfen, durch ein möglichst selbständiges Handeln der Schülerinnen und Schüler in einem eigenen Interessenfeld. Darin kann durchaus eine reformpädagogische Orientierung gesehen werden.

Es liegt bei den Schulen, mit den Lehrkräften gemeinsam ein solches Lernfeld zu etablieren. Ein dahingehender Konsens scheint, gemäß der Situation, auf die die Interviews haben schließen lassen, nicht zwingend. Den fortgebildeten Lehrkräften wird es überlassen, ihren Unterricht zu ändern und auch, sich eine Plattform zu schaffen, in deren Rahmen mit Kollegen gemeinsam Projekte geplant und durchgeführt werden. Am ehesten geschieht dies offenbar im Musikbereich, im darstellendem Spiel oder in der Verbindung von kreativem Schreiben und Literatur, also ausgehend von den Künsten und gegebenenfalls mit einem Fach(bereich). Die Schülerinnen und Schüler, die in einem solchen Bereich Erfahrungen machen, erhalten Gelegenheiten zu anderen Erfahrungen und auch Zugang zu neuen Ausdrucksformen. Untersuchungen darüber, wie sich in ihrer Sicht dieses Lernen im schulischen Kontext gestaltet, fehlen weitgehend. Es ist aber festzuhalten, dass das Ziel des KulturSchul-Programms, die Lernkultur zu verändern, mit solchen Initiativen und „Insellösungen" (Kammler & Lohmann, 2018) (noch) nicht erreicht ist. Im Prinzip regt das KulturSchul-Programm Schulentwicklung an und geht mit dem Angebot von Vernetzungs- und Selbstlernformaten mit der Zeit; gleichwohl gibt es auch in der Forschung noch keine Klarheit über das Organisationsverständnis von Schule in seiner mehrdimensionalen Struktur (vgl. Amling, 2021). Dies betrifft auch den Lernbegriff, der im Organisationsdiskurs oftmals vom Subjekt gelöst wird, aber auch das Verständnis von Schule als Institution und ihrer widersprüchlichen Aufgabe im Rahmen des Bildungssystems. In dieser Studie, die ihren Ausgangspunkt in den Fortbildungsformaten und deren Beitrag zur kulturellen und ästhetischen Praxis hat, kann eine umfassende Auseinandersetzung damit nicht geleistet werden. Hierzu wäre an Arbeiten anzuschließen, die ein sowohl gesellschafts- wie auch bildungstheoretisches Verständnis des Schulsystems (Kemper, 1990) und die Einbeziehung der technologisch ökonomischen Umbrüche zur Industrie- und Dienstleistungsgesellschaft auszeichnet. Zuletzt haben Sandra Rademacher und Andreas Wernet (2015) auf das Defizit einer gesellschaftstheoretischen Bestimmung der Schule und die Abstinenz der Praxeologie hingewiesen.

Insgesamt ist die Thematisierung der der Schule zugewiesenen Aufgaben , die aus der Teilautonomie resultieren, eine Angelegenheit für die Lehrerbildung in allen Phasen und auch Thema für die Führungskräfteausbildung. Lehrerkollegien haben komplexe Anforderungssituationen zu bewältigen (Rothland, 2005, S. 167). Wichtig ist, dass Lehrkräfte selbst, in ihrem Handeln einen Gewinn für die Schüler erkennen. Mit gemeinsamen kumulierenden Handlungserfahrungen in regelmäßigen Fortbildungen und der Etablierung einer unterrichtsbezogenen Kooperation, die die individuelle Handlungskompetenz der Lehrperson verbessert und so auch direkt erfahren wird (ebd., S. 169), werde laut Martin Rothland zugleich ein positives soziales Klima in der Schule unterstützt. Dies suspendiert keine Auseinandersetzung damit, welchen Stellenwert verständnisintensives Lernen und Begreifen derzeit in einer Einrichtung des formalen Lernens hat, und welchen beides einnehmen soll. Diese Debatte über das eigene pädagogische Selbstverständnis ist auch in den Schulen zu führen.

Literatur

Amling, S. (2021). Schulorganisationen als mehrdimensionales Gebilde. Konzeptionelle und methodologische Überlegungen zur Erforschung von Lernprozessen in und von Schulen aus der Perspektive einer praxeologoischen Wissenssoziologie. In A. Moldenhauer (Hrsg.), *Schulentwicklung als Theorieprojekt* (S. 139–158). Springer.

Bauer, K.-O. (2004). Lehrerinteraktion und -kooperation. In W. Helsper & J. Böhme (Hrsg.), *Handbuch der Schulforschung* (S. 813–831). VS.

Brauckmann, S. (2016). Schulleitungshandeln zwischen erweiterten Rechten und Pflichten (SHaRP) unter Berücksichtigung einschlägiger schulrechtlicher Bestimmungen. In Bundesministerium für Bildung und Forschung (Hrsg.), *Steuerung im Bildungssystem* (S. 238–255). Bertelsmann wbv.

Dorsemagen, C., Lacroix, P., & Krause, A. (2007). Arbeitszeit an Schulen: Welches Modell passt in unsere Zeit? Kriterien zur Gestaltung schulischer Arbeitsbedingungen. In M. Rothland (Hrsg.), *Belastung und Beanspruchung im Lehrerberuf. Modelle, Befunde, Interventionen* (S. 227–247). VS.

Dubs, R. (2010). Methoden und Techniken der Organisationsanalyse. In T. Bohl, W. Helsper, H. G. Holtappels, & C. Schelle (Hrsg.), *Handbuch Schulentwicklung* (S. 481–488). Klinkhardt (UTB).

Haeffner, J. (2012). *Professionalisierung durch Schulentwicklung. Eine subjektwissenschaftliche Studie zu Lernprozessen von Lehrkräften an evangelischen Schulen.* Waxmann (Diss.).

Herzmann, P. (2001). *Professionalisierung und Schulentwicklung. Eine Fallstudie über veränderte Handlungsanforderungen und deren kooperative Bearbeitung.* Leske + Budrich.

Jäger, M. (2004). *Transfer in Schulentwicklungsprojekten.* VS Verlag.

Kammler, C., & Lohmann, A. (2018). *Kulturelle Bildung an Schulen. Konzeptionell gestalten – konkret verankern.* Carl Link.

Kemper, H. (1990). *Schule und bürgerliche Gesellschaft. Zur Theorie und Geschichte der Schulreform von der Aufklärung bis zur Gegenwart. (Band I und II).* Deutscher Studienverlag.

Langenfeld, T., & Twiehaus, S. (2018). Qualifizierungsangebote im Schulentwicklungsprogramm „KulturSchule Hessen". In M. Fuchs & T. Braun (Hrsg.), *Kulturelle Unterrichtsentwicklung. Grundlagen – Konzeptionen – Beispiele* (S. 334–346). Beltz.

Oelkers, J. (2009). Fächerkanon und Fachunterricht. In S. Blömeke, T. Bohl, L. Haag, G. Lang-Wojtasik, & W. Sacher (Hrsg.), *Handbuch Schule. Theorie – Organisation – Entwicklung* (S. 305–313). Klinkhardt.

Rademacher, S., & Wernet, A. (2015). Struktur, Funktion und Eigenlogik. Schultheoretische Anmerkungen zum Verhältnis von Schule und Gesellschaft. In J. Böhme, M. Hummrich, & R.-T. Kramer (Hrsg.), *Schulkultur. Theoriebildung im Diskurs* (S. 95–115). VS.

Rothland, M. (2005). Belastung oder Unterstützung? Die Bedeutung des Kollegiums im Berufsalltag von Lehrerinnen und Lehrern. *Die Deutsche Schule, 97*(2), 159–173.

Rothland, M. (2007). Soziale Unterstützung. Bedeutung und Bedingungen im Berufsalltag von Lehrerinnen und Lehrern. In M. Rothland (Hrsg.), *Belastung und Beanspruchung im Lehrerberuf. Modelle, Befunde, Interventionen* (S. 249–266). VS.

Sandmeier, A., Hanke, U., & Gubler, M. (2021). Entwicklung und Validierung eines praxistauglichen Evaluationsinstruments zur Messung und Optimierung von Lerntransfer. *Zeitschrift für Evaluation, 20*(1), 11–36. https://doi.org/10.31244/zfe.2021.01.02.

Schumacher, L. (2008). Wodurch wird die Bereitschaft von Lehrkräften zur Mitarbeit an Schulentwicklungsprojekten beeinflusst? In E.-M. Lankes (Hrsg.), *Pädagogische Professionalität als Gegenstand empirischer Forschung* (S. 279–290). Waxmann.

Stübig, F. (2009). Fächerübergreifender Unterricht. In S. Blömeke, T. Bohl, L. Haag, G. Lang-Wojtasik, & W. Sacher (Hrsg.), *Handbuch Schule. Theorie – Organisation – Entwicklung* (S. 313–317). Klinkhardt.

The manufacturer's authorised representative in the EU is Springer
Nature Customer Service Centre GmbH, Europaplatz 3, 69115 Heidelberg,
Germany. If you have any concerns regarding our products, please
contact ProductSafety@springernature.com

Printed and bound by CPI Group (UK) Ltd, Croydon, CR0 4YY
28/04/2026
02098518-0003